权威・前沿・原创

皮书系列为
“十二五”国家重点图书出版规划项目

2015年
新常态下深化一体化的长三角

THE YANGTZE RIVER DELTA IN DEEPENING INTEGRATION UNDER NEW NORMAL (2015)

主　　编／王庆五
执行主编／章寿荣
副 主 编／杨亚琴　杨建华　陈　瑞

社会科学文献出版社
SOCIAL SCIENCES ACADEMIC PRESS (CHINA)

图书在版编目（CIP）数据

2015年新常态下深化一体化的长三角/王庆五主编. —北京：社会科学文献出版社，2015.12

（长三角蓝皮书）

ISBN 978-7-5097-8397-9

Ⅰ.①2… Ⅱ.①王… Ⅲ.①长江三角洲-区域经济发展-研究报告-2015 Ⅳ.①F127.5

中国版本图书馆CIP数据核字（2015）第276529号

长三角蓝皮书
2015年新常态下深化一体化的长三角

主　　编／王庆五
执行主编／章寿荣
副 主 编／杨亚琴　杨建华　陈　瑞

出 版 人／谢寿光
项目统筹／任文武
责任编辑／张丽丽　王　颉

出　　版／社会科学文献出版社·皮书出版分社（010）59367127
地址：北京市北三环中路甲29号院华龙大厦　邮编：100029
网址：www.ssap.com.cn
发　　行／市场营销中心（010）59367081　59367090
读者服务中心（010）59367028
印　　装／三河市东方印刷有限公司

规　　格／开　本：787mm×1092mm　1/16
印　张：25.5　字　数：426千字
版　　次／2015年12月第1版　2015年12月第1次印刷
书　　号／ISBN 978-7-5097-8397-9
定　　价／88.00元

皮书序列号／B-2005-031

长三角蓝皮书编委会

主要编撰者简介

王庆五　现任江苏省社会科学院党委书记、院长、教授。兼任中国科学社会主义学会常务理事，中国政治学会理事，江苏省科学社会主义学会会长，江苏省政治学会副会长。江苏省有突出贡献中青年专家，享受国务院特殊津贴专家。国家行政学院兼职教授，江苏省委政策研究室特约研究员，江苏省马克思主义中国化研究中心特聘研究员。主要研究方向为当代中国社会主义理论及发展、全球化条件下的社会主义理论及实践等。

迄今主持完成国家级课题1项，省部级课题10余项；出版专著10余部，在《求是》《当代世界与社会主义》《马克思主义研究》《江海学刊》等发表论文100余篇，数十篇论文被《新华文摘》《高等学校文科学术文摘》《复印报刊资料》等全文转载；获省部级一等奖3项，二等奖3项，三等奖1项。

章寿荣　现任江苏省社会科学院科研处处长，研究员。兼任江苏省委、省政府特约研究员，南京大学、南京农业大学教授。主要研究方向为区域经济与发展。近年来主要研究成果有《金融危机背景下的区域发展》《全面小康和基本现代化读本》《区域现代化》。发表学术论文100多篇，其中许多篇被《新华文摘》《复印报刊资料》转载。曾获得江苏省人民政府科技进步奖三等奖1项、江苏省人民政府哲学社会科学优秀成果奖二等奖、三等奖多项，有20多篇研究报告得到江苏省领导的重要肯定性批示。

杨亚琴　现任上海社会科学院智库研究中心执行主任，研究员。主要研究方向为区域经济、产业发展、改革发展与科技创新等。主要学术成果有《上海对外开放发展战略》《聚焦大都市》《扩大内需论》等著作，以及《构建完善的科技创新政策支持体系》等论文。近年主要参与了上海市“十二五”发展规划、吸引跨国公司总部在沪发展、上海浦东开发区管理体制研究、新产业革命发展趋势等上海市重大决策咨询课题研究。

杨建华 现任浙江省社会科学院公共政策研究所所长，研究员。兼任浙江省人民政府咨询委员会委员，浙江省社会学会会长，享受国务院政府特殊津贴专家，中国社会学会常务理事，浙江大学社会学教授。主要从事社会发展、社会问题、社会政策研究，长期主编《浙江蓝皮书》（社会卷）。著作有《社会化小生产：浙江现代化的内生逻辑》《经验中国：以浙江七村为个案》《中华早期和合文化》，其中《经验中国：以浙江七村为个案》与《中华早期和合文化》分获浙江省政府哲学社会科学优秀成果一、二等奖。

陈　瑞 现任安徽省社会科学院科研处处长，研究员。兼任安徽大学硕士生导师、安徽省徽学学会常务理事兼副秘书长。2007 年，获安徽省宣传文化系统“六个一批”（社科理论类）青年人才称号。2009 年入选“第六批安徽省学术和技术带头人后备人选”。主要研究方向为明清社会经济史、徽学及安徽地方史等。在《史学史研究》刊物发表专业学术论文 50 余篇，主持完成国家社科基金课题项目、教育部基金课题、安徽省社科基金课题多项。

摘　要

“长三角蓝皮书”为苏浙沪两省一市社科院组织撰写的区域发展报告，从2015年开始，安徽省社科院加入，因而2015年的蓝皮书由苏浙沪皖三省一市社科院共同组织撰写，至今已是第11部，2015年的主题是“新常态下深化一体化的长三角”。

长三角一体化起步于2003年，十二年来，长三角一体化不断走向深入，制度建设、经济建设和文化建设都取得了前所未有的成绩。当前，我国经济步入新常态，迫切需要转换经济增长动力和转变经济发展方式，实现产业转型升级；迫切需要区域协同发展，共同走向现代化，实现共同富裕。长三角地区作为我国综合实力最强的区域，是提升国家综合实力和国际竞争力、带动全国经济又好又快发展的重要引擎。因此，在新常态下，在新的起点上进一步深化长三角一体化，不仅是我国完善社会主义市场经济体制、全面深化改革的必由之路，也对我国全面建成小康社会和实现现代化起着示范和引领作用。

本书对20142015年长三角区域一体化发展及趋势做了全面的分析。总报告主要论述了新常态下如何深化长三角一体化发展；四个分报告分析苏浙沪皖三省一市在新常态背景下经济社会发展的基本情况及趋势和对策；专题报告分别从区域发展和产业发展角度分析了长三角一体化过程中经济、社会、文化、科技、生态等领域的情况。本报告对决策部门认识长三角一体化发展，把握长三角未来发展趋势，制定长三角一体化发展政策具有一定参考价值。

Abstract

Blue book of Yangtze River Delta is an annual development report of the Yangtze River Delta organized and written together by Jiangsu Academy of Social Sciences, Zhejiang Academy of Social Sciences, and Shanghai Academy of Social Sciences. Beginning in 2015, Anhui Academy of Social Sciences joined, so this book is written together by Jiangsu Academy of Social Sciences, Zhejiang Academy of Social Sciences, Anhui Academy of Social Sciences and Shanghai Academy of Social Sciences. Now it is the 11th book. This year, the theme of this book is "Deepen the integration of the Yangtze River Delta under the new normal (2015)" .

The integration of the Yangtze River Delta officially began in 2003, twelve years, the integration of the Yangtze River Delta has been continuing into a deeper, and the system construction, economic construction and cultural construction have achieved unprecedented results. At present, China's economy, which is under the new normal, urgently needs to transform the economic growth momentum and the transformation of economic development mode, realizing the industrial transformation and upgrading, and urgently needs regional cooperation and common development to achieve common prosperity. Yangtze River Delta region, as the greatest comprehensive strength in China, is the important engine to enhance the country's comprehensive strength and international competitiveness, and promote the national economy develop fast and well . Therefore, under the new normal, deepening the integration of the Yangtze River Delta, at the new starting point, is the only way to improve the socialist market economic system and realize the comprehensive deepening reform, but also is responsible for the demonstration and leading role in completing the building of a moderately prosperous society and modernization.

This book is a comprehensive analysis of the development and trend of the regional integration of the Yangtze River Delta from 2014 to 2015. General report mainly discusses how to deepen the integration of the Yangtze River Delta development under the new normal, four sub-reports mainly analyze the situation, the trend and the countermeasures of economic and social development of Jiangsu, Zhejiang, Anhui and Shanghai. The special report analyze the situations of economic, social, cultural, scientific, technological, ecological and other fields from the perspective of regional development and industrial development. This book will have a reference value for us to understand the development of integration of the Yangtze River Delta, grasp the trend of the integration of Yangtze River Delta and make policies of the development of the integration Yangtze River Delta.

目 录

𝔹Ⅰ 总报告

𝔹Ⅱ 分报告

𝔹Ⅲ 专题报告

皮书数据库阅读**使用指南**

总　报　告

General Report

B.1
中国经济新常态下深化长三角一体化的思路与对策

王庆五　章寿荣*

摘　要：　当前，我国经济步入新常态，迫切需要转换经济增长动力和经济发展方式，实现产业转型升级；迫切需要区域协同发展，共同走向现代化，实现共同富裕。长三角地区作为我国综合实力最强的区域，是提升国家综合实力和国际竞争力、带动全国经济又好又快发展的重要引擎。因此，在新常态下，要在新的起点上推进长三角一体化。本文着重分析了深化长三角一体化的现有基础，我国经济新常态下深化长三角一体化面临的机遇与挑战，并提出了新常态下深化长三角一体化的思路与对策。

* 王庆五，江苏省社会科学院党委书记、院长、教授；章寿荣，江苏省社会科学院科研组织处处长、研究员。

关键词：长三角　经济新常态　深化一体化

2003 年 3 月，时任浙江省委书记的习近平，率领浙江省党政代表团 80 余人对上海和江苏展开考察，与上海、江苏分别签署进一步推进经济合作、技术交流的协议，两省一市主要领导就习近平同志提议的建立党政主要领导定期会晤机制的设想达成共识。习近平的沪苏之行也拉开三省一市高层频繁互访的序幕，长三角区域合作骤然升温，2003 年因此被视为“长三角元年”，长三角一体化正式走向前台。十二年来，长三角一体化不断走向深入，制度建设、经济建设和文化建设都取得了前所未有的成绩。当前，我国经济步入新常态，迫切需要转换经济增长动力和经济发展方式，实现产业转型升级；迫切需要区域协同发展，共同走向现代化，实现共同富裕。长三角地区作为我国综合实力最强的区域，是提升国家综合实力和国际竞争力、带动全国经济又好又快发展的重要引擎。因此，在新常态下，在新的起点上推进长三角一体化，不仅是完善社会主义市场经济体制、全面深化改革的必由之路，也担负着全面建成小康社会的重任，有实现现代化的示范和引领作用。

一　深化长三角一体化的现有基础

（一）制度基础

区域制度合作是区域一体化的核心。区域内各个城市的定位与分工，区域整合优势的发挥、产业协同、市场统一、资源合理配置、生产要素自由流动、基础设施衔接、环境保护与人口综合管理等，这些重大问题在要素合作的层面难以顺利解决，在企业主体层面也难以运作，是需要站在更高的政府层面来共同协调解决的重大制度合作问题。甚至可以说，区域参与各方能否建立完善的协调与合作制度成为区域一体化能否顺利推进，甚至是成败的基础和关键。长三角地区三省一市政府高度重视协同发展合作制度和机制的构建，目前，已基本形成了层次分明、分工合理并从宏观到微观的“会商—决策—协调—执行”四级联动、有机协调的合作运作机制，成为一体化深入的最重要基础和制度保障。

第一层级是长三角地区主要领导定期会晤机制。2005 年 12 月 25 日，在杭州召开了首次长三角地区江浙沪两省一市主要领导座谈会，长三角区域合作正式被纳入两省一市最高决策层视野，2008 年安徽省加入，形成了如今的格局，至今已经召开了 10 次长三角主要领导座谈会。作为长三角区域合作协调机制中最重量级的会议，座谈会主要内容有两个方面：一是回顾与总结当年的长三角合作成果；二是结合宏观形势，讨论来年甚至更长时间内区域发展的战略问题，研究、决策各省市间合作与交流的总体思路与重点工作。如 2014 年 12 月在上海召开的长江三角洲地区三省一市主要领导座谈会，以“积极参与‘一带一路’和长江经济带国家战略，在新的起点上推进长三角地区协同发展”为主题。

第二层级是常务副省（市）长主持的长三角地区合作与发展联席会议。2009 年 8 月在江苏省无锡市召开首次会议，成立长三角联席会议办公室并将其作为日常协调机构。联席会议的主要任务是认真分析当前长三角地区经济一体化发展面临的新形势与新情况，总结交流当年长三角合作与发展的工作进展情况，落实主要领导座谈会的部署，协调推进区域重大合作事项，部署了下一阶段区域合作发展有关工作。如 2014 年 9 月在上海召开的长三角地区合作与发展联席会议，围绕落实中央城镇化工作会议精神、参与丝绸之路经济带和海上丝绸之路建设、推动长江经济带建设等国家战略，完善长三角地区合作协调机制，加强重点专题领域合作，做好区域规划协调衔接工作，努力促进长三角地区率先发展、一体化发展。

第三层级是市长参加的“长江三角洲城市经济协调会”。目前协调会会员城市已经扩容至 30 个。主要任务是将宏观的合作目标变成合作专题，在城市之间以专题形式进行不同领域内的合作，主要开展交通、港口、规划、旅游、科技、信息与产权等专题项目的合作，是最具操作性的一个工作会议。如 2015 年 3 月在安徽省马鞍山市召开的第 15 次市长联席会议，会议以“适应新常态、把握新机遇——共推长三角城市新型城镇化”为主题。

第四层级是部门间及行业间的合作机制。长三角城市政府相关职能部门间也建立了联席会议、论坛和合作专题等合作机制。如 2003 年建立的长三角区域创新体系建设联席会议制度，由科技部门主导，针对长三角区域经济和社会发展中的重大关键、共性技术，由国家牵头，两省一市共同组织不同领域的联合攻关。2014 年 1 月启动了长三角区域大气污染防治协作机制，由环保部门主导，并通过《长三角区域落实大气污染防治行动计划实施细则》，确定了控制煤炭消费总量、加强产业结构调整、防治机动车船污染和强化污染协同减排等六大重点，实施以来，取得了良好的成效。2014 年 12 月由商务部门主导启动的长三角区域市场一体化发展合作机制，目的在于加快构建“统一开放、竞争有序”的现代市场体系，促进区域协调发展，提升长三角区域竞争力。

（二）经济基础

长三角地区经过改革开放以来 30 多年的发展，经济实力雄厚，农业基础良好，制造业和高技术产业发达，服务业发展较快，经济发展水平在全国领先，是我国综合实力最强的区域。如表 1 所示，2014 年上海市、江苏省、浙江省和安徽省的地区生产总值（GDP）分别达到 2. 36 万亿元、6. 51 万亿元、4. 02 万亿元和 2. 08 万亿元。根据相关统计，在全国排名分别为第 12 位、第 2 位、第 4 位和第 14 位，且 GDP 增速平稳；2013 年和 2014 年江浙沪人均 GDP 均突破 1 万美元，在全国排名中，上海排在第 3 位，江苏排在第 4 位，浙江排在第 5 位；三省一市的地方财政收入也保持了较快增长，且在全国的排名中，江苏位居第 2，上海与浙江分列第 4 名与第 5 名，安徽名列第 15。

表 1　江浙沪皖 2013 ~ 2014 年经济情况统计

地区	指标	2013 年	2014 年
上海市	GDP(亿元)	21818. 15	23560. 94
	GDP 增速(%)	7. 7	7. 0
	人口(万人)	2415. 15	2425. 68
	人均 GDP(万元)	9. 03	9. 71
	财政收入(亿元)	4109. 51	4585. 6
	产业结构	0. 6 : 37. 2 : 62. 2	0. 5 : 34. 7 : 64. 8
江苏省	GDP(亿元)	59161. 75	65088. 30
	GDP 增速(%)	9. 6	8. 7
	人口(万人)	7939. 49	7960. 06
	人均 GDP(万元)	7. 45	8. 18
	财政收入(亿元)	6568. 46	7233. 1
	产业结构	6. 1 : 49. 2 : 44. 7	5. 6 : 47. 7 : 46. 7

续表

地区	年份	2013 年	2014 年
浙江省	GDP(亿元)	37568.49	40154.00
	GDP 增速(%)	8.2	7.6
	人口(万人)	5498	5508
	人均 GDP(万元)	6.83	7.30
	财政收入(亿元)	3797	4121
	产业结构	4.8∶49.1∶46.1	4.4∶47.7∶47.9
安徽省	GDP(亿元)	19229.34	20848.75
	GDP 增速(%)	10.4	9.2
	人口(万人)	6929	6936
	人均 GDP(万元)	2.78	3.01
	财政收入(亿元)	2075	2218
	产业结构	3.8∶60.9∶35.3	5.4∶60.4∶34.2

资料来源：上海、江苏、浙江和安徽统计局。

从产业结构上看，江浙沪三地的三次产业结构逐步优化，趋向合理，并初步形成了三地优势互补、紧密协作的产业体系，这主要反映在长三角区域各城市功能定位的不同上。上海市作为国家定位的国际金融中心、贸易中心、航运中心和经济中心，产业发展以高端服务业和先进制造业为主，以金融业和大飞机产业为代表；南京定位为长江下游重要的区域性物流、资金流和信息流的集散中心，中国最大、世界一流的重化工基地，全国一流的电子信息产业基地；杭州则致力于建成上海“后花园”，长三角制造业中心之一；苏州和常州则专攻现代制造业，与上海形成错位发展；无锡集中发展以 IC 为主体的信息产业和以新材料为主的高新技术产业，主要是纺织业和生物医药等；宁波则身兼港口、重化工业、服装等制造业三位一体；南通定位为上海产业转移基地，发展港口经济、海洋经济、特色经济；舟山定位为港口旅游城市，上海和长江三角洲的“前花园”。这些城市功能定位和产业侧重各有不同，以上海为龙头，长三角地区初步形成了“特色发展、错位发展、梯度发展”的产业发展模式。

从经济组织形式看，上海市以产业结构、所有制整合、建立现代企业制度、引进资金和技术、城市功能改造的国有经济为主，江苏省以正进行产业升级和城市化发展的集体经济为主，浙江省则以分工明确、协作紧密、产业或行

业簇群化的民营经济为主，不同的经济组织形式为各地发挥优势、进行协作奠定了基础。

从市场环境看，长三角三省一市市场经济发达，配套社会体系较为相近、完善，为加快构建“统一开放、竞争有序”的现代市场体系，促进区域协调发展，提升长三角区域竞争力奠定了基础。2014 年 12 月，三省一市启动推进长三角区域市场一体化，围绕规则体系共建、创新模式共推、市场监管共治、流通设施互联、市场信息互通和信用体系互认，加强区域合作，着力打破地区封锁和行业垄断，营造统一的市场准入环境、执法环境和法治环境，建立长三角区域统一大市场的开放格局。

从交通基础看，长三角区域内高速公路和沿江、沿海通道已形成网络，真正将长江三角洲两翼融为一体。杭州湾跨海大桥、苏通大桥等已经建设完成，上海、宁波、南通等深水港群开始协调发展，加之沪宁高速铁路、沪杭高速铁路和宁杭高速铁路组成的高速铁路网，从交通上把上海、江苏和浙江三地紧紧连接在一起。

（三）文化与科教基础

长三角地区地理位置相近、文化背景相通，拥有共同的文化历史，这为地方合作开辟了潜能和空间。在历史传统上，江苏省的吴文化、浙江省的越文化和上海市的海派文化，因为地缘相近而相互融合发展。三地在社会、经济等方面持续不断的交往与合作，造就现在的中国现代经济、文化荟萃之地，文化相通、人缘相亲、风土人情相似，具有鲜明的区域特色，具有相似的生产方式、生活习俗、宗教信仰和审美观念等，这些都成为区域社会和经济一体化发展的内在动力。历史上长期以来形成的吴越文化共性和经济发展纽带，强有力地维系了三地在文化和传统上的共性，在一定程度上成为三地合作创新的社会基础。共同的区域文化可以有效降低长三角经济发展中的合作成本，使生产要素和人力资源等在长三角顺畅流动，从而优化资源配置，增强长三角的竞争优势。

从国际大都市的发展和欧盟科技创新的经验来看，加强区域合作是有效增强自主创新能力和提升区域竞争力的重要途径。作为国内经济最发达的区域，长三角地区聚集了大量的知识要素与科技要素，初步具备了创新的物质条件，江浙沪皖三省一市各具特色的科技和教育实力也为区域合作奠定了基础。上海、江苏两地均拥有一大批著名高校和科研院所，科技人才丰富，科研实力雄厚。上海市是我国最发达的科技和教育中心之一，综合优势较强，拥有10所“211”工程重点建设高校，其中4所还是“985”工程高校，现有100多所科研机构，10万科研人员及100多所专业技术培训机构。江苏省在基础学科领域具有优势，高校比较集聚，拥有普通高校134所，其中11所为“211”工程重点建设高校；从事科技活动人员118.89万人，其中研究与发展（R&D）人员68.96万人，拥有中国科学院和中国工程院院士90人；政府部门属独立研究与开发机构达148个，已建国家级和省级重点实验室97个。浙江省民营经济较为发达，科技需求较为旺盛，其科技也具备一定实力，共有普通高校107所，拥有国务院部属科研和开发机构27个，省市科研机构154个。安徽是国家技术创新工程试点省，有普通高校107所，科研机构近3500个，国家和省级实验室183个。三省一市各具发展特色，各有科技资源优势，在科技创新与合作等领域有互惠互利和取长补短的需要。

二 2014年三省一市深化长三角一体化的探索与创新

2014年，长三角一体化继续推进，长三角三省一市也进行了一系列探索与创新，既有区域间合作机制的创新，又有各地各自的探索（见表2）。在合作机制创新方面，成立了长三角区域大气污染防治协作小组，启动了长三角通关一体化改革、长三角区域市场一体化发展合作机制等启动。在各地的探索中，按照国务院的部署，商事制度改革在长三角拉开大幕，上海自贸区在制度上进行探索创新，江苏、浙江和安徽三省积极对接上海自贸区，进行制度复制推广，这都为深化长三角一体化奠定了良好的基础。

2014年1月，为推动长三角区域大气污染防治联防联控，“长三角区域大气污染防治协作小组”成立，这个小组由环保部、国家发改委与财政部等八个国家部委，以及沪、江、浙、皖三省一市相关部门组成，由中共中央政治局委员、上海市委书记韩正担任组长。这是迄今为止在长三角一体化污染治理方面规格最高的顶层设计，也是探索建立长三角区域合作治理污染长效机制的第一步。

表 2　2014 年长三角一体化探索大事记

	上海	江苏	浙江	安徽
1 月	浦东新区市场监督管理局和新的上海市食品药品监督管理局挂牌成立	宣布不再出台新的鼓励类产业发展指导目录	中共舟山市委正式公布《关于全面深化改革构建新区开发开放新体制的若干意见》	
2 月	国际贸易“单一窗口”试点工作启动		浙江省决定在舟山群岛新区、嘉善县、海宁市、绍兴市柯桥区四地试点负面清单制	
3 月	推行商事制度改革	实施商事登记制度改革	实行商事登记制度改革；《温州市民间融资管理条例》及《温州市民间融资管理条例实施细则》颁布实施	国务院同意设立合肥综合保税区
5 月	自贸区自由贸易账户制度启动	试点实施外商投资审批事项“清单式管理、快速化审批”		
6 月		苏州全市启动快速审批服务试点； 支持苏州市开展学习对接上海自贸区发展、深化制度创新等方面的工作	发布《浙江省企业投资项目核准目录（2014 年本）》，探索“负面清单”以外项目实行“零审批”；浙江政务服务网正式上线	合肥综合保税区开建
7 月	自贸区公布 2014 版负面清单； 自贸区信息共享和服务平台开始搭建	提出探索负面清单管理模式		
8 月	《中国（上海）自由贸易试验区条例》正式实施			合肥海关实行“批次进出、集中申报”“简化无纸通关随附单证”“简化统一进出境备案清单”
9 月	上海智慧城市建设 2014 ~ 2016 年行动计划公布	苏州工业园区海关正式启动“简化无纸通关随附单证制度”		芜湖港启运港退税政策开始执行； 安徽被明确纳入长三角一体化
10 月		苏州工业园区海关正式实施“简化统一进出境备案清单制度”		“三证合一”登记制度改革启动

2014年9月22日，上海、南京、杭州、宁波和合肥海关率先启动长江经济带海关区域通关一体化改革，推动实现口岸“信息互换、监管互认、执法互助”，以降低通关成本，从而进一步提高通关效率。五地海关将打破关区界限，整合监管资源，使长三角区域形成一个大海关，企业进出口将更加便利。一体化模式下，允许报关企业在长三角地区“一地注册、五地报关”，五地海关实现“执法互认”，确保企业税款保函在长三角地区互认通用。外贸企业可在经营单位注册地、货物进出境地及直属海关集中报关点自主选择申报现场；可根据物流需求自主选择海关查验地点；可自主选择口岸清关、转关、“属地申报、口岸验放”、“属地申报、属地放行”等任何一种通关方式。

2014年12月11日，为了加快构建“统一开放、竞争有序”的现代市场体系，促进区域协调发展，提升长三角区域竞争力，长三角区域市场一体化发展合作机制正式启动。下一步三省一市将建立更加紧密的合作工作机制，发挥上海自贸区溢出效应，围绕规则体系共建、创新模式共推、市场监管共治、流通设施互联、市场信息互通和信用体系互认六个方面加强区域合作，着力打破地区封锁和行业垄断，建设长三角区域一体化大市场。

（一）上海市

2014年1月，整合了原浦东新区工商、质监和食药监部门的上海浦东新区市场监督管理局正式挂牌并开始运作。在整合了原上海市食药监、食安办，及原属上海市工商局流通环节食品安全监管、原属上海市质监局的生产环节食品安全监管和化妆品生产行政许可等职责之后，新的上海市食品药品监督管理局同日挂牌，开始运行全新的食品药品监管体系，同时加挂上海市食品安全委员会办公室牌子。

2014年2月，作为提高国际贸易便利化的重要措施，上海国际贸易“单一窗口”试点工作启动。“单一窗口”就是贸易和运输企业通过一点接入一个信息平台、实现一次性递交满足监管部门要求的标准化单证和电子信息，监管部门处理状态通过单一平台反馈给申报人。要实现“单一窗口”，各个口岸管理相关单位之间需要实现信息互换、监管互认和执法互助，不仅可以减少申报单证的重复录入和数据信息的差错，降低贸易和运输企业的综合物流成本，而且是提高政府部门监管效能的有效切入点与重要尝试。

2014年3月，上海开始推行商事制度改革，基本消除差别化措施，以促进市场主体平等化。在投资领域，上海自贸区对外资实行“准入前国民待遇”，做到内外资在市场准入阶段待遇一致。在促进行政管理高效化方面，探索实施企业设立工商部门“一口受理”服务机制。在加强事中事后监管方面，率先试点企业年报公示制度和经营异常名录制度。

2014年5月，中国（上海）自由贸易试验区自由贸易账户制度启动。中国人民银行上海总部22日发布《中国（上海）自由贸易试验区分账核算业务实施细则》和《中国（上海）自由贸易试验区分账核算业务风险审慎管理细则》。两项细则的落地，标志着自贸区风险管理账户体系的政策框架已基本成形，为在试验区先行先试资本项目可兑换等金融领域改革提供了工具和载体。如果企业的自由贸易账户内经常项目和资本项下的资金均可以自由兑换，将降低企业的资金成本，大大提升企业资本的运作效率。

2014年7月，上海市政府公布了《中国（上海）自由贸易试验区外商投资准入特别管理措施（负面清单）》（2014年修订）。新版的负面清单共计139条，比2013版减少了51条。在139条中，限制性措施110条，禁止性措施29条。2014年负面清单主要有三个特点：一是开放度进一步提高；二是透明度进一步增加；三是与国际通行规则进一步衔接。

2014年7月，上海自贸区信息共享和服务平台开始搭建，现已集聚了30个部门的相关信息数据346万余条，企业信息、银行信息、工商信息、海关信息等的联通，实现了各管理部门监管信息的基本共享。这是政府从事前审批转向事中事后监管的重要基础性工作。

2014年8月，《中国（上海）自由贸易试验区条例》正式实施，从管理体制、投资开放、金融服务、贸易便利、税收管理到综合监管、法治环境等方面，对推进上海自贸区建设进行了全面的规范。条例的实施建立了一个促进和推动自贸区建设和发展的基本制度框架，同时也为提炼可复制可推广的制度创新经验打下基础。

2014年8月，上海海关发布了可复制可推广的“集中汇总纳税”“保税展示交易”“先入区后报关”等14项制度，形成了“简政集约、通关便利、安全高效”的制度创新经验，并初步释放改革红利。上述海关监管创新制度将在长江经济带的51个海关特殊监管区域复制推广，并逐步在全国海关特殊监管区域复制推广。

2014 年 9 月，上海市政府公布了上海智慧城市建设 2014 ~ 2016 年行动计划。未来三年，上海将着力实施智慧化引领的“活力上海五大应用行动”，强化信息基础设施、信息技术产业和网络安全保障“三大支撑体系”，引导推动 50 个重点专项。

（二）江苏省

2014 年 1 月召开的江苏全省经济和信息化工作会议指出，今后江苏将不再出台新的鼓励类产业发展指导目录，减少对产业发展的直接干预。发展哪些行业或选择何种路线将由企业决定，政府不再大包大揽。告别鼓励类产业指导目录，符合党的十八届三中全会提出的充分发挥市场在资源配置中起决定性作用的精神。

2014 年 3 月，江苏积极主动对接上海自贸区的行政管理体制改革，全力实施商事登记制度改革。采取的主要措施有：改注册资本实缴登记制为认缴登记制，取消注册资本最低限额等限制性规定；简化住所（经营场所）登记手续，无锡、镇江、南通、常州四市政府已出台了简化住所（经营场所）登记手续的实施方案；积极开展“先照后证”试点工作。

2014 年 5 月 23 日开始，江苏省试点实施外商投资审批事项“清单式管理、快速化审批”，凡符合规定的外资项目“即来即办、现场办结”，办理时限不超过 3 个工作日。6 月起，苏州全市启动快速审批服务试点，吴中、相城、吴江、张家港、昆山、太仓等实现即交即办，受理时限比承诺的再缩减 30% ~50% 。

2014 年 6 月 30 日，江苏省政府批复《关于支持苏州学习对接中国（上海）自由贸易试验区发展、深化制度创新的请示》，支持苏州市开展学习对接上海自贸区发展、深化制度创新等方面的工作，重点在投资便利化、贸易便利化、金融改革创新和监管体制改革 4 个方面加大创新力度。探索形成新经验，更好地为全省全面深化改革和扩大对外开放发挥先行先试作用。

2014 年 7 月，江苏省发布《关于深化开放型经济体制改革的若干意见》，提出探索负面清单管理模式。通过探索对外商投资实行准入前国民待遇加负面清单管理模式，打造与国际接轨的营商环境，加快试点工作并适时在有条件的地区复制推广。在苏州工业园区、无锡高新区探索将负面清单管理模式与注册登记制度改革相结合，对园区内外资企业实行“先照后证”的改革；在新加坡·南京生态科技岛依托苏新合作框架机制，对入岛内外资企业实行“负面清单+特别鼓励清单”管理服务模式；在连云港国家东中西区域合作示范区探索负面清单管理；在宿迁市试点对“负面清单”以外的外资企业设立，审批不再作为企业注册登记的前置条件。

2014年，江苏与上海自贸区主动对接，展开以海关特殊监管区“一线放开、二线管住”为特征的贸易管理制度改革，以人民币跨境业务开展为标志的金融制度改革，以企业征信体系建设为主要抓手的综合监管制度改革等。如自2014年9月11日起，苏州工业园区海关正式启动“简化无纸通关随附单证制度”的复制推广工作；加上早就实施的“批次进出、集中申报制度”“智能化卡口验放”以及在苏州工业园区实施的“境内外维修制度”，苏州工业园区海关已在辖区复制推广了5项上海自贸区海关改革制度。自2014年10月10日起，“简化统一进出境备案清单制度”也正式实施。

（三）浙江省

2014年1月，中共舟山市委正式公布了《关于全面深化改革构建新区开发开放新体制的若干意见》，以推动舟山港综合（行情专区）保税区向自由贸易港区发展，并将对接上海自贸区，探索建立舟山群岛新区产业负面清单管理模式。意见中明确推行“非禁即入”，新区开发市场主体不论产权性质如何，均可依法平等进入负面清单之外领域，支持民资、外资投资海洋产业、基础设施、公用事业等领域。

2014年2月，浙江省决定在舟山群岛新区、嘉善县、海宁市、绍兴市柯桥区四地率先试点负面清单制，在核准目录外的企业投资项目，不需要再经审批。省政府要求试点地区，在此前规定的《政府核准的投资项目目录》基础上制订负面清单，负面清单以外、符合准入标准的企业投资，由企业自主决策。

2014年3月，以降低商事主体登记注册门槛为核心的商事登记制度改革在浙江正式推进，为推进监督，促进商事主体自觉加强信用管理，浙江省市场主体信用信息公示平台正式开通，对包括企业注册资本在内的相关信息进行公示，以增加透明度，引入社会监督。

2014年3月，作为全国首部地方性金融法规和首部专门规范民间金融法规的《温州市民间融资管理条例》及《温州市民间融资管理条例实施细则》正式颁布实施，为引导民间资本进入实体经济奠定了基础。亮点有三：一是对民间融资专业服务机构开出“负面清单”；二是进一步延伸了民间借贷的范围；三是企业直接融资从遥不可及发展到触手可及。

2014年6月，浙江省发布《浙江省企业投资项目核准目录（2014年本）》，进一步探索对“负面清单”以外项目，实行“零审批”——不仅不进行投资审批，还在舟山市、柯桥区、海宁市、嘉善县进行试点，“先建后验”，改事前审批为事后事中监管。

2014年6月25日，浙江政务服务网正式上线，这个网上公共平台致力于实现政务服务一站式办理和行政权力全流程监督，以实现“服务零距离，办事壹站通”的目标。这也是全国首个搭建于公有云平台（阿里云），是省、市、县三级采用一体化模式建设的网上政务服务平台。

2014年，浙江全省稳妥实施改革，有序推进市场监管机构整合。在省级层面，将流通领域食品安全监管职能移交省食药监局；在省以下层面，截至2014年底，全省所有市、县（市、区）均以“二合一”或“三合一”的模式组建了市场监管局，浙江省工商局联合浙江省食药监局根据省政府“四张清单一张网”的总体部署，编制了工商行政管理权力清单和责任清单，共下放属地管理职权364项，非行政许可审批事项全面取消。

（四）安徽省

2014年3月26日，国务院同意设立合肥综合保税区，6月正式开建，规划面积2.6平方公里。这是合肥经济圈唯一一个保税区，也是安徽省获批的第一个综合保税区。将增强合肥乃至安徽省对外开放吸引力和竞争优势，提升安徽外向型经济发展水平，为更好地落实合肥作为长三角副中心城市所应发挥的作用产生积极的影响。

2014年8月15日，芜湖港被列入适用启运港退税政策的启运地口岸，对从启运地启运报关出口，并由符合条件的运输企业承运，从水路转关直航运输经上海洋山保税港区离境的集装箱货物，实行启运港退税政策，自2014年9

月 1 日起执行。启运港退税政策对出口企业缩短转关取得单证时间、及时办理出口退税、加速企业资金周转，促进出口企业健康发展将发挥重要作用。

2014 年 8 月 18 日起，合肥海关区正式推出“批次进出、集中申报”“简化无纸通关随附单证”“简化统一进出境备案清单”等 3 项制度，这是复制推广上海自贸区的海关监管服务创新措施。

2014 年 9 月 25 日，《国务院关于依托黄金水道推动长江经济带发展的指导意见》正式公布，安徽被明确为长江经济带覆盖范围的同时，更被纳入长三角城市群、参与长三角一体化发展；省会合肥更是与南京、杭州一样同为长三角世界级城市群“副中心”，“沪宁合”成为长三角主轴带之一。

2014 年 10 月 15 日，安徽省“三证合一”登记制度改革启动。改革后，申请人只要填写 1 张申请表、17 条信息，一次性提交相关材料，就申报完“三证”设立申请。随着申报手续的便捷性增强，设立企业的审批时间从法定的 19 个工作日缩短至 5 个。2014 年底前，将在 16 个市政府服务中心、2 个直管县政务服务中心窗口，全面推行“三证合一”登记制度。

三　新常态下深化长三角一体化面临的机遇

长三角区域是国家战略的叠加地，上海自由贸易试验区、长江经济带、一带一路、江苏沿海地区发展、苏南国家自主创新示范区、浙江舟山群岛新区、南京江北新区等，在江浙沪地区次第展开，为长三角区域发展不断地获取新的动力源，也为长三角一体化在新的起点上进行深化搭建了良好的平台。

（一）中国（上海）自由贸易试验区战略

中国（上海）自由贸易试验区，简称上海自贸区，是中国政府设立在上海的区域性自由贸易园区，位于浦东境内，属中国自由贸易区范畴。于 2013 年 9 月 29 日正式成立，初始面积 28.78 平方公里，涵盖上海市外高桥保税区、外高桥保税物流园区、洋山保税港区和上海浦东机场综合保税区等 4 个海关特殊监管区域。2014 年 12 月 28 日全国人大常务委员会授权国务院扩展中国（上海）自由贸易试验区区域，将其面积扩展到 120.72 平方公里。2015 年 4 月，国务院印发了《关于印发进一步深化中国（上海）自由贸易试验区改革开放方案的通知》，要求上海自贸区当好改革开放排头兵、创新发展先行者，继续以制度创新为核心，贯彻长江经济带发展等国家战略，在构建开放型经济新体制、探索区域经济合作新模式和建设法治化营商环境等方面，率先挖掘改革潜力，破解改革难题。要积极探索外商投资准入前国民待遇加负面清单管理模式，深化行政管理体制改革，提升事中事后监管能力和水平。上海自贸区建设是在新形势下为全面深化改革和扩大开放探索新途径、积累新经验的重要举措，主要任务是要探索中国对外开放的新路径和新模式，加快推动转变政府职能和行政体制改革，促进经济增长方式转变和优化经济结构，实现以开放促进发展、改革和创新，形成可以复制推广的改革经验，更好地发挥示范引领作用，服务全国的发展。

上海自贸区建设是以制度创新为核心，在更广领域和更大空间范围内积极探索以制度创新推动全面深化改革的新路径。上海自贸区自挂牌以来，按照国务院批准的总体方案，着力推进投资、金融、贸易和事中事后监管等领域的制度创新。在建立与国际投资贸易通行规则相衔接的基本制度框架方面，取得了重要的阶段性成果。目前，已经建立以负面清单管理为核心的投资管理制度，以贸易便利化为重点的贸易监管制度，加速推进以资本项目可兑换和金融服务业开放为目标的金融制度创新，基本形成以政府职能转变为导向的事中事后监管制度。

上海自贸区已形成的制度创新以及即将形成的制度创新，将为深化长三角一体化提供良好的经验，如负面清单管理制度、贸易监管制度、商事制度、反垄断制度等。负面清单管理制度是指政府规定哪些经济领域不开放，除了清单上的禁区，其他行业、领域和经济活动都许可的制度。上海自贸区未来将推动负面清单制度成为市场准入管理的主要方式，转变以行政审批为主的行政管理方式，制定发布政府权力清单和责任清单，进一步厘清政府和市场的关系。这就清除了政府对经济管理的壁垒，政府不管的事情、负面清单不管的事情就可以做。贸易监管制度主要是深化“一线放开”“二线安全高效管住”贸易便利化改革，加快形成贸易便利化创新举措的制度规范，并将这些规范覆盖到所有符合条件的企业。商事制度主要探索企业登记住所、企业名称、经营范围登记等改革，开展集中登记试点，推进“先照后证”改革，探索许可证清单管理模式，简化和完善企业注销流程。反垄断制度主要建立地方参与反垄断审查的长效机制，配合国家有关部门做好相关工作。在地方事权范围内，加强相关部门协作，实现信息互通、协同研判、执法协助。上述制度的创新和实行，意在健全市场机制，转变政府职能，使市场在配置资源中起决定性作用，这就意味着打破行政区划的限制，形成统一有序的市场，即实现一体化。

在长三角一体化的过程中，上海起着龙头带动作用。上海对长三角的辐射带动是全方位的，包括产业、资金、技术，甚至体制机制创新、发展理念和发展模式等。而随着上海自贸区建设的推进，上海的龙头带动作用还将进一步增强。如果将上海自贸区建设中良好的制度创新，如负面清单管理模式、贸易便利化方面的贸易监管制度、许可证清单管理模式中的商事制度、地方参与的反垄断制度等，在长三角地区进行推广复制，将更有力地带动长三角一体化、深化长三角一体化。

（二）“一带一路”战略

“一带一路”是“丝绸之路经济带”和“21 世纪海上丝绸之路”的简称，2013 年 9 月和 10 月由国家主席习近平分别提出建设“新丝绸之路经济带”和“21 世纪海上丝绸之路”的战略构想。2015 年 3 月国务院授权发布《推动共建丝绸之路经济带和 21 世纪海上丝绸之路的愿景与行动》，为共建“一带一路”指明了路线和方向。共建“一带一路”旨在促进经济要素有序自由流动、资源高效配置和市场深度融合，推动沿线各国实现经济政策协调，开展更大范围、更高水平、更深层次的区域合作，共同打造开放、包容、均衡、普惠的区域经济合作架构。共建“一带一路”战略致力于亚欧非大陆及附近海洋的互联互通，建立和加强沿线各国互联互通伙伴关系，构建全方位、多层次、复合型的互联互通网络，实现沿线各国多元、自主、平衡、可持续的发展。

“一带一路”的合作重点为政策沟通、设施联通、贸易畅通、资金融通、民心相通。政策沟通要求加强政府间合作，积极构建多层次政府间宏观政策沟通交流机制，共同制定推进区域合作的规划和措施，协商解决合作中的问题。基础设施互联互通是“一带一路”建设的基本内容，要加强基础设施建设规划、技术标准体系的对接，共同推进国际骨干通道建设，逐步形成连接亚洲各次区域以及亚欧非之间的包括交通、能源、信息通信等在内的基础设施网络。投资贸易合作是“一带一路”建设的重点内容，主要解决投资贸易便利化问题，消除投资和贸易壁垒，构建区域内和各国良好的营商环境，积极同沿线国家和地区共同商建自由贸易区，激发释放合作潜力，拓展相互投资领域，推动新兴产业合作，优化产业链分工布局，做大做好合作“蛋糕”。资金融通是“一带一路”建设的重要支撑，要深化金融合作，推进亚洲货币稳定体系、投融资体系和信用体系建设，加强金融监管合作，逐步在区域内建立高效监管协调机制，充分发挥丝绸之路基金以及各国主权基金作用，引导商业性股权投资基金和社会资金共同参与“一带一路”重点项目建设。民心相通是“一带一路”建设的社会根基，要广泛开展文化交流、学术往来、媒体合作、人才交流合作、青年和妇女交往、志愿者服务等，为深化双边或多边合作奠定坚实的民意基础。

“一带一路”涉及约65个国家，总人口44亿人，经济总量21万亿美元，长三角要抢抓“一带一路”建设的重要战略机遇期，充分利用“一带一路”合作机制和平台，布局全球，抱团出海，对接中国—东盟自贸区、新亚欧大陆桥经济走廊、孟中印缅经济走廊、中巴经济走廊，突出与中亚地区和俄罗斯的合作。长三角在对接“一带一路”方面有着区位、交通、产品和文化等先天优势。长三角直接面向海外，区域内高铁、高速公路和港口连成网络，交通发达，物流优势明显，各种产品颇具品牌效应，加之上海自贸区创新体制的辐射，长三角已经有自由贸易网的轮廓，长期形成的茶文化、水文化和工商文化等也可助力经济融合。深化长三角一体化，发挥长三角的整体优势，是长三角在新常态下发展的必然路径，也是参与“一带一路”建设的必然要求。深化长三角一体化，推动长三角一体化可持续发展，提升长三角城镇群发展质量和国际影响力，有利于形成国际竞争新优势，在更高层次参与国际竞争和合作。

（三）长江经济带战略

2014年9月国务院出台《国务院关于依托黄金水道推动长江经济带发展的指导意见》，长江经济带战略正式出炉。长江是货运量位居全球内河第一的黄金水道，长江通道是我国国土空间开发最重要的东西轴线，在区域发展总体格局中具有重要战略地位。依托黄金水道推动长江经济带发展，打造中国经济新支撑带，是党中央、国务院审时度势，谋划中国经济新棋局做出的既利当前又惠长远的重大战略决策。长江经济带覆盖上海、江苏、浙江、安徽、江西、湖北、湖南、重庆、四川、云南、贵州等11省市，人口和生产总值均超过全国的40%。长江经济带横跨我国东、中、西三大区域，具有独特优势和巨大发展潜力。在我国处于经济新常态的背景下，推动长江经济带战略，有利于挖掘长江中上游广阔腹地蕴含的巨大内需潜力，促进经济增长空间从沿海向沿江内陆拓展；有利于优化沿江产业结构和城镇化布局，推动我国经济提质增效升级；有利于形成上、中、下游优势互补、协作互动格局，缩小东、中、西部地区发展差距；有利于建设陆海双向对外开放新走廊，培育国际经济合作竞争新优势；有利于保护长江生态环境，引领全国生态文明建设，对于全面建成小康社会，实现中华民族伟大复兴的中国梦具有重要现实意义和深远战略意义。

国务院对长江经济带有四个战略定位。一是具有全球影响力的内河经济带，要求发挥长江黄金水道的独特作用，构建现代化综合交通运输体系，推动沿江产业结构优化升级，打造世界级产业集群，培育具有国际竞争力的城市群，使长江经济带成为充分体现国家综合经济实力、积极参与国际竞争与合作的内河经济带。二是东、中、西部互动合作的协调发展带，立足长江上、中、下游地区的比较优势，统筹人口分布、经济布局与资源环境承载能力，发挥长江三角洲地区的辐射引领作用，促进中上游地区有序承接产业转移，提高要素配置效率，激发内生发展活力，使长江经济带成为推动我国区域协调发展的示范带。三是沿海、沿江、沿边全面推进的对内对外开放带，用好海陆双向开放的区位资源，创新开放模式，促进优势互补，培育内陆开放高地，加快同周边国家和地区基础设施互联互通，加强与丝绸之路经济带、海上丝绸之路的衔接互动，使长江经济带成为横贯东中西、连接南北方的开放合作走廊。四是生态文明建设的先行示范带，统筹江河湖泊丰富多样的生态要素，推进长江经济带生态文明建设，构建以长江干支流为经脉、以山水林田湖为有机整体，江湖关系和谐、流域水质优良、生态流量充足、水土保持有效、生物种类多样的生态安全格局，使长江经济带成为水清、地绿、天蓝的生态廊道。

以上海为中心的长三角，无疑在长江经济带中发挥着龙头作用。长江经济带的战略定位，对长三角一体化提出了更高的要求。无论是构建现代化综合交通运输体系，实现互联互通，还是东中西互动合作协调，推进对内对外开放，统筹生态文明建设，长三角一体化都要走在长江经济带的前面，发挥示范带头作用，将形成的良好经验做法机制向其他地区推广。目前，长三角一体化正在逐步走向深入，区域合作从人流、物流、技术流、资金流和信息流的合作，开始走向制度的全面合作。深化长三角一体化可以充分利用建设长江经济带的机遇，在更高的层次上进行制度合作，实现长三角一体化，继而带动长江经济带一体化。

（四）其他国家战略

2009 年 6 月 10 日，国务院常务会议审议通过《江苏沿海地区发展规划》，江苏省沿海开发正式上升为国家战略。加快江苏沿海地区发展，拓展新的发展空间，将有效缓解长三角地区土地资源紧张状况，优化调整区域产业布局，推动产业升级，促进区域协调发展，进一步增强长三角地区整体实力和竞争力。规划要求坚持合理分工，促进一体化发展。根据资源条件和现有基础，加强区域内部资源整合，合理确定各地功能定位和主导产业，强化产业间的分工协作；统筹区域重大基础设施建设，提高共建共享、互联互通水平；加强行政管理和政策对接，形成统一市场体系，促进生产要素合理流动和优化配置。

2011 年 6 月 30 日，国务院正式批准设立浙江舟山群岛新区，是首个以海洋经济为主题的国家级新区。2013 年国务院正式批复了《浙江舟山群岛新区发展规划》，从港口合作、基础设施对接、与内陆互补发展三个方面对加强国内区域合作提出了要求。港口合作方面主要是完善上海、宁波和舟山港口合作机制，加快宁波—舟山港一体化进程，共同建设上海国际航运中心；基础设施对接主要是加快铁路、高速公路和航道建设，推进长三角地区交通网络一体化；与内陆互补发展主要是吸引内陆地区以各种形式参与舟山群岛新区建设。此外，在金融、信息、人才和旅游等领域加快与长三角地区的交流合作，协同建设长三角地区统一开放的市场体系和涉海公共服务体系。

2014 年 11 月 3 日，国务院正式批复苏南国家自主创新示范区，同意支持南京、苏州、无锡、常州、昆山、江阴、武进、镇江等 8 个高新技术产业开发区和苏州工业园区建设苏南国家自主创新示范区。批复指出，要充分发挥苏南地区科教人才优势和开发开放优势，积极开展激励创新政策先行先试，激发各类创新主体活力，加快科技成果转移转化，提升区域创新体系整体效能，努力把苏南国家自主创新示范区建设成为创新驱动发展引领区、深化科技体制改革试验区、区域创新一体化先行区和具有国际竞争力的创新型经济发展高地。

2015 年 6 月 27 日，国务院印发《关于同意设立南京江北新区的批复》，正式批复同意设立南京江北新区，南京江北新区建设上升为国家战略，成为中国第 13 个，江苏省首个国家级新区。江北新区位于南京市长江以北，拥有便捷的公路、铁路、水路和航空枢纽，是华东面向内陆腹地的战略支点，是长三角辐射中西部地区的综合门户，是长江经济带与东部沿海经济带的重要交会节点。江北新区的发展定位是国家级产业转型升级、新型城镇化和开放合作示范新区；长江经济带和长江三角洲的重要发展支点；南京都市圈和苏南地区的新增长极；南京市相对独立、产城融合、辐射周边、生态宜居的城市副中心。

四 新常态下深化长三角一体化面临的挑战

（一）行政区划限制

行政区划是国家进行区域划分和行政管理的重要手段和制度，是国家根据政治和行政管理的需要而分级划分的区域，在行政区域内设立同级地方政府，对本行政区划内的政治、经济、文化等事务进行统一管理。长期以来，我国的经济格局是按照行政区划来划分的，形成了独具特色的行政区经济，这是由行政区划对区内经济的刚性约束造成的。这也是我国从传统的计划经济体制向社会主义市场经济体制转轨所必然面临的问题。行政区经济从产生伊始就有先天的局限性，对区域一体化的发展有许多不利影响，主要表现在行政区经济的封闭性上。

行政区经济的封闭性导致资源流动不畅、产业趋同。行政区划的本质是对政治和权力的空间配置，资源是地方政府博弈的重要砝码之一。地方政府必然会利用行政权力影响资源的自然流动。地方保护是行政区经济封闭性的主要表现。出于对地方利益最大化的追求，地方政府会阻止稀缺性资源的流出，对于经济效益大的项目会重复建设，造成生产资源的非优化配置和生产结构的不合理布局。行政区划存在封闭性，加之当前经济发展情况依然是考核地方官员的重要指标，导致地方政府凡事从地方利益出发，往往破坏了区域一体化的进程。虽然长三角一体化取得了很大的进展，形成的合作协调机制在一定程度上打破了行政区划带来的弊端，但行政区划带来的限制依然是长三角一体化面临的最大的阻碍，这可以从长三角地区的机场建设、港口建设和战略性新兴产业发展情况看出大概。

长三角地区目前拥有19个机场，区域内相当于每万平方公里拥有0.9个机场，已经超过美国每万平方公里0.6个的水平。由于机场属地化管理政策的推行，一旦建成了飞机场，地方政府就容易进行招商引资活动，这样就更能带动当地经济发展，这充分调动了地方政府的积极性，各地方政府纷纷投资兴建机场，甚至以财政补贴的形式重复开航线。这种同质化现象造成了极大的资源浪费，由于高速铁路和高速公路逐渐成网分布，许多人去上海乘机，这也导致了江苏、浙江两省许多机场处于亏损的窘境。此外，长三角机场群19座机场分别归属18个城市的十几个管理机构，要实现协同发展，仅沟通成本就很高。再从港口建设来说，长三角有着全国最大的港口群，但随着港口管理权下放，出现了以城市为单元利用港口资源的“争位战”，呈现地方利益主导下的重复建设和争夺货源、抢占腹地的无序竞争。港口物流是个跨行业、跨部门、跨地区的基础性产业，具有强大的经济渗透力和带动效应，正因为如此，各地政府纷纷加快港口建设，由此造成同质化现象严重和低水平竞争。

再从长三角发展战略性新兴产业来说，上海把新一代信息技术、高端装备制造、生物产业、新能源、新材料产业作为重点；江苏确定了发展新能源、新材料、生物技术和新医药、节能环保、新一代信息技术和软件、物联网和云计算、高端装备制造、新能源汽车、智能电网和海洋工程装备等十大战略性新兴产业；浙江确定九大战略性新兴产业，重点发展新一代信息技术、新能源、生物与现代医药、智能装备制造、节能环保产业、海洋新兴产业、新能源汽车、新一代信息技术和物联网产业、新材料产业和核电关联产业等新兴产业。江浙沪三地的战略性新兴产业发展基本相同，由此可见，三地的产业发展同构化现象严重。

（二）市场机制不健全

长三角经济一体化有其内在的规律性，是长三角区域经济发展的必然趋势，是内生于区域经济发展进程的，是由区域内部各次区域间商品和要素流动密度不断加大而产生的区域整体化趋势增强的过程和状态，由市场机制在资源配置中发挥的决定性作用所致，而非由政府主导自上而下就能如愿。长三角是市场机制发育比较成熟的地区，成熟的市场机制，推动了长三角地区生产要素的流动，使分工合作从计划经济体制下的行政分割，发展到产业分工、产品分工，并逐步向产业链分工发展，并成为长三角区域经济一体化的源泉和基本动力。2014 年 12 月签署了《推进长三角区域市场一体化发展合作协议》，力图打破条块分割的政策和体制障碍，加快探索建立统一的区域市场规则体系。共同研究制定适应技术创新与商业模式创新要求的准入制度，健全市场化退出机制。在长三角率先推进实施市场流通领域的国家、行业和地方标准，加强标准与产业政策、市场准入、监督管理等的有效衔接。继续清理市场经济活动中含有地区封锁内容、妨碍公平竞争的规定及各类优惠政策，促进规则透明、竞争有序。然而，长期以来的计划经济传统、地方利益保护意识等，地方政府的过多干预还一时间难以破除，这严重影响了长三角一体化走向深入。

政府干预较多主要表现在微观领域，即企业间竞争带有明显的行政色彩。我国虽然确立了建立社会主义市场经济体制，十八届三中全会以后又确定让市场在资源配置中起决定性作用，但由于相应配套的政治体制改革并未完善，政企并没有完全分开，企业不具备独立的市场地位，在经济活动中受行政权力的制约和影响非常明显。企业之间的竞争变成了地方政府之间的竞争，如招商引资，本应由企业出面洽谈项目并引进投资，结果政府与投资者洽谈，并承诺各种优惠政策，俨然成为一个投资者。长三角地区的吸引外资“大战”，各地过度给予外商在土地、税收等方面的优惠政策，造成了单位土地外资强度低下、招商成本高企，甚至引进不少高资源消耗、高污染的产业。其中，不断攀比的税收优惠政策、大幅度地压低地价是一顽症；社会保障制度的地区不一致，既造成了劳工利益的不平等，也导致了商务成本的不平等和市场竞争的不公平。政府在产业层面上也存在过多干预，主要体现在政府发布的产业指导目录上。产业指导目录实际上起到了指挥棒的作用，而对于一般性产业来说，发展哪些行业或选择何种路线应该由企业决定。行政权力在企业中的延伸必然会破坏正常的市场秩序，也不利于企业的健康发展。另外，国有经济在许多领域的强势控制，在某种程度上抑制了市场机制的资源配置作用。

（三）基础设施建设存在瓶颈

长三角一体化的前提是区域内各种要素的充分流动，其中主要包括人流、物流、资金流以及信息流，支撑这四大流的基础设施则是畅通的区域交通网和完整的城市信息系统网。在长三角地区，经过多年建设，现已初步形成公路、铁路、航空、水运、管道五种运输方式齐全并相互配套的现代综合运输体系。基础设施供给与需求水平较高，人均客运量、货运量、电信业务量、邮电业务量和道路铺装面积都高于全国平均水平，铁路和高速公路网密度也在全国领先。长三角水网密布，连通江海，港口比其他沿海地区具有明显优势。随着城市化进程的不断加快，长三角地区的城市基础设施建设也取得了长足发展，其发展水平在全国已处于领先地位。供水、供电、供气能力及城市道路建设等在全国位居前列。同时，长三角地区许多城市都在积极建设生态园林城市，城市生态基础设施建设也取得了相应的发展。然而，在取得成绩的同时，长三角地区基础设施建设仍然存在瓶颈，这深刻影响了长三角一体化进程，主要表现在如下几个方面。

一是综合性大通道相对不足，枢纽城市不同运输方式的配套衔接不畅。长三角地区的基础设施建设虽然总体上在全国处于领先水平，但区域内高等级基础设施尚未形成网络。以交通为例，长三角城际通道尚未形成，沟通上海、南京、杭州、宁波四大交通枢纽的跨省市公路通行能力明显不足，通道空间资源约束与增加公路能力的矛盾日益显现。枢纽城市的航空、铁路、公路站场与港口布局之间合理衔接问题长期未得到解决。集装箱“门到门”运输优势远未得到充分发挥。

二是港口结构性矛盾突出，港群内部竞争十分激烈。长三角地区港口发展很快，但结构性矛盾突出，发展很不平衡，主要表现在公用码头和货主码头发展不平衡、大型深水泊位与中小泊位发展不平衡以及大型专业泊位与通用泊位发展不平衡。从总体看，集装箱、进口铁矿石和原油等专业泊位能力明显不足。同时，长三角港口群的发展缺乏统筹规划，各港发展在相当程度上还存在无序竞争、定位雷同和重复建设等问题。

三是航空运输市场空间不平衡，缺乏高质量的国际空港和机场群。目前，长三角地区有大小机场 19 座，整体密度比较高。区内只有上海浦东、虹桥国际机场、南京禄口机场、杭州萧山机场开辟了欧美航线，但国际航线航班密度不高，多集中于上海的两个机场，客货吞吐量和航班密度也远远落后于一些世界国际航空枢纽。上海两大机场与杭州萧山和南京禄口及其他几个国内民用机场缺乏有效分工合作。另外，上海国际空港同铁路未能有效衔接，直接影响了其便捷程度。

四是各级物流中心城市的功能定位不明确。长三角不少行业或部门都热衷于搞物流中心、配送中心和交易中心。但这些中心大多自成体系、独立运作，相互之间很少联系，以致部门分割、行业垄断和地方封锁。

五是信息基础设施建设滞后，不能带动长三角一体化的深化发展。作为区域经济发展的基础性和先导性产业，信息基础设施建设对推动区域信息化发展，促进区域经济增长方式转变有至关重要的作用。长三角信息基础设施建设粗具规模，但也存在信息资源割据、城乡数字鸿沟、信息产业趋同的情况，且长三角两省一市信息化进度不一，如 2014 年上海互联网普及率为 71.1%，浙江互联网普及率为 62.9%，江苏互联网普及率仅为 53.8%。长三角信息化的内部不均衡程度不能满足深化长三角一体化的需要，急需区域统筹和加强建设。

（四）产业同构现象严重

长三角地区产业规模较大，等级层次较高，体系也相对完善，但产业一体化的程度不高，协同不足，产业同构现象较为严重，特别是制造业竞争激烈。根据 2013 年江苏、上海和浙江的统计年鉴显示，江苏前 8 大制造业部门依次为计算机、通信和其他电子设备制造业，化学原料和化学制品制造业，电气机械及器材制造业，黑色金属冶炼和压延加工业，通用设备制造业，纺织业，汽车制造业，金属制品业；上海市前 8 大制造业部门依次为计算机、通信和其他电子设备制造业，汽车制造业，化学原料和化学制品制造业，通用设备制造业，电气机械及器材制造业，石油加工、炼焦和核燃料加工业，黑色金属冶炼和压延加工业，专用设备制造业；浙江前 8 大制造业部门依次为纺织业，电气机械和器材制造业，化学原料和化学制品制造业，通用设备制造业，橡胶和塑料制品业，黑色金属冶炼和压延加工业，计算机、通信和其他电子设备制造业，化学纤维制造业。从中可以看出，江苏与上海之间的产业同构问题较为严重，产值最高的前 8 个制造业部门有 6 个重合；江苏与浙江之间的产业同构性也较为严重，产值最高的前 8 个制造业部门也有 6 个重合；上海与浙江之间的产业同构性稍弱，产值最高的前 8 个制造业部门有 5 个重合。这也充分说明江浙沪地区主导产业高度重合，产业协同发展依然任重而道远。

面对经济新常态下的产业转型升级，各地进行了产业调整。然而在市场分割和地方政府利益最大化的驱动下，长三角不少城市的发展战略定位高度趋同，制造业调整方向也比较接近，前述的战略性新兴产业就是一个例子。再从产业布局来看，不少城市强调大力提升本地配套率，延伸本地产业链，各城市都存在不同程度的“大而全”“小而全”的布局倾向。再从产业转移看，上海在提升其国际高端服务业中心地位的同时，并没有将相关的高端制造环节向外转移，这样，江苏以研发服务为代表的生产性服务业和智慧服务业难以获得上海诸多跨国公司总部集聚的外溢效应，江苏制造业的品牌竞争力提升必然会受到很大限制。另外，江苏制造业的进出口贸易不少要通过上海跳转进行结算，使得江苏苏北沿海港口城市长期受到制约。

应该说，相邻区域间产业结构的适度同构有利于产业空间集聚和行业集中，是产业集群与区域产业协同发展的基础。但是长三角地区存在的严重同构问题，实质上是地方行政体制分割下地方政府过度竞争导致的结果，因此在这种体制下，产业同构将不利于长三角区域产业集群的形成与发展，不利于长三角产业协同和一体化发展。

五　新常态下深化长三角一体化的思路与对策

（一）顶层设计

顶层设计是运用系统论的方法，从全局的角度，对某项任务或者某个项目的各方面、各层次、各要素统筹规划，以集中有效资源，高效快捷地实现目标。长三角一体化显然是个系统工程，需要自上而下进行系统谋划。深入推进长三角一体化，需要在体制机制上进行创新，要从要素合作更多地转向制度合作，在更深层次上打破行政区划的藩篱，建立健全长三角互动合作机制，推动长三角一体化深化发展。

一是借鉴京津冀一体化的经验，成立更高层次的协调机构。为加快京津冀一体化进程，三地签订了《贯彻落实京津冀协同发展重大国家战略推进实施重点工作协议》等多个合作框架协议，并成立了京津冀协同发展领导小组及相应办公室，由国务院常务副总理张高丽担任组长，以此加强京津冀协同发展

的顶层设计和统筹协调。面对全新的发展形势和一体化的要求，长三角地区跨三省一市，地域范围广、协调难度大，各城市之间有必要签署双边、多边合作协议框架，并超越“三省一市”层面在国家层面成立协调机构，加强统筹协调，解决重大事项，为长三角一体化提供制度保障，实质性推动长三角一体化发展。

二是加强长三角地区三省一市各个层面发展规划的有效衔接。规划也是一种协调机制，当前各地正启动制定“十三五”规划，长三角一体化发展规划要加快启动，三省一市相关部门要加强规划对接，共同研究交通基础设施、生态环境保护、产业转移对接、产业协同发展、市场一体化和公共服务一体化等区域性重大问题，修改完善相关规划。实现长三角规划与长三角地区各地“十三五”规划、各城市规划之间的有效衔接，以指导、引导长三角各城市协调发展。

（二）深化经济体制改革

长三角一体化要求建成区域一体化市场，形成统一开放、竞争有序的市场秩序，这就要求打破地区封锁和行业垄断，构建有利于推动资本、技术、产权等生产要素自由流动和优化配置的制度安排，形成人才市场、金融市场、技术市场、旅游市场乃至口岸、生态环保、公共服务一体化的政策环境、市场环境。使市场在资源配置中起决定性作用，这也是我国深化经济体制改革的一个重要方向。深化经济体制改革，势必要求转变政府职能，逐步形成权力清单、责任清单、负面清单管理新模式，实现政府法无授权不可为、法定职责必须为，市场主体法无禁止即可为，努力建设法治政府和服务型政府。长三角地区应该充分发挥中国（上海）自由贸易试验区溢出效应，深化经济体制改革，推进长三角区域市场一体化建设。

首先，实行规则体系共建，制定清理、废除妨碍长三角地区统一市场和公平竞争的各种规定、做法。制定实行市场准入负面清单制度的指导意见和负面清单草案，出台负面清单制度改革试点办法并开展试点。促进产业政策和竞争政策有效协调，建立和规范产业政策的公平性、竞争性审查机制。改革市场监管执法体制，推进重点领域综合执法。落实社会信用体系建设规划纲要，出台以组织机构代码为基础的法人和其他组织统一社会信用代码制度建设总体方案，推动信用记录共建共享。制定深化标准化工作改革方案，组织开展贸易流通管理体制改革发展综合试点。

其次，要加快形成商事制度新机制，深化落实注册资本登记制度改革方案，深入推进将工商登记前置审批事项改为后置审批等相关改革，推行全程电子化登记管理和电子营业执照，加快实现“三证合一、一照一码”，清理规范中介服务。简化和完善企业注销流程，对个体工商户、未开业企业以及无债权债务企业试行简易注销程序，构建和完善长三角统一的企业信用信息公示系统，建立严重违法和失信企业名单制度，实施企业年度报告、即时信息公示、公示信息抽查和经营异常名录制度。

最后，要实现市场信息互联互通。推进长三角各地方电子口岸平台逐步实现互联互通和信息共享，形成联网申报、核查和作业的通关协作机制，建立长三角区域便捷通关企业统一认定标准和管理互认机制。依托长三角城市市场信息协作网，加强区域商务信息沟通与合作，提高市场运行分析监测水平，引导长三角区域市场资源的优化配置。

（三）基础设施建设一体化

推进长三角地区跨区域重大基础设施一体化建设，提升交通、信息等基础设施的共建共享和互联互通水平，形成分工合作、功能互补的基础设施体系，对于增强区域发展支撑能力，深化长三角一体化有基础和先导作用。

便捷、高效的现代化交通运输体系是支撑经济运行、促进经济成长、提高发展质量、促进社会进步的基础，区域经济一体化的前提是交通运输一体化，率先基本实现现代化的重要前提条件是实现交通运输现代化。应充分考虑上海作为长三角城市群的首位城市与周边城市的关系，确立中心城市与各业务核心城市的功能定位和分工，通过联合开发城际高速铁路和高速公路走廊，建成大容量快速综合交通系统。物流作为生产性服务业，关系着区域内城市间的互联互通，关系着区域内产业转型升级，也关系着居民生活水平的改善和提高，物流的高效一体化深切影响到长三角一体化。由于占货运总量75%以上的公路物流是主体，要以互联网、物联网和大数据为武装，打造长三角公路网络运营系统，形成线上、线下融合互动的一张大网。推进江、浙、沪、皖四地航运、物流、仓储企业联合重组，提升航运物流服务业水平，共享“三个中心建设”的优惠政策。要尽快建立以上海港、宁波港、舟山港、洋山港、张家港、南通港与连云港为支撑的长三角港口集团，明确各自定位和业务分工。要借鉴航运发达国家或地区的航运支持政策，出台实施国际航运方面具体的业务支持政策，提高长三角地区航运企业的国际竞争力。

加强长三角信息基础设施建设，深化长三角信息化合作，对于进一步发挥信息化带动作用，加快长三角经济社会一体化发展，具有重要意义。信息基础设施包括空间信息基础设施和网络基础设施，要加快二者的建设进度，并完善信息资源共建共享机制，促进长三角地区政务信息资源开发、应用与共享。要完善并统一空间信息的数据标准，建立完整的地理空间信息库，将长三角主要城市建成区域性信息港及智能型现代化城市。加快下一代互联网、新一代移动通信与地面数字电视等系统建设，积极推进“三网融合”，提高网络资源综合利用和信息交互能力。大力推进长三角地区交通、社会保障等“一卡通”工程，并确保能在长三角地区通用。

（四）加强产业协同

长三角地区产业协同程度不高，主要是由于长三角地区产业能级较低，在全球价值链中处于中下游环节。而提高区域产业能级、向全球价值链高端攀升的关键在于扶持技术创新。因此，加强区域间技术创新合作，共建中心城市与其他城市之间的区域技术创新协作网络，可以为推进产业协同和提升产业能级提供动力支撑。要充分利用长三角地区，特别是上海、江苏的人才和研发机构的优势，建立一个区域一体化的创新网络。这个网络包括共性技术研发、科学实验室共享、信息技术交流、成果转化服务、风险投资等，一体化创新网络的建设可以助推长三角产业链向高端提升，提高长三角企业的产业层次和竞争力，促进区域产业联动和协同转型升级。考虑以两省一市名义联合向国务院申报建立长三角科技创新综合改革示范区，选择地理位置接近、创新基础较好的若干城市，率先在创新理念、创新体系、体制机制、政策法规等方面大胆先行试验一些重大的科技创新政策措施，探索促进区域自主创新一体化的财政、税收、金融、风险投资、环境资源和人才等相关政策，促进自主科技创新，促进各种科技要素在区域内的自由流通，积累改革经验。

在产业合作方面，可以发挥长三角各城市之间的互补优势，完善产业转移和对接合作机制。长三角各城市的发展有梯度和差异，可以在产业间形成一种既配套协作，又优势互补的关系，拓展相互的腹地和市场，形成一体化的产业链。可以通过以下几种渠道创新利益分配机制，来推动建立跨区域经济合作开发区，达到产业合作的目的。一是完善目前已经比较成熟的分税制模式，让合作双方取得双赢；二是采用股权投资模式，根据股权份额分配开票收入；三是合作双方财政部门通过协议商定一定期限内开发区的收益分配标准。江苏、浙江两地综合商务成本远低于上海，劳动力素质高，以产业链共建为路径，以开放合作的模式充分吸纳外部力量，创造互促共赢局面，使全产业链、全价值链上的各方通过产业链共建产生关联效应。

在企业合作方面，推动建立长三角区域企业间联盟。这个企业联盟既包括本地企业与跨国企业的联盟，也包括本地企业间的联盟。前者可以充分利用跨国企业技术、管理和创新等方面的溢出效应，推动本土企业管理与技术升级，做大做强，从而带动长三角产业技术水平的升级；后者着重解决本地企业规模偏小、产业同构问题突出的竞争劣势，通过建立健全企业服务体系，充分发挥行业协会等中介服务机构的功能，为本地企业提供研发、咨询、后勤等方面的一体化服务，逐步培育一批区域性特色行业和大型企业集团，足以与跨国公司展开有效竞争与合作。长三角地区的石油产业、服装工业和家电产业等，具有相似性和互补性，可以适当进行产业重组和跨区域联盟，形成一批能立足长三角地区甚至全球的大型企业集团，以带动长三角地区的产业发展。

参考文献

薄文广、周立群：《长三角区域一体化的经验借鉴及对京津冀协同发展的启示》，《城市》2014 年第 5 期。

井晓西：《行政区划和区域经济一体化关系探讨》，《党政干部学刊》2008 年第 7 期。

石碧华：《长三角城市群产业联动协同转型的机制与对策》，《南京社会科学》2014 年第 11 期。

胡国良：《承接产业、接受服务、同享政策、共建园区——对江苏融入长三角一体化发展、率先发展路径与对策的思考》。

王维：《充分利用上海自贸区溢出效应，提升长三角地区开放型经济水平的思路与对策研究》。

分 报 告

Sub Reports

B.2

江苏经济强的目标内涵、现实挑战与提升对策研究

王庆五 吴先满 等*

摘 要： 2014年底，习近平总书记视察江苏并指导工作时发表重要讲话，要求江苏要从经济发展、现代农业、民生建设、文化建设和党的建设这五个方面迈上新台阶，把江苏建设成为经济强、百姓富、环境美、社会文明程度高的新江苏。习近平总书记的这一重要讲话，为江苏未来的经济社会发展给予了新的定位，指明了前进的方向，提出了新的任务。建设经济强的新江苏，是迈上新台阶、建设新江苏的重要组成部分，本

* 课题负责人：王庆五，江苏省社会科学院党委书记、院长、教授；课题执行协调人：吴先满，江苏省社会科学院党委委员、副院长、研究员；课题组成员：章寿荣，江苏省社会科学院科研组织处处长、研究员；陈柳，江苏省社会科学院区域发展研究中心副主任、副研究员；程俊杰，江苏省社会科学院区域发展研究中心助理研究员；赵锦春，江苏省社会科学院农村发展研究所助理研究员。

文就此做分析研究。

关键词： 江苏 经济强 新常态

一 江苏经济强的目标内涵与衡量指标

一个强经济体，表现在综合实力强、产业结构优、质量效益好、创新能力强、市场活力旺、经济风险小等方面。

（一）综合实力强

发展是硬道理，保持江苏经济综合实力强是保证江苏经济、社会、文化全面发展的关键，综合实力强为江苏实现“两个率先”发展目标提供了动力支撑。衡量经济发展综合实力的指标主要包括经济总量、人均 GDP 水平以及单位面积经济密度值三个指标。其中，经济总量，即国内生产总值，是指一定时期内，国家或地区所生产出的全部最终产品和劳务的价值，是衡量国家或地区经济状况的最佳指标。GDP 水平不仅可反映国家或地区的经济表现，还可以反映国家或地区的财富。人均 GDP 是 GDP 与常住人口的比值，能够准确反映地区的人民生活水平。单位经济密度是指单位面积土地上经济效益的水平，是每平方千米土地的产值，表征了单位面积上经济活动的效率和土地利用的密集程度。

（二）产业结构优

产业发展是经济增长的基石，先进制造业和现代服务业是构成现代产业体系的主干，产业结构优化为江苏提供了经济转型升级的现实保障。产业结构优的衡量指标主要包括三次产业贡献率、高新技术产业贡献率以及先进制造业贡献率三个二级指标表示。其中，三次产业占 GDP 比重能够反映农业、工业以及服务业增加值对 GDP 的贡献率差异，是衡量宏观经济增长产业结构的重要指标。高新技术产业贡献率是江苏高新技术产业总产值占工业总产值的比重，体现了江苏产业转型升级中高新技术产业发展的动态变化，反映了制造业中高新技术行业对工业发展的拉动作用。最后，先进制造业贡献率用铁路、船舶、航空航天和其他运输设备制造业，电气机械和器材制造业，计算机、通信和其他电子设备制造业以及仪器仪表制造业四类细分行业的利润总额占当年 GDP 比重衡量，反映了先进制造业成长对经济发展的拉动作用。

（三）质量效益好

经济发展，产业转型升级的最终目的要落到保障经济发展质量效益提升上来，质量效益好的经济发展特征为江苏实现增长方式转型搭建了目标远景。经济发展质量效益好的衡量指标包括：财政收入和居民收入占 GDP 比重、企业利润率、企业资产保值增值率、有效劳动生产率以及全要素生产率六个二级指标。其中，财政收入和居民收入占比，反映了江苏经济增长对地方政府和居民收入水平的提升，体现了江苏经济增长的实效；企业利润率和企业资产保值增值率反映了以企业为代表的江苏经济主体在发展过程中获得的利润收益和资本收益，体现了企业在经济发展中的收益；而有效劳动生产率以及全要素生产率则分别衡量了江苏经济发展对劳动力效率水平以及技术进步的促进作用。

（四）创新能力强

创新驱动是“新常态”下经济增长的动力源泉，多项创新战略规划加快江苏经济转型步伐，创新能力强为江苏经济可持续增长提供接续保障。创新能力强的衡量指标有：县级以上政府部门所属研究与开发机构研发经费支出占 GDP 比重、大中型企业研发经费支出占 GDP 比重以及三种专利授权量三个二级指标。其中，政府与企业研发经费支出占 GDP 比重，反映了政府与企业所属的研发机构在研究开发活动中的经费投入，是衡量地区研发情况的重要指标；三种专利授权量反映了江苏省内研发领域的项目立项总数和实际获得的专利技术审批量。

（五）市场活力旺

法治化、国际化的营商环境为江苏企业发展释放更多的活力，为促进各种利益主体都能在江苏市场上公平竞争提供了制度保证，市场活力旺开拓了江苏经济转型发展的新空间。衡量市场活力旺的指标有：企业市场竞争能力、政府

简政放权措施、私营以及中小企业主营业务收入占 GDP 比重以及私营及中小企业主营业务收入之和占全部工业企业主营业务收入比重五个细分指标。其中，企业竞争能力是体现了江苏省内企业在国内同类型企业竞争优势，衡量了工业企业在全行业内部的纵向竞争能力；政府简政放权的措施数量反映了江苏政府在促进企业发展，激活市场活力中的政策支持；而私营以及中小企业主营业务收入占 GDP 比重与私营以及中小企业主营业务收入之和占全部工业企业主营业务收入比重分别体现了私营以及中小企业对经济增长的贡献率以及不同利益主体在市场竞争中所处的地位和竞争能力，是衡量江苏市场活力的关键变量。

（六）经济风险小

在发展中升级、在升级中发展，江苏经济发展调速不减势，量增质更优，“风险小，可调控”为江苏经济稳定增长提供政策抓手。衡量江苏经济风险小的指标有：年末城镇登记失业率、居民消费物价指数以及工业生产者出厂价格指数三个二级指标。其中，年末城镇登记失业率反映了失业人口变化情况；而消费者物价指数以及工业生产者出厂价格指数反映了经济增长过程中消费品价格和商品出厂价格波动幅度。

基于上述分析，我们构建江苏经济强的衡量指标体系如下。

表 1　江苏经济强衡量指标体系

一级指标	二级指标	变量说明	数据来源
综合实力强	经济总量	反映一定时间内地区的财富总额	《江苏年鉴》
	人均 GDP	反映地区的人民生活水平	同上
	单位经济密度	反映土地单位面积经济活动效率	同上
产业结构优	三次产业贡献率	宏观经济增长产业结构	同上
	高新技术产业贡献率	反映高新技术行业以及先进制造业成长对经济发展的拉动作用	同上
	先进制造业贡献率		同上
质量效益好	财政收入占比	反映江苏经济增长对地方政府和居民收入水平的提升作用	同上
	居民收入占比		同上
	企业利润率	反映江苏经济主体在发展过程中获得的利润收益和资本收益	同上
	企业资产保值增值率		同上
	有效劳动生产率	反映劳动力效率和技术进步水平	同上
	全要素生产率		同上

续表

一级指标	二级指标	变量说明	数据来源
创新能力强	政府研发支出占比	反映政府与企业所属的研发机构在研究开发活动中的经费投入	同上
	企业研发支出占比		同上
	三种专利授权量	反映研发成果数量	同上
市场活力旺	企业市场竞争力	反映同类型同行业企业竞争优势	同上
	政府简政放权措施数量	反映政府政策支持	同上
	私营企业主营业务收入占 GDP 比重	反映私营和中小企业对经济增长的贡献率	同上
	中小企业主营业务收入占 GDP 比重		
	私营及中小企业收入之和占全部企业比重	反映不同利益主体经营现状对比	同上
经济风险小	城镇登记失业率	反映失业人口变化情况	同上
	消费物价指数	反映消费品价格	同上
	工业生产者出厂价格指数	反映商品出厂价格	同上

二 江苏经济强的绩效评价

根据目标内涵，构建经济强省的评价指标体系，对江苏经济强省建设的绩效进行定量评价。

（一）综合实力强

1. 经济总量大

江苏历来是我国重要的经济大省，江苏省的综合经济实力位居全国前列，2014 年江苏省 GDP 总量达到 65088.30 亿元，全省 GDP 占全国比重达到 10.23%，再次成为仅次于广东 67792.24 亿元的第二个经济大省，超过排名第三位的山东 5661.7 亿元。2009 年以来江苏 GDP 总量占到全国 GDP 的 10% 以上，并延续至今；从 GDP 增长率来看，2014 年江苏 GDP 比上年增长 8.7%，超过排名第一位广东 7.8% 的增长率，在华东六省中仅次于安徽 9.2% 的增速，成为排名第二位的快速增长的经济体。

2. 人均 GDP 水平高

除港澳台地区外，江苏人均 GDP 多年位居全国前列，2014 年江苏人均 GDP 为 81874.26 元，成为继天津、北京以及上海之后，人均 GDP 排名第四位的省份，超过广东 6106.18 元。从江苏人均 GDP 的增速看，江苏人均 GDP 增速与全国人均 GDP 增速的波动基本保持一致，而考察期内，人均 GDP 平均增速高于全国 1.3 个百分点。2014 年江苏人均 GDP 增速为 9.9%，略低于全国的 11.8%，是国内经济规模和人均 GDP 增速均较快的省份之一。

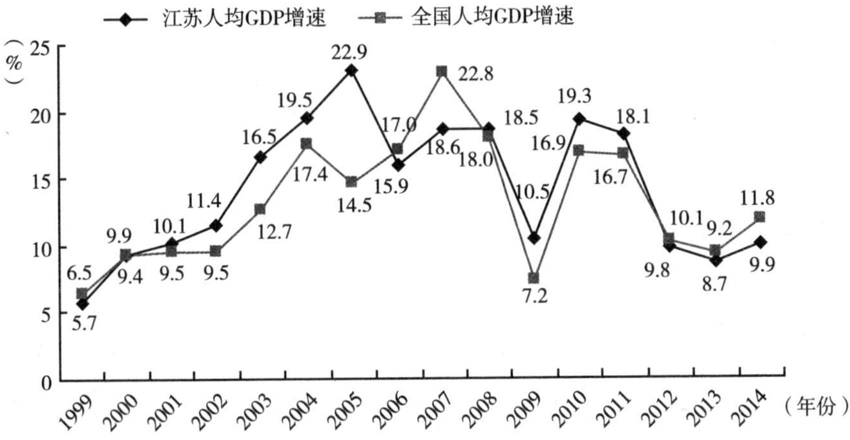

图 1　1998 ~ 2014 年江苏人均 GDP 增速与全国比较

3. 经济密度高

江苏省是国内省辖区面积小，而经济规模较大的省份之一，全省面积仅为 10.26 万平方公里，排名第 24 位，面积小于安徽省、福建省，略大于浙江省，较小的辖区面积和较大的经济规模形成了较大的经济密度，在辖区面积不变的情况下，江苏经济密度随着 GDP 总量的提高而逐年提高，1990 年江苏经济密度为 138.06（元/平方公里），2014 年经济密度达到 6343.89（元/平方公里），达到全国均值的 9.57 倍。

（二）产业结构优

1. 工业占比显著、服务业占比增幅明显

剖析江苏经济增长的内在动力机制可以看出，三次产业对江苏经济增长的

贡献在不同年份存在差异。其中，农业对江苏经济增长的贡献逐年下降，从2000年的0.5%下降到2013年的0.2%；工业对江苏GDP增长的贡献率存在一定的波动性，2004年工业对江苏GDP增长的贡献率达到历史高位，为9.4%，随后呈现一定的下降趋势，但工业始终是江苏经济的支柱产业；第三产业对江苏经济增长的贡献在2006年出现拐点。2006年之前，工业对江苏GDP增长贡献率逐年上升，而在2006年之后则逐年下降，服务业的贡献率同样存在先上升而后下降的特征，近年来趋于稳定（见图2）。2014年服务业增加值为30396.5亿元，占GDP比重达到46.7%，与发达国家仍有一定差距，江苏服务业和制造业发展仍有较大空间。

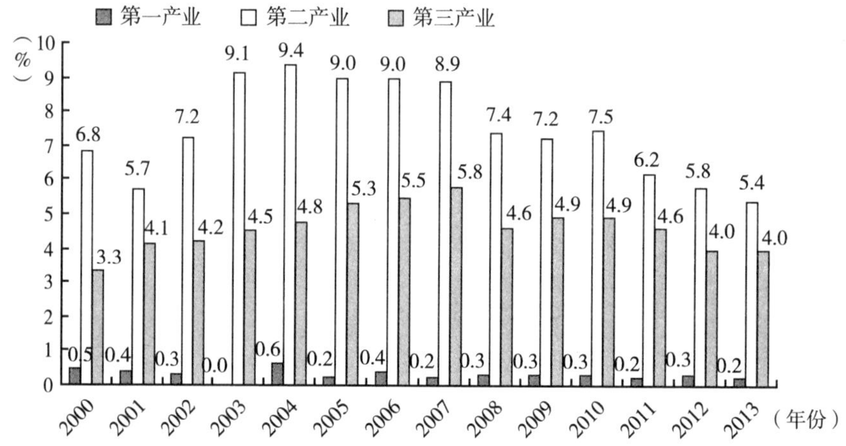

图2　2000～2013年三次产业对江苏GDP增长的拉动作用

2. 高新技术产业贡献率

江苏高新技术产业比重高。2005年至今，江苏高新技术产业企业总产值均显著高于全国平均水平，2005年江苏高新技术产业总产值占工业总产值的比重为24.24%，高于全国平均的13.92%，是全国工业企业中高新技术企业占比较高的省份；而到了2013年江苏的这一比重达到38.54%，远超全国12.07%的平均水平，年均增长1.79%，同样高于全国平均水平，2014年江苏高新技术产业总产值为57277.3亿元，同比增长10.4%，江苏已然成为高新技术产值较高、增速较快的省份（见图3）。

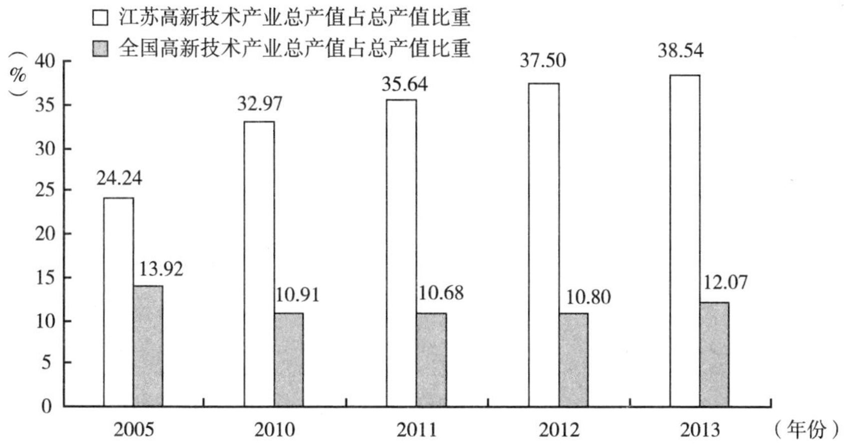

图3　江苏高新技术产业发展情况及全国比较

3. 先进制造业贡献率

用铁路、船舶、航空航天和其他运输设备制造业，电气机械和器材制造业，计算机、通信和其他电子设备制造业以及仪器仪表制造业四类细分行业的利润总额占当年 GDP 比重衡量先进制造业发展对经济增长的贡献率，反映了先进制造业成长对江苏经济发展的拉动作用。2007 年江苏铁路、船舶、航空航天和其他运输设备制造业，电气机械和器材制造业，计算机、通信和其他电子设备制造业以及仪器仪表制造业四类先进制造业利润总额达到 737.73 亿元，占同期 GDP 比重达到 0.28%。随后，2008～2011 年江苏先进制造业利润总额呈逐年递增态势；2011 年先进制造业利润总额占 GDP 比重有所下降，之后保持平稳态势，2013 年江苏先进制造业利润总额达到 1988.89 亿元，是 2007 年的利润总额的 2.7 倍，利润占 GDP 比重达到 0.35%，是 2007 年的 1.25 倍，表明江苏先进制造业对 GDP 的贡献有较大提升（见图 4）。

（三）质量效益好

1. 财政收入逐年提高、居民收入占比下降

江苏经济增长对地方财政收入具有较强的拉动作用，经济增长的质量效益较高，经济实惠普及地方政府。其中，江苏财政收入占 GDP 比重逐年提高，1995 年江苏地方财政收入占 GDP 比重为 6.8%；2013 年增长为 29.3%，年均

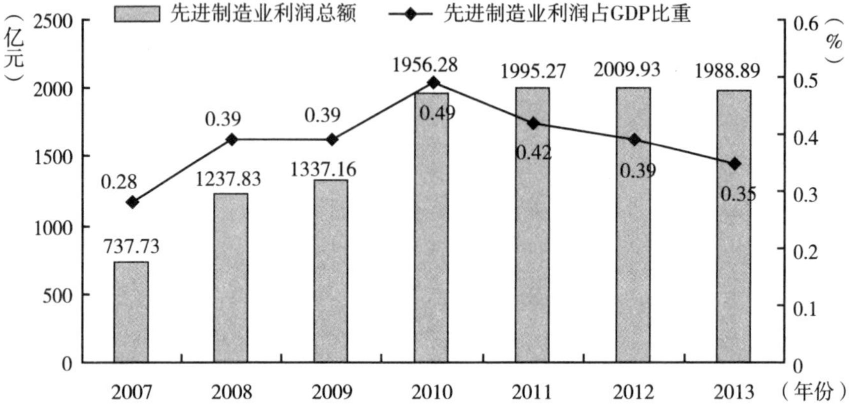

图 4　先进制造业利润总额及占 GDP 比重

增幅 1.25%（见图 5）；2014 年公共财政收入 7233.1 亿元，占 GDP 比重 11.11%，同比增长 10.1%，年均增幅 1.25%，位居全国前列。而居民收入占 GDP 比重则有逐年下降态势，1995 年居民收入占 GDP 比重为 55.37%，城乡占比分别为 46.18% 和 9.19%；而 2013 年居民收入占 GDP 比重为 34.54%，城乡占比分别为 27.99% 和 6.55%。城市居民收入占比呈逐年上升态势，而乡村居民收入占比呈逐年下降趋势（见图 6），2014 年城镇居民人均可支配收入是农村居民的 2.34 倍，城乡收入差距继续扩大。

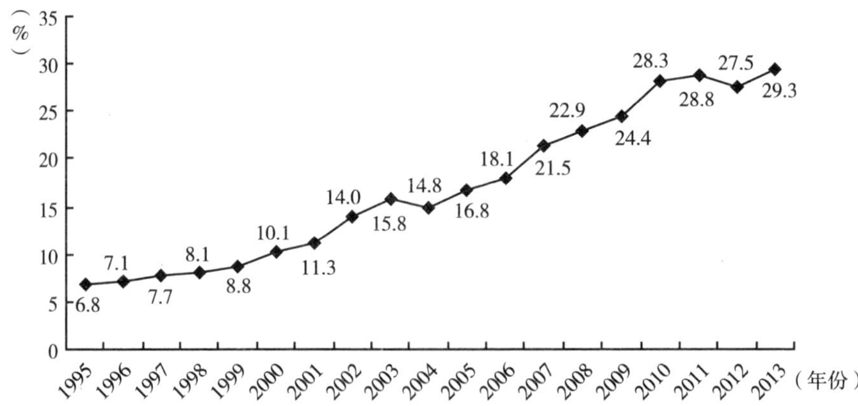

图 5　1995 ~ 2013 年江苏财政收入占 GDP 比重

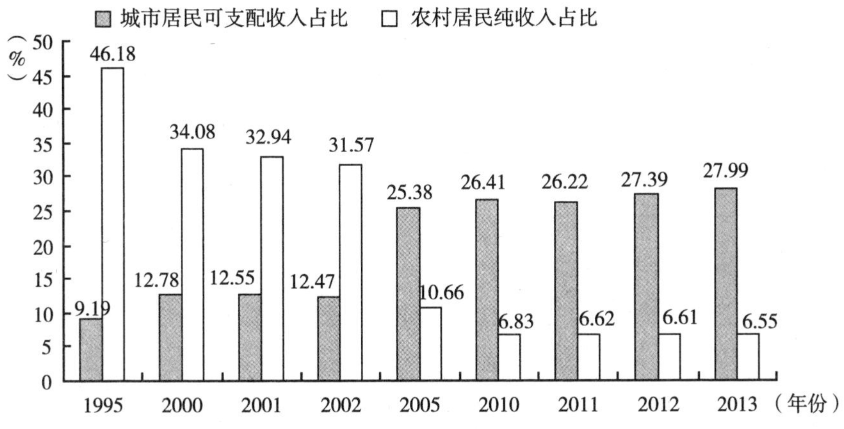

图6　1995～2013年江苏居民收入占GDP比重

2. 企业利润率有下降趋势、资产保值增值有效

江苏规模以上工业企业利润率保持逐年提高的发展态势，其中，1998年企业利润率为2.27%，2013年企业利润率上升到6.11%，年均增长0.23%，2010～2013年连续四年下降（见图7）；而2013年江苏企业成本费用利润率为

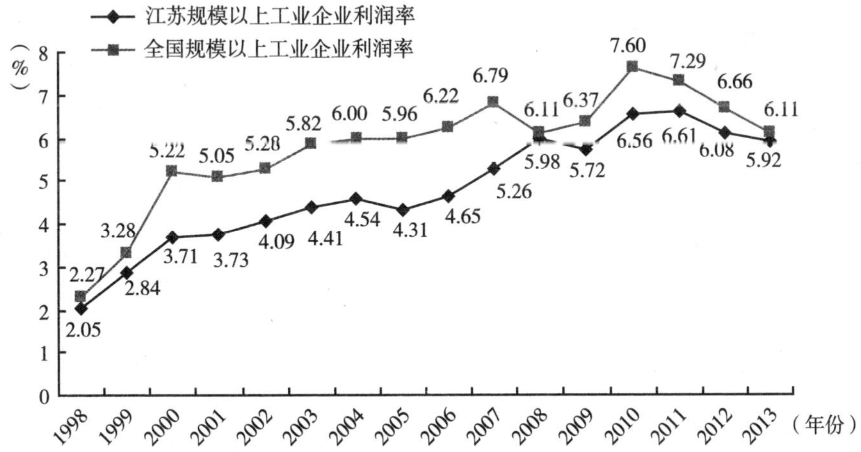

图7　1998～2013年江苏企业利润率与全国比较*

*利润总额与主营业务收入之比近似表示为销售利润率。一定时期内的产品销售利润与产品销售收入的比率，在实际工作中，可用来测算企业的计划利润率。

6.2%，产品销售利润率为98.45%，在全国处于中等水平，略高于全国均值，有待提高（见表2）；资本保值增值率为111.19%，列华东六省第五位，与广东有差距，低于全国平均水平（见表2、见图8）。

表2　2013年全国分地区规模以上工业企业经济效益

地区	总资产贡献率(%)	资本保值增值率(%)	资产负债率(%)	流动资产周转次数(次)	成本费用利润率(%)	产品销售利润率(%)
全　国	15.00	112.17	57.81	2.67	6.60	97.83
北　京	7.66	108.05	52.12	1.54	7.09	99.15
天　津	16.09	111.76	63.90	2.36	8.02	98.36
河　北	13.56	113.08	58.73	3.20	6.02	97.89
山　西	7.33	100.26	71.32	1.65	3.09	95.25
内蒙古	13.92	109.49	60.04	2.41	9.73	97.28
辽　宁	14.14	110.49	58.49	3.22	5.06	97.63
吉　林	17.47	108.03	54.76	3.51	6.06	98.44
黑龙江	19.08	105.82	57.14	2.38	9.78	97.77
上　海	13.71	108.96	50.35	1.82	7.59	99.06
江　苏	15.22	111.19	56.78	2.63	6.20	98.45
浙　江	11.83	107.69	60.01	1.85	5.82	97.34
安　徽	14.46	113.04	59.43	3.15	5.69	97.52
福　建	15.97	111.89	54.68	2.76	6.41	97.39
江　西	24.38	119.40	54.27	4.60	7.19	99.07
山　东	20.21	111.89	55.79	3.74	6.97	98.81
河　南	18.49	127.10	48.80	3.38	8.13	98.49
湖　北	15.00	119.06	56.31	3.03	5.91	97.32
湖　南	21.64	116.90	54.04	4.11	5.62	98.50
广　东	13.85	113.18	57.29	2.42	6.03	97.42
广　西	15.70	112.64	62.89	2.96	5.65	94.96
海　南	12.89	109.50	53.41	1.87	7.60	95.77
重　庆	15.57	118.02	63.30	2.71	6.10	97.87
四　川	14.10	110.29	62.78	2.52	6.71	97.87
贵　州	13.96	119.41	63.43	1.93	7.77	94.84
云　南	14.59	116.38	64.64	1.79	6.43	95.38
西　藏	3.66	105.16	34.03	0.67	7.48	93.95
陕　西	16.97	110.84	56.06	2.04	12.86	95.20
甘　肃	9.54	107.94	64.35	2.22	3.63	93.67
青　海	8.23	110.60	66.24	1.53	7.58	92.12
宁　夏	8.06	113.98	66.53	1.77	4.37	97.70
新　疆	12.82	110.83	60.51	2.13	10.64	97.29

资料来源：2014年江苏统计年鉴分省数据。

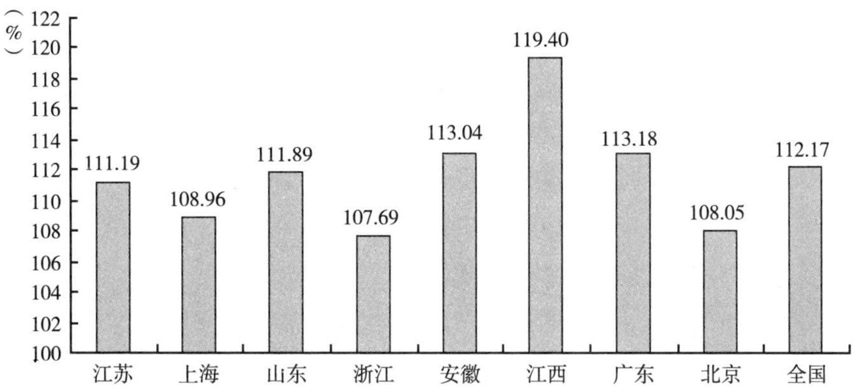

图 8　2013 年全国及东部主要省份资本保值增值率

3. 劳动生产率及全要素生产率逐年提升

江苏人力资本储备完善，从业人员平均受教育年限较高，高素质劳动力占从业人数比重高，因此，江苏劳动生产率水平较高，且逐年提高。其中，1996 年劳动生产率为 1.4 万元/人，2013 年提高到 12.4 万元/人，增长 7 倍以上；此外，江苏全要素生产率（TFP）同样呈逐年提升态势，1996 年 TFP 为 1.8，2013 年江苏 TFP 达到 6.4，增长 2 倍以上，表明技术进步对江苏经济增长正起着愈发重要的作用（见图 9）。

（四）创新能力强

1. 县级以上政府部门所属研究研发投入

政府研发投入可以反映政府对科学研究事业的投入和重视程度。2007 年江苏县级以上政府部门所属研发机构的研发投入经费内部支出金额为 41.89 亿元，占当期 GDP 比重为 0.016%；随后的 2008 ~ 2013 年江苏政府部门研发投入金额绝对数有显著的提高，2008 年政府研发投入为 50.72 亿元，2013 年政府研发投入金额为 91.45 亿元，相比 2007 年增长 1 倍以上；从政府研发投入占 GDP 比重看，除 2011 年占比略低，为 0.015% 之外，其他年份政府研发投入占 GDP 比重达到 0.016%，2012 年达 0.017%（见图 10），而 2014 年全社会研发投入为 1630 亿元，同比增长 17.2%，占 GDP 比重达到 2.5%，表明江苏省政府部门重视研发对经济发展的重要性，政府具备较强的研发能力。

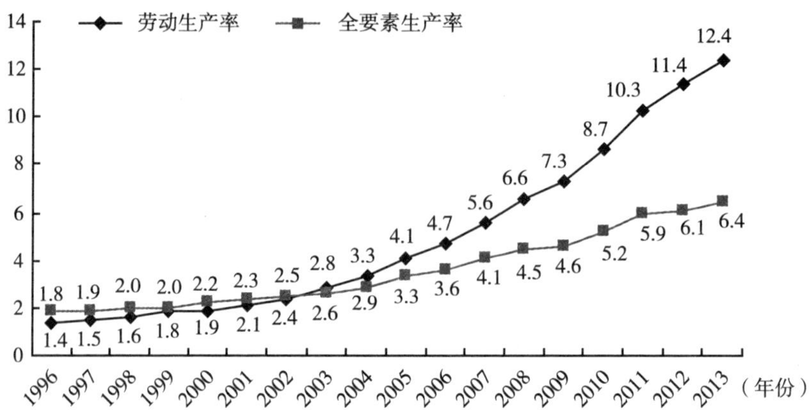

图9　1996～2013 年江苏劳动生产率与全要素生产率*

*劳动生产率用历年 GDP 与从业人数比重表示，单位为万元/人；全要素生产率使用索洛余值法计量回归得出资本和劳动力要素的弹性后，使用历年 GDP 和资本与劳动力投入与各自弹性值求幂乘积后的比值表示，资本与劳动力产出弹性分别为：∂＝0.673，β＝0.327；计算方法参考：马光荣：《江苏省全要素生产率及其影响因素的实证研究》，《东南大学学报》（社会科学版）2011 年第 3 期。

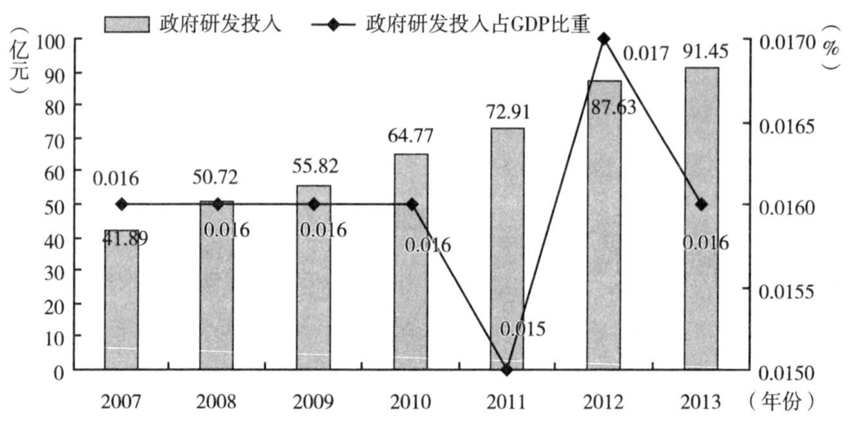

图10　2007～2013 年政府研发经费内部支出及占 GDP 比重

2. 大中型企业研发竞争力强

江苏工业企业重视企业创新研发能力的培养，在企业内部支出中，研发内部支出逐年提升。其中，2000 年江苏企业研发内部支出占 GDP 比重为 0.59%，略低于全国的 0.91%，而到 2005 年江苏企业研发内部支出占 GDP 比重为 1.48%，超过全国平均水平。此后，呈逐年提升的态势，2013 年这一指标为 2.40%，超全国均值 0.31 个百分点（见图 11）。

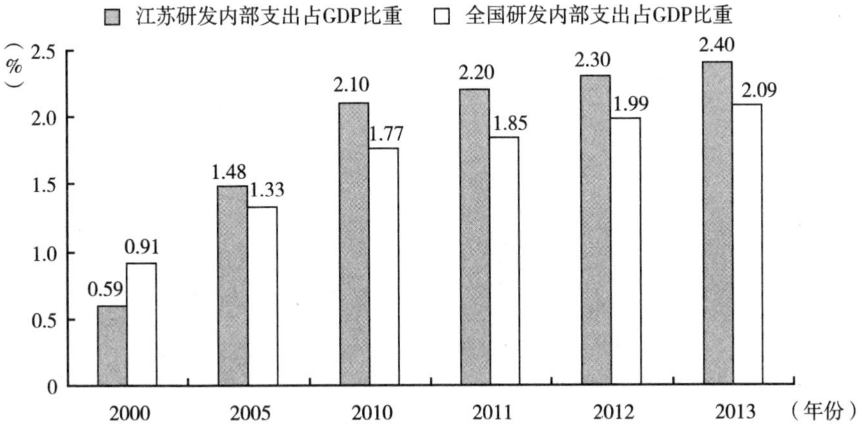

图 11　江苏企业研发内部支出占 GDP 比重及全国比较

3. 三类专利授权量

三类专利授权量是对发明人的发明创造经审查合格后，由专利局依据专利法授予发明人和设计人对该项发明创造享有的专有权，是反映科研活动成果的重要指标，2000 年江苏三类专利授权量为 6423 件，2005 年增长为 13580 件，是 2000 年专利授权量的 2 倍以上，而到了 2012 年专利授权量达到历史高位，为 269944 件。其中，发明为 16242 件，实用新型 77944 件，外观设计 175758 件；2013 年实用新型 98246 件，外观设计 124609 件，发明为 16790 件（见图 12）。图 13 是江苏发明授权量与同期全国发明授权量的比较，从中可以看出，江苏发明授权数量在国内处于领先地位，2000 年发明占全国发明的 1.35%，2012 年占比增加到 3.03%，2013 年略有下降，整体上，在全国来看，江苏发明授权数量多，表明江苏研发成果显著。

（五）市场活力旺

1. 企业市场竞争能力

江苏工业企业具备较强的市场竞争力，企业发展规模和资本总量都居全国前列，在 2013 年主营业务收入和资产总量之和居全国规模以上工业企业前 15

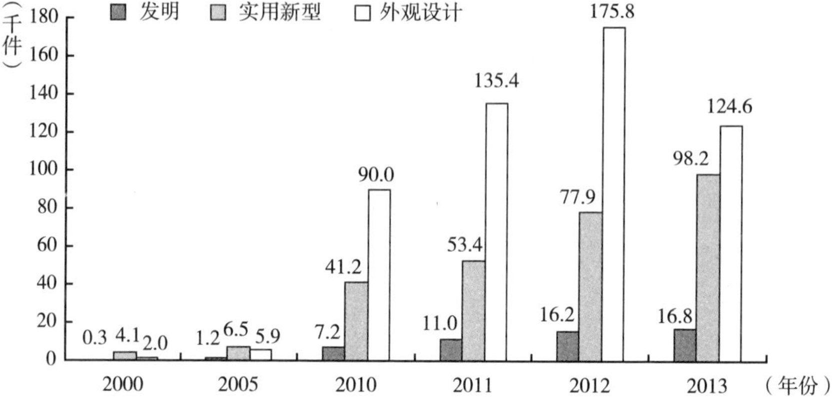

图 12　主要年份江苏三类专利授权量

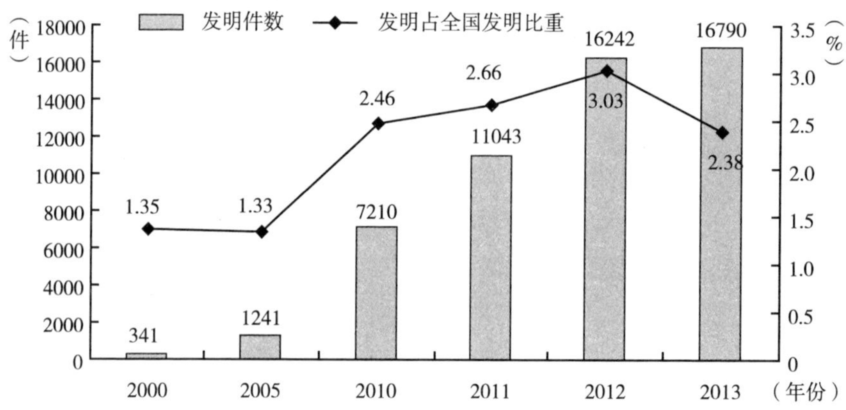

图 13　主要年份江苏发明授权及占全国比重

位的省份中，江苏主营业务收入和资产总量之和达到 224352 亿元，超过居第二位的山东 13152 亿元，稳居全国第一。

2. 政府简政放权措施

截至 2014 年底，江苏已实现如下政策便利，提升市场活力。

（1）五张清单。大力精简行政审批事项，建立行政审批事项目录清单；全面梳理政府职权，建立政府行政权力清单；深化投资审批制度改革，建立投资审批“负面清单”；清理项目资金，建立政府部门专项资金管理清单；减少收费项目，建立行政事业性收费目录清单。

（2）一个平台。江苏打造网上办事大厅和实体大厅“线上线下、虚实一体”的政务服务平台。省政府网上办事大厅已经上线运行，实体办事大厅一期工程即将竣工，各部门进驻大厅的事项已经初步梳理完毕，即将投入运行。

（3）七项改革。落实强化事中事后监管；推进监管执法体制改革；促进社会组织健康发展；推行政府购买服务制度；全面推行政府绩效管理制度；健全责任追究制度；深化地方政府机构改革。

3. 私营及中小企业主营业务收入占 GDP 比重

私营企业和中小企业对经济增长贡献逐年提升。2008 年江苏私营企业和中小企业主营业务收入占当年江苏 GDP 比重为 8.88% 和 5.28%，2008～2010 年私营企业和中小企业对 GDP 贡献率呈逐年增长态势；随后，私营企业主营业务收入对 GDP 贡献率有所下降，但中小企业的经营状况良好，其主营业务收入占 GDP 比重在 2011 年回落之后逐渐提升，2013 年中小企业业务收入占 GDP 比重为 7.18%，达到历史高位。

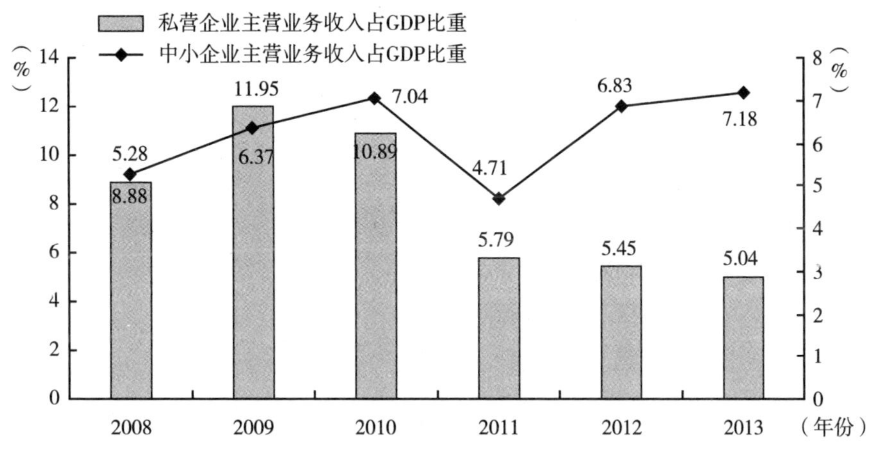

图 14　江苏私营和中小企业主营业务收入占 GDP 比重

4. 私营企业及中小企业主营业务收入之和占全部企业主营业务收入比重

从私营企业和中小企业主营业务之和占全部工业企业主营业务收入比重可以看出江苏私营企业和中小企业在市场竞争中的地位和相对优势。2008 年江苏私营企业和中小企业主营业务收入之和达到 34938.03 亿元，占全部工业企业主营业务收入比重为 52.55%，比重超过一半；2008～2013 年几年间，私营

企业和中小企业主营业务之和呈递增态势，而其占全部工业企业业务收入比重也呈增长态势，2013 年二者分别达到 90032.72 亿元和 68.07%，表明私营企业和中小企业已经成为江苏企业发展的主要力量，体现了江苏市场经济中各类经营主体的赢利能力均衡，市场活力旺盛（见图 15）。

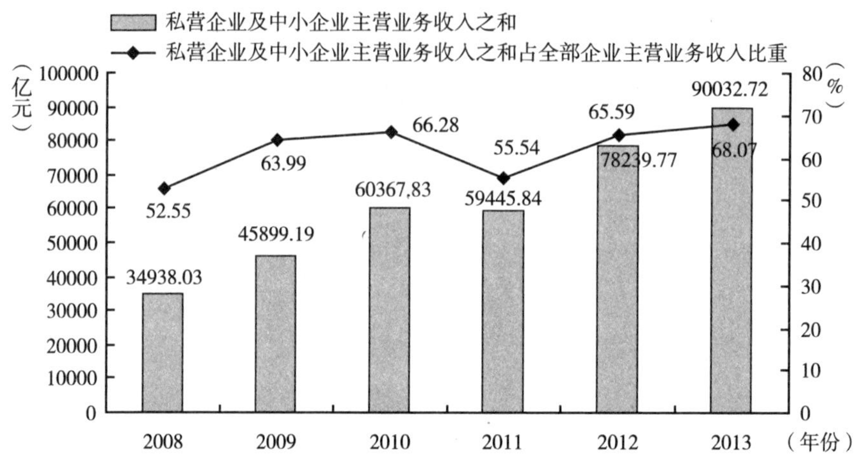

图 15　江苏私营和中小企业主营业务收入之和及其占全部企业比重

（六）经济风险小

1. 年末城镇登记失业率

失业人口和失业率是衡量经济增长稳健性的重要指标，2003～2013 年，江苏城镇登记失业人口数呈逐年下降的趋势，其中，2003 年失业人口数为 41.84 万人，在经济增长速度下降的情况下，江苏失业人口仍没有出现增长态势，2013 年失业人口数为 37.61 万人，同比 2012 年下降 7%；此外，从总失业人口占总人口比重看，江苏城镇登记失业率也呈逐年下降趋势，2003 年失业率为 4.1%，2013 年为 3.03%（见图 16），2014 年进一步下降至 3.01%；这表明江苏经济发展在兼顾效率与公平、保障就业率的前提下，实现了经济平稳快速增长，经济运行风险较小。

2. 居民消费物价指数以及工业生产者出厂价格指数

物价水平在一定范围内的平稳波动表征了经济增长对消费者和生产者相对利益的影响，良好稳健运行的经济体的商品价格指数会在一定合理区间内浮

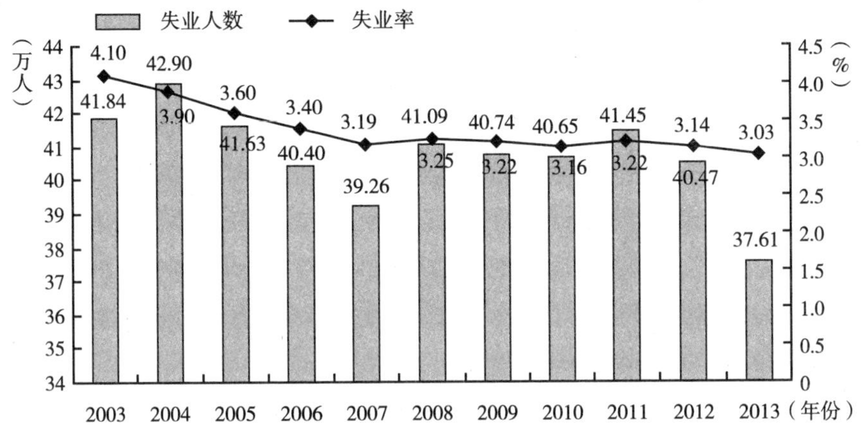

图 16　年末城镇登记失业人数及失业率

动，但不会出现大起大落的振幅。图 17 提供了 2003 ~2013 年江苏消费者物价指数和生产者出厂价格指数的变动情况，从中可以看出，消费者物价指数从 2003 年开始呈现上升的态势，2009 年 CPI 有所下降但随后再呈现升高态势。此外，PPI 与 CPI 的波动情况相似，在 2008 年之前呈递增态势，而 2009 年回落之后 2010 年也有大幅上涨。2008 年国际金融危机之后 CPI 与 PPI 均有下降，而进入经济“新常态”的 2011 年之后二者又进入新一轮下调周期，2013 年分别降至 102. 3 和 98（见图 17），2014 年 CPI 仅为 102. 2。整体而言，

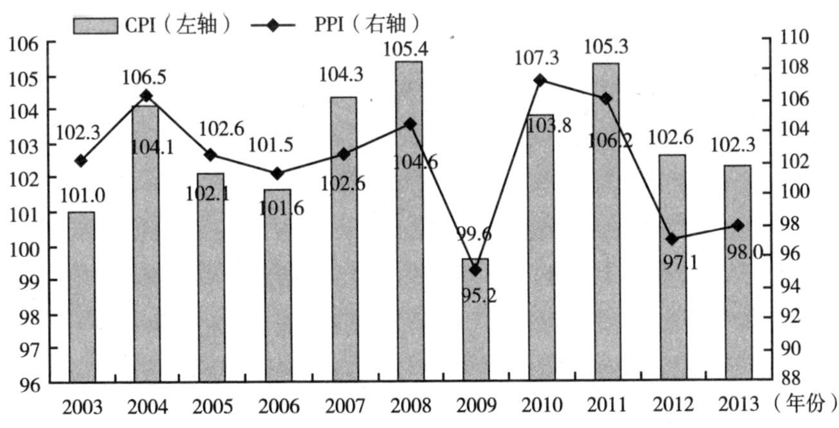

图 17　江苏 CPI 与 PPI 波动（上年 =100）

尽管国际金融危机对江苏 GDP 和价格指数产生了影响，但两类物价指数的波动幅度较小，仍在可控范围内，这进一步体现了江苏经济运行的稳健性。

三 江苏经济强的横向比较与现实挑战

（一）省际比较

利用经济强的评价指标体系，对江苏与广东、浙江、山东、上海等东部沿海发达省市的经济相关指标进行横向比较（见表3）。

表3 经济强的省际比较

一级指标	二级指标	江苏	广东	浙江	上海	山东
综合实力	经济总量(亿元)	65088.3	67792.24	40154	23560.94	59426.6
	人均 GDP(亿元)	81874.26	63452	72967	97300	60879
	经济密度(万元/平方公里)	6343.89	3766.24	3936.67	37398.32	3863.89
产业结构	三次产业贡献率	5.6:47.7:46.7	4.7:46.2:49.1	4.4:47.7:47.9	0.5:34.7:64.8	8.1:48.4:43.5
	高新技术产业贡献率(%)	39.5	11.1	10.7	14.7	20.7
质量效益	财政收入占比(%)	11.1	11.9	18.7	19.5	8.5
	劳动生产率(万元/人)	79.5	48.6	59.3	92.7	91.3
	全要素生产率	0.36	0.32	0.25	0.31	0.38
创新能力	R&D 支出占比(%)	2.5	2.4	3.7	3.6	2.2
	专利授权量(万件)	20	11.2	18.9	5.1	15.9
市场活力	民营企业产值占比(%)	42.8	51.7	38.5	24.6	45.3
经济风险	城镇登记失业率(%)	3.01	2.44	2.96	4.2	3.3
	消费物价指数	102.2	102.3	102.1	102.7	101.9
	生产者出厂价格指数	98.3	98.9	98.8	98.9	98.4

资料来源：根据相关省市2014年统计公报计算整理得出；劳动生产率及全要素生产率的计算结果参见刘志彪等2014年江苏转型升级基地课题报告《严峻复杂经济形势下江苏产业结构调整途径和政策选择》。

1. 综合实力

从经济总量来看，2014 年江苏地区生产总值仅次于广东，位列全国第二。同时，由于经济增速较快，与广东的差距在缩小，与上海、浙江、山东的差距在扩大。从人均水平来看，2014 年江苏人均 GDP 达 81874.26 元，在全国范围内位列天津、北京及上海之后。虽然如此，但由于人均 GDP 增速低于全国平均水平，故在五个进行比较的省市当中，可以发现，江苏与上海的差距还是相当明显的。从地均水平来看，江苏的经济密度很高，达到 6343.89 万元/平方公里，是全国均值的 9.57 倍。由此可见，江苏的经济综合实力在全国范围来看还是比较强的，特别是单位辖区面积的产出效率非常高，但人均产出水平还有待进一步提高。

2. 产业结构

对几个省市产业结构方面的比较主要选择了三次产业贡献率和高新技术产业贡献率两大指标，基本可以较为全面、客观地反映江苏产业结构方面的特点、长处和短板。结果表明，三次产业当中，江苏的工业贡献率与浙江持平，为 47.7%，仅次于山东的 48.4%；江苏的服务业贡献率为 46.7%，不但低于工业贡献率，而且仅比五省市中山东的 43.5% 高出 3.2 个百分点，与服务业贡献率最高的上海相比差 18.1 个百分点。这说明，目前江苏三次产业中依然是以工业为主导。而高新技术产业贡献率高达 39.5%，远超其他四个省市，也超过全国平均水平，进一步表明江苏的工业不但规模相对较大，而且整体质量也较好。但从经济发展的演变规律以及全面小康社会的产业结构调整目标的角度来看，江苏的产业结构优化进程相对滞后于广东、上海以及浙江，提升现代服务业比重是下一阶段的重点。

3. 质量效益

对经济质量效益的评价主要从生产率以及收入分配两个层面进行比较。一是劳动生产率。2014 年，江苏劳动生产率在五省市中落后于上海、山东，领先于广东、浙江。从全国范围内看，东部发达地区的劳动生产率水平并不占优势，原因可能在于劳动力的大量涌入造成生产过程中对劳动的密集使用，江苏大体处于中游位置。根据美国劳工部公布的最新数据，江苏与美国差距十分明显，亟待实现资本、劳动与技术的有机结合，否则如果缺乏对人力资源、设备和技术的投资，劳动力的潜能将得不到充分发挥。二是全要素生产率。近几年江苏全要素生产率在全国名列前茅，五省市中仅次于山东，但与世界发达国家相比，仍存在着较大的提升空间。例如，2011 年江苏全要素生产率仅相当于澳大利亚、加拿大、新西兰、英国、美国等发达国家 2007 年水平的 1/2 左右。三是收入分配。虽然比较来看，江苏财政收入占 GDP 比重在五省市中并不高，但存在政府收入比重逐年提高、居民收入比重不断下降的事实，城乡居民收入的绝对差距也在进一步扩大，这将严重影响内需市场的有效激发。

4. 创新驱动

这里对创新驱动的衡量主要选取了 R&D 支出占 GDP 比重以及专利授权量两个指标。就指标来讲，2014 年江苏 R&D 支出占比为 2.5%，排在五省市中的第三位，分别低于浙江、上海 1.2 个、1.1 个百分点，分别高于广东、山东 0.1 个、0.3 个百分点。这说明江苏的创新投入还有较大的提升空间。专利授权量方面，江苏为 20 万件，在五省市中最多，这表明江苏的科技成果数量在全国范围内具有较为明显的优势。但需要说明的是，科技成果多不代表创新驱动能力强。科技成果只是把钱变成知识，而创新驱动则要求把知识变成钱。前者需要发挥政府的引导和投入作用，而后者更多地依赖市场的激励作用。目前，虽然江苏的综合创新能力连续多年位列全国第一，但仍需在创新投入和创新成果产业化等几个重点方面进一步提升和完善。

5. 市场活力

市场活力主要是市场发展环境的体现。一般来讲，这方面的定量评价很难找到相应的指标。这里从发展结果的角度选择民营企业产值占 GDP 的比重这一指标来比较江苏与其余四省市的市场发展活力。这是因为，从理论上讲，民营企业对市场发展环境最为敏感。结果显示，2014 年，江苏民营企业产值占比为 42.8%，落后于广东、山东。与经济总量在全国的地位相比，江苏的民营经济发展相对滞后。这在一定程度上表明，江苏的市场发展活力仍有进一步释放的空间。截至 2014 年，江苏已完成五张清单、一个平台以及七项改革的制订、打造与推进工作，预计将有效激发市场活力，并在未来一段时间内体现出来。当然，仅靠民营经济发展这一指标尚无法全面、科学地反映江苏与其他四省市市场发展活力的全貌，民营经济发展的好坏也不仅是市场环境一方面所能决定的。下一阶段释放市场活力的工作着力点应主要集中在统一市场体系的完善、法治市场的建设、公平竞争市场秩序的维护等几个重点方面。

6. 经济风险

保持充分就业和物价稳定是宏观调控的主要目标，自然而然地失业率以及物价指数便成为经济风险监测的重要指标。城镇登记失业率方面，2014 年，江苏为 3.01%，高于广东、浙江，低于上海、山东，但总体来讲，目前依然处在一个相对合理的水平上。居民消费物价指数方面，五省市基本保持一致，维持一个温和通胀的状态。需要注意的是，江苏的生产者出厂价格指数在五省市中是最低的，这在一定程度上反映了工业企业特别是制造业企业的经营效益不容乐观。事实上，以上指标主要反映了宏观层面的情况，换句话说，是经济风险传导至最后一环的表现和结果。更为及时、细致的调研数据显示，江苏在经济风险总体可控的情况下，需要特别关注从地方政府债务、房地产价格波动、产能过剩、市场利率高企等方面溢出经济风险的可能。

（二）江苏经济强的现实挑战

通过上述比较，可以发现江苏保持经济强仍存在如下挑战。

1. 产业结构不够合理

目前，江苏的三次产业结构呈现“二、三、一”的总体格局，虽然与其所处的工业化中后期的发展阶段基本匹配，但离建成全面小康社会目标仍有一定差距。泰尔指数是衡量产业结构合理程度的重要指标，通过对江苏、上海、广东、浙江的三次产业泰尔指数①的测算，发现江苏的产业泰尔指数为 0.089，虽然低于广东的 0.135，而且近年来也表现出一定的下降趋势，但是与上海的 0.017 和浙江的 0.055 相比，差距还是相当明显的。从产业结构效益角度来看，江苏对传统重化工业的依赖度较大。2014 年，江苏重工业占全国重工业的比重大约为 13%，超过江苏 GDP 占全国比重约 3 个百分点，重工业比重明显高于广东、浙江、上海和山东。

2. 区域城乡差别仍较明显

主要表现在两个方面：一是苏南、苏中、苏北的发展不平衡；二是城乡发

① 泰尔指数的计算公式为：$TL=\sum(Y_i/Y)\ ln[(Y_i/L_i)/(Y/L)]$，其中 TL 为泰尔指数，Y 表示行业产值，L 表示就业人数，i 表示某一产业。TL 越大，说明经济越偏离均衡状态，产业结构也越不合理；TL 为 0 时，经济处于均衡状态。

展的不平衡。2014 年江苏城镇居民人均可支配收入与农村居民人均纯收入之比为 2. 3∶1，是全国各省份中差距最小的省份之一，且与前几年相比有下降的趋势，但城乡居民收入绝对量之间的差距仍不容忽视。虽然近年来，苏中、苏北展现出超出苏南的发展速度，但是，不仅地区生产总值、规模以上工业利税总额、地方财政一般预算收入等总量指标的绝对差距依然在逐年扩大，而且人均地区生产总值、城镇居民人均可支配收入、农村居民人均纯收入等人均指标的绝对差距也在不断拉大，这种区域差距也涵盖了社会、政治、文化等其他领域。

3. 资源环境约束加剧

伴随着工业化、城市化进程的不断加快，江苏尤其是苏南地区人口、资源、环境与经济发展之间的矛盾也日益突出。2013 年，江苏地区生产总值能耗为 0. 47 吨标准煤/万元，虽然相较于往年有一定程度的下降，但高于同为东部沿海先发地区的浙江（0. 46 吨标准煤/万元）和广东（0. 44 吨标准煤/万元）。从人均能耗指标来看，江苏为 38156. 1 吨标准煤/万人，高于广东（28353. 7 吨标准煤/万人）和浙江（34229. 9 吨标准煤/万人）。江苏的单位辖区面积能耗指标（2952. 6 吨标准煤/平方千米）也高于广东（1676. 7 吨标准煤/平方千米）、山东（2563. 3 吨标准煤/平方千米）和浙江（1845. 1 吨标准煤/平方千米）。人均能耗指标和单位辖区面积能耗指标与往年相比均出现一定程度的反弹。与前两个指标相比，江苏与兄弟省市在单位辖区面积能耗指标上的绝对差距最明显。可见，江苏“万元地区生产总值能耗”的节能减排目标是相对最容易实现的，而由于辖区面积的固定性，“单位辖区面积能耗”的预期目标则是最不容易实现的。

4. 消费增长动力不足

消费增长动力不足的主要原因在于收入分配格局的不合理。近几年，江苏财政总收入占地区生产总值的比重一直居高不下，最近几年一直有明显的上升趋势，虽然 2014 年这一比重（11. 1%）有了一定程度的下降，但劳动报酬占比仍长期在低位徘徊，远低于发达国家 55% 的平均水平。资料显示，江苏城乡居民收入差距是全国最小的地区之一，但居民的可支配收入与整体的经济实力并不匹配。最新统计数据显示，江苏的 GDP 已经位列全国第二，但是人均可支配收入仅位于全国第五，落后于上海、北京、浙江、广东，而且与它们的绝对差距也在逐年扩大，如江苏人均可支配收入与全国最高的上海的差距从

2009 年的 8286. 1 元扩大到 2013 年的 11313. 98 元。从收入结构来看，工资性收入是我国居民收入的主要来源，也是江苏与其他高收入地区差距最大的部分。2013 年江苏城镇居民工资性收入与上海相比相差 11345. 4 元，甚至超出了人均可支配收入的差距，且这种差距也表现出日益扩大的趋势。从行业差距来看，江苏最高收入行业职工工资是最低收入行业职工工资的 6 ~ 7 倍，而发达国家一般是 2 ~ 3 倍。

5. 创新驱动能力有待提高

目前，江苏正在全力推进创新型试点省份和苏南国家自主创新示范区建设，创新驱动发展已经取得了一系列成效，但仍有进一步提升的空间。具体来讲，困难和障碍主要有以下几个方面：其一，研发投入增长难。制约研发投入增长的因素主要有：企业规模、销售利润、市场风险、技术风险和税收政策等。科技型企业规模小、企业销售利润率低、风险大，资金投入动力不足已成为制约企业创新发展的严重障碍。其二，新兴产业核心技术掌握难。一是原创性技术成果缺乏。二是产品科技含量低。不少企业在技术领域虽属新兴产业的范畴，但因其产品处于产业链低端，所以被限制在加工制造等低附加值环节，“高端产业、低端环节”现象十分突出。三是企业缺乏自己的核心竞争力。其三，创新环境优化难。科技资源和创新要素流动的渠道不够畅通，创新资源配置效率亟待提高，科技服务体系有待健全，以企业为主体、产学研结合的创新体系建设需进一步完善，高水平大学和研究院所以及高水平的学术交流平台和载体还相对匮乏，缺乏国家级的研究机构。其四，发展路径突破难。随着国家战略性新兴产业发展的推进，全国各地都已出台了各自的战略性新兴产业发展规划和相应措施，对人才、技术、成果、资源等创新要素的争夺将日趋激烈。江苏内部亦是如此，经济发展以政府为主导，政策高度同质化，导致产业同构特征显著，竞争激烈。

6. 经济风险仍需防范

实体经济的健康发展、结构调整的稳步推进和各项改革的深化，离不开一个健康稳定的经济金融环境。在当前严峻复杂的经济形势下，江苏应需严防从以下管道溢出经济风险：其一，财政收入压力与地方政府债务压力。江苏政府性债务审计结果表明，地方政府债务总体可控，但也存在一定的隐患。近年来地方融资平台转向“影子银行”融资，银行表外理财产品、信托产品等规模不断扩大，金融加速“脱媒”。同时，经济增速回落使税收收入增长放缓，财政收入将进一步依赖土地收入，而支出刚性强，地方财政收支矛盾比较突出。其二，市场利率长期处于高位导致制造业环境进一步恶化。利率高企对江苏这样的制造业占比很高的地区来说，影响尤其重大。在市场竞争激烈、劳动力等要素价格上涨的背景下，正常经营的制造业包括战略性新兴产业都无法承受如此高的融资成本，尤其是对提供大量就业机会的中小微企业产生了重大负面影响。其三，房地产市场价格波动与金融失序。住房问题是举国关注的民生问题，房地产市场因为涉及的经济因素广泛，而成为凝聚政府债务、企业债务以及各类金融风险的交会点。当前江苏的房地产市场也出现分化，多数城市房地产价格开始下降，销售已经显出颓势，由此带来的连锁效应值得重视。其四，产能过剩和企业经济效益下降。根据课题组此前的研究，目前江苏电子、化工、电气、钢铁、通用设备、金属制品六个产业产能利用率仅为60%～70%，表现出较为显著的产能过剩现象。产能过剩导致企业效益快速下降。以规模以上工业企业为例，江苏省2010年工业企业亏损面为8.4%，2012年亏损面上升到13.1%，2013年江苏省工业企业亏损面进一步扩大为15.8%。其五，产业转移过快形成的发达地区产业空洞化。随着劳动力、土地、资金等生产要素价格上涨和人民币升值，江苏省以往发展外向型经济的要素优势已经大大减弱，这就存在“鸟走笼空”的风险。比如昆山笔记本产业转移，大规模的产业转移对昆山IT行业的短期冲击还是很大的。

四　江苏实现经济强的战略对策

今后一个时期，江苏经济发展要继续走在全国前列，在发挥现有的优势的同时，更需补齐短板，着重在产业结构调整、加强自主创新、缩小区域和城乡差距、改善经济动力、防范经济风险等方面取得新进展，保持和提升“经济强”的位置。针对上述目标，提出如下政策建议。

（一）进一步推动改革开放

将经济增速保持在合理区间，主要需要依靠更大力度地推进改革开放，以制度创新激发市场活力。改革开放是推动发展的制胜法宝。要按照中央和省委的部署，抓住改革的时间窗口，重点在简政放权、财政税收改革、国企国资改革、医疗卫生改革等领域推出一批能够叫得响、立得住、群众得实惠的硬招实招，既对经济增长加力，又让人民群众得益。坚持改革与开放互动并进，抓住国家“一带一路”和长江经济带建设的重大机遇，主动对接，发挥优势，进一步拓展对外开放新空间。其中关键是以简政放权为突破口，“用正面清单限制政府，用负面清单管理市场”，如制定政府行政审批目录清单、政府行政权力清单、投资审批负面清单、专项资金管理清单以及行政事业性收费目录清单等。同时还需要建立科学的监管网络和机制，适应由事前监管向事中事后监管转变；加强政府服务，实现由“强发展型政府”向“强服务型政府”过渡。

（二）在江苏兴起双创热潮

中小企业是新经济的财富发动机，创业企业对经济发展发挥了巨大的推动作用。各个城市都意识到创业对区域发展的重要性，深圳提出要成为中国高科技创业“圣地”，上海也喊出了打造创业之都的口号。江苏较早认识到创业，特别是科技创业在实现创新驱动发展、保证充分就业以及区域经济增长方面的重要作用，江苏的紫金科技特别社区等做法为江苏促进创业积累了初步经验，也产生了较为深刻的影响。今后一段时期，江苏以人才引领科技创新和转型升级，不能仅仅局限于海外高端人才的引进，更为关键的是要通过制度建设增强本土企业、本土人才创新创业的积极性。与海外人才的弱根植性相比，本土人才不存在“水土不服”的问题，没有人文、习俗、生活上的不适应问题，因而更容易在当地扎根。像马云、马化腾这样的在商业实践中最成功的人士，也未必符合现在各地引进“高端人才”的标准。为此，江苏必须倡导建设“全民创业型社会”，充分激活广大人民群众蕴藏的无穷创业创新热情、智慧和力量，大力弘扬“创业创新创优，争先领先率先”的江苏精神，破除一切不利于创新创业的体制障碍，加快推进公平准入，创造机会均等，鼓励和支持广大城乡居民，尤其是懂技术、有理想的本土人才自主创业创新，加快在江苏培育一批“马云”“马化腾”式的创业人才。

（三）培育新经济增长点

保持经济稳定增长，推动经济转型升级，不能单靠存量的稳，必须主动发掘和推动新增长点不断涌现。当前，要善于从基础设施建设、新型城镇化和城乡一体化、制造业创新、群众的大量生活需求等各领域激发潜在市场需求，形成新的市场空间，使之成为新增长点的重要来源。发现和培育新的增长点，更加注重依靠市场的力量，让企业在充分的市场竞争中创造更多的新产品、新技术、新业态、新模式；政府主要起到引导支持和制度创新的作用，加快推动包括科技创新、管理创新、服务创新、体制创新等在内的全面创新，更多靠产业化的创新来培育和形成新的增长点。

培育新的增长点，尤其要注重在现代服务业领域培育新的增长点，这对江苏稳增长、调结构、促转型至关重要。要用足用好江苏雄厚的基础和资源，推动现代服务业与先进制造业嫁接融合，促进制造业服务化。要主动顺应信息化的时代浪潮，把推进信息化作为现代服务业的主线，通过“互联网＋”实现江苏经济的转型升级。要更大力度推进服务业对外开放，推动江苏服务业企业更大步伐走出去，加大与国际服务业的融合整合力度。要推出发展现代服务业的有力抓手，通过大力推进金融创新、“智慧城市”建设、现代服务业集聚区建设等，在抓准、抓实、抓到位上下功夫，使服务业培育出更多新的增长点。

（四）推动战略性新兴产业发展上新台阶

首先，在前期投入的基础上，当前应更加重视新兴产业发展的“软环境”建设。对战略性新兴产业加大财政投入和制定扶持政策固然十分重要，但新兴产业发展的“软环境”建设其实更应该得到重视。良好的发展环境不仅有利于吸引新兴产业高端环节入驻江苏，形成新兴产业快速发展的强大助力，也有利于节约财政资金、减轻政府负担。要营造“鼓励创新、宽容失败”的创新文化环境，形成尊重创新愿望、发挥创新才能、包容创新失败、肯定创新成果的良好文化氛围；要完善“吸引人、培养人、留住人”的用人机制，给予新兴产业高端人才良好物质待遇和情感认同，为他们提供出入境及落户、创新创业、社会保障等多领域的优质便捷服务；要打造优质高效的政务环境，根据战略性新兴产业发展要求，进一步深化行政管理体制改革，进一步转变政府职能，构建战略性新兴产业的绿色通道、服务高地和资金洼地。

其次，加快营造财富效应和相关激励机制的制度设计。决定战略性新兴产业竞争力强弱的主要因素，不是物质资本和财务资本等非人力资本的数量和质量，而是与人力资本潜力发挥相关的制度安排等。为此，要通过设计科学合理的激励机制，营造战略性新兴产业发展的财富效应，这一点江苏要走在前列。要引导企业加大人才投入，对领军人物和核心科技人才给予股权激励等；进一步完善兼并收购机制，鼓励设立面向战略性新兴产业的并购基金，支持股权投资基金、产业投资基金等参与战略性新兴企业兼并重组，向企业提供直接投资、委托贷款、过桥贷款等融资支持；充分利用新三板市场扩容的有利机遇，加快推动江苏战略性新兴企业在新三板挂牌，扶持新三板公司逐步向 A 股市场转板，形成巨大的 PE 财富效应。

最后，实行严格的知识产权保护政策。实行严格的知识产权保护政策有利于激励新兴企业技术创新，规范市场秩序，促进企业的公平竞争。这是因为，与传统产业相比，战略性新兴产业创新要素更密集，对知识产权创造和运用依赖性更强，对知识产权管理和保护要求也更高。为此，应进一步加强新兴产业知识产权管理制度和服务体系建设，制定促进知识产权转移的政策措施，明确科技成果所有者在知识产权转移过程中的权利和义务，促进自主创新成果的知识产权化、商品化、产业化；进一步加强知识产权行政执法体系建设，建立健全知识产权有效保护机制，加大《知识产权法》《专利法》的执法力度，打击剽窃、盗版等不正当竞争，为战略性新兴产业发展营造公平、公正的市场环境。

（五）推动传统产业向产业链中高端攀升

传统产业作为江苏工业的“老底子”，占有很大的比重，能否加快边向产业中高端，也是经济稳定发展的重要一环。推动产业发展迈向中高端，是经济结构调整的重中之重。必须把产业发展放到稳增长、调结构的全局中来谋划和推进，向结构调整要增长、要质量、要效率。推动产业发展迈向中高端，要进一步明确从价值链低端转向中高端、从要素驱动转向创新驱动、从成本竞争转向质量品牌服务竞争的主攻方向，努力在产业分工体系中占据有利地位，在行业标准制订上拥有较大话语权，使创新驱动成为主引擎，加快形成以质量、品牌、服务为核心的竞争优势。传统产业绝不是夕阳产业、落后产能的代名词，传统产业发展固然有不少困难、制约和挑战，但也面临着新的机遇。江苏可以抓住国家“一带一路”、长江经济带建设，特别是“中国制造 2025”以及经济社会发展各领域对制造业的需求数量和层次都在不断提升等战略机遇。

一要突出产品品质，坚持走以质取胜的道路，通过吸引人才、增加研发投入、工艺提升、品牌建设、质量控制、国际化经营等多种途径，提升“江苏制造”的品质。二要突出服务化方向，推动产业链向两端延伸，实现生产性制造业向服务型制造业转变，最大限度地提高制造业的产业价值。三要突出信息化引领，紧紧抓住新一轮技术革命和产业变革的机遇，为传统制造业插上信息化的翅膀，在“互联网+”的浪潮中脱胎换骨、走在前列。四要突出市场化需求，主动适应消费需求个性化、多样化、定制化的发展变化，积极创新经营理念、商业模式和生产方式，努力在满足需求中创造需求、引领需求。四是要加快改进和完善中小企业发展的法律环境，继续推进中小企业税费制度改革，针对中小企业融资需求特点，大力发展多层次融资服务体系，强化中小企业金融服务等，做好政府的强服务。

（六）完善公共产品和公共服务供给

缩小发展差距、减少社会矛盾，需要保障和提升民众的基本生活水平这一底线。由此，民生建设的着力点是公共品建设，重点由推动政府提供经济增长型的公共品转向推动政府提供消费型的公共品。要充分挖掘转型升级、公共服务等市场空间，尤其注重群众的大量生活需求等，各领域要激发潜在市场需求。一方面是形成新的投资点；另一方面，通过政府对公共产品和公共服务的布局调控，缩小区域和城乡差距。可以从解决重要民生领域供给瓶颈的角度出发，扩大公共服务业投资，比如完善医疗、养老、职业教育等公共服务。以城镇化为抓手推进公共服务，加快推进新型城镇化的工作。一是江苏要积极加入和开展国家级城镇化试点。鼓励入选试点地区发挥主观能动性，探索农业转移人口市民化成本分担机制，探索多元化可持续的城镇化投融资机制，进行农村土地产权制度的改革和探索更加高效的、行政成本更低的设市模式，如“镇改市”。二是优化城镇布局形态，更多依靠市场力量，在城镇功能定位、产业发展方面加强合作共赢。三是开展城乡环境综合整治，完善公共基础设施建设，推进住房保障和棚户区危旧房改造，努力改善人居环境。

（七）优化投融资体制

今后一个阶段江苏防范经济风险的重要方面是继续注意防范地方政府债务

的风险。抓住国家层面实施政府债务置换的有利时机，加大对地方债务的置换力度，合理规划与地方收入匹配的负债结构。需要重点探索基础设施和民生工程投入的新体制，吸引社会资本的进入。重点研究通过资产证券化、PPP 等形式引入社会投资。按照“政府主导、社会参与、市场运作、规范有序”的总体思路，对江苏具备一定条件的基础设施和公共服务类项目，通过建立公平的市场运行环境和合理的投资回报机制，鼓励和引导社会资本积极参与，建立投资、补贴与价格的协同机制，不断提高基础设施运营质量和效益，满足人民群众对公共产品和服务的需求。

（八）完善收入分配机制

完善劳动、资本、技术、管理等要素按贡献参与分配的初次分配机制。在新常态下，实施就业优先战略和更加积极的就业政策，扩大就业创业规模，创造平等就业环境，提升劳动者获取收入的能力，实现更高质量的就业。深化工资制度改革，完善企业、机关、事业单位工资决定和增长机制。不断加快全省人民共同富裕步伐，使城乡居民家庭尤其是中低收入家庭财富普遍增加，收入差距逐步缩小，中等收入者比重稳步扩大。以人民群众的根本利益为出发点，重点实现两个提升，一是提升城乡居民收入在 GDP 和财政收入中的比重；二是提升城乡居民收入与企业赢利的比值。提升城乡居民收入，也是促进投资驱动向投资、消费双轮驱动，改善经济驱动力的重要方面。

B.3

2015年前三季度上海经济形势分析报告

上海市政府发展研究中心经济形势分析课题组*

摘　要：本文分析了上海市2015年前三季度经济形势，研究认为，上海经济运行总体上继续保持平稳有序，运行态势符合预期，创新转型好于预期，但经济运行下行压力依然较大，下半年受股市波动影响，经济走势存在不确定性。为保持上海经济持续健康发展，本文提出了一系列有针对性的对策建议。

关键词：上海　经济运行　股市

从全球看，世界经济仍处于弱复苏中，区域分化进一步加大，全球经济增长驱动力进一步从新兴经济体转向发达国家。但不确定性因素不断增多，经济增长前景仍不容乐观。从国内看，经济运行呈现新特征，经济转型进入“深水区”，下行压力持续加大，全年要完成预定增长目标难度较大，但总体上仍处在合理区间。从上海看，经济运行继续保持平稳有序，运行态势符合预期，创新转型好于预期，但经济运行下行压力依然较大，下半年受股市波动影响，经济走势存在不确定性。

---

* 上海市政府发展研究中心经济形势分析课题组：组长：肖林；副组长：周国平、周效门；执笔：周效门、高炜宇、王丹、梁绍连、宋奇。

一 从全球看，世界经济状况略好于2014年，处于弱复苏中，区域分化进一步加大，不确定性因素不断增多

1. 世界经济状况略好于2014年，区域分化加大

一是发达经济体出现分化。美国 2015 年第二季度 GDP 增长 2.3%，虽较 2015 年初有所好转，但仍不及 2014 年上半年的势头，远低于整体复苏速度；欧元区增长偏弱，二季度 GDP 环比增长 0.3%，低于一季度。德国、法国等欧元区主要国家增长普遍不及预期。日本经济增长再次出现萎缩，二季度 GDP 实际增速环比下降 0.4%，同比下降 1.6%。

二是新兴经济体增长不容乐观。印度经济增速出现放缓趋势，二季度 GDP 增长 7%，比一季度下降 0.5 个百分点；俄罗斯二季度 GDP 下降 4.6%，出现六年来最大幅度萎缩；巴西二季度 GDP 环比萎缩 1.9%，为近年来最大的下滑幅度。

2. 国际市场需求回升依然缓慢，经济前景不确定性因素不断增多

一是国际贸易增长水平持续下降。二季度全球贸易总额环比下滑 0.5%，创 2009 年以来最大跌幅。七国集团（G7）和金砖五国二季度出口和进口较一季度分别下降 0.9% 和 1.2%。作为世界贸易额领先指标的波罗的海干散货运输指数，已从 2014 年的 2000 多点下降到 2015 年 9 月的 900 多点，回落了 57%。

二是全球可能引发新一轮货币战。2015 年来，随着美国经济复苏乏力，美联储一再推迟加息时间表，美国货币政策回归常态还待时日。同时，欧日经济复苏前景不明确，可能进一步加码量化宽松货币政策，但实施的时点和节奏都存在不确定性。与此同时，新兴市场国家货币出现竞争性贬值。2015 年 8 月俄罗斯卢布兑美元贬值 8%；巴西雷亚尔兑美元汇率在 8 月初跌破 3.5% 关口，创 12 年来新低；印度尼西亚和马来西亚货币分别贬值到 17 年和 16 年以来的最低点。在此背景下，未来全球资本可能在更大范围和更大规模上进行重新配置，可能导致汇率走势和跨境资本流动方向多变、波动幅度加大。

三是全球资产价格出现较大波动。2015 年 7 月，纽约原油期货价格下跌了 20.8%；小麦期货价格出现 4 年来最大跌幅。8 月中旬，纽约原油期货价格创 2009 年初以来的 6 年半的新低。同时，8 月彭博大宗商品指数跌至 13 年来最低水平。二季度以来尤其是 8 月中下旬，全球主要股票市场大幅波动。8 月第三周美国股市全周跌幅在 6% 左右，创 2011 年 9 月以来之最。香港恒生指数一周累计下跌 6%，也为 2011 年以来最大单周跌幅。欧洲股市 8 月 21 日也遭遇近四年来最大单日跌幅。

四是新兴经济体资本大量外流。在美联储加息预期影响下，新兴经济体国家出现持续资本外流。从 2014 年 7 月到 2015 年 7 月底的 13 个月中，19 大新兴经济体的资金净流出金额累计 9402 亿美元，为 2008 ~ 2009 年金融危机 3 个季度期间资金流出额 4800 亿美元的近 2 倍。

综合上述因素可以看出，未来世界经济复苏仍将缓慢波折，面临着诸多不确定因素，经济前景仍不容乐观。

二　从国内看，结构调整的态势深入发展，经济运行呈现新特征，经济转型进入“深水区”，下行压力持续加大，但经济运行仍处在合理区间，全年要完成预定增长目标难度较大

1. 我国经济运行整体下行压力持续加大，区域增长分化明显

2015 年以来，我国经济运行呈现明显下滑趋势，下行压力不断加大。

一是固定资产投资增速持续下降。2015 年以来，我国固定资产投资呈现全面减速态势。前 8 个月，全国固定资产投资同比名义增长 10.9%，比前 7 个月下降 0.3 个百分点，比上半年下降 0.5 个百分点，创 15 年来的新低；分产业、分地区和分所有制的投资增速都出现下降。

二是进出口出现快速下跌。进入三季度以来，我国进出口增速明显下滑。前 8 个月，全国进出口总额同比下降 7.7%，降幅较上半年增大 0.8 个百分点。其中，出口同比下降 1.6%，由增转降；进口同比下降 14.6%，连续 8 个月出现两位数下滑。

三是财政收入增速大幅下降。前 8 个月，全国一般财政收入同口径增长

5.2%，增速较1~7月回落0.2个百分点。其中，8月财政收入同口径增长仅3.5%，较7月大幅回落5.6个百分点，且明显低于GDP和工业增加值增速。地方财政支持“稳增长”“促转型”的能力和回旋余地明显降低。

四是工业企业效益下滑。1~7月，规模以上工业企业利润总额同比下降1%，降幅比上半年扩大0.3个百分点。若剔除股市投资收益，主营业务收入所带来的利润下滑幅度更大，部分企业步入“盈亏”或“倒闭”的临界点。

五是房地产市场出现降温迹象。三季度来，房地产市场的活跃度较二季度明显降温。前8个月，全国房地产开发投资同比增长3.5%，较上半年回落1.3个百分点。8月，重点城市商品住宅市场仍未走出“淡季阴影”，供求延续7月齐降态势，环比下降城市较7月有所增加，整体供应量同比与环比降幅都超过13%。其中，一线城市降幅更为明显，北京、上海同比与环比降幅都在20%以上。

六是行业和企业分化趋势明显。从行业看，一方面重化工业调整幅度偏大，对PPI下降贡献率超过75%，而非重化工业和服务业等运行相对平稳，纺织、化纤、光伏、铁路船舶运输设备制造等部分行业在经过调整和产业整合后出现回升迹象；另一方面，传统零售行业逐步下行，而电子商务则快速增长。从企业看，在同一行业中众多企业亏损的同时，具有一定核心竞争力，加快产业链整合与重组，积极参与高端客户新需求研发的企业，运行总体平稳，对未来预期偏向乐观。

在总体经济下行压力加大的情况下，区域经济增长出现明显分化。区域经济增速呈现东部平稳、中部回落、西部大幅下滑的格局。东部地区由于主动认识和适应新常态，速度、结构、动力转换早，经济增速相对较快，财政收入和企业效益较为平稳。福建、浙江、江苏等省份一季度GDP增速基本维持在7.5%~8.5%；西部地区由于对资源型产业和投资拉动依赖较大，经济增速、财政收入和投资增速大幅下滑。四川、青海、新疆、云南等省份一季度GDP增速在7.5%以下。中部地区由于正在加快结构调整，处在增长新旧动力转换时期，经济增速出现回落，但一季度GDP增速仍基本维持在8.5%~9%。

2. 中国经济整体向好的基本面没有改变，经济运行呈现新特征和新亮点

2015年以来，虽然中国经济下行压力持续加大，但经济总体向好的基本

面没有改变。从 2015 年三季度看，经济运行呈现不少新亮点。

一是工业生产小幅回升。8 月，全国规模以上工业增加值同比增长 6.1%，增速较 7 月提高 0.1 个百分点；用电量增速转正。

二是就业形势总体平稳。前 8 个月，全国城镇新增就业人数达到 952 万，调查失业率维持在 5.1%。劳动力市场仍呈现需求略大于供给的局面。

三是消费需求对经济增长的拉动作用持续上升。8 月，社会消费品零售总额同比增速为 10.8%，比上半年提高 0.4 个百分点。其中，网上零售额同比增长 36.5%，高出社会消费品零售总额增速 25.7 个百分点。

四是新兴经济部门及其产品投资保持快速增长。前 8 个月，全国高技术产业投资同比增长 16%，比全部投资增速高 7.1 个百分点；装备制造业投资和消费品制造业投资同比分别增长 10.8% 和 11.3%，分别比全部制造业投资增速高 1.9 个和 2.4 个百分点；物流和民生相关服务业投资增速也均明显高于全部投资增速。

从中长期视角看，这一轮经济增速下行压力持续加大、增速回落是我国经济进入新常态的重要特征，是由我国“三期叠加”的长期性、复杂性和全局性的矛盾所决定的。2015 年下半年虽然部分经济指标有企稳迹象，但经济增长仍有可能再次减速，触及经济社会发展的底线。因此，2015 年要完成 7% 的预定目标仍有较大难度。

3. 当前国内经济运行主要面临四个方面的新问题，需要引起高度关注

一是通货紧缩风险增大。虽然 2015 年上半年短期猪肉价格和 CPI 环比折年率都有所回升，但 CPI 仍存在一定下行压力，核心 CPI 已在 1% 附近。而且 PPI 连续 39 个月负增长，5 月下跌幅度达到 -4.6% 的低位。在价格持续收缩的同时，2015 年一季度 GDP 平减指数已经下滑至 -1.2%，而且二、三季度持续为负的可能性较大，我国通缩风险依然存在。我国通缩风险的成因来自两方面，一方面严重产能过剩主导的“产能过剩型通缩”，工业领域的通缩可能向宏观经济领域渗透延伸；另一方面，近期我国股市持续攀升和大幅波动，资产价格下跌引发通缩风险的可能性也在增加。一旦通缩态势形成，经济运行或将通过延迟购买、债务紧缩等机制，陷入“内生性收缩”的境地，将会给经济带来严重的破坏性。

二是基础设施投资“稳增长”作用下降。基础设施投资一直是我国政府

平抑经济波动、稳定经济增长的重要政策手段，在过去反周期调控中发挥了重要作用。据国研中心测算，2015 年 GDP 实现 7% 左右的增长，需要保持 20% 左右的基建增长。但前 5 个月，我国基建投资累计同比增长 18.7%，5 月当月仅增长 15%。基础设施“稳增长”作用面临的考验主要是项目投入资金受限，国家密集推出的系列项目缺乏有效的资金支撑。

一方面，地方政府财政收入减少，难以确保基础设施的资金投入。前 5 个月地方政府性基金实际收入仅为年初预算的 27%，仅相当于过去几年第一个季度的水平。且在政府支出中民生支出占比已经超过 70%，能够用于经济性支出的比重显著下降。另一方面，地方融资平台清理，地方政府融资能力和积极性下降。前 5 个月国内贷款融资额下降 6.3%，降幅比前 4 个月扩大 4.2 个百分点，较 2014 年同期大幅下降近 20 个百分点。此外，受限于投资长期回报前景不看好，民间资金参与基础设施建设的意愿也不及预期，PPP 项目推进并不顺利。2015 年以来，尽管政府推出了 2 万多亿元的 PPP 项目规划，但实际签约率不足 20%，且签约资金仅 3000 多亿元，对刺激投资增长仍是“远水难解近渴”。

三是资金“脱实入虚”问题突出。2015 年以来，虽然经历了几次较密集的降准、降息，货币市场利率明显降低，但实体经济资金依然紧张，而且资金价格高企。前 5 个月，全社会融资规模余额增长 11.9%，增速较 4 月末回落 0.3 个百分点。同时，国企贷款年利率为 6% ~7%，民营企业贷款年利率为 15% ~20%，已飙升至 2008 年以来的最高点。与之形成鲜明反差的是，大量资金涌向股市，股市成交量持续放大。前 5 个月，表面看银行信贷比 2014 年多增 6206 亿元，但社会融资规模总量却大幅下降了 1.6 万亿元，进入股市的资金多达几万亿元，真实流入实体经济的资金很少。

四是银行不良贷款风险增加。2015 年以来，我国银行系统新增不良贷款明显上升，截至 6 月底，新增不良贷款已超过 2014 年全年水平。三季度以来，我国局部地区不良贷款余额和不良率继续呈“双升”态势，以小微企业、个体户为服务对象的城市商业银行、农村中小银行等成为不良贷款率攀升的“重灾区”。而根据国务院发展研究中心的调研，银行真实不良贷款率远远高于 1.39%，有的已超过 2%，甚至更高。银行不良贷款的大幅增加将对金融系统的稳定产生冲击，进而触发金融系统风险。

三　上海经济运行继续保持平稳有序，运行态势符合预期，创新转型呈现新亮点，下行压力依然较大，全年实现经济预定增长目标存在较大困难

1. 上海经济运行总体平稳有序，处在合理区间

一是消费增长持续稳定。1～8月，全市社会消费品零售总额增速维持在8.0%，其中住宿餐饮业升温明显；通信等商品消费畅旺。“互联网+服务”持续发力，“O2O”体验式消费、智慧商圈等新业态成为下半年消费增长新亮点。1～8月全市服务类网络购物额增长60.6%；南京西路等传统商圈加快“智慧商圈”建设，逐步摆脱负增长困境；汇通供应链、苏宁电器等传统服务企业形成线上、线下交互发展，实现销售额和利润翻倍。

二是财政收入依然快速增长。8月全市一般公共预算收入同比增长25.3%，仍然维持两位数的高速增长。其中，金融业税收（不含印花税）增速高达42.9%，服务业税收增速达23.1%。

三是工业企业效益仍然较好。受原材料价格维持低位、货币利率进一步降低等成本利好，及企业非主营业务收入增加等因素影响，上海制造业利润显著提高。1～7月，全市工业利润增长4.9%，高于全国近6个百分点。全市13个主要行业中，除电子、钢材和设备制造业外，其余9个行业均实现了利润增长，其中石油化工利润增长达到1.3倍。

四是对外投资延续快速增长势头。1～8月全市对外投资累计286亿美元，同比增长超过3倍，其中8月单月增长39.4%，增速位列全国第一。对外投资的结构进一步优化。1～7月，全市在“一带一路”国家和地区的投资增长41.9倍；国际产能合作大中型项目合同额占比超过八成。投资流向率先从传统行业转向高附加值和创新型行业。如上海电气出资4亿欧元收购意大利安萨尔多公司40%的股权，并掌握重型燃气轮机制造核心技术。

五是就业市场基本平稳。2015年上半年上海全市新增就业岗位25.28万个，在工业大幅下滑的同时没有产生大量失业。一方面归功于工业经济转型发展，服务业吸收了部分制造业流出人员；另一方面，在“大众创新万众创业”

的氛围影响下，创业企业吸纳了部分新增就业劳动力。

2. 上海创新转型好于预期，经济增长的质量效益显著提高

一是工业转型速度上升，制造业服务化水平达到30%，生产性服务业占GDP比重达到40%。据上海市生产性服务业协会分析，作为“四新”经济的主体，全市生产性服务业上半年总营业收入预计超过1万亿元，同比增长15.4%。根据对上海市几大工业集团抽样分析测算，上海市制造业服务化水平已经在30%以上；一季度生产性服务业占全市GDP的比重超过40%，占全市服务业比重超过60%。从地域上看，上海的中环到郊环之间已经形成了一条生产性服务业发展的“金腰带”。

二是“大众创业、万众创新”态势开始形成。在工商注册登记制度变化和科创中心建设政策的鼓励下，上海市域内新设企业数不断增长。1~8月，全市新增企业数已达到18万家，增速6.5%。其中，三季度第三产业新注册企业数量显著增多，金融服务业、文化服务业和房地产业新增企业数分别同比增加130%、37%和28%。其中，杨浦区1~5月新注册企业增长16.3%，比全市高出6.3个百分点；创智天地、同济科技园、财大科技园区级税收分别增长15.8%、33.7%和37.1%，增速上升。李克强总理要求的“全国每天新注册10000户企业”，上海每天新注册企业数占全国的1/15。

三是率先创新转型的企业和区县经济运行态势良好，质量效益显著提升。从调研的情况看，凡是率先创新转型的企业或者区县，经济增长形势较好。上海仪电集团实现由“卖产品”到“卖方案”的转型，以方案设计规划整体组合带动传统产业创新发展，1~5月销售收入增长13.2%，利润增长25%。杨浦区积极建设上海全球科技创新中心重要承载区，加快建设“万众创新示范区”，1~5月杨浦区GDP（不含烟草）增长7.1%，第三产业占比达到82.6%，其中知识型现代服务业增长22.4%。嘉定工业区服务业发展迅速。1~5月，嘉定工业园中京东、国美等完成销售额225亿元，占商品销售总额的60%；中广创意产业基地已集聚企业1226家，主营业务收入增长44.3%。张江园区积极发挥“双自联动”的叠加效应。上海自由贸易（试验）区扩区以后，4月张江园区固定资产投资同比增长了1.5倍，其中吸引合同外资同比增长3.1倍。中信国健、绿谷等国内药企高速发展。

从未来看，随着上海“四个中心”的建成，上海城市经济增长的驱动力

将会发生三大改变：一是伴随着上海自由贸易（试验）区建设过程中金融改革的深化，上海国际金融中心的功能不断提升和强化，金融对服务业的支撑将向多样化发展。未来一段时间，高端服务业将率先实现加速发展，金融和汇率的市场化、资本项目和金融市场的进一步开放，将改变目前依靠股市单一支撑服务业增长的发展态势。二是上海对外投资总额开始超过吸引外资总额，上海经济进一步由大转强。作为区域经济体由大变强的重要标志，对外直接投资是发达经济体参与世界经济分工的主要手段之一，跟随资本一起输出的是城市的竞争力和影响力。三是创新产业集群将成为全市经济增长的重要动力之一。传统制造业已经开始转型，传统制造业将转向以科技创新为驱动的“四新”经济和高新技术产业。同时，在互联网条件下第二、三产业的加速融合，将进一步催生这股新生力量发展壮大。

3. 当前上海经济下行压力依然较大，实现全年预定增长目标难度较大

一是工业经济仍处在探底期，增长压力依然较大。三季度以来，全市工业经济下滑明显。7 月、8 月两个月，全市工业增加值分别下降了 6.0% 和 6.2%，降幅较大，与全国出现巨大反差。工业投资持续下降。1 ~8 月工业投资累计下降 13.2%；大项目和在建项目投资进度显著放慢。汽车、烟草等重要经济引擎遭遇困境。前三季度，汽车行业增加值降幅达到 5.3%；上汽集团“限产压库”现象明显，预计 9 月汽车产量减少 24.1%。部分先导性指标持续回落。8 月全市工业 PMI 为 49，连续五个月位于枯荣线以下；PPI 连续 42 个月负增长，出厂价格同比下降 4.9%，购进价格下降 10.4%，降幅分别扩大 0.8 个和 0.7 个百分点。

二是股市震荡下行，两类风险凸显。自 6 月中下旬出现拐点以来，沪深两市持续震荡，股指和成交量均萎缩明显。到 8 月底，上证综合指数已从 5166 点跌至 3200 点，跌幅近四成。沪深两市日均成交额几乎折半，从 6 月的 9606 亿元跌至 8 月的 4914 亿元；8 月日均成交额环比下降 26%。金融市场的波动和下行，一方面严重削弱了其作为支撑上海市经济增长的发动机作用，要延续上半年以来的增长势头将面临更大的难度；另一方面，股指持续下挫将部分金融风险传导至实体经济。上半年依赖非主营业务收入的企业将承受更为严峻的收入压力；银行呆坏账率大幅提升也增加了系统性金融风险的概率。

三是房市虽有回暖，但三大阻力造成后继支撑乏力。三季度宽松政策重回

"负利率"时代，进一步加快房产市场的回温脚步；但是，这种回暖态势缺乏长期有效的动力基础。其一，全市房地产开发投资下滑较为严重。1~8月房地产开发投资增长仅11.2%，比上半年下降4.6个百分点；房地产投资占第三产业投资比重较一季度回落8.82个百分点。其二，从供需的角度看，上海前4年累积的供给存量仍需时间消化。随着建设周期供应量的集中释放，四季度将改变短期刚需和由改善性需求造成的"供小于求"状况。其三，下半年股市财富效应的减弱，将动摇个人持有不动产的信心。因此，四季度房市的发展仍存在较大不确定性。

四是税收增长受益于两大动因，增长后劲不容乐观。2015年以来，全市税收保持较快增长，主要受益于两大因素。一是上半年高速增长的金融业和房地产业。1~8月，若剔除证券交易、金融业及房地产因素，税收增速将仅剩5.9%。二是一次性增收成品油税。若剔除此因素，1~8月全市消费税增幅将从10.5%降至3%。基于上半年金融业高潮已现退缩的迹象，房地产业后继增长缺少足够的动力支撑；下半年以来实体经济，尤其是汽车、烟草行业的整体下滑，已经对工商业税收造成了上百亿元的影响。

五是外贸进出口延续双降趋势，短期内难有复苏迹象。8月，本市外贸进出口总额2296.02亿元，下降2.9%；1~8月，累计外贸进出口总额同比下降3.1%，已经连续6个月负增长。下降的原因，既有国内外需求疲弱导致价格下跌的大环境影响，也有经济转型带来的"阵痛"效应。随着本市经济转型升级，作为主要增长点的加工贸易行业加速向东西部地区及周围城市转移；部分劳动密集型的一般贸易企业也开始探索在海外布局。因此，在进出口贸易形成新增长支柱之前，全市的外贸难有复苏迹象。

从未来走势看，上海全年经济增长的压力依然较大，全年要保持7%的经济增速存在较大困难。

四　保持上海经济持续健康发展的对策建议

针对2015年下半年以来出现的经济增长放缓、下行压力加大的新趋势、新问题，要坚决贯彻落实国家宏观调控政策和稳增长措施，更加注重以创新驱动激发大众创业、万众创新活力，以深化体制机制改革、扩大对内对外开放、激发市场活力，实现“稳增长、调结构、促改革、防风险”之间的综合平衡，促进经济社会持续健康发展，努力完成全年工作目标。

1. 加快重大战略实施，构筑经济增长新格局

一是全面推进上海全球科技创新中心建设。在科技成果转移转化、科技金融支持、知识产权运用和保护等领域，尽快形成可操作的具体实施计划和工作方案，并推动各项政策措施加快落实。同时，建议全市各区县和主要科技园区结合自身情况，加快制订参与建设全球科技创新中心的行动计划，确保政策措施的空间落地。上海要学习深圳的创新经验，营造创新良好环境，进一步鼓励和引导大众创业、万众创新，通过创新创业激发经济增长的内生动力。二是要充分发挥上海自贸（试验）区扩区的带动引领作用。特别要结合上海全球科技创新中心建设，全面推动张江片区的自贸试验区和国家自主创新示范区“双自联动”发展，在张江复制推广、充分运用自贸试验区的投资管理制度、贸易便利化措施和金融创新成果等制度创新经验，同时依托自贸区探索突破科技创新瓶颈，全面推进产业发展、知识产权、科技金融、人才流动、国际合作等领域的体制机制改革，进一步丰富自贸区内涵。三是要把握国家金融改革契机，加快提升上海国际金融中心功能。随着利率市场化和资本项目开放等金融改革的推进，制约上海国际金融中心建设的重大基础性条件将发生根本性变化，上海国际金融中心建设面临重大机遇。要争取国家资本项目可兑换、资本市场双向开放的试点更多地在上海先行先试，同时要推动金砖国家新开发银行尽早运营，加快推出战略性新兴产业板，完善多层次资本市场体系，不断夯实上海国际金融中心基础、提升上海国际金融中心能级。

2. 促进投资落地见效，夯实实体经济基础

一是促使基础设施项目尽快落地、加快进度。要按照年初确定的市、区重大项目安排，加大环评、动迁等工作力度，加快落实土地、资金，限期落地开工。对于北横通道、轨道交通 5 号线向南延伸等已开工的重大项目，要全力加快工程进度，着力发挥重大项目对下半年全市经济增长的带动作用。二是积极谋划建设一批符合产业革命大趋势、贡献大、带动性强的重大产业项目。针对全市工业下行压力持续较大的局面，要把握《中国制造 2025》战略规划机遇，重点聚焦大飞机、智能汽车和新能源汽车、智能制造与机器人、深远海洋工程装备等重大产业创新战略项目，同时结合全球科技创新中心建设，围绕产业链部署创新链，加快培育上海本土产业创新“引擎”企业，尽快形成产业发展新动力，推动实体经济特别是制造业的繁荣强大。

3. 挖掘消费空间，促进居民消费升级

一是积极扩大消费领域。要不断培育消费新热点，加大对奥特莱斯、社区电商等消费新热点的支持，鼓励传统商业企业加快转型、开发新商业模式；要挖掘消费市场新增长点，尽快落实《境外旅客购物离境退税管理办法》政策，抓紧启动本市离境退税相关政策前期准备工作，培育壮大境外游客的旅游购物消费。二是扩大消费性投资，努力培育新兴消费，促进居民消费升级。把握居民消费升级趋势，扩大医疗、文化、教育等服务消费领域，以及新产业、新业态领域的消费性投资，引导释放有效需求，形成消费增长新空间。如针对汽车市场增速放缓的情况，按照全球科技创新中心意见要求，加大对上汽新能源汽车发展的支持力度，加大充电桩设施投资建设力度，稳定补贴、牌照等政策预期，多途径鼓励新能源汽车消费。

4. 深化对外开放，提高开放型经济水平

一是要扩大与“一带一路”沿线国家的经贸投资合作。当前“一带一路”国家战略在上海成效初步显现，上海与“一带一路”沿线国家的经贸投资合作潜力巨大。上海要加大投资力度，积极开拓“一带一路”沿线国家市场，完善国际物流网络，将对外投资与产能合作、外贸出口结合起来，消化钢铁、轻工等传统产业产能，做强电力、机械等优势产业领域品牌。二是进一步提高贸易便利化水平。依托自贸区建设，对接国际先进标准，提高进出口货物通关效率，帮助企业降低通关时间、节约物流成本，促进进出口贸易增长。三是进一步加大吸引外资的工作力度。积极推进自贸区现代服务业和先进制造业领域扩大开放的措施落地，创新招商引资方式，大力吸引高科技产业、先进制造业和现代服务业等领域的外资。

5. 优化发展环境，增强区镇发展动力

一是要打造区县宜居宜业发展环境，营造有利于制度创新和科技创新的良好氛围。推动各区县主动对接自贸区，鼓励在复制推广自贸区做法的基础上，根据自身特点再创新；要发挥区县的资源禀赋和特色优势，推动区县积极融入上海全球科技创新中心建设，走出各具特色的创新发展新路，让自贸区、全球科技创新中心的制度创新、科技创新转变为区县经济发展的动力和活力。二是激活“镇域”经济，培育郊区特色“强镇”。要积极推进强镇扩权、创新体制机制，鼓励郊区市镇结合资源禀赋，依托新城、产业园区大力发展“镇域经济”。同时结合新一轮城市总体规划编制，进一步完善市镇空间布局，使市镇成为上海产业转型升级、“四新”经济发展的重要承载区域。

6. 破除发展瓶颈，促进产业园区提质增效

一是破除产业园区土地空间瓶颈。针对产业园区普遍反映的土地空间不足问题，要鼓励产业园区加大二次开发力度，通过“腾笼换鸟”“借笼养鸟”等多种方式积极推进闲置资源利用。同时要完善相关土地政策，鼓励企业在二次开发中，在符合规划的前提下，利用存量工业用地改建研发类建筑（产业园区类），将用地性质调整为科研用地（产业园区类），并可参照科研用地面积按规划增加容积率，推进产业园区创新发展。二是要转变产业园区发展模式。要转变产业园区“工业地产”“商务地产”开发模式，推动产业园区加快从“土地开发”向“创新服务”“产业投资”转变。鼓励产业园区联合社会资本，设立引导产业发展母基金。通过母基金吸引市场投资基金，撬动社会创投资本，扶持科技企业、新兴产业发展。

7. 促进企业转型，培育壮大产业新增长点

一是要加快推进国有企业转型创新发展。鼓励国有企业加大创新投入，创新经营模式，创造良好的投融资环境，加快推进国有企业“走出去”，提升企业竞争力。要在市场化程度较高的国有企业进一步推动实施股权激励，创新考核机制，改革国企人才管理制度，提高市场化选聘比例，建立市场化的薪酬制度，激发国有企业发展活力。二是扶持新设企业发展。针对工商注册登记放开后新注册企业的“井喷”情况，既要加强事中事后监管，防止前置审批放开、后置监管缺位；同时也要加大政策扶持、加大对新设企业的服务力度，提高新注册企业成活率、让企业“活下来”，提升新设企业的“活跃度”，让企业“活得好”。三是创新完善关于新兴产业和业态的统计制度。特别要加强对“四新”经济的统计，探索建立全面客观反映经济运行态势和转型升级成效的统计核算制度和监测评价体系。

8. 密切关注证券市场风险，保持房地产市场稳定发展

一是关注“牛市”行情中的证券市场风险。当前沪深两市已有近千家股票市盈率超过100倍，开户数量不断创新高，中小投资者交易量占总成交量的比重达90%。要密切关注股价过快上涨、中小散户盲目跟风蕴藏的风险，防止股市大幅波动导致的金融市场不稳定。二是保持房地产市场稳定发展。在上半年房地产市场逐步回暖背景下，要加强对房地产市场的监测分析，更加注重“两手防”：一方面要强化舆论引导，防止出现类似深圳的房地产价格过快上涨、市场“过热”情况；另一方面要做好政策储备，防止出现房地产交易萎缩、市场“过冷”局面，合理引导住房需求有序释放，确保房地产市场健康稳定发展。

B.4
2014～2015年浙江社会发展分析与评估

杨建华*

摘　要：2014年浙江社会形势总体平稳，在加强就业与社会保障、提升教育教学质量及优化教育结构、事业单位改革、稳步推进"两美"浙江建设、维护社会治安形势等方面取得了显著成效。但其中也存在一些问题，包括民生制度碎片化、缺乏整合，农民工子女与幼儿入学仍面临着困难，劳动力供应短缺，老年人口呈现空巢化、高龄化特征等。随着我国经济步入"新常态"，浙江社会发展形势出现了几个新的特征：一是新常态下公共产品与服务成为供给重点；二是数字化生活进程加快；三是全省常住人口增长进入平稳期；四是社会服务业需求快速提升。本文针对上述浙江社会发展中存在的新问题和新趋势，提出了相应的政策建议。

关键词：浙江省　民生　"两美"浙江

2014年浙江社会发展面临着经济增长减速、资源要素制约加强、公共服务体系尚不健全等问题，在国内外形势错综复杂的背景下，浙江省委省政府坚持以科学发展观为指导，深入实施"八八战略"和"两创""两富"战略，着力稳增长、抓改革、促转型、治环境、惠民生、保稳定，按照干好"一三五"、实现"四翻番"的要求，坚持持续改善民生，均衡发展社会事业，不断

* 杨建华，浙江省社会科学院公共政策研究所所长，研究员。

完善社会治理，继续推进城乡统筹，全面推进“两美”建设，社会形势总体平稳。

一　2014年浙江社会形势分析与评估

（一）经济发展总体平稳

2014 年浙江经济发展态势平稳，主要经济指标处于中高速增长的合理区间，全省生产总值超过 4 万亿元，按可比价格计算，比上年同期增长 7.5% 以上，增幅呈逐季回升态势。其中，第一产业增加值为 1808.7 亿元，比上年增长 1.5%；第二产业增加值近 2 万亿元，增长 6.9%；前三季度第三产业增加值达 12819 亿元，增长 8.4%。第三产业增加值增速比同期 GDP 高出 1 个百分点，对 GDP 增长贡献率达 51.2%。服务业吸纳就业能力进一步增强。

社会消费稳定增长，CPI 涨幅回落。2014 年浙江居民生活消费支出增速比上年同期有所加快，前三季度浙江居民人均生活消费支出 16709 元，同比增长 9.4%，比上年同期提高 0.4 个百分点。扣除价格因素影响，实际增长 6.8%，增速与上年同期基本持平。其中城镇常住居民和农村常住居民的人均生活消费支出分别为 20175 元和 10860 元，同比增长 7.8% 和 13.8%，比上年同期分别提高了 0.3 个和 2.2 个百分点。扣除价格因素影响，实际增长 5.3% 和 11.0%。前三季度，社会消费品零售总额为 16905 亿元，增长 11.7%，扣除价格因素影响，实际增长 10.5%，增幅基本与上半年持平。CPI 涨幅回落。2014 年，居民消费价格比上年同期上涨 2.1%，下半年涨幅逐月回落。

财政收支平稳增长。2014 年，财政总收入 7522 亿元，增长 8.9%，其中，一般公共预算收入 4121 亿元，增长 8.5%，增幅与上半年持平（主要是税收收入 3853 亿元，增长 8.7%，税收所占比重为 93.5%）。公共财政预算支出 5159 亿元，增长 9.1%；用于卫生计生、节能环保、住房保障、城乡社区、商业服务业、社会保障和就业、文体传媒、教育等项目的支出分别增长 23.7%、22.9%、22.3%、16.8%、15.8%、9.7%、8.8%、8.5%。

城乡居民收入稳定增长。全省城镇常住居民人均可支配收入达 40393 元，增幅为 8.9%，扣除价格影响因素，实际增长 7.2%，实际增幅与上半年持平。

农村常住居民人均可支配收入为19373元，增长10.7%，扣除价格因素，实际增长8.1%，农村居民收入增长快于城镇居民。

（二）就业与社会保障有所加强

2014年，浙江省城镇新增就业岗位107.43万个，比上年增长2.96%；登记失业率为2.96%，比上一年度略有下降。基本养老保险参保总人数达3890.1万人，其中企业职工参保人数2442.6万人，较上年末新增170万人；城乡居民社会养老保险参保人数1342.1万人。基本医疗保险参保总人数4847.2万人，较上年末新增119.5万人，其中职工参保人数1900万人。全省新开工城镇保障性住房安居工程20.6万套，竣工13.3万套，分别完成省政府年度目标任务的137.3%和115.7%，新开工公共租赁房3.1万套。

（三）教育事业发展良好

浙江教育事业发展良好。全省有义务教育中小学5000余所，较上年减少近230所。义务教育入学率、巩固率均为99.99%，完成率95%。普通高中学校569所，比上年减少2所；中等职业教育（包括职业高中、普通中等专业学校、成人中等专业学校和技工学校）学校400余所，全省共有普通高等学校106所（含独立学院及筹建院校），其中：大学15所、学院20所、独立学院22所、高等专科学校2所、高等职业学校47所。

民办教育发展较快。全省共有独立设置的民办普通高校13所，独立学院22所。在校生为30.7万人，比上年增加0.55万人，增长1.8%。全省有民办普通高中167所，在校生18.06万人，占普通高中在校生总数的21.5%；民办中等职业学校88所，在校生7.73万人，占中等职业教育在校生总数的13.4%；民办普通初中218所，在校生19.87万人，占普通初中在校生总数的13.4%；民办普通小学215所，在校生41.94万人，占普通小学在校生总数的12%；民办幼儿园7053所，在园学生118.2万人，占在园幼儿总数的63.3%。

全省学前三年教育毛入园率已达到95.6%，高中段教育毛入学率达到95%。全省学前三年到高中段的15年教育普及率为98.9%，比上年提高0.5个百分点。高等教育毛入学率达到52%，比上年提高1.3个百分点。人力资源开发水平的各项指标达到或超过全国平均值，主要劳动年龄（16～59岁）

人口平均受教育年限达到10年，新增劳动力平均受教育年限达到12.5年。

浙江实施高考制度改革，统一高考招生实行统一高考与高中学考相结合的方式，不再区分文科和理科。考试科目也从原来的“3+X”套餐模式变成“3+3”自助餐模式，分必考科目和选考科目。考生录取不分批次，实行“专业+学校”的志愿模式。从实施情况看，上述高考改革弱化了“一考定终身”的不利影响。考生不仅可以从自己的实际情况出发，在多种考试招生模式中选择适合自己的升学发展通道；而且选择统一考试招生模式的考生还可以自主确定考试科目、时间、次数，并选择其中一次成绩记入总成绩；选择单独考试招生模式的考生也可自主选择职业技能考试类别。参加高职提前招生的考生可以选报多所高校，最终确认选择一所录取高校。这样的高考制度改革真正将选择的权利赋予了考生，他们可以“考自己所长”“考自己所好”；因大部分科目有2次考试机会，考生参加考试的心理负担大大减轻了。高考和学考相结合的改革将现行每年5次考试减少到了3次，统一高考的天数压缩到一天半，比现行高考天数减少一天，有效降低了考试的社会成本。

（四）事业单位改革取得一定成效

分类改革制度框架基本形成。2013年底，全省有事业单位36131家，从业人员112万人，其中公益类事业单位有19782家，从业人员98万人。行政类事业单位4989家，从业人员73160人；经营类事业单位787家，从业人员24416人。全省95%以上事业单位类别认定工作已经完成。

经营类事业单位改革取得重大突破。浙江省一大批具备市场经营能力的文化、科研单位改革取得明显突破，它们有的成立有限责任公司，有的组建为股份有限公司，在市场竞争中崭露头角，提升了市场竞争活力，有力推进了浙江省“四个强省”建设。如浙江出版联合集团改制后得到迅猛发展，不仅入选“首届全国文化企业30强”，还在全国出版发行类企业中名列第二位。公益类事业单位公益属性切实增强。通过分类和清理整顿，浙江省围绕公共服务事业发展，进一步明晰了从事公益服务事业单位的范围、地位和作用，加强了对从事公益服务事业单位的统筹规划，促进合理布局，优化资源配置，加大财政投入，建立和完善基础优先、服务公平、区域平衡、门类齐全的公益服务体系。还先后出台了关于城乡社区卫生服务中心、乡镇农业公共服务机构的机构设置和人员编制实施意见，将公益事业资源配置向基层倾斜，加强了基层公益服务队伍建设，基层公益服务能力得到显著提高。

事业单位人事与财政投入制度改革取得一定成效。事业单位以岗位管理、公开招聘、全员聘用为核心的人事管理制度基本建立，内部运行机制改革取得新进展。对事业单位人员全面推进采用聘用制、进行公开招聘，实行岗位管理，弱化身份管理，逐步形成了新的竞争机制和激励机制。同时，充分利用浙江省民间资金雄厚的优势，努力以政策和制度的方式引导社会力量举办卫生、教育、养老等社会事业。

（五）社会救助法规出台

2014 年 7 月 31 日，浙江省制定出台了全国首部综合性社会救助地方性法规——《浙江省社会救助条例》，该条例以国务院《社会救助暂行办法》为依据，结合浙江省实际对《社会救助暂行办法》予以细化和具体化，进一步增强了可操作性。条例综合构建了社会救助制度体系，涵盖最低生活保障、特困人员供养、自然灾害救助、医疗救助、教育救助、住房救助、就业救助、临时救助和社会力量参与等内容。条例立足浙江省实际情况，适度扩大了部分救助手段的适用范围：包括提出并界定“最低生活保障边缘家庭”，将符合标准的此类家庭及其成员纳入医疗、教育、住房、就业等专项救助范围和临时救助范围；对因患大病等特殊原因导致的支出型贫困家庭给予基本生活救助；将因患大病而支出的符合规定的医疗费用自负部分超出家庭承受能力，导致家庭实际生活水平低于当地最低生活保障边缘家庭标准的人员纳入医疗救助范围；将教育救助覆盖学前教育到高等教育的各阶段。为更好地保障社会救助对象行使权利，条例还设定了一系列便民措施。

（六）“四张清单一张网”建设成效显著

2013 年 11 月以来，浙江省通过厘清政府权力边界，加快取消、下放审批事项，在省级政府部门里率先开展职权清理、推行权力清单工作，把可由市场和社会去办的事项还给市场与社会。在“三张清单”（政府权力清单、企业投资项目负面清单、财政专项资金管理清单）的相关规定出台后，浙江省政府又在全国率先部署起了第四张清单——政府部门责任清单。依照新规定，省级各部门需制定《部门主要职责登记表》《与相关部门的职责边界登记表》《重大社会服务事项登记表》等清单，明确权力的边界与内容。目前，在省环保厅、省质监局试点工作取得成效的基础上，省级43个职能部门的责任清单均已基本编制完成，将于近期公布。权力清单之外，政府部门没有其他权力，这解决了相关部门乱作为的“越位”问题；而责任清单之内，要把“该管的管住，该扶的扶好”，解决了政府部门不作为的“缺位“问题。

建成“四张清单一张网”，试点要素市场化配置改革，打造“透明的笼子”，释放市场活力。浙江省明确要求在负面清单之外，凡是符合市场准入标准的企业投资项目，一律不再审批。2014年浙江省政府正式制定发布了《浙江省企业投资项目核准目录》。浙江还在全国率先建立了财政专项资金管理清单制度，力推“两个不再”的改革，要求“省级政府部门一般不再直接向企业分配和拨付资金，一般不再直接向企业收取行政事业费”。

截至2014年上半年，通过清理，省级57个部门理出来的职权事项共有12333项。省级部门8000多项权力被清理，清单上保留了42个省级政府部门的4236项行政权力，其中，省级部门直接行使的行政权力1973项，全部委托下放和实行市县属地管理的权力事项2255项，省级有关部门共性权力8项。省级的行政许可事项从706项减少到424项，非行政许可事项从560项减少到96项，非行政许可审批实施机关从57个减少到了30个。近期，舟山、绍兴、嘉兴等地正在开展“企业投资项目政府不再审批”的试点工作，即对民资或外资鼓励类、允许类的工业投资项目，改变过去“先批后建”的要求，业主获得土地后，在符合相关条件、做出书面承诺的情况下，可“先建后验”。浙江省首个县域权力清单试点富阳市，对81个行业的小企业取消了环保审批这一办企业的前置条件。目前权力清单正向全省各级政府及相关部门推广。截至2014年底，各市县的权力清单已陆续完成并公开，全省所有市县区公布的权力清单均可在政务服务网上查询参阅。

与权力清单制度改革并行的“浙江政务服务网”建设，旨在记录权力运行轨迹，公开权力运行的流程。浙江省政府依托“四张清单一张网”厘清政府权力的边界、推进自我改革，为权力的规制打造更为细密的制度笼子，促进了市场“无形之手”和政府“有形之手”发挥各自优势，为把浙江打造成“最活市场主体、最快审批速度、最佳投资平台、最好发展氛围”的省份之一提供了制度平台。

（七）“两美”浙江建设稳步推进

中共浙江省委第十三届五次全会通过的《关于建设美丽浙江创造美好生活的决定》，是省委“八八战略”和“两创”“两富”战略的集成与深化，是率先打造“美丽中国”先行区的有效载体。该决定明确提出了建设美丽浙江、创造美好生活的主要目标：到2015年，美丽浙江建设各项基础性工作扎实开展；到2017年，美丽浙江建设取得明显进展；到2020年，初步形成比较完善的生态文明制度体系，争取建成全国生态文明示范区和美丽中国先行区。在此基础上，再经过较长时间努力，实现“天蓝、水清、山绿、地净”，最终建成“富饶秀美、和谐安康、人文昌盛、宜业宜居”的美丽浙江。

抓治水是浙江转型升级的关键之战。浙江省委省政府配套打出“五水共治”“三改一拆”的组合拳。“五水共治”，即治污水、防洪水、排涝水、保供水、抓节水，是以治水为突破口推进转型升级，自2014年起分三步逐步推进，三年（至2016年）要解决突出问题，明显见效；五年（至2018年）要基本解决问题，全面改观；七年（至2020年）要确保基本不出问题，实现质变。2014年全年，各级政府在推进“五水共治”的过程中，共消灭垃圾河6496公里，治理黑臭河4660公里，新建污水管网3130公里；地表水质量Ⅲ类以上的比率达到64%，四项主要污染物年度减排任务全面完成。“三改一拆”，即改造旧住宅区、旧厂区、城中村，拆除违法建筑，取得显著成效。截至目前，共改造旧住宅、旧厂区、城中村1.84亿平方米，拆违1.66亿平方米。“四换三名”，即“腾笼换鸟”、“机器换人”、空间换地、电商换市和培育名企、名牌和名企业家。以治水为突破口，浙江打开了经济社会发展的新格局，走上了一条“绿水青山就是金山银山”的生态发展新路子。

浙江还围绕“PM2.5下降20%”的目标，制定了防治机动车污染、治理工业污染、调整能源结构、调整产业布局与结构、整治城市扬尘和烟尘、控制农村废气污染6个专项行动方案。每一个专项行动都有其重点：防治机动车污染抓黄标车，治理工业废气抓燃煤锅炉，调整能源结构抓燃煤总量控制，整治城市废气抓扬尘控制，控制农村废气抓秸秆综合利用，调整产业布局与结构抓重污染行业整治提升，环境空气PM2.5浓度为53微克立方米，同比下降13%。GDP能耗大幅下降，建设用地利用率提高。全年单位GDP能耗下降

6%，规模以上工业单位增加值能耗下降6.7%。城乡环境治理进一步加强，环境质量有所提高。

美丽乡村建设深入推进。在理念上，浙江是全国最早提出“美丽乡村”建设的省份；在行动上，浙江早在2003年就开展“千村整治、万村示范”工作。截至2014年底，已完成农村生活污水处理的村庄6120个，受益农户150万户，规模化养猪全面配套开展污染治理。这些措施极大地改善了浙江的发展环境，以生态环境整治有效推动了产业转型升级。

2014年，湖州市成为全国首个以设区市为单位的生态文明建设国家战略先行示范区。示范区围绕“绿色发展先导区、生态宜居模范区、合作交流先行区、制度创新实验区”四个战略定位先行先试。重点抓住产业根本，倒逼经济转型；抓住环境基础，打造“诗画江南”典范；抓住特色关键，发挥比较优势；抓住项目载体，加大建设投入；抓住改革统领，先行先试，创新制度体系。从湖州实际出发，探索生态文明建设与经济、政治、文化、社会建设高度融合的实现路径，优化“诗画江南”宜居环境，努力实现“天蓝、水清、山绿、地净”。

（八）社会治安总体稳定

2014年浙江社会治安总体稳定。完善健全打击污染环境犯罪工作机制，仅1～5月，共破获污染环境罪案件412起，抓获犯罪嫌疑人776人，超过2013年全年破案数和刑事打击数1倍多。大力开展“食品安全百日严打行动”“医疗器械五整治”等工作，严打高压态势有效遏制了食品药品等违法犯罪活动。2014年以来，食品犯罪案件明显下降，全省上半年共打击涉嫌食品犯罪人员387人，同比下降33.9%；打击涉药品犯罪人员139名，同比上升36.2%。此外，配合“三改一拆”行动，出动警力9万余人次，依法查处阻碍公务违法犯罪人员222人，开展了黄标车闯禁专项整治，推动出台了烟花禁限放政策。

全力打击各类经济犯罪，维护金融安全。2014年上半年，全省共受理经济犯罪案件2617起，立案2152起，涉案价值115.4亿元，破案1428起，抓获犯罪嫌疑人2251起，挽回经济损失41.4亿元。在打击整治传销行动中，共立“组织领导传销活动案”20起，破案11起，采取强制措施93人，涉案金额近2亿元；因传销引发的非法拘禁案48起，采取强制措施240人；先后开展区域整治90余次，捣毁传销窝点343个，清查遣返传销人员2600余人。为提高社会公众辨识力，就打击防范利用P2P平台实施非法集资活动进行集中宣传，引起舆论高度关注，取得良好的社会效果。

做好社会不安定因素的排查化解工作，维护社会大局的治安稳控。稳妥处置了永嘉三江基督教堂违法建筑拆除、杭州中泰“5·10”等事件；全力处理磐安“2·13”老旧大会堂坍塌事件、温州苍南“4·19”群体性事件的稳控工作；协调处置宁海、三门田湾岛权属纠纷事件。大力推进社会治安防控体系建设和街面巡逻，全面推进“警调衔接”机制建设，排查化解矛盾纠纷于基层。

二　浙江社会发展面临的一些新问题

（一）民生制度碎片化、缺乏整合

保障和改善民生的制度存在碎片化现象，比如社会保险制度的突出问题是城乡分制、人群分设、区域不衔接，导致不公平、资源浪费现象的产生。不同的制度之间也缺乏系统整合，公平度也不高，比如一些专项救助制度的救助标准简单地与最低生活保障标准挂钩，又将最低生活保障标准、最低工资标准和最低养老金标准简单挂钩。社会政策制定中公众的参与度不够，政府自身的社会政策能力有待提高，各级政府的责任与财力不相匹配的现状也制约了它们对社会政策的执行。

（二）农民工子女与幼儿入学仍面临着困难

城市中仍有很多进城务工人员随迁子女，处在失学的状态，而他们大多是本应该享受义务教育的适龄儿童。一些公办学校为了追求升学率、减轻负担，不愿意接收进城务工人员子女，对他们的入学设置了种种障碍。越是处在弱势地位的进城务工人员，越难解决他们子女的入学问题，而恰恰是他们，最需要社会的帮助和扶持。我们经常听到的班额已满、学籍户籍问题、手续不全等学校拒绝学生入学的理由，成为进城务工人员不能化解之痛。现有的农民工子弟学校教学水平低、办学条件差、师资力量弱的局面仍然没有得到很好的改善，不能满足广大进城务工人员对子女接受优质教育的需求。

随着浙江“单独二孩”政策的实施和学龄人口的增长，现有的幼儿教育资源供给远不能满足未来的需要。幼儿园的“办园难”“入学难”等问题没有得到有效解决。而农村地区的幼儿教育资源更是匮乏，一些无证幼儿园，不仅办学条件简陋、班额严重超标，而且存在着诸多安全隐患。幼儿教育师资队伍参差不齐且不够稳定，导致幼儿的健康成长得不到精心的呵护与保障。

（三）劳动力供应短缺

截至2010年底，全省15～64岁劳动年龄人口尚有4215.6万人，比2000年增长23.3%，占总人口的77.5%。但随着老龄化程度快速提升，特别是受计生政策及外来人口回流等因素影响，每年新进入劳动年龄人口的数量逐年下降并始终徘徊在较低水平，浙江劳动年龄人口比重和总量均已经出现拐点，从不断上升转为逐步下降。近三年，全省15～64岁人口比重分别比上年下降0.2个、0.3个和0.5个百分点。对于依靠大量外来劳动力“支撑”着的相对年轻的浙江人口来说，人口结构的这一重大变化值得引起我们的高度关注。

从供方看，由于外来劳动力的逐步回流、劳动年龄人口的减少和农村剩余劳动力的减少，劳动力供应开始从近乎无限供给逐步向短缺转变。从需方看，服务业特别是居民服务业、批发和零售业、住宿和餐饮业等生活性服务业的劳动力需求不断增加。2013年，全省修理服务业、批发零售业就业人员分别为120.4万人和487.0万人，分别比2010年增长3.5%和8.9%。制造业对普通劳动力的需求仍然较大。2013年，第二产业从业人员共计1853.4万人，占三次产业从业总人口的50.0%。从全省人力资源市场的统计数据看，2013年制造业占全部用人需求的一半以上，达到51.5%，比上年提高1.4个百分点，制造业普工“招工难”现象将继续存在。农业劳动力的老龄化现象更为严重。2010年，浙江省40岁及以上农业从业人员比重高达83.4%，50岁及以上人口比重也接近六成（58.1%），新生代农民只有5.1%，农业从业人员年龄结构严重老化，“明天谁来种粮”的问题日益凸显。

“就业难”与“招工难”并存的矛盾在短时期内难以发生根本转变。随着全省产业结构升级和技术进步的逐步推进，技能人才与一线工人“双短缺”问题更加突出。根据浙江省统计局对杭州、宁波、温州部分企业用工情况的调查，50.9%的被调查企业表示最缺的人员是普通技工，缺少高级技工和经营管理人员的分别占15.7%和13.9%。同时，一些规模以上企业加快了“机器换人”的步伐，在一定程度上减少了对低技能工人的需求，2014年1～5月，因“机器换人”，全省规模以上工业企业用工减少1.7%。淘汰落后产能，使失业人员再就业压力增大，2015年涉及约359家企业的2万多名职工。

（四）老年人口呈现空巢化、高龄化

浙江的人口老龄化程度不容乐观，到2013年底，浙江60岁及以上老年人口897.83万人，占总人口的18.63%，预测到2015年，浙江老年人口将突破1000万人，即平均每5个浙江人就有1位是老年人。在全省人口总体趋向老化的同时，老年人口呈现高龄化、失能化、空巢化、无偶化，以及家庭规模小型化趋势。2013年，80岁及以上的高龄老人达到130.36万人，占老年人口的15.2%。全省有失能老人73.4万人，占老年人总数的8.57%。农村老龄化问题更突出，老龄化程度与速度超过城镇，其中农业劳动力年龄老化现象严重。全省60岁以上农村老年人口578.56万人，占老年人口总数的67.46%；其家庭呈现空巢化和独居化趋势，目前浙江省城镇老年人实际空巢率高达74.96%，农村实际空巢率为59.56%。在未来5年中，第一批独生子女的父母将集中进入老年期，1个成年子女将承担4～6位老人的养老责任，这对他们来说无论是经济上还是时间精力上都将难以承受。家庭养老向社区与社会养老转型，使社会面临老龄化挑战的同时，也对社会养老服务产生了巨大的需求。

（五）基层社会治理面临着新问题

基层治理行政化色彩浓重，基层群众自治制度难以很好实施。基层社会治理目前仍是一种政府主导的管理模式，行政的色彩极为浓重。居村委的日常工作往往不是从事群众自治，而是竭力完成政府下派的各类行政事务，没有时间、人力、财力及时回应社区居民的需求，社区自身的发展也受到影响。城乡居村委的行政化倾向严重制约了群众自治的实现，使得民主自治的治理制度与目标很难到位。

社区格局变动快速，基层公共服务体系难以应对。随着城镇化的推进，人员流动性空前加大，改变了“人户统一”的人口格局，人户分离现象在城乡

都非常普遍，城乡社区里都生活着数量不等的非本地户籍人口和无户籍人口，城市居委会里面的工作人员也有很多不是本社区生活的利益群体的成员。基层治理体系将长期面对如何有效供给多层次公共产品和协调社会多元利益关系这两个基本挑战。

基层管理职责日益强化，基层治理能力难以胜任。随着大量公共事务下沉到基层村社，文化管理、环境管理、人口管理、卫生医疗管理、社会保障等相关社会领域的矛盾问题在基层集聚，有的地方街道综合执法项目已达到100项以上，但基层社会治理机构的能力缺乏问题却没有得到应有重视，“费随事转”“社区准入”等政策没能得到真正落实，疲于应付的基层不得不面临管理服务任务过重、人员资金严重不足、队伍建设乏力、管理服务效果不佳等困境。有基层干部曾无奈地指出，老百姓要求办的基层没有权，老百姓需要办的基层没有能力。

基层治理指标考核过滥，城乡居民需求难以满足。基层政府一方面要受到来自上级政府的绩效考核，另一方面还要受到来自居民的满意度考核。居村委承担了很多行政职能，其主要精力是完成政府的目标任务，而不是从事社区内的公共事务和公益事业；社区工作是自上而下的任务导向，而不是立足基层的需求导向，社区干部基本是对政府负责，而不是对选举人负责。这导致基层社会治理主体缺位，社区内的事务和诉求很难得到关注和回应。

（六）群体性与治安突发性事件时有发生

群体性和其他社会治安型突发事件成为影响公共安全和社会稳定的主要新因素。社会治安型突发事件主要是指影响了社会治安的群体性和个体性突发事件，它包括权益维护型和情绪发泄型。后者主要指因个体权益受损或心理失常失衡，以情绪发泄和报复社会为目的，通过对并无直接利益相关的不确定主体的侵害，造成对社会秩序和公共安全的威胁甚至破坏。“7·5杭州公交车纵火案”就是这样一起严重事件。满载80多人的公交车，在靠近西湖景区的事发点，因“香蕉水”爆燃致30人受伤，其中15人伤情危重。类似的公交车燃烧事件已不是第一次发生，杭州事故再一次敲响了城市公共交通安全警钟。近年来，随着低碳出行理念的推广，为缓解私家车造成的交通拥堵问题，越来越多的市民选择公共交通作为主要的交通出行方式，若上述类似情况频繁发生，势必严重影响普通百姓出行安全，亟须通过全社会协同共治避免类似事件发生。

近年“邻避效应”事件也时有发生。2012 年发生了宁波镇海 PX 项目事件，2014 年发生了杭州中泰“5·10”事件。2014 年 5 月 10 日，几千民众涌向拟建垃圾焚烧厂的地方，一度封堵了 02 省道和杭徽高速公路。这一方面反映了民众环境权利保护意识薄弱，另一方面也凸显我们目前还缺乏流畅有效的环境权利保护参与和沟通机制。

三 经济新常态下浙江社会发展新趋势

（一）新常态下公共产品与服务成为供给重点

“新常态”是党中央国务院对当前中国经济走势做出的全新研判，对经济发展新阶段的发展动力提出了新的要求，也预示着我国宏观经济政策将调整方向。新常态意味着经济增长速度由过去的高速增长向中高速增长转换，意味着经济发展动力将主要来源于技术创新和体制创新。同时对社会发展来说，新常态更意味着供给重点转向公共品领域。在商品经济走向买方市场的背景下，随着收入水平的进一步提升，我国当前开始面临社会公共品供给严重不足的问题。一方面表现为由于城市人口规模不断扩大，公共品供给的总量规模不足；另一方面表现为城乡公共品供给结构严重失衡，不仅农村的公共品需求得不到满足，城市外来人口的公共品供给需求也得不到满足，严重制约城市化水平和质量的提升。因此，在迈向高收入阶段的过程中，公共品的供需矛盾将成为“新常态”，供给的重点领域将由竞争性商品领域转向公共品，特别是文化、科技、教育、医疗卫生等公共服务领域的供给。

（二）数字化生活进程加快

2013 年，浙江省数字化生活指数为 0.6774，位居全国第 3，与排名第 2 的北京仅相差 0.0875；指数增长率为 12.75%，明显高于上海（8.86%），稍高于北京（10.84%）。从影响数字化生活指数的两大因素来看，支付能力指数的全国排名由第 5 升至第 3，数字应用指数排名保持在第 3 名。从具体指标来看，浙江移动电话支付能力指数发展最为迅速，已连续两年位居全国第 1；城乡每百户居民家庭电脑拥有量分别为106.38台和47.8台，是全国平均水平的1.22倍和2.24倍。2013年浙江省网络化社会指数为0.6700，居全国第5位，与排名第4的天津相差0.078，比排名第6的广东高出0.0582；网络化社会指数的增长率为10.59%，高出全国平均水平2.11个百分点。2013年浙江宽带接入指数同比增长44.65%，从全国第6一跃成为第1；有线电视用户数共计1384.6万户，有线电视入户率达到85.67%，有线电视接入指数连续两年位居全国第2。恩格尔系数为36.05%，达到相对富裕的水平。

（三）全省常住人口增长进入平稳期

第一，人口增长进入平稳发展阶段，但劳动力年龄人口逐步下降。2010～2013年，省外流入人口回流导致全省常住人口增幅趋缓，全省常住人口年均增长率为0.3%，大大低于2000～2010年1.5%的增长速度，人口增长开始进入平稳发展阶段。这也使得15～64岁劳动年龄人口数量不断减少，与2011年的4221.3万人相比，2012年、2013年同比减少4.7万人和9.8万人。

第二，省外流入人口从大量增加逐步趋向平稳，但举家迁移现象增多。20世纪90年代以来，浙江的省外流入人口从1990年的7.8万人快速增加到2010年的1182.4万人，占全部常住人口的21.7%，也就是说每5个常住人口中就有超过1人来自省外。2008年金融危机之后，浙江经济增速回落，省外流入人口呈现总量逐步减少的趋势。另外，流入人口中举家迁移的现象增多，已婚人群呈现居住长期化的趋势。2013年以随迁家属、投亲靠友为目的流入浙江的省外人口占总流入人口的比例为14.4%，比2010年提高1.5个百分点。随迁家属中学龄人口也在逐步增加。据教育部门统计，2013年浙江省义务教育阶段在校生中，随迁子女总数达139.8万人，比上年增长6.9%。流入人口逐步从原来一人独自流动的模式，转变为以家庭为单位的整体迁移模式。

（四）社会服务业需求快速提升

未来浙江人口结构变动两个最大的特点就是老龄化和中高收入人群比例不断提高，这两个因素都将有助于推动个人消费性需求的快速增长，特别是将进一步释放旅游、文化娱乐、健康养老、医疗服务、个性化消费等高层次个人消费的有效需求。以都市区和城市群引领服务业加速发展。浙江城市化快速发展，预计到2020年，浙江城市化水平将达到73%。伴随着县域经济快速向都市圈经济转变，都市区和大中城市将逐渐成为引领服务业集聚发展的主要载体。同时，以政府简政放权为契机的公共服务业发展空间巨大。一方面政府越来越多地通过购买服务的方式推动基础设施、咨询、文化等公共服务业的发展；另一方面随着社会体制改革进程加速，社会主体和市场主体在教育服务、医疗卫生和社区服务等领域的供给能力不断提升，公共服务供给的市场化程度显著提高，形成了服务业新增长点。

四 2015年浙江社会发展若干思考与建议

（一）建立健全全民统一的基本公共服务体制

破除城乡分割、身份分割和地域分割的社会福利碎片化格局，确保公共服务与社会保障政策的可持续性，建立健全全民统一的基本公共服务体制，摒除身份和地域影响，努力实现发展成果更多更公平地惠及全体人民。根据社会政策的统一性原则，对所有公民实施统一的社会政策、同类项目统一运行以及建立一体化的筹资、运行和管理体制，对目前各种分割林立、各自为政的制度政策进行整合并轨，实现“统一制度、统一规范、统一标准”。现阶段主要任务是实现城乡居民基本养老与医疗保险的整合，强调农村居民的社会福利与基本公共服务享受资格不以城镇化或土地被征用为前提条件。在尊重并总结地方创新经验的基础上，更加重视从整体的制度设计上深化教育领域综合改革、健全促进就业创业体制机制、建立更加公平可持续的社会保障制度、深化医疗卫生体制改革等。在新一轮的行政体制改革中，重新规范上下级政府的财政关系与职责分工，建立事权和财权相适应、职权与责任相匹配的制度，改变目前财权不充分的属地化基本公共服务供给体制的弊端。

（二）健全完善公共资源合理配置机制

健全完善公共资源的配置机制，确保让底层群众享受更多的社会公共产品与公共资源。当前浙江的社会公共品既有供给不足的问题，更有配置失衡、无法满足“底线公平”需求的问题，尤其底层群众难以享受足够的公共资源。

因此需要在政策设计时向底层群众适度倾斜，切实增加对底层群众教育、医疗、养老等社会公共产品与服务的供给。另外，要积极创新公共服务供给方式，发展和鼓励社会组织提供多元化的公共产品与公共服务。改进公共政策制定过程，保障公民利益表达的权利，尤其要重视困难群体在公共政策制定过程中的诉求。要严格区别公共支出和社会支出，当前为老百姓的支出即社会支出占的比例太低，需要通过制度化和法制化来保证民生事业的财政投入。

大力推进民办医疗、教育、养老等社会类服务发展，充分发挥市场主体和社会组织应有的活力，满足多层次、多样化、个性化的公共服务需求。积极推动以政府委托、公助民办、购买服务等方式鼓励和支持社会组织参与公共服务生产供给，特别是根据公众多元需求制定政府购买公共服务指导目录，通过建立健全公共服务质量标准体系、考核评价机制和风险评估机制，使公共服务水平稳中有升。特别是在医疗卫生领域，全面推进社会组织参与公共服务生产供给的机制，认真总结温州市社会资本办医试点的经验，全面落实非公立医疗机构在价格、税收、医保定点、土地、重点学科建设、大型仪器设备配置、卫生职称评定等方面的无差别待遇甚至部分优惠政策，注重医疗卫生体制改革各项政策的协调性，为非公立医疗机构创设公平的发展环境，扫清医疗服务资源合理配置和有序流动的障碍。建立健全公共服务受众对公共服务质量的评价机制，不仅将其作为衡量相关职能部门绩效、调整资源配置的重要依据，更要在公民参与评价中挖掘并科学总结公共服务的现实需求。

（三）坚持普惠教育，以教育优势创造发展红利

坚持普惠教育，以教育优势创造“第二次人口红利”。伴随着廉价劳动力时代的结束，技工时代逐渐拉开帷幕。但在现阶段经济转型过程中，低技能劳动者可获得的就业机会较多，适合大学生就业的岗位相对较少，容易产生教育激励不足的问题，导致新的“读书无用论”。因此，政府要发挥更为积极的作用，在调结构、促转型的过程中推动劳动力市场供需结构的优化；要更加注重教育的公平性和普惠性，对包括外来随迁子女在内的学生就读中等职业学校实施免学费政策，并逐渐将义务教育延伸到学前和高中阶段，支持和鼓励更多年轻人接受更长时间的教育。

整合部门资源，提升农民工技能培训绩效。根据国家“农民工职业技能

提升计划”总体部署，由人力社保、农业、科技、扶贫等部门分别牵头，落实“春潮行动”“阳光工程”“星火计划”“雨露计划”等多项培训项目，确保完成每年对新转移劳动力和在岗农民工进行技能培训的任务。建议以需求为导向，加强农民工培训的统筹规划，通过政府购买服务的形式，委托职业学校等专业培训机构开展技能培训，切实提高农民工技能培训的绩效，让优质、对口的技能培训惠及更多的农民工群体。

（四）强化基层社会治理

以社区回归实现基层群众自治。拓展基层社会的自治结构与自治机制，完善社区成员代表大会制度、居民委员会制度，建立健全社区协商议事制度，加强社区党组织建设，最终实现决策、议事、执行、领导四个层次功能分明、运作有序的社区自治体系。培育多样化的居民自治组织网络。如实施“门栋”自治，增强业主委员会自治功能，举办居民论坛，创建网上社区论坛，成立居民专门委员会和各种非正式群体网络，包括邻里互助、志愿服务以及地缘、业缘与趣缘网络等，鼓励这些组织积极参与社区自治。开发社区公共事务自治平台，引领居民组织参与到同自身利益密切相关的基层治理过程中去。

三治合一，以法治、德治保障基层社会自治。基层社会治理主体是社区居村民，治理客体是本居住地区的公共事务和公益事业。基层自治需要法治做保障，德治为基础。法治既要为社会自治留出必要的空间，也应为社会自治的茁壮成长提供制度的支撑。一个完整的社会治理机制包括与社会主义市场经济相适应的价值信仰体系及道德体系。因此，法治和德治的结合是社会治理的一种常态，且德治的作用更为根本和持久。

以政社互动推进基层社会治理。建立开放的基层治理结构，就是要从党政力量唱“独角戏”的单一治理结构，转向由基层党组织、居民自治组织、社会组织、居民代表等多个主体共同参与、互动合作的多元治理结构。构建协作网络，在价值、目标达成基本共识的基础上，建立面向公共问题的纵向、横向或两者结合的社会合作网络，强调利益分享、责任分担，推进合作治理。充分发挥企业与社会组织在社会治理中的作用，引导社会组织树立履行社会责任的自觉性，充分发挥公共服务职能，为群众提供更多公共产品与公共服务。

以优秀传统治理经验完善基层社会治理。重视发掘并提炼乡贤治理、乡规民约以及以德治理的传统经验。作为基层社会治理的重要主体与资源，乡贤利用自身的经验、学识、专长、技艺、财富以及文化修养参与乡村治理。乡规民约作为一种在长期治理实践中自然形成的社区公共规范，以劝善惩恶，广教化而厚风俗为己任，它符合乡土社会的生活实际，也符合广大农民希望生活安定、社会有序的心理预期，具有较强的社会适应性和实用性。传统社会中以“礼”养育仁心，知“礼”而通人情，明“礼”而知廉耻，寓教化于生活，尊老爱幼、邻里和睦、扶贫济困，这些伦理精神彰显了柔性治理的社会整合功能。

（五）提升政府对社会性突发事件的预防和处置能力

构建理性化的社会沟通系统，搭建政社对话协商平台，建立更为顺畅和开放的民意表达机制。要让群众通过各种渠道及时、充分、有序、理性地表达自己的利益诉求，政府及时地根据群众意见做出政策调整，这等于在政府与群众之间安装了一个双向互动的“缓冲阀”，使社会张力得以安全有效的释放，社会免于脆性崩塌。政府要切实担起公共责任，搭建政社对话协商平台，建立更为顺畅和开放的民意表达机制。

培育社会缓冲与消融机制。作为社会成员交流感受、诉说委屈、发泄情绪、提出建议的渠道，各种社会组织及时、适当地让成员的不满情绪和不同意见得以宣泄，可以有效避免矛盾和冲突在社会领域的过度压抑、聚集甚至总爆发，减缓甚至避免形成社会成员与政府直接对抗的冲突局面。以社会中间组织为主体的缓冲与消融机制，能够起到社会安全“减压阀”的作用。

正视“邻避效应”，提高社区的“自觉行动能力”，需要政府、企业和民众三者的良性互动。设置邻避设施时要充分听取民意，合理吸纳民意，在公民参与、协商民主的过程中实现科学决策。具体到公益性项目的规划、选址、环评、建设和运营过程中，政府相关部门应充分尊重民众的环境知情权、参与权和监督权，切实将信息公开、民意调查、听证会等环节制度化、规范化、程序化、法治化。对于因设置“邻避设施”而受到不利影响的民众，要给予合理而充分的经济赔偿、社会关怀和心理慰藉。对于补偿方式和补偿标准等问题应充分听取区县、街镇、企业和居民的意见，不断增强公益性项目补偿的人本性、科学性和透明度，逐步实现从“民众知情”到“共同决策”的转变，推动公民参与和补偿机制的不断完善。

B.5
安徽经济新常态研究

吕连生*

摘　要： 2014年安徽省经济发展形势平稳，经济结构调整取得成效，发展活力持续增强，全社会固定资产投资结构逐步优化，外贸出口增长加快，利用外资也有显著增加。但同时由于安徽经济发展目前正处于工业化中期，过去长期粗放发展积累的结构性矛盾依然突出；产业层次不高，化工、钢铁、有色等行业产能过剩；人工、土地、资金等要素制约加剧、生产经营成本明显上升；生态环境恶化、大气污染问题更加突出。安徽要充分认识新常态、主动适应新常态、积极引领新常态，把握好新常态时期的经济规律，积极主动把握新机遇应对新挑战，坚定发展信心，顺势而为、乘势而上，努力开创安徽经济社会发展新局面。

关键词： 安徽省　经济新常态　产业结构

一　安徽省经济新特征分析

（一）发展中的新变化

1. 产业结构调整出现新进展

安徽经济结构调整取得成效，发展活力持续增强。GDP中第一、二、三

* 吕连生，安徽省社会科学院经济研究所所长，研究员。

产业结构由2013年的11.8∶54∶34.2调整为11.5∶53.7∶34.8，第一、二产业所占比重均下降0.3个百分点，第三产业比重上升0.6个百分点。其中现代服务业占服务业的比重达50.3%，对服务业增长的贡献率为51.2%，拉动全省服务业增长4.5个百分点，引领了服务业的发展。同时工业结构也得到持续优化，规模以上工业中，高新技术产业实现增加值3320.6亿元，增长13.6%，高于全部工业2.4个百分点，对全部工业增长的贡献率为40.9%，比2013年提高3个百分点；安徽工业从过去以能源、原材料工业为主导向以电子信息、汽车、新能源及装备制造为主导的方向转化。

2. 固定资产投资的新变化

全社会固定资产投资结构在优化。固定资产投资中，基础设施投资增长20.2%，对全部投资增长的贡献率由2013年的17.5%提高到19.6%；装备制造业投资增长17%，贡献率由17.6%提高到18.5%；六大高耗能行业投资占比由10.6%下降到9.7%。其中，国家预算资金增长19.8%，国内贷款下降8.4%，自筹资金增长16.1%。

3. 吸引外资的新变化

引进外资加快，来源更加多元化。安徽省2014年全年新批外商投资项目256个。目前，境外世界500强在安徽境内设立97家企业；其中，全省实际吸收台湾地区投资5.4亿美元，同比增长1.3倍；台湾成为仅次于香港的安徽第二大投资来源地。安徽共批准设立台商投资企业1342家，实际利用台资23亿美元。台湾仁宝、台达电子、台塑集团、台湾玻璃、统一企业、旺旺控股、友达光电、顶新集团等一批台湾知名企业已落户安徽，为安徽带来了先进技术和管理方法，加快了产业优化升级，提升了对外开放水平。世界500强企业台湾仁宝集团投资的联宝（合肥）电子科技有限公司2015年到资7100万美元，累计到资2.65亿美元。

5. 区域经济发展的新变化

随着新桥国际机场的建成通航，合肥经济圈的一体化程度得到提高，加速了合肥区域性特大城市的建设进程。合肥经济圈包括合肥市、淮南市、六安市、滁州市、桐城市，总面积4.68万平方公里，总人口2194.8万人，分别占全省的33.5%和32%。近年来，经济圈内各市凝心聚力，联动发展，合作氛围日益浓厚，合作范围日趋广泛，合作程度不断加深，使经济圈发展迈上了新台阶。合肥经济圈实现 GDP 7798.7 亿元，财政收入 1267.47 亿元，固定资产投资 7622.49 亿元，规模以上工业增加值 3378.9 亿元，社会消费品零售总额 2604.34 亿元，分别占全省总量的 40.96%、37.67%、41.76%、39.47% 和 40.18%。合肥经济圈在安徽省经济社会发展格局中的战略地位逐步提高，带动作用明显增强，已成为安徽加速崛起的重要引擎。

皖江示范区经济抗风险能力较强，尽管经济增速有所回落，但招商引资和投资项目开工率依然高速增长。皖北地区经济增速减缓，六市中四市招商引资和投资项目开工形势出现疲软，但转型发展仍在继续向前推进。

（二）存在的新问题

当前安徽经济发展环境仍然复杂，有效需求不足，财政收入增长放缓。

1. 经济下行压力较大

从安徽工业发展状况看，煤炭工业生产持续低迷，其行业增加值占全部规模以上工业的比重已退居第 3 位，主要产品原煤产量从 2013 年 5 月以来一直处于下降状态。安徽家电业是支柱产业，但其对全部工业增长贡献率也在持续下降。

2. 投资增速放缓

安徽省 2014 年固定资产投资累计增速有所回落，从增长 20.3% 回落到增长 16.5%。

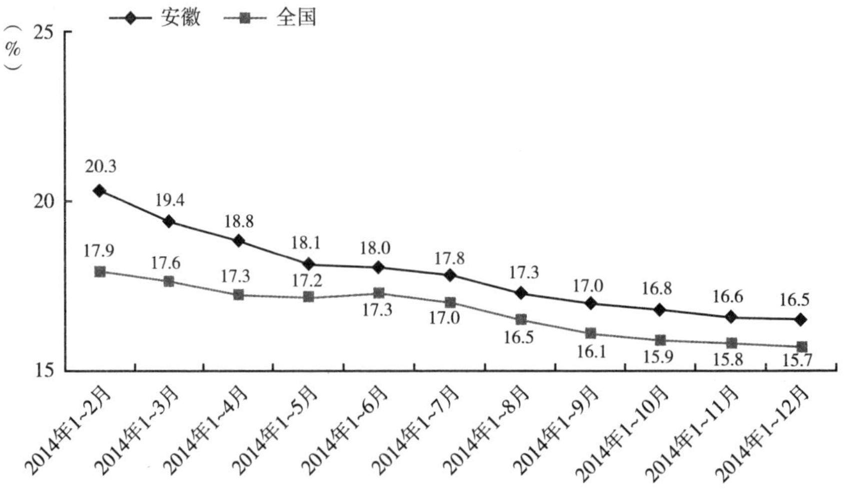

图 1　2014 年安徽固定资产投资累计增速

3. 市场消费增幅回落

安徽省2014年12月，全省限额以上消费品零售额417.4亿元，增长8.1%，增幅比上月回落1.5个百分点，比全国低1.3个百分点。城镇零售额增长8.2%，比上月回落1.4个百分点；乡村零售额增长5%，回落5.4个百分点。餐饮收入、商品零售分别增长4.1%和8.3%，回落1.1个和1.5个百分点。

4. 产业结构不合理的矛盾进一步凸显

随着资源环境硬约束日益强化，要素成本持续上升，安徽传统产业优势不断弱化，发展的空间进一步收窄。钢铁业经营困难，煤炭成为头号亏损行业；部分原材料工业占比大的地区工业增速下滑过快。皖北地区四大优势传统行业煤炭、食品、白酒、化肥增长乏力、效益下滑。

5. 生态环境恶化趋势尚未得到遏制

雾霾围城，空气质量污染加重，水环境恶化，经济增长所面对的环境污染问题更加突出。近年来，雾霾首次频繁出现在安徽居民的面前，雾霾产生的主要原因是传统产业的粗放经营。淮河及其支流系统和巢湖及其周围十几条河道的水污染是老问题，长江、新安江的污染问题在安徽境内也变得更加突出。

（三）经济问题深层分析

中国已经步入“三期叠加”的“新常态”，安徽需要积极应对经济形势变化，保持经济总体运行在相对较快的轨道上。安徽经济既要保持一定的增长速度，又要加速转型发展。

从经济增速看，安徽省经济向好的基本面没有改变。从经济发展方式看，安徽省正从粗放式发展转向质量效率型集约发展，创新驱动能力不断提升。从经济结构调整看，安徽省正从以资源能源为主的产业结构向以服务业为主加快扩张演化，盘活存量、做优增量的调整空间和潜力很大。从经济发展战略看，安徽省正从原有比较优势逐步弱化向更多借助宏观政策发力转换，国家强力推进“一带一路”战略，特别是实施长江经济带战略，明确将安徽纳入长三角一体化发展规划，表明国家更加重视中西部地区城镇化发展，安徽省在全国区域格局中的战略地位更加凸显，有利于持续创新发展的重大机遇不断增多。从经济发展动力看，新一轮科技革命和产业变革正在孕育兴起，安徽省正向重塑新动力迈进，深入推进改革开放必将激发和释放强大活力。

这些阶段性新变化新趋势表明，新常态下的安徽发展，机遇与挑战并存，压力与动力同在。为充分认识新常态、主动适应新常态、积极引领新常态，我们要深化省情认识，既要看到问题的本质，又要把握战略机遇，坚定发展信心，努力做到减速不减势、量增质更优、强基利长远，推动安徽经济行稳致远。

二　2015年安徽经济发展形势分析

2015 年既是我国全面深化改革的关键之年，也是经济“新常态”的发力之年。“新常态”需要发展的新思维，必须理性看待安徽经济面临的下行压力，摆脱“速度情结”，通过创新和改革引领安徽经济健康前行。科学认识当前形势，准确研判未来走势，是做好经济工作的基本前提。世界经济仍然处于国际金融危机后的深度调整期，我国经济处在“三期叠加”阶段，进入了新常态，在此背景下，安徽省经济发展遇到了前所未有的困难，对经济发展中的问题进行深层次客观的分析，将有助于我们更加理性地解决当前存在的困难。安徽省地理位置承东启西，既是长三角地区成员，又是中部地区省份。因此，将安徽省与长三角地区各省市进行比较、与中部地区各省份进行比较都有特殊意义，可以从中寻找出一般的发展规律性。近年来合肥市在省会城市中表现出色，将它与全国十强省会城市进行比较分析有特殊意义。皖江地区是安徽省的增长极地区，对它的发展做出深度分析也有特殊意义。

1. 安徽省与长三角地区各省市的比较

安徽省成为长三角地区成员后，与江浙沪加强经济联系变得更加重要。2015 年上半年，安徽省与江苏省、浙江省经济增长速度接近，比上海市经济增长速度略高。见表 1。

表 1　2015 年上半年长三角地区各省市经济增长比较

单位：亿元，%

省份	国内生产总值	国内生产总值增速	固定资产投资额	固定资产投资额增速
安徽省	9976.6	8.6	11028.5	13.5
上海市	11887.0	7.0	2605.5	8.4
江苏省	33926.9	8.5	20466.1	10.8
浙江省	19281.0	8.3	12134.0	12.3

资料来源：国家统计局公布数据。

2015年上半年，江苏省经济总量是安徽省的三倍多，增速相当，说明在经济新常态之下，江苏省仍然保持了较强的增长后劲。尽管苏南地区进入工业化后期后，结构调整力度较大，增长有所减缓。但是苏中地区和苏北地区如同安徽省一样，有巨大的发展空间。江苏省以约2万亿元的固定资产投资对应了3万多亿元的经济总量。浙江省经济总量是安徽省的2倍，增速相当，说明在经济新常态之下，浙江省也同样保持了较强的增长后劲。浙东地区进入工业化后期，结构调整力度较大，增长有所减缓。但是浙西地区如同安徽省一样，有巨大的发展空间。浙江省以1万多亿元的固定资产投资对应了约2亿元的经济总量，反映了浙江经济效率较高。上海市完全进入了工业化的后期，以2000多亿元的固定资产投资对应了1万多亿元的经济总量，说明结构调整比较成功。从经济运行效率来看，上海市效率最高，江苏省、浙江省次之，安徽省在最后。安徽省仍在工业化中期爬坡阶段，仍需要加大投资力度来推动发展。

2. 安徽省与中部地区各省份的比较

安徽省是中部地区成员，与中部地区各省份发展阶段特征更加一致。2015年上半年，中部地区各省份中，安徽省与湖北省、湖南省、河南省经济增长速度接近，江西省经济增长速度略快，山西省经济增长速度较低。见表2。

表2　2015年上半年中部地区各省市经济增长比较

单位：亿元，%

省份	国内生产总值	增速	固定资产投资额	增速
安徽省	9976.6	8.6	11028.5	13.5
河南省	16736.6	7.8	15221.8	15.7
湖北省	13104.8	8.7	13561.3	17.0
湖南省	12800.4	8.5	10544.3	17.7
江西省	7203.5	9.0	7699.4	13.5
山西省	5814.2	2.7	4211.7	12.8

资料来源：国家统计局公布数据。

安徽省经济总量在中部地区排名第4，发展速度在中部地区排名第3。值得注意的是河南省目前在中部地区经济总量最大，同时其发展后劲也值得安徽省高度重视。河南省已出台《先进制造业大省建设行动计划》，未来将大力实施高成长性制造业发展、战略性新兴产业培育和传统支柱产业转型三大工程，到2017年规模以上制造业主营业务收入超过8万亿元，高成长性制造业和战略性新兴产业对制造业增长贡献率达70%左右。

3. 合肥市与全国前十强省会城市的比较

2014年合肥经济迈入新的发展阶段，总量突破5000亿元大关。按常住人口计算，全年人均GDP达到67394元，是全省平均水平的1.96倍；折合美元首次超过1万美元，达到10971美元；按可比价计算，比上年增长9.1%。26个省会城市中，合肥GDP总量超过石家庄，排名第14；增速继续排在省会城市前列，居第8。工业总量首进十强，全市规模以上工业增加值总量超越石家庄，首次进入省会城市前十；增速位居省会城市第2，比上年前移4位。财政收入量速齐升，全市完成财政收入880.68亿元，增长14.6%。地方财政收入500.34亿元，列省会城市第12位，比上年前移一位，同比增长14.1%，增速位列省会城市第10。对外贸易稳居前十。全市完成进出口总额1274.2亿元，位列省会城市第10；同比增长12.7%。其中，出口总额784.7亿元，位列第8，同比增长6%。在省会城市中奋力赶超，合肥对全省发展贡献也不断加大，省会首位度持续上升。2014年，生产总值占全省比重达到24.7%，比上年提升0.2个百分点；财政收入比重为24%，比上年提升1.2个百分点；固定资产投资比重为24.9%，比上年提升0.1个百分点；进出口比重40.8%，比上年提升0.9个百分点。结构调整、转型升级是如今城市发展的重头戏，因此合肥经济的发展，离不开创新驱动。高新技术产业产值4501.3亿元，增长15%；增加值1136.3亿元，增长14.8%。技术合同交易额90.5亿元，增长30.4%。全年新认定国家高新技术企业373户，总数达到828户，总量居全国省会城市第8位。合肥经济圈生产总值6087.9亿元，增长9%，增幅比全省高0.3个百分点，比上半年高0.6个百分点，合肥增速居全省第1位。

4. 皖江地区发展的深度分析

在新常态下，皖江地区经济发展的态势明显优于其他地区，皖江示范区继续领先。2015年前三季度，皖江示范区生产总值10119.8亿元，按可比价格计算，比上年同期增长9.7%，增幅领先其他区域，比全省高1个百分点，比上半年高0.2个百分点，其中合肥、芜湖和铜陵分别增长10.7%、10.5%和10.4%，增幅分别居全省前3位。皖江示范区经济运行平稳，工业生产、财政收入、利用省外资金、利用外商直接投资等指标增幅高于全省。工业生产、财政收入增长加快。1～7月，示范区在建亿元以上省外投资项目实际到位资金3186.2亿元，增长8.7%，比全省高0.7个百分点，总量占全省的66.2%。实际利用外商直接投资58.8亿美元，增长13.3%，比全省高2.3个百分点。融资形势保持平稳。1～7月，示范区新增贷款和直接融资总额2664.19亿元，占全省总量的71.1%，比上年同期增加856.99亿元。

9月18～19日，安徽省委、省政府召开全省加快调结构转方式促升级动员大会。会议的主要任务是，深入贯彻中央决策部署，动员全省上下统一思想、凝心聚力、真抓实干，以战略性新兴产业集聚发展基地建设为突破口，全面打好转型升级攻坚战，奋力推动“三个强省”建设迈出更大步伐。《加快调结构转方式促升级行动计划》包括“四大发展目标、十大重点工程、五大保障措施”，概括起来就是“调转促”的“4105”行动计划，是安徽省在新形势下加快调结构转方式促升级的总体要求和系统部署，是推动“十三五”时期安徽发展的前奏和重要抓手。我们认为，这次会议对2015年第四季度及2016年安徽省今后发展影响很大。全省上下尤其是各级领导干部一定会以更高的定位、更大的决心、更实的作风，推动经济工作新的突破。

由于第四季度GDP占全年GDP比重较高，各市县区势必将继续加大稳增长和改革力度，随着稳增长和改革措施发挥作用，预计第四季度经济将继续回升，2015年全年全省GDP增长可能达到9%左右。从目前国内外经济趋势来看，安徽面临的发展困难可能更大，但是新常态下安徽省经济回稳动力正在集聚，新的后发优势正在形成，新兴增长极正处于孕育过程，安徽完全有能力实现《加快调结构转方式促升级行动计划》提出的奋斗目标。

三　安徽发展的新对策

我国经济发展转入新常态，安徽经济将迎来新的机遇与挑战，面临的困难和风险因素增多，最需要的是要在复杂局面下咬住发展目标不动摇的战略定力，努力实现全省经济的稳增长，到2020年全面实现小康。

（一）大力提升投资质量，保持经济中高速增长

安徽省长期以来是我国的资源大省与粮食大省，改革开放初期尚处于工业

化前期阶段，全省经济是以农业为主导产业；到了20世纪80年代安徽省进入了工业化的初期阶段，突出了工业化的重要地位，但城镇化建设滞后；到了2005年后的“十一五”期间，工业化由初期向中期阶段过渡，工业化持续推进，城镇化加快发展；到了“十二五”时期的前期，安徽省才开始进入工业化的中期阶段。安徽省2012年第一产业占GDP的比重为12.7%，尽管第二产业占GDP的比重达54.6%，但第三产业占GDP的比重仅为32.7%，人均GDP水平也较低，仅是全国平均水平的74.9%，为沪苏浙三省市平均水平的41.7%。

当前，安徽仍处于大有可为的黄金发展期，同时也处在工业化进程加速的爬坡阶段。在宏观经济上升空间收窄的形势下，安徽经济仍要“稳中求进”，甚至“稳中有快”，彻底扭转“安徽在全国的经济总量排名和人均收入排名”长期徘徊不前的不利局面，力争经济增长速度能高于全国平均水平两个百分点左右。

安徽经济发展需要在投资、消费、出口三方面同时用力，但工业化的中期阶段，经济增长仍主要靠投资拉动。安徽经济崛起与投资力度加大关系密切。

安徽省实施的“861”行动计划，是在全国率先进行的投资管理体制改革和创新。“861”行动计划的特点是在投资体制改革的基础上，为投资人提供了一个可靠的办事平台，在项目用地、融资、环评和规划选址等各方面开辟“绿色通道”，减少审批事项，优化审批程序，提升服务水平，有力地促进了项目落地，是对原有投资管理制度的重大突破和创新。2004～2013年，安徽开工的“861”重点项目7349个，建成项目3853个，累计完成投资37519.8亿元，占同期全社会固定资产投资总额的43%。2004年以来，全省经济连续10年保持两位数增长，年均增幅12.7%，其中靠投资拉动近8个百分点，贡献率稳定在60%左右。“861”行动计划的实行，对安徽省跨入经济大省行列，起到了重要的作用。

“861”行动计划已实施十年，该计划能够实施十年之久靠的是常常更新。2014年，安徽省全年GDP已超2万亿元，更需要完善创新思路，使相关项目提质提效。2014年“861”行动计划项目投资额已占安徽省全部投资额的40%以上，数量不可说不大。安徽要突出发挥重大项目的“磁石”效应，围绕一批影响力大、牵动性强的项目，积极开展项目招商、产业链招商活动，培育壮大产业集群，在加快转型升级的过程中，推动经济实现有质量、有速度、有效益的增长。

在项目谋划、决策、前期工作、协调调度等实施阶段，重要环节快速有序地推进，是推动项目提质提效的有效保证。要加强项目谋划能力建设，保障项目谋划经费的支出，将重大项目前期谋划经费纳入财政预算安排。加强对项目谋划工作人员的业务培训，建立一支相对稳定、精干的项目谋划队伍，进一步提升项目谋划的质量和水平。注重发挥行业协会、科研院所等专业机构的力量，拓展谋划广度和深度，努力实现由单个项目谋划向项目群、产业群谋划的转变，提高项目谋划的成功率。加强重大项目储备库建设，保持合理的项目储备规模。建立重大项目储备库网络管理系统，完善项目库管理考核办法，实行动态调整更新，形成开工建设一批、前期推进一批、谋划储备一批的梯次推进格局。

受世界经济形势影响，全球跨国投资总体相对低迷。但是，2014 年以来安徽吸收外商直接投资连续保持较快增长，相当程度上表明了安徽的投资环境得到国际投资者的认可。在适应经济发展新常态的大背景下，我们更应该在努力壮大利用外资总量的同时，注重利用外资质量的提升，将吸收外资由单纯性的引进资金，向引进技术、促进技术创新和产业升级转变，更加注重提高发展质量，促进经济增长和结构调整相统一。

（二）抢抓长江经济带建设新机遇，充分发挥后发优势作用

习近平总书记在参加十二届全国人大二次会议安徽代表团审议时指出："安徽的后发优势比较多、比较大，要抓住国家促进中部崛起的机遇，发挥承东启西的区位优势，深化改革、扩大开放、锐意进取，在全面建设小康社会征程上迈出更大步伐，取得最佳成绩。"

安徽具有明显的后发优势，但是必须提高全省上下的思想认识，抢抓机遇，才能把后发优势发挥出来，否则，后发优势亦有可能转化为后发劣势。安徽的地理区位、土地资源、水运资源及其他自然资源等后发优势是与长江经济带建设密切相关的优势。从流域自然地理分区看，安徽属于长江下游；从国家区域发展总体战略看，安徽属于中部地区。安徽这种既属长江下游又属中部地区的宏观区位特征表明，承东启西是安徽在长江经济带中鲜明的战略定位。

安徽是长江经济带上的重要节点，土地面积占长江经济带的 6.7%，人口

近12%，经济总量目前仅占7.3%，未来有很大的发展空间。长三角地区是长江经济带的“龙头”。国家建设长江经济带必然重视建设长三角地区这个“龙头”。安徽已经是长三角地区的成员，更要利用好这一历史机遇，加快自身的崛起。从长期来看，高铁将对沿线城市的产业布局产生重要影响。长三角正在被高铁所改变。在长三角地区城际铁路网建设方面，安徽要完全融入《长江三角洲地区城际轨道交通网规划》之中，并参与长三角地区城际铁路网规划修编工作。长三角地区城际铁路网规划修编的主要思路，是以区域内高速铁路、客运专线为基础，构建区域内快速城际铁路网；根据区域内都市圈规划，构建都市圈之间和都市圈内部城际客运系统；结合主要城市轨道交通规划，补充完善部分城市之间和市域内城际轨道交通线路。皖江地区需要借助长江三角洲地区的高铁和城际轨道交通规划的实施进一步提升快速交通的优势地位。

目前长三角区域合作应从要素合作转向制度合作。制度合作要深入长三角地区社会一体化与经济一体化的互动中，也要深入历史文化资源的综合性开发保护以及生态保护和环境修复等领域。

（三）遵循城市化发展规律，深度推进城镇化建设

打造安徽增长极。国务院发布的《依托黄金水道推动长江经济带发展指导意见》中，首次提出了“长江三角洲城市群要以上海为中心，南京、杭州、合肥为副中心”。长江三角洲城市群要以快速交通通道网络和高效通信网络为基础，实现城市之间交通通信方便快捷。安徽要加快与沪苏浙的深度融合，最好的方式是加强合肥都市圈和江淮城市群建设。江淮城市群是安徽省全域层面的城市群，其成长要有一个较长的过程。首要条件是建设好合肥都市圈。合肥都市圈要形成1小时通勤圈和生活圈，核心圈层实施公交化和轻轨化发展策略，未来合肥、淮南、六安、巢湖、桐城五市中心城区通达运输通道的平均时间要控制在30分钟以内。

充分利用新型城镇化的综合试点的政策优势。2014年底，安徽省被列为国家新型城镇化综合试点地区。这对安徽来说，新型城镇化的综合试点是加快城乡经济社会发展一体化、提高城镇化水平，提升中心城市能级的极好机遇。作为现阶段权重极高、综合性极强、产业间关联效应最为明显、生产要素最为集中集聚发挥作用的新型城镇化建设，已经成为安徽经济最大的潜在增长点，

我们应通过新型城镇化综合试点来提升全省新型城镇化的质量和水平。到2017年，实现常住人口城镇化率达到54%，户籍人口城镇化率达到30%左右的目标。安徽省新型城镇化将会使得更多农民通过转移就业提高收入促进消费，并对城市基础设施、公共服务设施和住宅建设以及服务业发展等领域带来巨大的投资需求，将为经济增长提供新的重要动力。

（四）加快经济结构重大调整，努力实现转型发展

在“三期叠加”的大背景下，安徽结构调整问题显得越发迫切。当前，安徽经济结构转型调整，重点是产业结构、投资结构、城市结构和人口空间结构的重大调整。

经济新常态及新技术革命悄然而至，无疑会对安徽省的传统产业产生重大影响。从能源及能源产业来说，安徽是一个煤炭资源大省，同时也是煤炭生产大省，省域含煤总面积为18000平方公里，占省域面积的12.9%。截至2012年末，安徽省累计探明煤炭储量351亿吨，保有储量324亿吨。其中，淮北矿区以焦煤、瘦煤为主，矿区保有储量占全省保有储量的43.5%；淮南矿区以气煤、肥煤为主，矿区保有储量占全省保有储量的55.8%。因此安徽具有煤炭资源优势。但20世纪90年代以后，随着石油和天然气在我国的广泛使用，煤炭的能源地位有所下降。近年来，由于国内环境保护的压力和其他清洁能源的替代作用增强，煤炭的能源地位更是在逐渐下降，从而直接使得煤炭的市场需求量下降，这是造成煤炭工业衰落的主要原因。在世界能源消费构成中，煤炭比重已下降到30%以下。特别是新技术革命以来，新技术炼钢的耗煤量逐渐降低，更导致煤炭价格持续下跌。从未来国家能源战略来看，我国仍会不断调整能源生产结构，减少煤炭的占比，扩大可再生能源、清洁能源的占比。最近，国家批准沿海地区一批核能电站的开工建设，就大致能反映我国能源供应的大趋势。因此，经济新常态和新技术革命对安徽传统能源产业优势的冲击可能是长期存在的。随着我国经济结构由高速增长转为中高速增长，能源消费强度下降，煤炭行业依靠数量、速度的粗放型发展方式已经结束，煤炭需求增速放缓、价格低迷已经成为煤炭行业发展的常态，转变发展方式势在必行。2015年以来安徽省煤炭行业回暖与安徽省主动关闭中小煤矿，力促煤炭企业转型升级紧密相关。关闭小煤矿，不仅有利于安全生产，也有利于煤炭行业结构调

整。以往，小煤矿煤炭质量不高，市场竞争力较弱。小煤矿被关闭后，大型煤矿的技术、生产等优势得到充分发挥。煤炭行业本身是高耗能行业，耗能成本占比高。对安徽省而言，以特高压技术为支持的皖电东送工程的全部建成投运，可以增强能源产业核心竞争力。同时，煤炭工业也需要积极利用新一代信息技术，以节约能源降低成本。对煤炭企业原有的生产系统进行技术改造，降低生产成本，以增强能源产业核心竞争力。例如，对原煤球磨机粉磨系统进行自动寻优节能计算机控制系统改造，可以对磨机系统实现自动精确控制，使磨机持续在能实现最大效益的状态下工作，提高生产效率。水泥行业也是高耗能行业，耗能成本占比高。例如在水泥烧成过程中引入智能自动精确控制系统，使分解炉、篦冷机等水泥烧成过程得到合理控制，可降低水泥熟料吨能耗。安徽产业结构调整的重点还在于发展和提升服务业，促进工业化和信息化深度融合，开发新一代信息产品，发展电子商务。过去，安徽工业是以能源、原材料工业为主导，“十三五”时期需要调整为以电子信息及家电、汽车及装备制造、新能源新材料为主导。

安徽城市结构在工业化进程中需要进行调整。安徽的城镇化目前存在着“一散二弱”的突出问题，在广域上，虽然城市密度不低，但城市之间的关联度很低，全省虽划分为合肥经济圈、皖江城市带、沿淮城市群三大城镇群，但“群散”现象突出，沿淮城市群带有人为拼凑的迹象，因而单个城市的实力弱，城镇群的实力也很弱；在局域上，全省有960多个小城镇，许多小城镇上与大城市的连接性不够，下对乡村的辐射力不强。合肥、芜湖、淮南是安徽现有人口超百万的3座特大城市，都不同程度地存在功能不足和规模偏小的问题，需要提升功能，适度扩展规模。蚌埠、阜阳与安庆三市目前已是大城市，从安徽的人口分布、生产力布局和城市基础与承载力条件看，应将三市培育为地区性特大城市。根据区域经济发展、交通发展趋向和城市的资源环境承载能力，在现有的7座中等城市中，铜陵、亳州、宿州、滁州、六安等5座城市可以培育成长为人口超50万的新兴大城市。在未来一二十年间，安徽目前的县城可以发展为新兴小城市的有27个，另外，较大规模的特色镇也能发展成为新兴小城市。

安徽人口空间结构也需要做重大调整。安徽经济近年的加速崛起，人口与经济的分布不一致性在不断增强，区域经济差异也在不断扩大。全省经济发展大体呈现南高北低、东高西低、中部凸起的空间格局。与经济格局相反，人口分布北多南少，经济发展滞后的皖北地区是全省人口比重最大的地区。改善安徽省人口分布格局的战略目标就是促使人口分布与经济发展相协调，人口分布与城市发展相协调，人口分布与环境保护相协调，实现安徽省人口与经济、城市、环境的和谐发展。从全省视角看，就是逐步引导人口向重点开发区域——皖江地区转移，逐步降低皖北地区、皖西山区的人口密度，提高人口素质。从安徽全局来说，皖江重点开发区域要实施积极的人口迁入政策。加强人口集聚和吸纳能力建设，中心城市要放开省域内落户限制，并逐步放宽外省人口来皖落户限制条件，其他城市全部放开居民落户限制，逐步实现在城市有稳定职业和住所的流动人口本地化。农产品主产区、重点生态功能区和禁止开发区域要实施积极的人口退出政策。

（五）坚持科技创新驱动，培育发展新优势

安徽提出着力培育战略性新兴产业，力争到2015年产值超过1万亿元。2013年战略性新兴产业产值6863.4亿元，初步形成竞争优势。2013年规模以上工业中高新技术产业、装备制造业增加值均增长15.7%；战略性新兴产业产值同比增长23.4%。到2015年，全省服务业增加值占GDP比重将提高至40%以上。重大项目引领，促进了新兴产业的集聚；较为完善的全产业链打造，加速了传统产业的转型升级。2015年，安徽要把创新驱动发展摆在核心战略位置。

科技创新平台是区域创新体系的重要基础，是加速转化科技创新成果的重要途径。尽管近年来安徽的发明专利申请数量、科技计划立项数量都在逐年上升，但转化的成果数量与发达国家和沿海发达地区相比，科技成果的转化率还不高，名牌产品的市场占有率、影响力不大，在国内外知名的大企业数量不多，产业化水平不高。目前，安徽拥有自主知识产权的企业占企业总数的万分之三。大多数企业都处于有“制造”无“创造”，有“产权”无“知识”状态，甚至靠仿造过日子。解决这一问题的着力点就是构建以企业为主体、市场为导向、产学研相结合的区域创新体系。安徽要注重改革和机制创新，注重政策引导，注重投入和监督评价，着力构建有利于科技创新的生态系统，并以此指导和推动市县创新活动的开展。

合肥市在科技创新平台建设方面走在全省的前列，创办了中国科技大学先进技术研究院、清华大学公共安全研究院、北大未名生物经济研究院、合工大智能制造技术研究院、中科院合肥技术创新工程院等协同创新平台。但是，与沿海地区城市相比，仍有比较大的差距。从全国来看，深圳市的清华大学先进技术研究院是创办最成功的创新平台之一。安徽的各个城市都需要学习沿海地区科技创新平台建设的成功经验，在模仿中创造新经验。科技创新平台建设需要从内加强运行机制研究，从外加强支持政策研究，通过内增活力、外添动力的双重驱动，使创新平台成为安徽的后发优势。

创新体系的形成根本在于国民素质的培育。安徽经济最大的特点就是人力资源丰富，应通过发展教育，提高全民族素质，把沉重的人口负担转变为人力资源优势。然而现实的问题是“人才”比例虽然明显上升了，但是大学毕业生的就业压力却更大了。因为，安徽人才培养与市场需求存在差距，教育结构盲目拔高、理论脱离实际，科研—应用严重脱节等教育体制问题才是最重要的原因。转观日本、韩国、中国台湾等后发优势发挥比较好的国家和地区都是教育体制与市场需求紧密联系的典范。因此说，建立合理的、务实的教育体系是安徽实现后发优势赶超的根本所在。

（六）深化体制机制改革，加大实施对外开放力度

安徽发展不仅面临资源环境方面的压力，也有体制机制方面的制约。从安徽省的情况看，政府及其部门对市场发挥决定性的作用，还不同程度地存在以下不相适应的问题：一是认识与理解的不适应。政府部门及工作人员对将市场的作用上升到“决定性”的程度，在认识与理解方面就出现了不适应的问题。特别是在市场负面问题逐步增多的情况下，政府部门及工作人员往往不是从政府方面找原因，而是对市场产生疑虑。二是方式与方法的不适应。政府部门及工作人员长期以来习惯于用“红头文件”管理，习惯于用会议布置工作、解决问题。三是对平等对待各类市场主体的不适应。政府部门及工作人员在处理具体问题时，往往不能平等对待各类市场主体，比如对民营企业，政府部门过去常常出现“门难进、面难看、事难办”的问题，现在反“四风”后，一些政府部门对民营企业又出现“门好进、面好看、事不办”的问题，走上了另一个极端。四是对市场规则约束的不适应。政府与各类市场主体一样，也是要

受到市场规则的约束，但是，长期以来，政府总是习惯于用政策、政令的方式制定规则约束企业，而不习惯甚至不接受用市场规则约束自己，政府破坏市场规则的现象也屡见不鲜。五是对市场监管的不适应。长期以来市场监管不是政府管理的重点，许多政府部门还缺乏一套成熟有效的办法。六是对市场变化的不适应。市场经济是有规律的，但市场又是不断变化的，对政府的市场监管提出了新的要求，但是，一些政府部门习惯以不变的监管办法去应付变化着的市场，对市场的监管却往往滞后于市场的变化，既削弱了政府的作用，又限制了市场作用的发挥。七是对市场开放的不适应。地方政府是属地管理的，而市场是没有属地的，在市场开放的形势下，政府管理的属地性往往不适应市场的开放性。市场是无边的“海洋”，在国内人流、物流、信息流动日益加快和市场扩大开放的形势下，彼地市场的变化会很快引致此地市场的变化，国际市场的变化也会很快引起国内市场的变化。八是政府自身能力的不适应。政府自身能力建设往往跟不上市场的发展。对于许多政府部门及工作人员来说，过去熟悉的工作不需要了，不熟悉的工作提上了议事日程。

当然，当前安徽的市场制度还不够系统、不够完备，这就需要政府不断促进市场制度的完善，促进市场机制早日成熟，加快市场制度建立的步伐。为充分发挥市场在资源配置中的决定性作用，以及更好地发挥政府的作用，安徽省全面推行权责清单制度改革的思路应是：科学划分政府与市场关系的边界，合理配置政府权力，规范行政执法裁量权，公开公正行使权力，合法合理接受监督，真正做到清单之外无权力，清单之内有责任，有权必有责，权责受监督。向深化改革要动力，是根本出路。将激发经济活力，促进行稳致远，作为全面深化改革的重点和主轴，抓好“接、放、管”，推进“减、转、放、免”，最大限度地释放改革红利，打造安徽制度创新的新高地。

抢抓国家实施“一带一路”战略机遇，实现安徽省对外开放新突破。近年来安徽省企业与“一带一路”沿线国家的经贸合作发展势头良好。扶持安徽省企业进一步同这些市场的交流，对于推动外贸稳健发展具有积极作用。把外贸转型升级与实施国家战略相结合，围绕“一带一路”、长江经济带建设等国家战略机遇，壮大外贸经营主体，重点开拓“一带一路”沿线国家和地区市场，优化国际市场布局，促进进出口协调发展。坚持商品贸易和服务贸易并重，提升安徽在技术标准、价格决定等方面的话语权，增强国际贸易竞争力。

优化出口产品结构，开拓出口市场。支持外资企业在安徽设立地区总部、职能型总部、研发设计中心。推动金融、教育、文化、医疗等服务业领域有序开放，放开育幼养老、建筑设计、会计审计、商贸物流、电子商务等服务业领域外资准入限制，引入一批国际商务服务企业，鼓励发展国际中转、国际采购、进口分拨、出口配送等新型物流业态。实施“走出去”战略，支持地方龙头企业通过新建、参股、并购、资源开发和工程承包等多种方式参与“一带一路”建设，着力培育一批本土跨国公司。积极争取国际贸易便利化综合改革试点。按照市场化和国际化要求，完善现有地方性法规和规章。完善出入境管理和服务，争取异地办护照、落地签证、72 小时过境免签证等政策，积极探索外国人口岸签证业务。探索建立适合国际化建设需要的关于境外人员、国际性组织活动等的涉外管理体制。加强涉外调解、仲裁诉讼机构建设，提高涉外民事、商事争议纠纷处理能力。加速发展离岸金融，积极推进人民币跨境贸易结算业务；探索设立中外合资金融机构。鼓励符合条件的企业在境外资本市场上市融资，引进国际战略投资者。积极引进发展熟悉国际贸易规则的信用评级、资产评估、会计审计、法律服务、金融服务、信用保险、保理服务等中介机构。加强政府工作人员涉外业务培训，提高政务服务国际化水平。

谋划建设安徽省加快对外开放的大平台，建立内陆国际化开放的新优势。国务院《依托黄金水道推动长江经济带发展指导意见》中要求合肥提升都市区的国际化水平，将合肥打造成为长江经济带重要的开放高地，培育开放型经济发展新优势，全面提高开放型经济水平。为实施安徽新一轮高水平对外开放政策，加快构建开放型经济新体制，安徽有必要将合肥战略新区作为“内陆国际化开放大平台”来谋划，借鉴发达国家及发达省份的临港经济发展路径，探索出一条适合合肥发展的“空港 + 水港 + 陆港”道路，以加快安徽省临港经济发展的步伐和速度。合肥战略新区发展总的战略定位是：立足合肥、依托长三角、连接中部各省、服务内地、面向世界，建设成为内陆国际化开放区、以生产性服务业为主导的现代产业新高地、创新创业新平台、具有世界先进水平的综合服务枢纽、高品质国际新社区。

专题报告

Special Reports

B.6 上海自贸区建设对长三角区域协调发展的带动效用研究

彭 羽等*

摘 要： 上海自贸区建设是我国在新形势下推进改革开放的重大举措。上海是长三角的中心城市，长三角其他地区在体制、机制上对接上海自贸区建设有得天独厚的地理优势。从政府视角来看，上海自贸区建设将对长三角其他地区地方政府的管理模式改革带来示范效应和协同效应。从产业视角来看，上海自贸区建设将对长三角地区协调发展带来产业联动效应，这包括外向型产业与对外贸易的联动发展效应，以及总部经济与生产基地的空间互动效应。从企业视角来看，上海自贸区对部分创新企业实行注册地和经营地分离的政策设计，对长三角其他地区企业经营带来辐射外溢效应。本报告在最后

* 彭羽，上海社会科学院世界经济研究所副研究员；沈玉良，上海社会科学院世界经济研究所研究员；徐美娜，上海对外经贸大学国际经贸研究所助理研究员；陈争辉，上海对外经贸大学国际经贸学院硕士研究生。

一部分提出进一步推动上海自贸区对长三角区域协调发展带动作用的战略思路。

关键词： 上海自贸区 长三角 带动效用

一 上海自贸区建设对长三角区域协调发展带动作用的理论机制

从增长极理论看，主导产业和创新产业率先在上海自贸区发展和集聚后，上海自贸区可以向长三角其他地区进行扩散，形成强大的辐射作用，带动长三角区域一体化发展。

20 世纪 50 年代，法国著名经济学家佩鲁（F. Perrour）在其撰写的一系列论文中，论证了经济增长并不是遵循均衡发展的路径，而是发源于一个所谓的“推动型单位”，推动型单位是一个经济部门，这个经济部门增长强劲超过平均水平并通过同其他部门联系产生影响，进而提出了增长极（Growth Pole）这一概念。从区域经济发展的角度来看，增长极的形成意味着在一个特定区域中，必然有某个特定的局部区域的发展速度远远超过其他区域，并通过其高速发展对其他区域的发展产生相互促进作用。

佩鲁认为地区增长极的形成要具备三项基本条件。首先，必须实现创新要素的集聚。由于创新是驱动经济增长的最重要因素，仅依靠土地、普通劳动力和资本等要素的投入，并不会形成增长极，然而大量创新型企业和创新活动的集聚，将为其所在区域带来超常规发展的可能性，从而有利于形成区域经济增长极。这种创新活动通常会在增长极区域向非增长极区域进行扩散，通过创新传播产生地区间的良性互动效应，从而强化增长极的扩散和辐射效应。其次，必须产生规模经济效应。增长极形成的一个重要基础是，该区域能够集聚一定数量和规模的企业，使得区域内的企业活动带来规模经济，规模经济的形成可以降低区域内企业的生产成本和交易成本，从而才有可能向其他区域产生外部扩散作用；这意味着如果区域经济规模过小，将大大限制其外溢辐射效应，从而无法形成对其他区域带动作用的增长极。最后，必须具备确保可持续发展的外部营商环境。由于增长极的效应，并不只是一种短期效应，而更多的是一种累积和长期效应。缺乏适合企业投资、技术创新和人才集聚的外部环境，无法保障特定区域的可持续发展，从而可能导致在增长极尚未形成时，增长极特定区域对周边地区的带动作用就已经开始减小了。因此，良好的外部营商环境是促进增长极形成的重要因素之一。

从上海自贸区对长三角区域协调发展的带动作用来看，上海自贸区已经具备了成为区域增长极的三项基本条件（见图1）。第一，从创新要素集聚来看，扩区后的上海自贸区已集聚了200多家跨国公司地区总部和200多家跨国公司研发中心。其中自贸区张江片区更是成为上海建设全球科创中心的重要载体，张江片区现有国家级、市级、区级研发机构403家，拥有上海光源中心、上海超算中心、中国商飞研究院、药谷公共服务平台等一批重大科研平台。

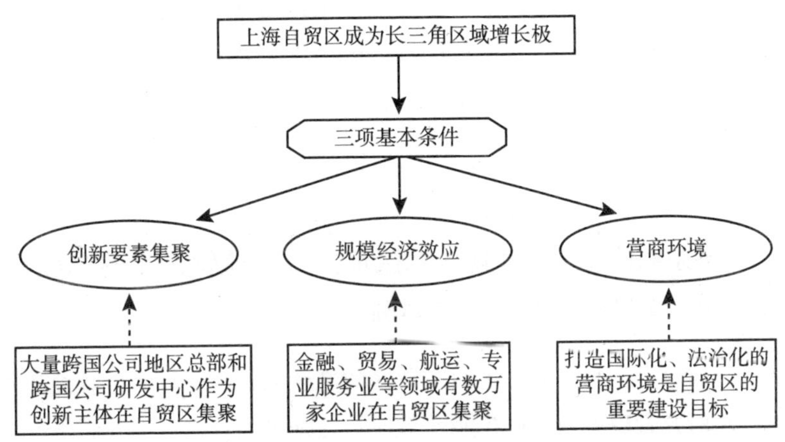

图1　上海自贸区成为长三角区域增长极条件

第二，从规模经济效应来看，扩区后的上海自贸区已经形成了多产业、多要素的集聚，如保税区片区集聚了1万多家贸易、物流企业（其中包括200多家跨国公司营运中心）；陆家嘴片区作为上海国际金融中心的载体，集聚了上海乃至国内的高端金融企业和金融要素；张江片区实现了信息技术产业、生物医药产业、文化创意产业、低碳环保产业等要素的集聚；金桥片区则在先进制造业、生产性服务业等方面实现了企业和生产要素的集聚。

第三，从营商环境来看，根据国务院发布的《中国（上海）自由贸易试验区总体方案》，打造国际化、法治化的营商环境是上海自贸区的重要建设目标之一。实施以来，上海自贸区在投资便利化、贸易便利化、社会诚信体系建设和政府职能转变等各方面进行了改善营商环境的重要探索，这有利于上海自贸区的长期可持续发展，从而为使其成为区域经济的增长极奠定了重要的外部环境基础。

二　上海自贸区建设对长三角区域协调发展的制度改革效应：政府视角

上海自贸区建设的制度创新主要围绕投资管理制度、贸易监管制度、金融监管制度和综合监管制度创新等四个方面展开。从政府监管的视角分析上海自贸区的制度创新，对长三角其他地区地方政府监管模式改革产生的效应。这种效应，一方面是上海自贸区制度创新措施对其他地区地方政府产生的制度示范效应；另一方面是有些上海自贸区制度创新措施本身需要长三角区域政府机构共同改革创新，从而带来长三角地区政府制度的协同改革效应。

（一）制度创新措施对其他地区地方政府监管产生的制度示范效应：以杭州、义乌和上海奉贤区为例

从政府监管的视角来看，上海自贸区的制度创新，还可能会对长三角其他地区地方政府监管模式改革产生示范效应。这种示范效应，一方面是上海自贸区制度创新在全国范围内可复制推广带来的被动改革效应；另一方面是上海自贸区制度创新热潮引致的各个地方政府之间竞相改革，提高政府监管效率的主动对接效应。浙江杭州、义乌和上海奉贤区在对接上海自贸区经验并进行制度再创新方面，是几个最为典型的案例。

1. 典型案例之一：上海自贸区对杭州、义乌在贸易监管便利化方面产生的制度示范效应

尽管杭州在发展跨境电子商务方面借鉴了上海自贸区的许多经验，但目前杭州在跨境电子商务方面的制度创新探索甚至已经远远地超过了上海自贸区。虽然，2013 年 12 月，《中国人民银行关于金融支持中国（上海）自由贸

易试验区建设的意见》指出："上海地区银行业金融机构可与区内持有《支付业务许可证》且许可业务范围包括互联网支付的支付机构合作，按照支付机构有关管理政策，为跨境电子商务（货物贸易或服务贸易）提供人民币结算服务"；2014 年 2 月，中国人民银行上海总部又发布了《关于印发〈关于上海市支付机构开展跨境人民币支付业务的实施意见〉的通知》（银总部发〔2014〕20 号），但是上海自贸区在跨境电子商务发展方面却被杭州等城市赶超。

目前，杭州正在国内率先探索形成出口和进口小额货物贸易电子商务"通关、质检、税收、结汇、支付、物流"全新模式，打造杭州跨境贸易电子商务产业"先发优势"和"龙头地位"。同时，杭州也在拓展提升杭州的海关特殊监管区功能，加强与上海自贸区的"简易转关"协作，全面深化口岸大通关建设，加快杭州出口加工区申报综合保税区进程，积极谋划推进杭州保税物流中心（B 型）、杭州市跨境贸易电子商务产业园与综合保税区的整合，形成"一区多片"格局，打造杭州对外开放主平台。

2015 年 3 月，《国务院关于同意设立中国（杭州）跨境电子商务综合试验区的批复》（国函〔2015〕44 号）发布后，杭州更是成为国内第一个跨境电子商务综合示范区，杭州将"着力在跨境电子商务交易、支付、物流、通关、退税、结汇等环节的技术标准、业务流程、监管模式和信息化建设等方面先行先试，通过制度创新、管理创新、服务创新和协同发展，破解跨境电子商务发展中的深层次矛盾和体制性难题，打造跨境电子商务完整的产业链和生态链，逐步形成一套适应和引领全球跨境电子商务发展的管理制度和规则，为推动全国跨境电子商务健康发展提供可复制、可推广的经验"。显然，受益于上海自贸区的制度示范效应，未来杭州在跨境电子商务的贸易监管制度创新方面可能反而会为上海自贸区及国内其他地区提供制度创新的经验，这样有利于在长三角地区形成地方政府竞相改革的良性循环。

同时，义乌在贸易监管制度创新方面，也显然借鉴了上海自贸区的经验。为进一步对接上海自贸区，义乌海关已经出台了关于进口商品的《保税展示交易监管办法》。根据此规定，进口商品在展示过程中是保税的，卖出去才交进口税，供货商不用事先垫付税款，未售完的货还可以在全球调拨，由此降低资金成本，使消费者受益。同时，义乌海关还利用 B 型保税区平台积极复制推广上海自贸区的海关监管创新制度。目前已在义乌保税物流中心实行“批次进出、集中申报”的作业模式。进口企业可先将保税进口的货物分批从保税物流中心提取，再按月度集中报关和交税，有效缩短货物进口通关时间，缓解了进口企业的资金压力，盘活义乌及其周边地区的进口市场发展。此外，义乌B型保税区还正在试行进口‘三个一’改革试点，以前进口企业进口货物，需要“一次申报、一次查验、一次放行”，并在海关和检验检疫局两家单位办理手续，而现在关、检两家联合查验，不仅降低了企业物流成本，还能有效缩短货物通关时间，提升通关便利水平。

2. 典型案例之二：上海自贸区对上海市奉贤区产业项目审批制度创新产生示范效应

尽管上海自贸区的投资监管制度创新，并没有涉及产业项目的审批制度改革，但是上海奉贤区通过借鉴上海自贸区负面清单和权力清单以及事中、事后监管的管理理念，在奉贤区欧盟中小企业园区试点进行产业项目的投资审批制度改革，也是一个上海自贸区对其他区域产生制度创新示范效应的典型案例。

2015年初，在借鉴上海自贸区负面清单和权力清单管理理念的基础上，上海奉贤区在欧盟中小企业园区（南桥新城，包括上海工业综合开发区、漕河泾开发区南桥园区、奉贤经济开发区生物科技园区；上海金融产业服务基地）内试点建立产业项目行政审批权力清单制度，在欧盟中小企业园区内，实行产业项目行政审批权力清单制度，对企业公开、公示产业项目审批工作事项。具体包括：第一，公开、公示产业项目审批的全部流程和审批主管部门；第二，公开、公示产业项目各审批环节企业需要提供的材料；第三，采用政府官网在线公开和行政服务中心现场资料公开相结合的方式。

同时，通过借鉴上海自贸区事中事后监管的经验，上海奉贤区还将在欧盟中小企业园区内试行企业诚信制度和事中事后联合监管制度。从企业诚信制度看：第一，以上海市公共信用信息目录（2014版）为依据，以区科委（信息委）为牵头单位，在事中事后监管单一信息系统平台上，建立欧盟中小企业园区社会诚信信息共享平台。第二，依托欧盟中小企业园区社会诚信信息共享平台，建立企业“黑名单”惩罚管理制度，包括纳入“黑名单”的行为分类和对进入“黑名单”的企业的惩罚措施。第三，建立举报人制度。根据欧盟对企业诚信管理的经验，举报人特别是内部举报人制度是企业诚信制度的一个重要组成部分，要建立保护举报人的人身安全制度和保密制度，建立针对举报人的奖励制度。

从事中事后联合监管制度来看，奉贤区欧盟中小企业园区将在事中事后监管单一信息系统平台和社会诚信信息共享平台的基础上，成立事中事后综合监管领导小组，具体牵头实施部门为奉贤区市场监督管理局（筹建中），参与部门为各监管职能部门。事中事后综合监管领导小组负责对各部门审批内容的事后监管，同时也负责对企业经营活动进行事中事后监管。监管手段方面，借鉴欧盟国家的做法，采用企业诚信自评与事中事后抽查检查相结合的管理制度。

（二）制度创新措施带来的长三角区域政府管理协同改革效应：以长三角“单一窗口”平台建设为例

部分上海自贸区制度创新措施本身需要长三角区域的共同改革创新，从而为长三角区域政府制度改革带来协同效应，其中最为典型的是长三角国际贸易单一窗口建设。目前，从国家层面上看，未来货物贸易便利化改革的重点是把上海在“单一窗口”平台建设中的先行先试经验率先复制推广到长三角区域，推动长三角区域的“单一窗口”建设。

1. 长三角“单一窗口”平台建设的模式选择

近年来，联合国贸易便利化与电子业务中心（UN/CEFACT）先后公布了33号建议书“建立国际贸易单一窗口”（2005年）和35号建议书“建立国际贸易单一窗口的法律框架”（2010年）。其中，国际贸易单一窗口被定义为使国际贸易和运输相关各方在单一登记点递交满足全部进口、出口和转口相关监管规定的标准资料和单证的一项措施。如果为电子报文，则只需一次性地提交各项数据。根据“建立国际贸易单一窗口”（联合国33号建议书）（2005），从各国已投入运行或正在建设中的单一窗口运作方式来看，可以归纳为以下三种模式。

（1）单一机构模式

在单一机构模式下，一般会成立或者授权一个单一的政府监管机构（如海关）来处理所有的进出口监管业务，集中收取资料，无论是书面的还是电子的，并将其向政府各个相关部门传递。例如，在瑞典的单一窗口中，海关就要为瑞典税务局（进口增值税）、瑞典统计局（贸易统计）、瑞典国家农业管理局和瑞典贸易署（进口许可证）等部门代行相关事务。

（2）单一自动系统模式

针对资料收集和递送的单一自动系统（既面向官方，也面向民间），集成了跨境贸易相关电子数据的收集、使用和递送（及存储）。例如，美国建立了一套程序，贸易商只需一次性提交标准数据，就会由系统进行处理并分送关注该项交易的机构。该模式下有几种可选方式：①集成系统模式，即通过系统处理数据；②接口系统（分散处理）模式，即将数据送往机构进行处理；③集成系统模式和接口系统模式二者相结合。

（3）单一资料自动处理系统模式

贸易商通过单一资料自动处理系统可以单独为一份申请书的处理和审批向不同部门提交电子化的贸易申报资料。在这一方式中，审批以电子形式从政府部门传输到贸易商的计算机，这一系统在新加坡得到运用。该系统与单一自动系统模式最大的区别是，前者实现了资料的自动处理，而后者仅实现资料的自动递送。由于新加坡对95%以上的进口产品都实行零关税，并且在产品进口许可方面的管制也较少，因此通过单一资料自动处理系统，新加坡90%的进出口报关业务不需要任何的人工介入，系统可以自动处理，用户可以在10分钟之内收到和打印通关许可。

从国际上单一窗口建设的三种模式来看，由于不涉及职能部门监管权限的转移，因此单一自动系统模式和单一资料自动处理系统模式的适用范围更为广泛。类似新加坡这样的单独关境区城市国家，由于其货物进出的自由化程度极高，所以通过“单一资料自动处理系统”模式的单一窗口，可以由系统自动处理90%以上的报关资料，极大地提高通关效率。但是，对于美国、日本等经济规模相对较大的国家而言，贸易自由化程度远不及新加坡，相当部分的单据资料还需要通过人工在线审核后通过系统传送，因此这些国家会选择单一自动系统模式的单一窗口。

同样的，从我国国情出发，长三角的国际贸易单一窗口建设更适合采用类似美国、日本那样的“单一自动系统”模式，而且是其中的“接口系统模式”。这是因为，我国海关、商检、海事、外管等各个部门的系统都是独立封闭的，之前的信息交流本身就比较少，而“单一自动系统（集成系统模式）”和“单一资料自动处理系统”需要将各部门的后台系统全部集成到一个系统或平台上进行审核，因而缺乏可行性和可操作性。

2. 长三角“单一窗口”平台建设带来的政府管理协同改革效应

十八届三中全会发布的《中共中央关于全面深化改革若干问题的重大决定》第26条提出要“实现口岸管理相关部门信息互换、监管互认、执法互助”，这为我国口岸管理指明了改革方向。从政府管理的角度看，长三角区域的“单一窗口”建设，有利于破解口岸管理中的体制机制性障碍，有利于加强海关、商检、港口、海事、外管等各职能部门间的有效沟通，较好地解决现行口岸管理部门林立、通关环节众多、执法平台封闭运作等突出问题，破解货物通关运作中存在的体制机制性障碍，形成长三角区域政府制度协同改革效应。具体来说，在推动长三角“单一窗口”平台建设的过程中，所产生的长三角区域政府管理协同改革效应主要分为两个方面。

第一，长三角口岸管理相关部门组织构架的整合协同效应。我国现行的贸易监管涉及海关、商检、海事、外管、税务、口岸办等多个职能部门，并且各部门的监管相对独立和封闭，国际贸易“单一窗口”建设的推进需要对现行贸易监管方式实行颠覆性的流程再造，因此在推进过程中要建立一个职责明确的组织构架，才能确保在推进过程中大量部门间的协调工作能够比较顺利地进行。

为此，需要在长三角各省市口岸办牵头，海关、商检等其他相关部门参与的基本构架下，成立若干个推进小组。具体包括：功能规划组、系统整合组、资料协调组、法规推进组、国际接轨组。①功能规划组：主要对“单一窗口”建设的功能定位、功能拓展的实施步骤进行总体规划，根据功能定位明确先期纳入哪些参与部门，后续纳入哪些参与部门（图2中的虚线表示：通过功能定位确定“单一窗口”平台上的参与部门）。②系统整合组：负责“单一窗口”的信息系统架构、营运模式、设备需求、维运人力、介接界面、系统规格等工作的实施，以及各参与部门信息系统在单一平台上的系统整合和对接。③资料协调组：负责搜集、整理各参与部门关于货物进出口通关资料的协调意见与方案，特别是推进单一窗口数据元标准化的协调工作。④法规推进组：针对

“单一窗口”建设的业务需求，搜集、整理和发现“单一窗口”建设推进过程中的法律法规协调和修改事宜。⑤国际接轨组：推动 AEO 优质企业、原产地证明、检验检疫证书等电子信息或证明文件的跨国合作与认证事宜，根据情况分步骤推动单一窗口的国际接轨。

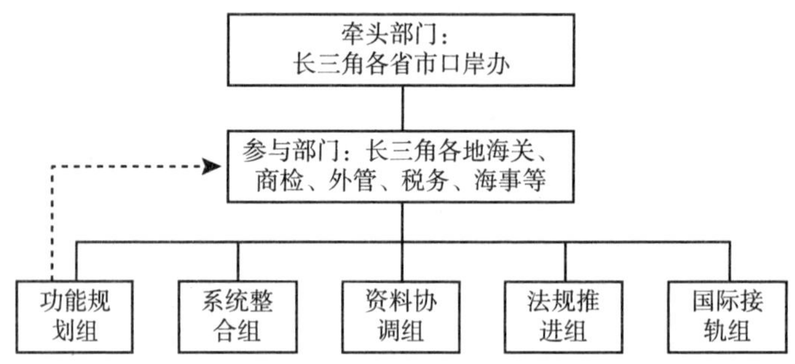

图 2　推进长三角“单一窗口”建设组织框架

第二，长三角口岸管理相关部门信息管理的协调共享效应。实现口岸管理相关部门信息的协调管理共享，是长三角“单一窗口”平台建设的前提和基础。数据元的标准化是国际贸易“单一窗口”建设的一个至关重要的前期基础性工作，做好这个基础性工作不仅有利于推动后续各部门信息系统对接的程序简化和效率提升，而且有利于未来我国海关在《全球贸易安全与便利标准框架》（WCO SAFE）下进行国际合作。目前，许多国家在建设国际贸易“单一窗口”时采用了世界海关组织的 *WCO Data Model*（第 3 版）作为数据元的参考标准，数据元的国际标准化，有利于未来我国海关在《全球贸易安全与便利标准框架》（WCO SAFE）下进行国际合作。从国际经验来看，美国国际贸易单一窗口项目主导机构曾对不同部门所要求的全部表格进行了审核，汇集了一份集 3000 项数据的数据元清单，之后该机构花费大量时间将 90% 的冗余数据削减，将这个清单缩短为一个由不足 200 个数据元组成的标准数据集，大大提高了后续“单一窗口”建设的运作效率。为此，长三角“单一窗口”平台建设需要借鉴美国的经验，成立或指定专门的协调机构（如前面提及的“资料协调组”），负责对各部门涉及的进出口通关监管方面的数据元标准化推进和协调工作。数据元的标准化要符合国际惯例，主要参考联合国贸易便利化与电子业务中心（UN/CEFACT）发布的

33 个建议书，在这个过程中会产生长三角口岸管理相关部门信息管理的协调共享效应。

三　上海自贸区建设对长三角区域协调发展的产业联动效应：产业视角

这种产业联动效应主要包括：外向型产业与对外贸易的联动发展效应（上海自贸区贸易便利化与长三角地区出口导向型产业的相互促进效应）、总部经济与生产基地的空间互动效应（上海自贸区总部集聚与长三角地区生产基地间的功能优化配置效应）。

（一）外向型产业与对外贸易的联动发展效应

目前，凭借特有的通关便利化政策和有效的外汇监管政策，上海自贸区已经集聚了 8000 多家贸易中间商企业。上海自贸区通过贸易中间商的集聚，可以促进长三角地区外向型产业与上海自贸区对外贸易的联动发展。这种联动发展，主要指集聚于上海自贸区的贸易中间商凭借全球贸易网络优势承接海外订单，并通过 FDI 的方式在长三角投资建厂，利用长三角地区其他城市的土地、自然资源和劳动力优势进行产品加工、组装和制造，然后将制成品出口到世界各地（见图 3）。

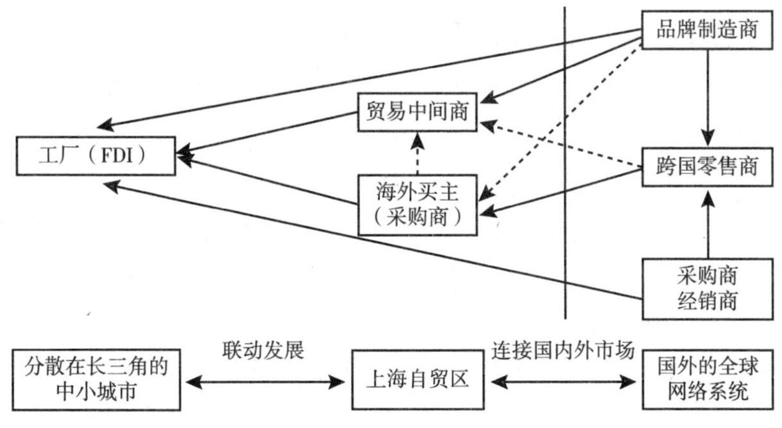

图 3　上海自贸区对外贸易与长三角外向型产业互动发展

这种联动效应，既可以通过一般贸易、加工贸易、转口贸易等传统贸易方式进行，也可以通过离岸贸易等新型贸易方式完成。这取决于产品资产专用性和产品标准化程度，产品的资产专用性越低、标准化程度越低，越可能通过离岸贸易完成，离岸贸易模式下货物直接由供应商发货到国外客户，不需要进入贸易中间商所在地的海关，这种直接发货模式可以节省运输成本，减少运输风险；当然，对于中间商而言，如果货物没有进入上海自贸区海关，便无法更好地控制产品的质量，因此离岸贸易适用于不太需要鉴别质量，即标准化程度较高的产品。

（二）总部经济与生产基地的空间互动效应

《中国（上海）自由贸易试验区总体方案》的总体目标指出，“经过两至三年的改革试验，要大力发展总部经济和新型贸易业态”。可见，总部经济是上海自贸区建设的一个重要发展平台和载体。目前，上海自贸区已集聚了30多家经上海市认定的跨国公司地区总部，其中包括索尼集团、英力士集团、瑞典沃尔沃集团、荷兰托克公司、芬兰瓦锡兰集团、达能集团、意大利杰尼亚等多家世界著名跨国公司总部机构。同时，截至2013年底，上海自贸区已经有200多家跨国公司运营中心，这些运营中心扮演了跨国公司在中国区甚至是亚太区的贸易型总部公司的角色。

上海自贸区总部企业的集聚，可以为长三角区域的协同发展产生以下三方面的带动作用。

1. 区域专业化分工带来的效率提升效应

对于长三角地区非中心城市而言，它们的优势主要在于制造业方面。一方面，为更好地利用国内和国际两个市场，非中心城市发展制造业的原材料、零部件、中间产品和制成品呈现“大进大出”的特征，在国内生产、贸易企业普遍缺乏庞大国际营销网络的情况下，非中心城市需要上海自贸区的总部功能性机构（如采购、销售类总部）为其提供服务；另一方面，长三角非中心城市在发展制造业的过程中，也需要与制造业有关的生产性服务业的支持，如交通运输业、现代物流业、金融服务业、信息服务业和商务服务业等，这些服务性机构可能配置在中心城市上海，也可能配置在南京、杭州、宁波、苏州等次中心城市，这取决于企业对营商成本、人才、商务环境的综合考虑。

因此，跨国公司总部机构在上海的集聚，有利于中心城市与非中心城市错位竞争、协同发展，加快中心城市贸易功能由对内的区域性辐射向以贸易网络为控制特征的对外发散性辐射的转变，促进中心城市形成由高端制造和服务引导的全球贸易网络，从而打造国际贸易中心功能性服务平台和跨国公司贸易共享服务平台，为非中心城市的制造业提供贸易网络服务、贸易结算服务、物流分拨配送、会计咨询等专业性服务，推动中国地区专业分工结构的优化。

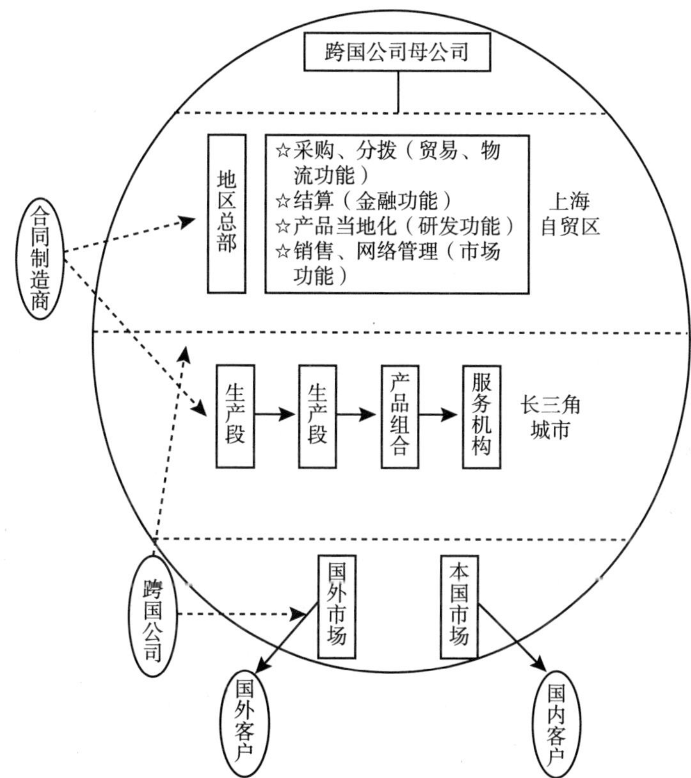

图 4　上海自贸区总部集聚与长三角区域专业化分工

2. 订单集中处理和统一结算带来的贸易成本下降效应

目前，长三角地区是外商直接投资最为密集的区域，跨国公司在长三角多个城市布点生产性公司，这些生产性公司既需要从国外进口大量的零部件，同时也需要在国内完成组装之后，再将成品出口到国外。这些公司的零部件采购

来源，不仅包括国外的子公司（企业内贸易），而且也包括国外的非关联公司（企业间贸易）。制造品出口也是同样的情况。在这种情况下，跨国公司内部会产生大量以中国市场为核心的企业内贸易和企业间贸易，这些贸易错综复杂，在产品个性化需求盛行的趋势下，单笔贸易的交货数量减少，但总的交易次数增多，由生产性企业对每笔交易进行订单处理和结算会大大增加跨国公司的交易成本。

为降低交易成本，跨国公司通过在上海自贸区设立销售中心和资金结算中心等贸易型总部机构，集中处理跨国公司生产性子公司的订单，从而使得这些贸易型总部机构成为跨国公司区域性的订单处理中心和资金结算中心。大量长三角地区的企业采购和销售的结算，通过上海自贸区的贸易型总部机构集中处理，可以显著降低集团内的贸易成本。

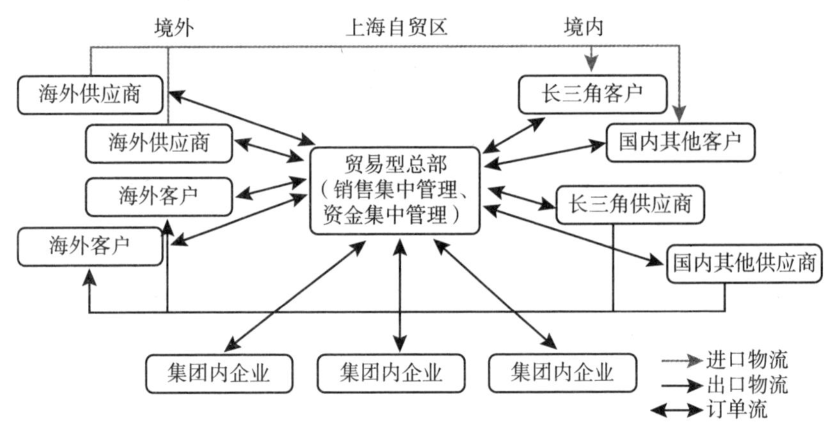

图5　上海自贸区总部集聚与企业贸易成本下降

3. 本外币资金的集中管理带来的财务成本下降效应

金融制度创新是上海自贸区建设的重点领域之一，中国人民银行关于上海自贸区的金融创新措施中有很大部分是根据企业总部业务需求而制定的。2013年12月2日，央行发布《中国人民银行关于金融支持中国（上海）自由贸易试验区建设的意见》（简称“央行30条”），总部集团内的跨境资金流动业务被看作上海自贸区金融开放的一个重要载体和试点对象。

根据“央行30条”及实施细则——《国家外汇管理局上海市分局关于印

发支持中国（上海）自由贸易试验区建设外汇管理实施细则的通知》）（上海汇发〔2014〕26 号），区内企业可根据经营需要，在所在地银行开立国内外汇资金主账户和国际外汇资金主账户。国内外汇资金主账户可以开展以下业务：①集中运营管理境内成员单位资金；②经常项目外汇资金集中收付汇；③经常项目轧差净额结算。

这样，总部企业通过本外币资金池业务运作，可以更加便利有效地管理境内成员公司资金，提高资金使用效率，降低整个集团内的财务成本。

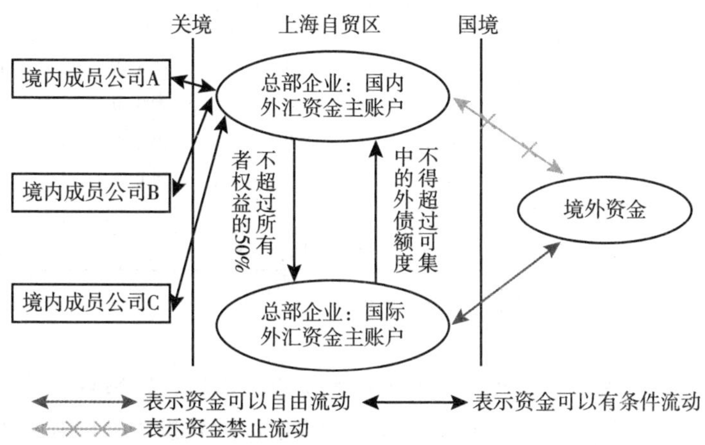

图 6 上海自贸区总部企业的本外币双向资金池创新

四 上海自贸区建设对长三角区域协调发展的辐射外溢效应：企业视角

这种辐射外溢效应，主要指上海自贸区对部分创新企业实行注册地和经营地分离的政策设计，对长三角其他地区企业经营带来的外溢效应。这主要包括两个方面：其一是对外投资制度创新为长三角企业对外投资提供便利化；其二是境外融资制度创新降低长三角地区企业的融资成本。

（一）对外投资制度创新为长三角企业对外投资提供便利化

目前，我国已逐步成为全球对外投资的大国之一。2013 年，在全球外国直接投资流出流量较上年增长 1.4% 的背景下，中国对外直接投资流量创下 1078.4 亿美元的历史新高，同比增长 22.8%，连续两年位列全球三大对外投资国。从区域结构来看，长三角地区是国内对外直接投资的主要来源地，2013 年，江、浙、沪两省一市实现对外直接投资 82.5 亿美元，占全国的比重接近 1/3（见表 1）。

表 1　地方对外直接投资流量前十位的地区

单位：亿美元

序号	地区	流量	序号	地区	流量
1	广东省	59.43	7	辽宁省	12.95
2	山东省	42.65	8	天津市	11.2
3	北京市	41.3	9	福建省	9.52
4	江苏省	30.2	10	河北省	9.28
5	上海市	26.75			
6	浙江省	25.53	全国合计	全国	268.81

资料来源：《2013 年度中国对外直接投资统计公报》，第 16 页。

《中国（上海）自由贸易试验区总体方案》指出，要构筑对外投资服务促进体系。长三角地区企业通过上海自贸区进行对外投资，具有近水楼台先得月的地理优势。截至 2014 年 8 月底，上海自贸区已经完成 79 个对外投资项目，有 17 亿美元通过自贸区投向境外，其中约 40% 的企业为长三角地区的企业。

与境内区外企业相比，长三角企业通过上海自贸区开展对外投资业务优势明显。根据《境外投资项目核准和备案管理办法》（发改委令第 9 号），对于一般项目的核准，中方投资额 3 亿美元及以上的资源开发类、中方投资额 1 亿美元及以上的非资源开发类境外投资项目，由国家发改委核准。而在上海自贸区内，管委会对注册地在自贸区的地方企业实施的在上海市权限内的境外投资一般项目，实行备案制管理。参考上海市的核准权限，适用管委会备案的境外投资项目限额为资源开发类的中方投资额在 3 亿美元以下、非资源开发类的中方投资额在 1 亿美元以下。限额以上的境外投资项目仍然由国家发改委核准。另外，境外投资项目在上海自贸区内办理境外投资备案的时间为收到申请材料的 5 个工作日之内，相对于自贸区外的境外投资项目，可以节省不少的时间。

表 2　自贸区内和自贸区外企业境外投资项目备案程序比较

序号	差异所在	自贸区内	自贸区外
1	项目核准/备案形式	自贸区内,对上海市权限内的境外投资一般项目,实行备案制管理	对敏感行业或超过一定金额的境外投资项目实行核准制
2	境外投资项目核准/备案机构不同	境外投资一般项目由自贸区管委会受理	按项目敏感程度和投资金额不同,报国家(地方)发改委或国务院核准
3	处理申请的时间不同	项目备案机构应在收到申请材料之日起5个工作日内,向备案申请人出具境外投资项目备案意见	一般在20个工作日内完成核准。特定情况经过批准还可以延长10个工作日

注：自贸区外项目核准依据《境外投资项目核准和备案管理办法》（发改委令第9号）；自贸区内项目核准依据《中国（上海）自由贸易试验区境外投资项目备案管理办法》（沪府发〔2013〕72号）。

（二）境外融资制度创新降低长三角地区企业的融资成本

上海自贸区金融服务业开放措施一直是企业关注的重点，在分账核算体系和自由贸易账户体系下，长三角地区的企业可以通过在上海自贸区设立公司，开设自由贸易账户从境外融资，为长三角地区的实体产业项目服务，从而可以利用国外资金，大大降低企业融资成本（国外融资成本比国内平均低2个百分点）。

目前，自贸区外的法人主体从境外融资的渠道极为有限，许多企业无法从境外融入成本较低的资金。相比之下，根据中国人民银行上海总部《关于印发〈中国（上海）自由贸易试验区分账核算业务境外融资与跨境资金流动宏观审慎管理实施细则（试行）〉的通知》（银总部发〔2015〕8号），分账核算境外融资杠杆率按主体类型设定。

其中，区内法人企业（分支机构不适用）的融资杠杆率为其资本的2倍。已建立分账核算单元的区内非银行法人金融机构的融资杠杆率为其资本的3倍，非银行金融机构的上海市级分账核算单元的境外融资杠杆率为其境内法人机构资本的8%。已建立分账核算单元的区内新设法人银行机构的境外融资杠杆率为其一级资本的5倍，银行的上海市级分账核算单元的境外融资杠杆率为其境内法人机构一级资本的5%。未建立分账核算单元但在其他金融机构的分账核算单元开立自由贸易账户的区内法人非银行金融机构杠杆率按其资本的2

倍设定，非银行法人金融机构在区内的直属分公司杠杆率按其境内法人资本的5%设定。宏观审慎调节参数初始值设定为1。

表3 自贸区内和自贸区外企业或非银行金融机构融资便利化程度比较

差异所在	自贸区内	自贸区外
法人企业	境外融资杠杆率设定为其资本的2倍	境外融资渠道极为有限
非银行法人金融机构	已建立分账核算单元的区内非银行法人金融机构杠杆率设定为其资本的3倍，非银行金融机构的上海市级分账核算单元杠杆率设定为其境内法人机构资本的8%	境外融资渠道极为有限
银行机构	已建立分账核算单元的区内新设法人银行机构杠杆率设定为其一级资本的5倍，银行上海市级分账核算单元杠杆率设定为其境内法人机构一级资本的5%。未建立分账核算单元但在其他金融机构分账核算单元开立自由贸易账户的区内法人非银行金融机构杠杆率按其资本的2倍设定，非银行法人金融机构在区内的直属分公司杠杆率按境内法人资本的5%设定	境外融资渠道极为有限
法律依据	《关于印发〈中国（上海）自由贸易试验区分账核算业务境外融资与跨境资金流动宏观审慎管理实施细则（试行）〉的通知》（银总部发〔2015〕8号）	—

注：根据表中提及的法律法规整理。

五　进一步发挥上海自贸区对长三角区域协调发展带动作用存在的制度瓶颈与推动上海自贸区对长三角区域协调带动作用的政策建议

（一）发挥上海自贸区对长三角区域协调发展带动作用存在的制度瓶颈

1. 长三角区域合作的制度化程度较低，导致上海自贸区的带动作用不能充分发挥

长三角区域涉及三省一市，行政区域的天然分割使得长三角一体化程度与珠三角区域相比明显较低，因为后者涉及一个省级区域内的协调，通过省级层面的行政协调就可以完成。目前，从大的层面上看，长三角区域合作主要通过长江三角洲

城市经济协调会组织的长三角地区市长联席会议进行宏观方面的协调；此外，在一些具体部门间也存在一些协调合作，例如长三角通关一体化合作等。

但总体来看，目前长三角区域合作的制度化程度明显偏低，尽管2010年5月国务院正式批准实施《长江三角洲地区区域规划》，但是在具体操作方面，这些规划中的议题和内容的落实难度较大。例如，虽然在长三角经济协调会的组织下也有许多区域合作发展方面的议题，但是真正进入实施阶段的少之又少，缺乏制度、立法方面的保障，长三角区域的协调发展程度大打折扣，当然这也导致上海自贸区在推动长三角区域协调发展方面的带动作用无法充分发挥。

2. 上海自贸区的制度设计本身缺乏像津、闽、粤自贸区那样明显的区域联动指向

根据国务院层面发布的天津、广东和福建的自贸区总体方案，它们的自贸区建设具有典型的区域联动特征：天津主要对接环渤海、京津冀区域一体化；广东主要谋求粤港澳经济一体化；福建则主要定位于闽台经济合作。然而，不管是2013年9月国务院批准的《中国（上海）自由贸易试验区总体方案》，还是2015年4月通过的《国务院关于印发进一步深化中国（上海）自由贸易试验区改革开放方案的通知》，都没有关于上海自贸区对接长三角地区的表述。因此，从这个层面上讲，上海自贸区在其本身的制度设计方面，对其与长三角地区联动协调发展的考虑相对不足，这也可能导致上海自贸区在推动长三角地区协调发展方面的作用大大受限。

（二）推动上海自贸区对长三角区域协调发展带动作用的政策建议

1. 以上海自贸区试点的具体项目为载体推动长三角区域政府协同制度创新

（1）通过长三角社会信用体系建设推动事中、事后监管制度的协同创新

社会信用体系构建是提高政府监管效率，降低监管成本和企业运行成本的关键。上海自贸区在社会信用体系构建方面已具有雏形。目前，上海自贸区已正式开通信用信息综合查询平台，该平台是上海市唯一可同时进行公共信用信息查询和金融信用信息查询的服务窗口。在自贸区信用信息综合查询服务窗口上，中国人民银行负责通过金融信用信息基础数据库提供关于企业、个人信用

报告的查询服务活动，自贸区管委会负责通过市公共信用信息服务平台自贸区子平台提供关于公共信用信息的查询服务活动。

表 4　自贸试验区社会信用制度建设和执行情况

子体系＼内容	颁布主体	出台制度	执行情况
社会信用体系	中国(上海)自由贸易试验区管理委员会	《中国(上海)自由贸易试验区公共信用信息管理使用办法》[中(沪)自贸管〔2015〕10 号]	已运行
	中国(上海)自由贸易试验区管理委员会	《中国(上海)自由贸易试验区信用信息综合查询服务规程》[中(沪)自贸管〔2015〕10 号]	已运行
	上海海关	《上海海关关于上海自贸区内企业信用信息公开的公告》(2014 年第 29 号)	已运行

资料来源：根据上海自贸区已出台法律法规整理。

为此，应将长三角社会诚信体系建设纳入长三角地区合作与发展联席会议重点议题，在《长三角区域社会信用体系合作与发展规划纲要（2010 ~ 2020)》的基础上，建立各省市经信委（或信用体系建设的牵头部门）之间的长效合作推进机制，特别是要开展《长三角地区企业和个人信用征信管理办法》等相关的立法工作，根据各地区的实际情况制定最大公约数的《长三角地区公共信用信息目录》，并通过合作交流机制每年对信用信息目录进行增加和完善。

（2）通过长三角国际贸易“单一窗口”建设推动贸易监管制度的联合创新

目前，长江经济带（包括长三角地区）的海关区域通关一体化已经基本实现。下一步要在上海自贸区国际贸易“单一窗口”试点建设经验的基础上，率先将“单一窗口”建设拓展到江苏省、浙江省和安徽省，为最终覆盖长江经济带 9 省 2 市提供经验支持。

长三角国际贸易“单一窗口”建设是一个系统工程，涉及大量跨部门、跨区域的分工协作。为此，在组织构架上，在长三角区域大通关建设协作联席会议的框架下，成立长三角国际贸易“单一窗口”建设推进小组，由上海市、浙江省和江苏省三地口岸办联合牵头，形成定期交流协作机制，重点要推进国际贸易“单一窗口”数据元的标准化协调工作，统一长三角三省一市的“单一窗口”数据元标准，避免因缺乏协调性而导致各地建设标准不一致，数据元的标准化要符合国际惯例，主要参考联合国贸易便利化与电子业务中心（UN/CEFACT）发布的33个建议书。

2. 以上海自贸区服务业开放为抓手推动长三角产业联动发展

将上海自贸区的服务业开放率先拓展到长三角区域，为试点提供更大范围的压力测试场。长三角是我国制造业高度集聚的区域，将上海自贸区的服务业开放试点率先拓展到长三角地区，不仅可以为服务业开放风险的测试提供更大的压力测试空间和平台，而且可以扩大企业的服务范围和服务半径，提高企业开展新增服务业开放项目的积极性，促进上海服务业开放与长三角制造业之间的联动发展。在服务业试点拓展的领域来看，既要考虑风险测试的必要性和可行性，也要根据长三角地区的产业发展情况进行选择。我们建议选择融资租赁服务业（第一批）、教育职业技能培训（第一批）和医疗服务业（第一批）三类服务业的开放措施率先向长三角其他地区拓展。

3. 引导长三角企业借力新平台扩大上海自贸区的辐射外溢效应

长三角各地政府要引导有条件的企业到自贸区设立办事处或分支机构，更便捷地实现“引进来”和“走出去”发展，合理高效地利用国内外两种资源，降低企业的营商成本，使企业实质性受益。对民营经济高度发达的长三角区域而言，重点要引导企业了解和利用上海自贸区的境外融资制度创新措施，大幅降低长三角实体经济企业的融资成本。同时，长三角地区也有许多具备“走出去”能力和需求的民营企业，要引导这些企业利用自贸区平台开展对外投资业务，引导这些企业充分利用自贸区对外投资项目备案制度改革所带来的便利，以及自贸区在境外投资平台上提供的各种公共产品。

B.7

“十三五”期间长三角区域合作的新体制机制研究

宗传宏*

摘　要：目前，长三角区域一体化进程呈现深层次、多领域的格局，合作体制机制也向着制度化、规范化和法治化全面发展。在《长江三角洲地区区域规划》的指导下，长三角区域发展也面临着第三次转型，而合作体制机制创新非常重要。本文详细分析了长三角区域合作体制机制存在的主要问题，并为创新长三角区域合作的体制机制提出对策建议。

关键词：长三角　区域合作机制　创新

从1982年上海经济区规划办公室的成立开始，长三角区域合作机制已经走过30多年的历程。“十三五”期间，是我国转型发展的关键时期。面对“一带一路”、上海自贸区建设、国际科技创新中心等一系列国家战略，在《长江三角洲地区区域规划》的指导下，长三角区域合作机制也必然将承担起历史新任务和新使命。长三角区域在第三次转型的过程中，也对体制机制赋予了新的内涵和要求，创新体制机制成为进一步推进长三角区域一体化，打造长三角经济升级版，将上海建成国际公认的世界级大都市的必然路径。

---

* 宗传宏，上海社会科学院城市与人口研究所副研究员。

一 “十三五”期间长三角区域合作体制机制创新的重大意义

“十三五”期间，国内外宏观环境的变化和国家区域发展总体战略对长三角区域合作体制机制赋予了新的历史使命。

（一）深化长三角区域合作符合经济全球化与区域一体化趋势

目前，经济全球化与区域一体化共同推进世界经济发展的趋势日益明显。随着经济全球化的推进，以跨国公司为核心的经济体和资本在全球范围内不断渗透，“你中有我、我中有你”的格局正在不断形成。全球范围内正兴起新一轮科技革命，在新能源、生物技术、新材料和信息技术等领域，将产生一批新兴产业，对传统产业的升级也将产生深远影响，世界各国共同参与其中的机遇正趋于平衡。在这一背景下，WTO、欧盟、亚太经济合作组织、北美自由贸易区等各种国际区域合作组织不断成立。与之相应，各国内部以世界六大城市群为代表的区域一体化进程也在不断推进。长三角区域一体化合作作为我国区域一体化合作的典范，在经济全球化和区域一体化发展的大趋势下，也在随着长三角内部城市群的不断完善而不断深化。

（二）深化长三角区域合作可以为国家区域发展战略提供支撑

1. “一带一路”国家战略的引领

习近平总书记提出的“一带一路”的国家战略构想已经在紧锣密鼓地实施。以“一带一路”国家战略为引领，加快推进国家区域发展战略的衔接，是“十三五”期间的新任务。近年来，为了进一步推进区域发展，我国针对典型经济区陆续出台了53项“国家战略性”区域规划文件，进一步细化和落实了我国区域发展总体战略。这些规划包括国家新区、区域规划、指导意见和综合改革区四种，按目标又可分为建设国际竞争力区域、推进重点地区发展和转型、推动欠发达地区可持续发展、深化区域合作与对外开放、探索发展改革试点五种类型。“一带一路”国家战略对这些国家区域发展战略无疑注入了一针强心剂，也是创新长三角区域合作体制机制，推进区域一体化发展的动力。

2. 长三角一体化发展在国家战略中的地位日益突出

（1）长三角在我国区域总体发展战略中的地位举足轻重

长三角区域是亚太地区重要的国际门户、全球重要的现代服务业和先进制造业中心、具有较强国际竞争力的世界级城市群。“国家战略性”区域规划包括区域规划、综合改革区、国际竞争力区域、深化区域合作与对外开放等多方面的内容，这些内容已经在长三角区域一体化进程中体现出来了。同时，在“一带一路”战略、自贸区、国际科技创新中心等国家大战略背景下，这些内容相互叠加，将进一步提升长三角区域的能级，推进区域一体化进程，提升区域的国际竞争力。

（2）区域一体化进程加速

未来一段时间，长三角区域一体化的进程将进一步加速。区域合作的层次将向深度和广度发展；区域合作的领域将逐步扩大，从经济层面向社会层面发展；区域合作的对象将逐步扩展，从以政府合作为主，向政府、社会团体、企业等多元化主体合作转变。

（3）转型发展成为现阶段发展的主旋律

目前，长三角与全国一样，正在经历第三次转型，核心是发展创新型经济，突出依靠科技进步、劳动者素质提高和管理创新，推动经济大省向经济强省跨越。着力点是推进“三个转变”：经济发展由主要依靠物质资源消耗向主要依靠创新驱动转变、由粗放式增长向集约型发展转变、由城乡二元结构向城乡发展一体化转变。

（三）深化长三角区域合作可以破解我国区域发展面临的主要问题

1. 我国区域发展现状和主要问题

从区域发展看，我国已经形成了以长三角、环渤海、珠三角三大沿海城市群为引擎，一系列城市群快速发展的格局。长江中下游城市群规划获国家批复，“十三五”期间城市群发展将在我国新城镇化发展中占据主导地位。各城市群内部的结构不断优化，逐步形成了多级城市群体系，城市之间合作的框架体系不断完善，分工协作向进一步细化方向发展。

目前，我国区域发展面临的主要问题有四个。一是粗放型的区域发展方式

仍然普遍存在。长期以来，我国区域发展主要依靠投资拉动。劳动密集型、粗放型的生产方式造成的产品和服务的附加值低，对能源消耗和生态环境造成很大压力。依靠投资拉动的增长方式已经难以为继，以创新为动力的发展方式将成为发展趋势。二是跨区域协调机制的框架体系仍然需要进一步完善。基于单一行政区的规划已经逐渐不能满足区域发展要求，越来越多的跨区域问题不断涌现，急需突破行政区划进行协调。另外，区域协调政策的可操作性需要进一步提高。目前，区域政策和制度的制定在操作性、针对性和有效性上需要进一步细化和落实。三是区域合作分工体系的统筹性仍然需要提高。受地方保护主义影响，区域内各城市追求自身利益最大化的现象仍然比较明显，区域内不同城市之间不能展开有效的分工合作，城市之间的无序竞争、重复建设导致大而全、小而全的不完善经济体系，从而损害了区域整体利益。四是要素合理流动的市场体系有待完善。商品市场、金融市场、劳动力市场、房地产市场和技术信息市场等统一大市场的形成在各区域还尚未形成，在欠发达区域更是如此。

2. 长三角发展现状和主要问题

长三角区域经济总量占全国的20%，是我国经济发展的重要引擎。一是从空间上看，同城化效应日趋显现。经过多年的建设，长三角已经初步形成公路、水运、铁路、高铁、城际轨道、航空、管道等多种运输方式共同发展的综合运输体系，城市群空间布局结构已基本形成，将呈现交通出行的同城化、产业布局的同城化、通勤就业的同城化、人口居住同城化等四个方面的显著特征。在长三角同城化背景下，许多要素资源将在时间和空间上被重新配置。二是区域一体化向深度和广度拓展。各城市合作发展的需求日益增大。从合作数量看，长三角城市经济协调会会员城市从16个增加到22个，再扩容到目前的30个；从合作区域看，城市合作的区域范围从16个核心城市扩展到沪苏浙两省一市，再扩容到安徽；从合作层次看，形成了包括决策层、执行层、操作层在内的合作框架，以及长三角区域合作和城市合作并行的格局。三是区域合作在要素层面进一步深化。长三角城市间要素的合作目前已进入务实阶段，近年来交通、信息、规划、科技、产权、旅游、港口、通关、人才、“一卡通”互通等多个具体领域的一体化合作试点不断推进。四是区域合作开始向以制度层面为核心转变。近年来，长三角区域各级政府通过两省一市省市长会议、沪苏浙经济合作与发展座谈会、长江三角洲城市经济协调会、各职能部门的行政首长联席会议等四个层面的制度合作，制定一系列公共性、协调性的区域政策，努力寻求体制与机制上的重大突破，从而发展长三角区域生产力。

长三角目前存在的主要问题是：一是产业结构仍然不合理。目前，长三角区域服务业占比不到60%，与其世界第六大城市群的地位不相符。二是区域协调发展的格局仍未完全形成。长三角各城市区域发展的统筹协调力度不够，长三角区域城市之间产业同构现象比较严重。三是区域联动发展的格局有待进一步形成。行政隶属关系导致的行政割据现象成为区域融合发展的主要障碍，行政区经济真正让位于经济区经济的路程还比较漫长。四是社会、环境转型滞后于经济转型。经济、社会、生态的联动关系没有完全明确，各城市仍然把经济发展放在重中之重，社会和谐、生态环境优化的认识程度仍然有待提高。五是资源环境要素的瓶颈制约日益突出。土地资源紧缺，能源消耗日益增加，环境压力日益突出，成为长三角区域发展的关键阻碍因素之一。

二　长三角合作体制机制的历史沿革

（一）长三角合作体制机制的历史

经过30多年的实践，长三角区域合作体制机制逐步从计划经济向市场化过渡，形成了富有长三角特色的合作体制机制（见表1），具体分为以下四个阶段。

表1　长三角区域协调历史沿革

时间	名称	管理机构	范围	备注
1982年12月	上海经济区	上海经济区规划办公室	上海、苏州、无锡、常州、南通、杭州、嘉兴、湖州、宁波、绍兴	
1986年	上海经济区	上海经济区规划办公室	上海、江苏、浙江、安徽、江西、福建	1988年6月撤销
1992年	长三角城市协作办(委)主任联席会议		上海、南京、苏州、无锡、常州、扬州、镇江、南通、杭州、嘉兴、湖州、宁波、绍兴、舟山	

续表

时间	名称	管理机构	范围	备注
1996 年	长三角城市协作办主任联席会议		上海、南京、苏州、无锡、常州、扬州、泰州、镇江、南通、杭州、嘉兴、湖州、宁波、绍兴、舟山	扬州拆为扬州和泰州,联席会议成员增至 15 个
1997 年 4 月	长三角城市经济协调会		上海、南京、苏州、无锡、常州、扬州、泰州、镇江、南通、杭州、嘉兴、湖州、宁波、绍兴、舟山	
2001 年	沪苏浙经济合作与发展座谈会		上海、江苏、浙江	
2003 年 8 月	长三角城市经济协调会		上海、南京、苏州、无锡、常州、扬州、泰州、镇江、南通、杭州、嘉兴、湖州、宁波、绍兴、舟山、台州	
2004 年	沪苏浙主要领导会晤		上海、江苏、浙江	
2007 年	沪苏浙皖主要领导会晤		上海、江苏、浙江、安徽	合肥市、盐城市、马鞍山市、金华市、淮安市、衢州市加入城市经济协调会
2013 年	沪苏浙皖主要领导会晤		上海、江苏、浙江、安徽	芜湖、滁州、淮南、丽水、温州、徐州、宿迁、连云港加入城市经济协调会

第一阶段，1982～1988 年，计划协调阶段。中央以派出机构的方式，对区域进行规划，以中心城市和工业基地为依托，形成以协调为核心的体制机制。

协调范围。1982 年，由上海、苏州、无锡、常州、南通、杭州、嘉兴、湖州、宁波、绍兴等十个城市组成的上海经济区。1984 年，扩展为上海、江苏和浙江两省一市。1987 年，扩展为上海、江苏、浙江、安徽、江西和福建五省一市，山东省作为观察员。

协调方式。1983 年 3 月，国务院成立上海经济区规划办公室，并将其作为上海经济区领导机构。上海经济区规划办公室没有行政管理权，主要通过区域规划进行区域协调工作。上海经济区规划办公室先后建立了两省一市省市长

会议制度、十市市长联席会议制度。省市长会议执行主席由各省市负责人轮流担任。1988 年 6 月，国家计委发出“计办厅〔1988〕120 号”文件，通知“撤销国务院上海经济区规划办公室”。

协调内容。在历次会议的推动下，先后确立交通、能源、外贸、技术改造及长江口、黄浦江和太湖综合治理等为规划重点，提出了十大骨干工程；促进了省市间的交流，特别是经济往来，带动了企业开展横向经济合作。

第二阶段，1989～2000 年，要素合作阶段。这一阶段是长三角经济高速发展的阶段，地方政府相关职能部门按照市场诉求，自发倡议建立以经济为核心的合作机制。

协调范围。1992 年，倡议成立长江三角洲城市协作办（委）主任联席会议，以上海为核心，成员城市包括上海、南京、苏州、无锡、常州、扬州、镇江、南通、杭州、嘉兴、湖州、宁波、绍兴、舟山，计 14 个；之后扬州被拆为扬州和泰州两市。2003 年，台州市成为正式成员。至 2006 年，观察员城市包括盐城、连云港、淮安、徐州、金华、衢州、丽水、合肥、马鞍山、芜湖、滁州、淮南、巢湖。

协调方式。建立协作部门负责人联席会议制度，通过交流、研讨，密切沟通。1997 年，联席会议升格为长江三角洲城市经济协调会（以下简称协调会）。协调会按城市笔画顺序每两年在任执行主席方的城市举行一次市长会议。任常务主席方的为上海市，常设联络处设于上海市人民政府合作交流办公室，执行主席方由各城市轮流担任，任期两年。自 2004 年开始，市长会议每年举行一次，执行主席方任期也相应为一年。协调会的工作经费以会费方式由各成员城市共同承担，集中使用。

协调内容。凸显改革开放的制度创新、产业集聚效应，打破行政壁垒，推进横向经济联合，促进区域间产业转移和市场开放的一体化。自 1997 年至今，协调会每年设立专题和专项，以专题和专项带动其他政府部门，共推区域合作。

第三阶段，2001～2007 年，制度合作阶段。地方政府间通过平等磋商，以共赢为目的，大力展开制度对接，通过制度合作，自觉推动区域合作与发展。

协调范围。上海、江苏和浙江两省一市。

协调方式。2001 年，上海、江苏、浙江两省一市政府领导共同发起组织“沪苏浙经济合作与发展座谈会”（以下简称座谈会），座谈会由两省一市常务副省（市）长主持，分管秘书长、发改委主任、联络组和合作专题组负责人一起参加。联络组设于两省一市发改委。座谈会以"优势互补、密切合作、互利互惠、共同发展"为原则。

协调内容。以建立完善、高效的区域合作机制，保障区域经济健康合作与发展，全面落实科学发展观，促进长三角地区和谐发展，不断开创区域合作新局面为目标。形成以决策层为核心，由决策层、协调层和执行层共同组成的多层次合作机制体系。

第四阶段。2008 年至今，转型升级阶段。以长三角区域规划为标志，一系列国家区域发展战略不断出台，进一步推进长三角区域合作迈上新台阶。

协调范围。上海、江苏、浙江，以及安徽的合肥、马鞍山、芜湖、滁州、淮南。

协调方式。沿用第三阶段长三角合作体制机制框架，在协调方式上，根据国家战略的要求进行深度推进和部署。2007 年在上海召开的三省一市主要领导座谈会上，围绕在新的历史起点上如何推动长三角率先发展、科学发展、和谐发展进行了深入探讨，对进一步加强长三角区域合作、完善合作机制提出了新要求。

协调内容。以市场化、社会化、高层次、综合性合作为立足点，以构建区域创新体系为核心，创新合作体制机制，发挥各种国家战略的叠加优势，尽快融入国家"一带一路"战略。

（二）长三角合作体制机制的经验

1. 区域诉求与城市诉求的统一

长三角区域合作体制机制反映了长三角区域竞争力与城市竞争力之间的协调统一的关系。长三角区域竞争力是由各城市竞争力组成的，但各城市竞争力的提升组合在一起不一定能实现区域整体竞争力的提升。只有在区域诉求与城市诉求达到高度统一的前提下，各城市目标一致，才能形成分工协作的格局，进而形成"1+1>2"的区域整体竞争力格局。

2. 自发与自下而上的统一

在诉求一致、利益共享的前提下，长三角各城市首先要有强烈的愿望进行分工合作，自发形成合作体制机制框架。因此，地方政府通过参与区域合作追求并实现区域利益、实现综合发展效应才是推动区域合作的根本动因。从这个意义上讲，由地方政府自发自愿、自下而上，积极打破行政区划壁垒推进的长三角区域合作体制机制才具有强大的生命力。

3. 合作体制机制与区域发展阶段的统一

只有合作体制机制与区域经济发展高度统一，才能推进区域一体化进程。长三角区域合作体制机制的发展过程，是在长三角不同发展阶段，在国家不同发展时期，不断动态调整完善的过程。在不同阶段合作体制机制随着区域发展重点的变化而变化，专题和专项的设置在调整、会员城市在扩容等。

4. 核心城市作用与平等的统一

长三角区域由不同层级的特大城市、大城市、中等城市和小城市组成。上海、南京、杭州、宁波、合肥等核心城市的龙头作用至关重要。这些核心城市周边本身就形成了城市群或都市圈，在推动城市群互动、发挥辐射作用方面的作用明显，在区域合作组织和协调中有积极作用，对区域合作的深化也至关重要。与此同时，长三角合作体制机制采取的是一种通过多边对话、协调、合作以实现最大程度地动员资源的组织方式。合作体制机制从成立之初就实行了执行主席轮值制度，体现了各城市平等参与区域合作公共事务的精神，也有利于发挥各成员城市的积极性和创造性。因此，既要发挥核心城市引领作用，也要在平等的平台上形成共识，才能推进合作体制机制的进一步发展。

三　长三角区域合作体制机制的特点

目前，长三角区域一体化进程呈现深层次、多领域的格局，合作体制机制也向着制度化、规范化和法治化全面发展，具体表现为以下几大特点。

1. 区域合作体制机制由单纯的经济合作向全面合作转变

随着区域一体化进程的不断深化，沪苏浙的人均经济总量基本已经达到中等发达国家的水平。在这种情况下，三省一市以及长三角各城市对经济规模扩大的诉求不是非常强烈，主要是由经济结构转型导致的，但它们对社会转型的关注程度不断提高，区域合作的诉求也在不断提高。因此，区域合作体制机制应从以往以基础设施建设、就业、旅游、能源等实体经济合作为主，向社会保障、文化、生态、诚信、智慧等方面发展，特别是要重视市场化、良好的生态系统的营造。

2. 注重与国家战略的对接

长三角区域合作的一个重要方面就是通过科学合理的体制机制，推进长三角融入国家总体战略和布局，提升区域整体竞争力，增强各城市的竞争力。从长三角区域的专题和专项情况看，关于新型城镇化、智慧城市、自贸区、“一带一路”等国家战略的相关研究一直是长三角区域合作的重要内容之一。

3. 市场化要素逐步进入体制机制

以往长三角合作体制机制基本以各职能部门为基本单元展开，市场化要素的介入程度较低。随着长三角统一开放的市场经济体系逐步建立，合作体制机制方面也逐步开始引入市场化的要素，如园区、企业承办、参与联席会议和论坛，参与专题的研究和专项推进工作等。

4. 制度更加规范

目前，长三角逐步形成了统一的合作平台，依法破除地方保护主义。各成员城市以合作体制机制和联席会议制度等为平台，依法、依制度开展一系列的合作，合作范围不断扩大，合作程序不断规范，合作成果不断涌现。

5. 社会参与程度不断加强

以往，长三角合作体制机制往往与企业、社会机构等社会力量相距甚远，甚至会排斥他们。随着政府职能不断转变，长三角行业协会、中介机构等社会组织开始逐步介入合作平台，并发挥出巨大的作用，成为政府与企业之间的“润滑剂”和行政协调机制建设至关重要的有机组成和促进力量。长三角合作体制机制在反映社会诉求方面更近了一步。

四 长三角区域合作体制机制存在的主要问题

长三角协调机制在多年实践中取得不少成绩，也存在不少问题，严重地制约了长三角区域一体化的深化发展。这些问题归纳起来，较为突出的有以下几个。

1. 三个层级之间的衔接方面仍有待完善

目前，省级领导联席会议、副省级联席会议，以及各专题组、城市组的协调程度还没有到达最佳状态。具体表现在三个方面：一是决策层、协调层的精神和部署在执行层落实时往往会产生矛盾。如能源问题，决策层、协调层往往

是指出发展的大方向和总体部署，在落实到执行层时，往往能源专题组与城市组中会就如何分工协调产生矛盾。二是相关职能部门不对口。对应上一个问题，各城市的合作交流部门分属不同的部门，往往会在具体衔接和管理方面产生问题。上海市许多地级市往往下属发改委，造成城市组与专题组职能的不清晰。三是多头管理造成衔接不畅。还是如能源问题，能源专题组往往还要接受能源部的领导，要在国家能源战略下实施区域能源战略。城市的能源专题组的地位和职能无法很好地实现对接。

2. 利益诉求的多样化无法得到充分满足

随着长三角城市群的发展和城市的扩容，利益诉求更加多样化，加大了合作的难度。一是各城市利益诉求的多样化。以往核心区城市之间区位相近，经济发展水平差距相对不大，产业链比较明确，利益诉求容易一致。目前，长三角已经从16个成员城市扩大到30个，成员城市的扩容加大了区域不平衡的程度。各区域发展阶段不同，对产业结构和社会发展的诉求也各不相同。据长三角经济协调会办公室反映，每次举行会议都要来来回回协调很多次才能确定会议主题，而且还无法反映各城市共同的诉求。二是次级城市群的诉求被忽略。随着长三角次级城市群的发展，各层级城市群体系在长三角区域整体发展战略中处于区域与城市之间，起到承上启下的重要作用，但长期以来战略定位不准确，甚至缺失。同时，随着长三角区域各地区经济结构的不断优化调整，区域分工不断变化，各地区之间的关系也处于动态变化之中，新的城市群也在不断出现。例如，传统的苏锡常城市群有逐步向沪苏通城市群演变的趋势。从目前的总体情况看，二级城市群和四级城市群层面的诉求反映得相对较好，主要的问题是在苏锡常城市群、皖南城市群、杭绍城市群等三级城市群层面上，城市群的各自特点没有得到统筹规划布局，往往造成城市群战略目标不清晰、产业结构雷同，而且与其他城市群层面也有较多矛盾。

3. 市场化机制不足

目前，长三角合作体制机制基本仍然在政府合作层面，形成以企业为主体进行合作的格局还需要相当长的时间。在这一过程中，政府职能转变与市场化主体进入的契合度还不够，政府主导合作的格局仍然占主导地位，企业和园区等微观市场化主体的地位需要进一步确认。目前，长三角经济协调会和专题组会议往往以政府部门签订相关协议与备忘录、达成共识等形式结束，由于缺少

专业性机构和人士，真正落到市场的内容较少。

4. 社会参与力度不够、监督约束机制不足

国外区域合作实践表明，社会力量是参与区域合作不可或缺的组成部分，可以对政府的组织体系进行补充和完善。长期以来，长三角乃至全国对社会参与区域治理不够重视，这也与我国社会发育不完善有关，往往形成恶性循环。社会参与不够，对政府也产生了巨大的压力，政府相关部门往往疲于奔命，影响了区域治理效率。目前，长三角区域合作仍然较多地靠行政磋商，缺乏必要的经济奖惩以及法制约束等多管齐下的措施，执行层的联席会议对城市参与没有具体约束条例，区域协调监管体制也有待建立。以有利于提升区域综合竞争力为导向的责任政府和服务政府的职能有待转型。

五　对策建议

1. 构建长三角区域合作体制新框架

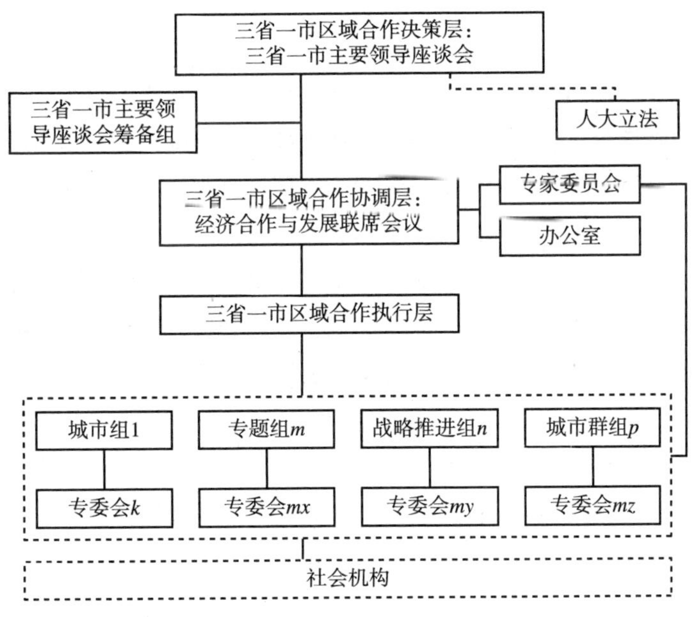

图1　“十三五”期间长三角区域合作体制新框架设想

(1) 新框架的特点

新框架的特点主要有三个方面：一是基本框架不变。经过多年的运作，长三角区域合作体制框架已经有了较好的基础，“十三五”期间三个层面的基本构架还将持续推进。二是执行层要素增加，增加了战略推进组和城市群组两个组。三是社会参与力度加大。园区、企业、协会、社会团体、高校、研究机构等社会力量在执行层的参与力度在加大。

(2) 职责与分工

为保障效率，新框架的协调机制采取决策层领导下的协调层总负责制。

①决策层。决策层是该机制的最高决策机构，负责领导协调层和执行层，决策层通过建立“三省一市主要领导座谈会制度”来运行。决策层的主要职责是贯彻落实国家区域发展战略，统筹整个长三角区域经济、社会、文化等发展中的重大事宜，制定一体化的长期发展规划与战略目标。

②协调层。协调层在决策层的领导下直接领导执行层开展工作。协调层直接对决策层负责，是负责运作联席会议制订的发展规划与战略的专业委员会，决策层通过建立“长三角协调发展联席会议”即常务副省（市）长联席会议来运行。

③执行层。执行层由多个专业执行机构构成，是具体的操作部门，主要职责是把各专业委员会的工作，具体分到各个部门，进行贯彻实施，执行层接受协调层的直接领导和决策层的间接领导，直接对协调层负责，同时又对决策层负责，负责具体工作的操作执行。实行“$1+m+n+p$”的运作模式，即1个城市组、若干个专题组、战略推进组和城市群组，各组下设若干专委会。

城市组即长三角城市经济协调会，其主要职责任务是，按照各城市发展的需求，会同联席会议办公室，协调解决专题推进过程中的实际问题，推进城市间合作项目实施，研究探索跨区域规划协调、区域一体化当中的政策规章，推动试行城市综合性试点工作，评估有关工作成效。

专题组是根据交通、金融、教育、环保等不同领域的专业合作机构，设立联席会议，并在相关领域中推进跨区域工作。

战略推进组聚焦国家区域发展战略，组织各地区相关部门组成相对综合的组织和专业组织相结合的组织机构，开展项目研究和推进工作。

城市群组是不同层次、不同区域的城市群按照地理位置相近、产业分工明确、合作方式紧密等特点自发组成的组织机构，开展各自城市群的发展规划和布局工作，并构建次级城市群（都市圈）联席制度，体现城市群整体诉求，使城市群融入长三角一体化发展。

专委会即专业委员会，是城市组、专题组、战略推进组、城市群组下属的专业领域性质的合作委员会，专业委员会可以针对不同领域、不同行业和不同层级设置，目的是进一步贯彻落实省级和副省级联席会议的精神，推进相关的专题研究和专项，如城市组中的能源、科技、品牌等。专业委员会既是专业领域推进国家和区域发展战略的基本单元，也是政府与社会合作的基本载体和平台。专业委员会的设置可以是常设的，也可以是根据省级和副省级联席会议的精神临时组建的，可以根据具体情况设立专职或轮值主持城市。

2. 构建科学的评估机制

一是成立长三角合作体制机制评估组织机构。建议以长三角城市经济协调会专家委员会和专题组委员会为核心，或者由专家委员会评估选取第三方评估机构，负责对成员参与、退出以及每年的绩效进行评估。每三年进行一次评估。二是构建科学的评估体系。建立针对成员参与、退出以及每年的绩效进行评估的指标体系。按照指标体系，对各城市每年的绩效进行评估。三是公示结果并进行奖惩。每年向长三角各城市公布绩效评估结果。对评估结果排在前3位的城市予以一定的奖励，对每年评估指标达不到标准或排名后3位的城市进行黄色预警，对连续两年达不到标准或排名后3位的城市进行红色预警，对连续三年达不到标准、排名后3位或平均评估分数达不到标准的城市，劝其退出，但允许其隔年再次申请入会。四是构建跨区域绩效考核体系。在绩效评估的基础上，探索对各城市的党政领导班子设立跨区域绩效考核体系，并将该体系纳入班子和个人年度和任期考核体系。

3. 探索合作机制的法治化

为了提高重大决策问题的科学性，针对目前监督约束机制不足的问题，推进合作机制的法治化进程。首先，各种协议的实施要落实到具有行政法规性质的操作性规章的实施上，要逐步有强制性地实施操作细则。其次，探索制定与国家区域战略相关的具体实施细则，衔接区域相关重大决定及在各地区人大相关会议上通过的制度，并且逐步提高联合执法和联合行政的力度，保证行政、立法、司法体系之间的制度性协调。

4. 完善执行层会议出席制度

一是明确出席会议要求。专题组联席会议由相关部门一把手以上的领导出席。经济协调会及其他相关会议必须由分管市领导以上领导参加，如市长和分管市领导无法出席，可派其他市领导出席会议，并向经济协调会办公室事先做出说明，会议上不安排发言。二是建立会议奖惩机制。市长和分管市领导同时不出席经济协调会，相关部门一把手不出席专题组会议的，该城市该年度会费加倍；超过两次的，除该年度会费加倍外，取消该城市该年度专项或专题课题的申报资格。市长不出席经济协调会，分管领导出席会议的，该城市该年度会费增加 50%。市长出席经济协调会，分管市领导不出席会议的，该城市该年度专项或专题课题的经费减半。市领导不出席经济协调会，超过三次的，保留会员资格，如再不参加则取消会员资格。经济协调会和专题组会议每年公示各城市领导出席情况。市长和分管市领导按时出席经济协调会或专题组会议三次，自动获得一项专项或专题课题。三是公示制度。对未按要求出席会议的城市，在下年度会议前给予提醒及公示。

5. 探索社会力量参与

建议结合新的合作框架体制，扩大长三角经济协调会、专题组、城市群组和战略推进组的参与范围，结合会议主题，引入相关园区、企业、协会、社会团体、高校、研究机构等单位的代表列席或参加会议。可以就不同的议题开设不同的分会场，就各领域、各方面关注的问题进行研讨。这样有利于吸收和集中社会各界的意见，进一步促进长三角协调发展。如条件有限，可首先在部分专业委员会会议上向社会放开，待时机成熟后再全面铺开。

6. 加大资金保障力度

一是加大对专家咨询委员会、刊物编辑部、专项和专题等方面的投入力度，鼓励各城市进行资金配套和人员投入。二是建立各城市选派人员参加长三角经济协调会办公室和专题组办公室的日常工作制度。三是切实发挥长三角专项合作基金的杠杆效应，鼓励各城市引导社会资金对专题和专项的投入。在专题研究和专项推进过程中，一方面，努力申请突破资金限制；另一方面，探索引进社会资金进行配套，研究成果也可以通过市场化运作向社会转化。既解决了研究成果的资金问题，也有利于研究成果向社会转化。

附件：世界五大都市群和区域合作组织的成功经验

1. 国际五大城市群案例

（1）以纽约为中心的美国北部大西洋沿岸城市群和以芝加哥为中心的北美五大湖城市群

①注重行政区域的合并与整合。近40年来，美国非常注重通过行政区域的合并和整合，达到区域经济一体化的目的。较大的市县合并案有迈阿密和Dade县、Nashville市和Davidson县、ndianapolis市和Marion县，哥伦比亚市、Georgia市和Musk ogee县等。

②联合组建区域性权威协调组织。为解决单一地方政府无法解决的跨地区问题，美国一些地方政府联合组建具有较高权威性的区域性协调机构。其中，“双城大都市区议会”和“波特兰大都市区政府”较为典型。

③重视政府与跨行政区民间协调组织的共同作用。大西洋沿岸城市群在城市郊区化过程中存在着郊区无序开发、生态环境恶化等问题，为了使城乡协调发展，政府鼓励跨区域协调组织的发展壮大。

跨区域协会包括两类，一类是政府支持的地方政府协会，是一种地方政府的自愿联合组织，它具有半官方和松散型的特点，容易被各方接受，且具有一定的协调功能。南加州政府协会是其中最大的政府协会之一。另一类是纯民间组织。

跨区域协调组织并没有削弱地方政府的权力，而是作为对传统行政管理体制的必要补充，极大地强化了规划的科学性、民主性和权威性，并使区域经济协调发展成为可能。

④建立协调区域发展的法律制度。为了协调区域发展先后颁布了《地区再开发法法案》《联邦受援区和受援社区法案》等。

（2）以东京为中心的日本太平洋沿岸城市群

①强化规划的权威性。以国土规划为核心，确保规划的执行，把规划上升为地方法律，极大地加大了规划实施的力度，推进了区域的统筹、分工、合作和协调发展。

“二战”结束后，日本颁布了第一部关于国土开发的基本法——《日本国土

综合开发法》。此后，根据经济社会发展的需要不断进行调整，1961～2007年的近50年间先后五次制定《全国综合开发规划》。

②注重通过基础设施建设带动区域协调发展。日本一方面通过减税、贴息贷款、提高补贴等方式促进落后地区的发展；另一方面，日本非常重视基础设施建设，不但在颁布的法律中对基础设施建设进行规定，还在建设资金上给予保障，积极引导民间资本投入，对落后地区发展起到了重要作用，从而带动了区域协调发展。

（3）以伦敦为核心的英国城市群

①成立强有力的组织机构。英国国会于1964年创建了“大伦敦议会”，专门负责大伦敦城市群的管理与发展问题。随后，在不同发展时期有不同的专门组织机构负责城市群的协调与管理工作。2000年，又进一步成立了“大伦敦市政权”（Greater London Autharity），统辖整个大伦敦地区32个自治区和伦敦开发公司，着眼未来15～20年的长远发展，研究制定了伦敦发展战略规划，致力于实现大伦敦地区的整体协调发展。

②注重战略规划的引领作用。1990年以来，大伦敦地区先后引入了战略规划，以维持整个城市群战略规划的一致和协调。

（4）以巴黎为中心的欧洲西部城市群

①注重规划引领。法国巴黎城市群也是在政府的推动下发展起来的。1958年巴黎制定了地区规划，并于1961建立了“地区整顿委员会”，1965年制定了“巴黎地区战略规划”，采用了“保护旧市区、重建副中心、发展新城镇、爱护自然村”的方针，摈弃了在一个地区内修建单一的大中心的传统做法，代之以规划一个新的多中心布局的区域，把巴黎的发展纳入新的轨道，正是通过政府的规划实施，法国巴黎—鲁昂—勒阿弗尔城市群开始逐渐发展起来。

②发挥政府自发联合协调机构的作用。许多相邻的城市（镇）从20世纪60年代起就自发自愿地组成联合协调机构，为使这些“城市（镇）联合体”更规范有效，1999年12月，法国颁布了《城市（镇）联合体法》，用国家法律的形式规范确认了城市（镇）联合体的法律地位和社会职责。城市（镇）联合体借助行政力量，又不重构行政层级框架，更没有增加新的行政阶层，这对于促进新的城市群一体化起到了很好的保证和推进作用。当然这种模式也收到了预期的效果，使众多相邻市镇之间能够实现一体化协调发展。

(5) 五大城市群协调机制的共性特征

①政府主导。由于五大城市群内部城市之间的协调关系非常复杂，涉及经济、社会、科技、文化等多方面、多领域的要素，因此，政府强有力的主导作用是城市群实现一体化发展的核心。

②注重规划或立法的刚性引领作用。五大城市群一体化发展战略都是建立在规划或法律法规的基础上，具有刚性的特点，但规划或法律法规的制定过程比较复杂，需要多方认同，充分体现"以人为本"的精神。相应地，制定过程要经过多次调研、听证等程序，周期也比较长，甚至非常漫长，但一经成文，具有较大的强制力和长效性，一般十年内不会改变。

③注重发挥市场机制。政府主导完善协调机制，是为了营造充分发挥市场机制和企业主体作用的外部环境。因此，政府"看得见的手"与市场"看不见的手"之间的界限一般都比较分明，分工明确，城市群一体化的效率较高。

④借助民间协调组织的力量。由于政府的职能与功能有限，在五大城市群一体化的实践中，必须借助民间协调组织的力量推动区域一体化进程。政府层面的互动与民间的联动相互交织在一起，形成区域一体化发展的立体网状模式。这种模式有利于充分发挥政府与民间的各自优势，共同推进区域一体化进程。

⑤操作性较强。五大城市群协调机制的规定一般都比较详细，明确规定了各成员的职责和合作准则，以及处理跨区域重大问题的基本准则和操作程序，并且有许多配套的实施细则，实质上是一种"协调机制体系"，非常便于实际操作。

2. 国际区域合作组织案例

(1) WTO 模式

①WTO 是帮助各方进行协商的场所，而不是政策制定机关。WTO 的规则因时因地因不同的情形而区别对待不同案例，普遍规则要与实际案例的背景相结合。

②监督机制依靠相关惩罚机制得以实现。所有 WTO 成员都必须遵守非歧视原则、互惠原则、市场准入原则和公平竞争原则等四项原则，违背上述原则的行为会在 WTO 的制度框架内受到相对应的惩罚或制裁。

③立法不容易。WTO 的每一项谈判内容的选择和确定，都是经过无数次

争执和讨价还价才大致取得缔约成员方认同的，其间总是贯穿着谈判的破裂或协议的失败。

④执法困难。WTO 的协定或条款对于不同缔约成员的约束力是有显著差异的，特别是对于大国、强国缺乏约束力。

（2）欧盟模式

①建立了众多超国家组织。欧盟各国政府出面谈判签署条约或协定，建立了多个超国家机构，包括欧洲委员会、欧盟部长委员会、欧洲中央银行、欧洲法院等，主要职能是制定各方面的规则并监督执行。

②协商与强制性机制相结合。欧盟在诸多领域的协调既是各国相互协商的结果，又是超国家组织实施权力的结果。

③制定了相关配套政策。包括政府援助、公共支出、政府补贴和反向激励等。

④坚持循序渐进性原则。欧盟的一体化经历了从关税同盟到统一大市场，再到经济货币联盟的不同阶段，其机制的成熟度也与不同的阶段相对应。

3. 五大都市群和区域合作组织协调机制的启示

（1）合理的行政区划调整有利于推进区域一体化

总体上看，行政区划具有刚性的特征，本身就是一种协调机制。区域一体化最理想的状态就是行政区域与经济区划的一致性。但由于各国国情不同，行政区划调整的难度不同。根据自身实际，在不同范围内进行行政区划调整，特别是依据经济区划进行行政区划调整，有利于促进区域协调机制的完善，推进区域一体化进程。

（2）强有力的组织机构

强有力的组织机构有利于提高区域协调的效率。从国外发达国家区域合作的组织情况看，高效有力的组织机构可以是政府组织下的，也可以是自治性质的，关键是组织机构要被赋予较大的权力或执行力，这样才能保证区域内部的协调、合作与分工。赋予组织机构权力的方式也可以是多样的：可以通过立法赋予组织机构权力；可以以规划为核心赋予组织机构权力；可以通过联盟之间的自治章程认定组织机构的权力。

（3）有统筹的区域战略规划或法规来引领

组织机构通过统筹协调，制定相关的区域战略，并往往最终使得区域战略以法规的形式得到强有力的实施。区域战略规划或法规一般与国家区域总体发展战略紧密衔接，是指导区域发展的基本依据。区域战略规划或法规一旦制定，便有较强的刚性，区域成员必须都要遵守。

（4）根据不同阶段实施循序渐进的协调机制

国外发达国家区域一体化的进程都是循序渐进的，从一体化的初级阶段到高级阶段都有不同的协调机制与之相匹配。因此，制定区域协调机制不能急于求成，只有遵循城镇化和城市群发展的基本规律，与区域发展阶段相适应，才能使制定出来的协调机制发挥真正的作用。

（5）区域协调机制要有约束、奖惩、监督机制为保障

区域协调机制中的约束、奖惩、监督机制，三者是相辅相成的，成为规范区域成员行为的基本准则，在区域合作的初期尤为重要。当区域合作进入较为成熟的时期后，区域成员已经形成了自觉行动，这些机制逐步不再发挥作用，一般向柔性化的方向发展。

（5）要有相关配套政策来实施

区域协调机制必须有配套政策。配套政策的实质是为了解决跨区域、关键性、战略性和前瞻性的重大问题，为给区域成员的合作创造必要的外部环境所提供的可操作性强的一系列实施细则。

（6）注重发挥社会力量

民间协调组织是政府协调机制的补充和完善。国外区域一般都注重大跨区社会组织的发展，往往把政府、社会、企业等多种力量融合起来，通过分工合作，优势互补，形成合力，共同推进区域一体化发展。这样既减轻了政府的工作强度和释放了政府的压力，也推动了区域各领域、各环节的全面发展。

B.8
“十三五”期间长三角区域协同发展的目标、内涵及思路研究

韩汉君　李双金*

摘　要：本文重点提出要运用协同发展理念来思考长三角区域发展的目标、内涵及思路，并详细分析了“十三五”期间长三角区域协同发展的目标、内涵及思路，设计出了长三角协同发展总体思路框架，并有针对性地提出了加快长三角区域协同发展的政策建议。

关键词：“十三五”时期　长三角协同发展　一体化

长三角地区无论是在经济总量、经济功能上，还是在作为战略支点的地位上，对于我国经济都起着中流砥柱的作用。长三角区域的协同发展不仅将促进区域内各省市经济社会的一体化发展，还将对区域外省市产生重要的辐射带动作用，最终推动全国统一市场的形成，从而成为“十三五”期间我国经济保持持续稳定、高质量增长的重要保障。但是，在当前中国经济进入新常态的时期，长三角地区过去依靠要素过量投入换来经济增长的粗放型发展模式已不可持续，必须优化经济结构、破除不适宜的制度约束，从改革当中寻找新的增长点。

从现实状况来看，尽管长三角地区地域相邻、人缘相亲、文化相融，因而在20世纪80年代就已出现了长三角区域一体化发展的思想萌芽和现实要求，长三角各省市也在不同范围和程度上进行了多种形式的探索与实践。但是时至

* 韩汉君，上海社会科学院经济研究所研究员；李双金，上海社会科学院经济研究所副研究员。

今日，长三角区域的一体化发展仍然需要来自中央最高层面的推动，这在一定程度上表明，区域经济的一体化发展并不取决于主观人为的良好意愿，而是有其内在的逻辑性和规律，需要采取适应区域经济体系的特定手段和措施。而要真正把握区域一体化发展的内在规律，就必须进一步深入思考以往的一体化实践在思路理念以及手段方法上是否存在偏差？在顶层设计上有哪些需要调整的地方？协同发展的战略思想与一体化思想之间存在哪些联系与区别？这些都是本文需要思考和阐明的重要问题。

一　长三角区域协同发展战略的现实背景

长三角一体化发展20多年，起起伏伏，在不同时段受不同诱因激发，被一次次激活，又一次次陷入沉寂。但受益于得天独厚的区位优势，受益于经济发展的历史积淀，受益于近几年改革开放取得的成果，长三角一体化发展也取得了一些成绩。但是从实际效果看，目前长三角区域在最基本的跨地区基础设施建设方面仍未真正实现前期的战略规划目标，离一体化发展的基本要求仍有较大距离。这不得不促使人们思考当前一体化发展遭遇现实困境的根本原因。

我们认为，长三角区域一体化发展存在的瓶颈，首先是长三角地区各地方政府总体上观念保守，没有完全以开放的胸怀，全身心地投入一体化发展中去；其次是执行不力，相关各方好不容易达成的协议或者共同发展的项目，缺乏强有力的执行和操作制度，或者没有启动运作，或者没有坚持下去。当然，很显然，第二个问题的根源在于第一个问题。

从上海方面来说，上海理应当仁不让，在长三角一体化发展中发挥龙头带动作用，然而，其一，上海在长三角一体化发展中发挥龙头带动作用的意识不强、信心不足；其二，上海在长三角一体化发展中发挥龙头带动作用的能力还有所欠缺，尽管从发展状况和发展水平看，上海应该担当长三角一体化发展的龙头带动之重任。这也是长三角一体化发展成效不够显著的重要原因。

1. 观念保守、行为封闭，导致市场割裂、竞争无序

区域的一体化发展，说到底就是区域内相关各方以完全开放的胸怀，真心诚意地与其他各方精诚合作，共同推进全区域的发展，并在全区域一体化发展中实现本地区的利益增进。否则，若无开放合作之胸怀，何来区域一体化发展

之行动。以目前国内各区域的发展环境现实而言，区域内各地方政府在一体化发展中发挥着非常关键的作用，可以说没有地方政府的意愿和推进，区域一体化发展是不可能的。因此，地方政府观念是否先进、行为是否开放，从而是否存在各种人为的制度和政策障碍，是能否实现区域一体化的关键。反观近些年来长三角一体化发展的现实，关键的问题正是各地方政府的观念陈旧保守、行为封闭扭曲，导致的市场割裂、竞争无序问题。

事实上，真正可能影响长三角区域一体化发展进程和发展水平的因素没有别的，只有政府的保守意识以及随之产生的行政壁垒，其他非行政因素都只能影响经济发展水平，而不会影响一体化发展的水平和程度。因此破除各地的行政壁垒，最大限度地实施地区间的竞相开放，是推进长三角区域经济一体化的关键。

2. 合作意愿和共同发展项目的执行不力

由最高层决策会议确定的合作目标转变成合作专题，并确定牵头执行城市。由此，先后形成区域内公交一卡通、区域内产品质量检测互相认可、区域内旅游合作，以及园区共建、陆海联动、港口一体化等合作项目，林林总总，也有不少一体化发展的项目内容。可是，从最终的结果看，成效显著的项目不多，大多虎头蛇尾，最终不了了之，有些甚至还停留在专题调研报告上。到现在，长三角沿江各港口依然存在“单打独斗、各自为政甚至内耗”的现象，还未形成合理分工的格局，港口功能趋同，中心干线港口与支线港口尚未对接，区域内集疏运网络还不完善；相互争夺制造业项目的情形时常出现。

显然，除了更高层面的因素影响之外，执行不力是重要原因。事实上，长三角一体化发展根本没有真正意义上的、强有力的执行机构。与国外一些比较成功的区域一体化发展案例（如欧盟一体化、美国田纳西河流域发展等）相比，国外区域一体化有专门法律保驾护航和各级政府的支持，有专门的综合性管理执行部门，甚至有具体进行市场化操作运行的企业实体，而长三角一体化发展的执行部门职能很低。没有执行、没有把一体化意愿和设想落实到行动上，所谓的长三角一体化发展当然成为空谈。

3. 上海在长三角一体化发展中发挥龙头带动作用的意识不强、信心不足、能力有限

上海在长三角一体化发展中的龙头地位和带动作用，是由政治和经济、历

史和现实、地理和区位共同构筑的。上海应该当仁不让、责无旁贷、主动担当，发挥龙头带动作用，发挥集聚辐射功能，担负起支撑和带动长三角区域经济社会发展的历史责任。可是，从长三角一体化发展的实际情况看，上海积极主动担当龙头的意识不强、信心不足；不仅如此，上海甚至也节节防守，画地为牢，试图在市郊构筑起抵挡“江浙制造”冲击波的“堤坝”，结果不仅龙头带动作用缺失，还每每错失自身结构调整和转型发展的良机。

从近几年上海的经济实力增长和创新能力提升看，上海担当龙头力不从心，处境尴尬。原因有三：①过度考虑发展与结构调整的平衡，致使产业结构调整既慢于苏南也滞后于浙东南。②在高新制造业方面，苏南与上海争雄，其梯度分布、块状结构、配套能力、成本控制情况皆优于上海；同时，以规模化、块状化、商务成本、产权清晰、创新自觉、政府职能转型先行一步等综合优势作为铺垫的“浙江制造”，几乎取代了传统范畴内的“上海制造”。③在上海自身内部，“先进制造业”集群打造需要时间，科教兴市“开花结果”又有待时日。面对“产业空心化”趋势，后续产业又一时青黄不接，上海难免“焦虑”。

二 协同思想对长三角区域发展的启示

将协同学理论及系统论方法应用于经济社会发展系统就产生了协同发展的思想。所谓协同发展，就是指协调两个或者两个以上的不同资源或者个体，相互协作完成某一目标，达到共同发展的双赢效果。协同发展论已被当今世界许多国家和地区确定为实现社会经济可持续发展的基础。

通过梳理协同思想的理论渊源，可以得到如下启示。

1. 协同是长三角区域可持续发展的内在要求

系统论的协同学理论表明，系统能否实现结构的有序化和功能的一体化，由系统内部各子系统或组成要素之间的协同作用决定。协同效应显著，系统的整体性功能就好。协同作用是系统有序结构形成的内在驱动力。长三角区域经济体系从宏观上看存在两省一市（本文所述的长三角地区主要是指上海市、江苏省和浙江省）这三方大的地区利益主体，存在经济、社会、科学技术、文化等多部门利益主体，还存在企业、政府各部门、社会中介组织、科研院所等微观利益主体。个体、组织、环境等各子系统内部以及子系统之间通过开放式的交互联动，形成符合系统内在特征的层级秩序，经由一系列动态平衡形成自组织机制，就能启动质变，产生“1+1>2”的协同效应。反之，如果各系统及子系统内部相互掣肘、离散、冲突或摩擦，就会造成整个区域系统内耗增加、结构混乱、功能失调、不平衡加剧，系统内各子系统难以发挥其应有的功能，整个系统也将陷入混乱无序的状态。协同意味着减少内耗，减少交易成本，增进各要素及整体的利益。协同是提升系统能级水平、保证系统可持续发展的根本途径。

2. 区域系统具有内在的自组织机制

协同学和系统论的核心在于自组织。一个系统只有形成以内在的自组织机制为主的发展机制，才能产生协同效应，实现系统结构的有序化。同理，长三角区域实现协同进而一体化的关键也在于自组织机制的形成并且由自组织机制起主导作用，而不是由外部的协调机制起主导作用。

对于构成区域经济系统的各个要素来说，在区域经济系统的演化发展过程中，自始至终都伴随着经济发展结果的不确定性所带来的困扰。对单个要素来说，经济增长带来的巨大利益诱惑难以抵御，经济低迷带来的风险危害也难以承受。这使得系统的协同显得更加重要。幸运的是，任何区域系统都具有内在的自组织机制，其组织指令和组织能力不依靠或借助于外部力量，而是来源于系统内部。区域经济系统在没有外部指令的条件下，内部各个要素之间能够按照某种规则，自动形成有序结构，表现出强烈的自组织特性。区域经济系统对经济社会的影响是区域经济系统的各个经济要素协同作用的综合结果。

尽管区域系统都具有内在的自组织机制，但是这种自组织机制的实现需要适宜的内外部条件。对政府而言，更多需要做的就是为系统内部各要素之间的相互作用留出足够的空间，让产生于充分联动关系的自组织机制能够自然且自由地生发，不被外在的人为因素所淹没。

要实现长三角区域系统一体化首先须经由系统的自组织过程，而系统要形成自组织机制要求系统具备开放性，即系统能够与外界进行物质、能量和信息的交流，确保系统具有生存和发展的活力；其次，系统还应当具备非线性相关性，以保证内部各子系统之间的协调合作，减少内耗，充分发挥各个子系统的功能效应。

3. 选择和强化序参量，为协同创造条件

自组织机制是系统产生协同效应的核心，但是需要适宜的外部条件。这表明可以通过选择合适的系统参量——序参量，为自组织机制的形成创造条件。序参量是协同论的主要概念之一，是指在系统演化过程中从无到有的变化，影响着系统各要素由一种相变状态转化为另一种相变状态，并能指示出系统新结构形成的参量。当今时代，科学技术迅猛发展，不同区域的经济联系空前紧密，各种利益关系错综复杂。在此背景下，为区域经济系统自组织机制的形成创造条件，一个重要途径就是合理选择决定区域经济系统发展方向的序参量，并且适当地强化序参量。合理选择和强化序参量，能促使系统产生协同效应，放大协同效应，从而最大限度地发挥系统功能。

序参量作用机制是区域经济系统协同发展的重要机制。区域经济系统是一个由多种经济要素构成的复杂系统。在该系统中，各个经济要素对系统发展所起的作用不尽相同。选择能够对系统演化起决定作用的序参量，创造条件强化序参量，就能把握整个系统的发展方向，并且预见系统发展的结果。

在复杂开放的区域经济系统中，当外界控制参量达到某一临界值时，各个经济要素之间存在的相互作用，将由原来的相对独立、相互竞争的结构状态向相互联系、相互合作的结构状态转化，形成区域经济系统各个经济要素之间的协同效应。这种协同效应促使区域经济系统形成新的时间、空间或功能的有序结构，并使区域经济系统的功能趋近于最优化，从而促进区域内部与外部经济互惠共赢发展，推动区域经济社会全面协调和可持续发展。

区域经济系统的各个经济要素依据其在系统中所处的地位以及所起的不同作用，可区分为不同的层次。区域经济系统的序参量包括自然资源条件、技术创新、产业结构、公共政策与服务等要素及其之间所形成的相互作用关系。这些相互作用关系，本质上是各种利益关系的集合，在市场中将通过企业、政府等微观利益主体的需求反映出来。各个经济要素之间的利益关系，是区域经济系统协同发展的驱动力。依据系统发展不同阶段的特征和目标，准确把握系统内部各要素之间的利益关系，选择合理的序参量并且采取有效措施强化序参量，是推进区域经济系统协同发展的重要内容。

4. 协同发展与协调发展是两个不同层次的概念

协调发展是人们提得比较多的概念。但是它与协同发展是两个不同层次的概念。首先，协调发展强调系统运动发展变化的过程、状态和结果；协同发展则更加强调这些过程、状态和结果得以产生的内在根据，以及内在根据发挥作用的条件。协同发展促使人们更多地关注如何创造有利条件。其次，协调发展强调要素之间的同一，协同发展则不仅强调要素之间的同一，更强调这种同一来自要素之间的竞争，强调竞争对协同效应的关键作用。最后，协调发展强调在系统目标确立之后，各个要素对这一目标的服从和贡献。协同发展则强调在实现系统目标的过程中，系统与要素、要素与要素之间的共赢和互惠。

协调发展与协同发展是两个不同层次的概念，具有不同的内涵。对政府来说，推动长三角区域的协同发展需要更多地着眼于完成既定目标的过程，着眼于为协同发展创造环境和条件，促进各要素之间的合作、互惠和共赢。

三　长三角区域协同发展的基本目标

如前所述，协同发展更加强调发展的过程，强调达至目标的手段和方法。而一体化发展则更加强调结果和目标。因此，简单地讲，长三角区域协同发展的目标是要实现区域发展的一体化以及一体化状态下经济社会的共同发展。

依据系统从初级阶段向高级阶段演化的不同发展阶段，可将长三角区域协同发展的基本目标分解为如下几个方面。

1. 长三角区域发展环境的共享

区域发展环境共享是区域系统协同发展初级阶段的主要目标和特征。发展环境的共享是系统具备开放性的基本特征，也是系统协同需要实现的基本目标。发展环境的共享意味着系统与系统外部、系统内部各子系统之间存在自由的经济联系和互动，系统具有开放性特征。

如果区域经济系统是一个封闭的经济系统，那么系统与外部环境或系统内部各子系统之间没有有效的经济联系，区域经济系统内部只存在经济要素自身的独立运动和经济要素之间的关联运动，并且经济要素自身的独立运动占主导地位。在这种状态下，系统各要素之间是孤立的，整体系统也因此是分割的、无序的。也就是说，只依靠经济要素自身的独立运动和经济要素之间的关联运动，无法促使区域经济系统产生协同效应。

如果区域经济系统是开放的，就能够接收到来自区域外部环境或者区域子系统之间的作用和影响。这些作用和影响既会对区域内部经济要素自身独立运动的轨迹和方向产生作用，又会对区域内部经济要素之间关联运动的轨迹和方向产生影响。当这些作用和影响达到一定程度时，区域经济系统内各要素之间的某种关联运动就会成为区域经济系统中的主导运动。围绕这种主导运动，又将形成一系列的附属性关联运动，推动初级协同运动进一步发展为高级协同运动，使区域发展优势变得更加明显。

大体上看，长三角区域协同发展环境的共享应包括基础设施的共享（包括基础设施建设和布局上的共享）、城市规划和环境保护的共享、产业布局的共享等内容。共享发展环境，将促使区域系统更多地接受外部环境的作用，加强区域各要素之间的关联运动，推动系统协同由低级向高级转化和发展。在系统发展的初级阶段，促进环境共享的各项内容，例如基础设施的共建共享、环境保护的共享等，都可作为系统发展的序参量。

2. 长三角区域发展资源的共轭

区域经济资源共轭也是区域经济系统协同发展初级阶段需要达到的重要目标。在此目标下，区域系统通过各类发展资源之间的共轭效应，把优势资源转化为优势产业，推进区域系统实现初级协同，并向高级协同转化。

充分利用区域内现有各种优势资源条件，进行资源共轭，使各种经济资源之间保持相互依赖的状态，并将区域内的资源优势转化为产业优势；进而在开放的条件下，以区域优势产业为主导，引导其他经济要素围绕优势产业进行协作发展，产生协同效应，共同推进整个区域经济的发展。

与环境共享的过程类似，资源共轭的过程也是各个经济要素由各自独立运动向要素之间关联运动转化的过程。伴随这一过程，资源得以整合，产业优势得以形成，经济优势得以显现。由产业优势转化为经济优势，需要以优势产业为核心，其他经济要素都为优势产业的发展服务，并形成独具特色的区域经济发展态势。因此，资源共轭的过程是一个从初级协同向高级协同演化的过程。值得注意的是，在这里优势产业实际上充当了自组织系统序参量的角色。优势产业这个序参量决定着其他经济要素之间的协同发展，并共同推动着区域系统发展。

3. 建立长三角区域市场共同规则

从系统发展阶段上看，环境的共享、资源的共轭是系统发展初期及向高级阶段演化过程中相对容易实现的目标。而市场共同规则的建立则是系统发展到一定阶段，跨越自组织门槛所必须达到的核心目标。

一体化市场的核心在于市场共同规则的形成与确立。这也是系统达到自组织状态的根本所在，即系统内部存在一股“看不见的手”的自发力量。这种力量的来源就是市场的共同规则以及为这种规则的实施所确立的一系列配套规则。

目前，长三角区域仍未建立起协同发展的基本格局，根本原因是在目前地方政府主导发展的格局中，缺乏一个统一有效、共同遵守的竞争规则。根据欧共体创建以及欧盟运行的实际经验，如果没有共同有效的竞争规则的支撑，就无法在长三角地区大市场范围内，协调各地区政府的行为，无法使区域内的市场主体进行充分的、有效的、公平的市场竞争，无法防止市场竞争被各地区行政权力和垄断势力扭曲，因而难以实现市场范围内的资源有效配置。为此，除了必须有效地限制地方政府参与市场竞争的范围和程度外，还必须通过具体的协议，达成对各地区竞争规则的协调，最终达成全面的经济合作和发展的协议。

共同规则的建立需要在全国统一的法律和政策体系的指导下，逐步修正和统一各成员地区的地区性法规和政策，废除与一体化有冲突的地区性政策和法规，协调各地既有的经济社会发展战略，使各地有意识地适应区域经济一体化的需要。

4. 形成具有弹性、内在稳定的一体化市场结构

随着市场共同规则以及相关保障性制度的建立，系统的自组织能力逐渐形成并凸显。进入自组织的协同状态后，整个系统将呈现垂直分工与水平分工并存、内在稳定、具有弹性的市场结构。具体体现在以下几个方面：一是要素市场和产品市场一体化。要素市场和产品的一体化是区域经济一体化的前提条件和重要基础，将直接影响区域内社会经济要素的配置效果。二是基础设施和环境保护一体化。基础设施和环境保护一体化是实现区域经济一体化发展的重要桥梁和实施路径。三是产业结构和产业布局一体化。产业结构和产业布局一体化是区域经济一体化中社会经济资源优化配置的实现形式和最终结果。四是城市体系和城市布局一体化。城市体系和城市布局一体化是区域经济一体化的重要依托和实现载体，也是区域经济发展的先导力量和重要阵地。五是制度构架与政策措施一体化。制度构架与政策措施一体化是区域经济一体化的制度规范和法律保障。

依据长三角区域目前发展的态势，在以上四个不同阶段的发展目标中，共同规则的建立是实现协同发展最关键一步，是系统实现自组织状态不可逾越的门槛，也是最终实现一体化市场结构的前提。

四 长三角区域协同发展的主要内涵

如上所述，协同发展是一个多阶段的动态过程。环境共享、资源共轭、市场规则的建立、内在稳定市场结构的形成是系统不同发展阶段的不同目标。在了解协同发展不同阶段的主要特征，以及把握协同发展阶段性目标的基础上，可以从以下几个方面理解长三角区域协同发展的主要内涵。

1. 协同发展的前提：竞争的开放性和公平性

依据协同学理论，系统出现协同现象要求系统具有开放性，也就是说系统与外界物质、能量和信息之间能够自由地进行交换。与外界没有任何交换的孤立系统，或者与外界不能自由地进行物质、能量或信息交换的系统，都不是开放系统。另外，协同还要求开放的系统内部存在共同遵守的规则，并且该规则能够得到有效实施。

经过多年的市场化改革，对于市场经济相对发达的长三角区域来说，目前面临的发展问题已经不是没有市场竞争的问题，也不是没有进入市场自由的问题，而是缺乏平等竞争和自由竞争的公平环境和条件的问题。这种不公平竞争具体表现为行政垄断、行政干预、各种利益联盟和既得利益集团借助产业政策等手段，严重扭曲市场的资源配置功能。不公平竞争不仅降低了市场运行的效率，导致严重的寻租和不公正行为，而且使得市场化的改革出现严重偏差。基于建设统一市场、扫除平等竞争的进一步目标，系统一体化必须致力于市场共同规则的建立以及相关配套制度的形成。只有达到这一目标，才能真正实现让市场成为资源配置决定性作用的目标。这也是区域统一市场建立进而实现区域发展一体化的制度基础。

总之，区域经济系统实现协同发展的基本前提就是竞争的开放性和公平性。这种开放和公平意味着竞争的多样性，即制度、体制、科学、教育和道德规范等多种内容的共同竞争，相互促进；意味着多种成分、多种形式的市场利益主体能够在同等生存条件下实现竞争；意味着竞争不以优胜劣汰置对方于死地为目的，而是促使双方发挥各自特长和优势，寻求利益共赢点，实施协同创新，最终达到共同发展。

2. 协同发展的核心：自组织机制

在以往长三角区域经济发展的实践中，政府起到了强有力的推动作用，并且今后仍将作为重要的力量而存在。政府发挥积极作用并没有错，关键在于不能将政府的力量和政府推动机制作为系统发展的主导力量和机制。要实现系统的协同发展，必须依靠系统内部的自组织力量。当然，这种自组织力量必定是融合了政府力量的内生于系统的力量。只有这种内生的力量才是系统协同发展的源泉所在。

鉴于政府以往在推动系统发展中的主导作用，要促使长三角区域协同发展自组织机制的形成，政府必须有意识地“退出”，将力量放在为区域一体化发展提供外在环境上。在政府有意识退出的过程中，让以企业为主体的各类市场组织充分博弈，形成各方愿意共同遵守和维护的规则和秩序。统一有效的竞争规则可以避免政府对区域间贸易投资以及相应的生产要素流动的人为政策限制。目前，政府可将推动协同一体化发展的着力点放在以下三个方面：一是清除妨碍区域间生产要素流动的政策；二是为资源和要素的自由流动搭建平台；三是促进跨地区基础设施建设的合作。

只有实现发展机制的一体化，即系统内部形成了自组织机制，才可能实现长三角范围内的规模经济和范围经济。自组织机制的形成不能依靠行政力量和手段，只能依靠市场规则的建立和发展机制的一体化和融合。系统自组织机制的形成需要区域系统内以企业为主体的以下各类经济活动的充分实现：一是长三角和国内外的企业之间在长三角地区的兼并与收购；二是长三角和国内外的企业在长三角地区的跨地区发展；三是在“走出去”的过程中，长三角地区的企业联合起来收购国外的企业；四是长三角和国内外的企业各种形式的联合、合作和合营。通过企业的产权融合，实现你中有我、我中有你的发展格局。各类企业之间通过兼并、收购、合营等形式形成的联合与合作，是长三角区域系统自组织机制形成的微观基础。

3. 协同发展的关键：产业分工和布局的一体化

协同发展的一个重要目标是系统形成有弹性的、内在稳定的市场结构。这种市场结构的关键在于产业分工与布局的一体化。也就是说，协同发展的关键在于基于以企业为主体的各类市场化活动，形成产业分工与布局的一体化。围绕产业分工和布局的一体化，系统还需要实现要素市场和产品市场的一体化、基础设施和环境保护的一体化、城市布局的一体化、制度架构和政策措施的一体化等内容。在以上一体化的具体内容中，产业分工和布局的一体化是区域系统协同一体化发展的关键和重要基础。

产业价值链的形成在某种意义上标志着一定范围一定程度上协同一体化发展的实现。根据价值链理论，价值链的产业组织形态表现为三种形式，一是紧密型的、基于纵向一体化的企业集团价值链。企业在其纵向一体化的边界内，往往可通过"管理的手"协调以往必须由各地政府谈判协商的跨地区事务，因而能够突破一体化的行政区划限制，是最直接的一体化形式。二是松散性的、基于市场公平交易的价值链。这种协同一体化效应能否实现，取决于市场交易能否突破行政性的限制和束缚。三是处于上述两者之间的、半紧密型的价值链。处于这种价值链高端的治理者，通过订单、技术指导和管理服务等方式实现对下游供应商的控制。

根据价值链不同环节，在不同空间和地域配置不同活动是适应协同发展的内在要求。从产业分工来看，产业集团总部可放在上海等生产者服务业发达的地区，产业制造基地则可配置在长三角其他区域甚至泛长三角地区、长江经济带。这样，一方面可降低长三角地区商品和服务生产的交易成本，另一方面可降低长三角地区商品和服务生产的制造成本。

4. 协同发展的重要引擎：上海的龙头地位

协同发展的系统是开放的，系统内部各方的市场地位是平等，但是这并不意味着各方的客观力量是均衡的，也并不要求系统内部各方力量是均等的。事实上，正是因为存在力量上的不均衡，存在发展状态和能级水平的不平衡，系统内部各要素之间才可能存在互动的意愿和必要性。不仅如此，系统内部存在力量的先导者和先行者，对打破系统的低平衡态或锁定状态具有重要意义。对长三角区域系统而言，这一点意味着长三角区域的协同发展需要一个能发挥龙头作用的主体。就目前长三角区域各主体发展的整体状况来看，上海是能够承担这一功能的最佳主体。问题的关键就在于上海如何在协同发展中更好地发挥这一龙头作用。

作为长三角区域的中心城市，上海要发挥龙头作用并不是一个单纯的经济

总量概念，而是应该更加强调对周边城市、区域城市群乃至纵横两个向度上更广更深的辐射能力，即上海为其腹地区域经济和社会发展提供综合服务，以其巨大的技术经济能量向其腹地进行辐射和扩散，有效带动腹地区域更快发展，促进区域协同发展。

长三角一体化战略规划的贯彻执行，与当前国家的长江经济带发展战略、“一带一路”战略存在诸多交集。作为中国经济最重要的增长极地区，积极主动地参与国家战略，是长三角地区三省一市政府义不容辞的责任。对长三角区域发展龙头的上海而言，要实现长三角地区率先发展、一体化发展的目标，需要在以往“四个中心”目标建设的基础上，进一步建设在全球具有影响力的科技创新中心，充分发挥上海自贸区的制度先行优势，提升资源的配置能力，使上海成为区域系统协同发展的重要引擎。

5. 协同发展的重要保障：政府进退有度

各方各级政府是区域系统发展的重要行为主体。一体化进程的转轨特征也决定了长三角区域的协同发展离不开政府的积极有效参与。“积极”对政府来说相对容易实现。多年的市场化改革，塑造了政府尤其是长三角区域政府积极有为的形象和内在实力。“有效”则意味着政府必须与其他市场主体一样，严格遵守市场规则，进退有度。

进退有度一方面需要政府进一步解放思想，统一市场化改革方向和一体化发展的途径，致力于为协同发展创造市场环境和思想环境；另一方面要求政府有意识地，并且坚决地退出市场领域，向非政府组织放权，培育和发展独立公正、规范运作的市场中介组织，充分发挥长三角地区行业协会、商会等非政府组织及由独立的市场利益主体组建的各类组织机构的作用，还权还能于市场中介组织，真正让市场发挥配置资源的决定性作用。

具体来说，各级各类政府在协同发展中的基本职能包括以下几个方面：一是负责一体化发展的相关规划的顶层设计；二是进一步打破本区域本部门“一亩三分地”的思维定式，发挥合作发展协调机制的作用；三是理顺产业发展价值链，形成区域间产业合理分布和上下游联动机制；四是调整优化城市布局和空间结构，促进城市分工协作和一体化；五是加强生态环境保护方面的合作；六是将交通一体化作为先行领域，构建现代化互联互通综合交通网络；七是进一步梳理政策法规体系，从根本上破除限制生产要素自由流动和优化配置的体制机制障碍。履行相关基本职能，讲究进退有度将是长三角区域协同发展的重要保障。

五 "十三五"期间长三角协同发展的思路与对策

（一）长三角协同发展总体思路框架

根据长三角一体化发展已有的成果，根据新形势下的新要求，同时根据国外区域一体化发展的成功经验，设计未来长三角协同发展的总体框架，如图1所示。

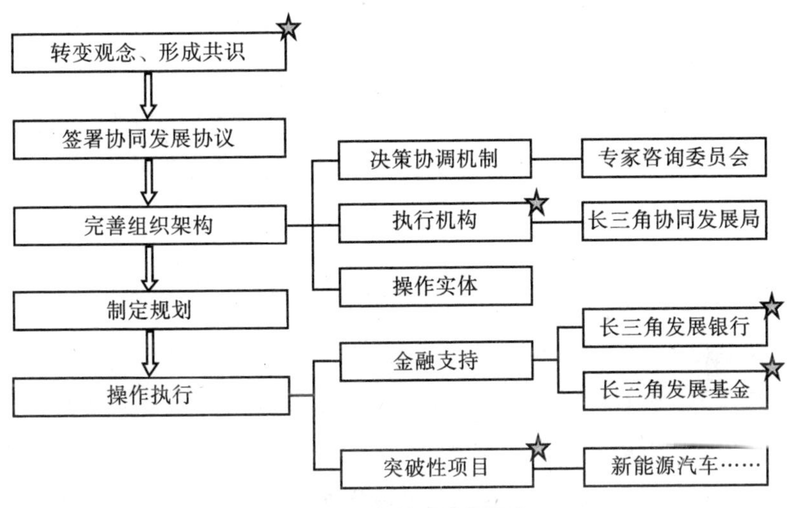

图1　长三角协同发展框架

注：打"☆"者需要特别重视或者重点推动。

转变观念、形成共识。这是长三角协同发展得以推进的首要前提。长三角地区各级地方政府都应敞开胸怀，开放本地市场，精诚合作，并在开放的市场中参与竞争，在开放的、一体化的市场中实现本地的"独立利益"。

签署协同发展协议。制定以全国统一的法律和政策体系为基础的、满足长江三角洲地区经济一体化需要的统一协议，该协议要在长江三角洲地区建立一种以市场竞争为基础、非行政扭曲和垄断势力扭曲的竞争体系，逐步限制地方政府参与市场运作的市场主体功能，充分发挥企业或企业集团的资源配置功能，促进区域统一市场的发育。这个框架协议应具有对地方政府和经济主体的“隐性压力”或约束力。同时，建立相应的监管和仲裁机制，保障框架协议的实施。

完善组织架构。长三角协同发展的组织框架应包括“决策协调机制”和“执行机构”，并辅之以“专家咨询委员会”。如有需要，在一些项目的发展方面，还要设立企业实体，进行市场化运作推进。

制定规划。根据新的形势变化和新的要求，国家有关部门与地方政府一起重新编制长江三角洲区域经济社会的总体发展规划，明确区域经济的发展目标，明确各城市的定位和分工以及都市经济圈空间结构和空间开发方向，统筹城乡发展，合理规划城乡基础设施、信息网络基础设施和社会服务设施，对生态建设和环境治理进行统筹安排。

操作执行。在长三角协同发展具体的操作执行方面，特别需要金融支持安排，设计建立“长三角发展银行”和“长三角发展基金”。另外，根据长三角一体化发展和国外区域一体化发展的经验教训，未来长三角协同发展必须选择几个突破口，实现实质性推动。

（二）加快长三角区域协同发展的若干建议

1. 转变观念，形成开放共识

形成共识。在目前经济转型进入关键时期、经济发展进入新常态、改革开放进入一个新阶段的背景下，长三角区域各方一定要转变原有观念，从长三角整体发展出发，从长三角协同发展对全国经济的战略重要性的高度来认识，以开放的胸怀，形成开放共识，积极主动推进长三角一体化、协调发展，共同实现更高的目标。这是最根本的，也是最关键的，这比成立更高层面的协调机构，甚至由中央政府出面成立协调机构，进而在一定程度上带有强制性地执行一体化发展的举措，效果都要来得好。

开放市场。长三角区域各方要抛弃狭隘的地方利益观念，要认识到地方独立的利益需要通过竞相开放才能真正实现，并且更好地实现。为此，各地要做的就是开放本地市场，只有开放的市场才能实现生产要素自由流动和优化配置，而市场一体化是区域一体化的基础，

调整制度。要做到开放市场，在制度层面上，必须在全国统一的法律和政

策体系的指导下，逐步修正和统一各成员地区的地区性法规和政策，废除与一体化有冲突的地区性政策和法规，协调各地既有的经济社会发展战略，以有意识地适应区域经济一体化的需要。

上海带头。现阶段能做、该做，且都有需求的事，就是扩大市场开放。尤其是要上海带头开放市场。以开放市场，推动区域内资本和各种市场要素加速流动互融，以互融培育更多的利益共同点，并以一体化发展带来的共同利益进一步加快互融的进程，如此循环，积小步为大步，几十年后，长三角一体化即可水到渠成。

2. 建设长三角协同发展凝聚工程，加强一体化发展的联系纽带

（1）企业财团

在长三角协同发展中，大型企业财团是重要的主体之一，许多一体化发展内容和项目都是通过企业来运作和实现的。因此，要支持形成一批大型、超一流的企业财团，以充分发挥其在跨区域流动、跨区域联动、国际化发展中的显著作用。企业在跨地区发展中将自动产生经济一体化发展的内生效应。鼓励企业在长三角区域中进行跨地区的企业并购活动，各地企业之间的资产并购重组活动，是实现长三角地区经济一体化的最有效的微观基础和制度平台。当大量的企业财团都把经营网络渗透到长三角各地区时，长三角协调发展程度也就必然地会显著提升。

支持企业在一体化发展中发挥重要作用，就必须努力为企业的跨地区经营消除障碍，为企业降低区域内一体化布局和发展的成本。为此，我们建议：为长三角区域内企业的物流运输车辆悬挂“长沪/苏/浙/皖 ×××××”牌照，为这些运输车辆在长三角区域内行驶提供便利、减免收费等，切实为企业减轻运输成本负担，促进流动和联动，进而推动一体化。

（2）产业纽带

产业协同是长三角协同发展的基础，也是凝聚长三角区域一体化的强有力的纽带。在强化产业的纽带作用方面，关键是要实现有效的产业布局和制定合理的利益补偿机制。

产业布局。从产业配置上看，今后可以设想，把产业集团总部放置在上海等生产者服务业发达的地区，而把其产业制造基地配置在长三角甚至泛长三角地区。前者可以降低长三角地区商品和服务生产的交易成本，而后者则可以降

低长三角地区商品和服务生产的制造成本。

利益补偿。鉴于目前长江三角洲城市经济发展中存在的诸多问题与其以行政区为单元的区域经济利益格局有直接关系，因此，为保证城市经济整合和一体化发展的可行性，必须从统计、税收、金融等方面着手，建立有利于协同调整的利益调整机制。并通过建立利益调整机制，对在城市经济整合和一体化发展中部分地区在地区利益和地区机会上蒙受的损失予以补偿，使这些地区同样享受到协同整合后效率提高所增加的利益，从而减少城市经济整合和一体化发展可能遇到的阻力。

（3）要素流动

要素资源的自由流动既是区域一体化发展的重要内容和体现，也是进一步增强区域凝聚力的纽带。

实现大学本科学历以上人力资源在长三角区域内完全自由流动。虽然像上海等一些中心城市的人口压力较大，但其人力资源并不富裕。应完全取消对大学本科以上学历人力资源的限制，允许其在长三角区域内自由流动。同时，针对长三角地区经常出现劳动工人短缺的状况，对于一般劳务人员的流动也应实行有弹性的管理，总体方向上趋于放松管理，直到一般劳动力也完全自由流动。

实现资金的自由流动。受金融监管部门对金融机构异地经营的限制，总体上，金融机构资金在长三角区域内自由流动还有较大障碍。可以考虑通过设立允许在长三角区域内全面提供金融服务的金融机构或者投资机构，实现资金的自由流动。

通过“飞地”模式实现土地资源的充分利用。长三角地区总体上土地资源比较紧张，但各地的情况差异也非常明显，还有较大的土地资源利用潜力。“飞地”模式已有实践基础，总结这一模式的经验，并加以推广，推动“飞地经济”发展，既有利于长三角地区土地资源的充分利用、缓解土地紧张状况，也是打破行政区划限制，实现跨区域合作发展，从而增强区域一体化的有效途径。

3. 加强长三角协同发展的金融支持：设立“一行四金”

（1）组建“长三角发展银行”

通过设立区域性发展银行，向对象区域的一体化发展提供有力的金融支持，是世界上普遍选择采用的方式。从全球性的世界银行到区域多边国家的美洲开发银行、亚洲开发银行等，以及正在组建中的新金砖开发银行，都是这种类型的银行机构。一国或者国内地区的开发银行则更多。

长三角发展银行将专门为长三角一体化发展项目提供金融支持，同时也可以为长三角地区重大经济社会问题提供研究、咨询和决策建议服务。这一举措既有利于实质性推动长三角一体化发展项目，也有利于通过长三角发展银行的联合运作，加强长三角各地的协作；同时，组建这样一家商业或开发性银行，也是推动我国金融体制改革的一项创新突破。

长三角发展银行的资金来源包括：①一市三省的财政资金；②国家相关部门的资金；③长三角区域内社会资本；④发行债券。到一定发展阶段，可以吸收其他方面的资金包括外资，甚至可以成为公开上市的银行。

（2）组建“长三角发展基金”

产业发展基金、公共项目发展基金是更加灵活、更加市场化的金融支持模式。欧洲在其区域一体化发展进程中，发展基金发挥了非常明显的支持作用，是欧洲推进实施区域一体化政策的重要抓手。在目前长三角各地方政府财政相互独立的情况下，为平衡各方利益、争取协调发展，组建“长三角发展基金”将是非常有效的方式。根据实际需要，可以考虑设立长三角区域发展基金、长三角农业发展基金、长三角环境保护基金和长三角社会发展基金等类型的发展基金。

长三角区域发展基金：致力于为区域经济的发展和结构调整、经济转型、增强竞争与促进合作提供资金支持。

长三角农业发展基金：致力于为区域内农业发展的技术指导和经济利益保障提供金融支持（融资和补贴），并引导社会资金投入农业发展。

长三角环境保护基金：为长三角区域内的环境保护项目提供金融支持。

长三角社会发展基金：社会发展基金的重点支持领域包括：①为职工和小微企业的适应性提供帮助，如制定终身学习计划、设计和推广创新工作组织；②为劳动力市场的就业和参与提供途径，为求职者、失业人员、妇女和农村转移人口提供就业机会；③为弱势群体融入社会提供援助，并对抗劳动力市场上各种形式的歧视；④通过教育系统的改革和建立网状的教学机构，来加强人力资本培育建设，并在就业改革的管理中建立伙伴关系。

参考文献

陈军亚：《西方区域经济一体化理论的起源与发展》，《华中师范大学学报》（人文社会科学版）2008 年第 6 期。

刘英基：《中国区域经济协同发展的机理、问题及对策分析——基于复杂系统理论的视角》，《理论月刊》2012 年第 3 期。

李琳、刘莹：《中国区域经济协同发展的驱动因素——基于哈肯模型的分阶段实证研究》，《地理研究》2014 年第 9 期。

刘志彪：《区域一体化发展的再思考——兼论促进长三角地区一体化发展的政策与手段》，《南京师范大学学报》（社会科学版）2014 年第 6 期。

刘志彪：《长三角区域合作建设国际制造中心的制度设计》，《南京大学学报》（哲学·人文科学·社会科学）2005 年第 1 期。

陈建军、陈国亮：《长三角区域经济一体化的形成、效应与展望》，《南通大学学报》（社会科学版）2009 年第 5 期。

安虎森、李瑞林：《区域一体化效应与实现途径》，《湖南社会科学》2007 年第 5 期。

王力年：《区域经济系统协同发展理论研究》，东北师范大学博士学位论文，2012。

马晓河：《从国家战略层面推进京津冀一体化发展》，《国家行政学院学报》2014 年第 8 期。

韩凤芹、孙美楠：《发展基金：欧盟区域政策的“抓手”》，《中国经济导报》2010 年 12 月 21 日。

B.9

长三角邻界地区经济合作研究

徐剑锋*

摘　要： 长三角邻界地区是中国经济最发达的地区之一，但部分邻界地区却因区域经济合作的障碍出现了“凹陷”地带。三角邻界地区要顺应中国经济从“初级版”向“升级版”推进发展态势，积极创建“长三角区域经济一体化先导区”，建立联动发展的组织机制、构筑虹桥商务区、苏州中心城市与嘉兴中心城市三大支点、探索“先导区”制度创新、开放创新与科技创新的领域与机制等，率先实现邻界地区经济社会一体化，促进长三角地区经济转型升级，实现可持续发展。同时，为江浙沪、长江经济带以及全国的区域经济合作提供示范。

关键词： 长三角　区域经济　一体化先导区

长三角是我国经济最发达的区域，目前长三角地区正处于经济转型升级的关键期，通过机制创新，深化长三角区域经济合作，将对长三角地区、江浙沪甚至长江经济带的区域合作与发展产生深远的意义。长三角邻界地区是中国经济最发达的地区之一，但部分邻界地区却因区域经济合作的障碍出现了“凹陷”地带。长三角邻界地区亟待通过机制创新，率先实现邻界地区经济社会一体化，推进经济发展，提升大上海经济圈的辐射力，促进长三角地区经济转型升级，实现可持续发展。同时，为江浙沪、长江经济带以及全国的区域经济合作提供示范。

---

* 徐剑锋，浙江省社会科学院产业经济研究所所长，研究员。

一　长三角邻界地区的经济发展与合作概况

长三角邻界地区包括上海、江苏与浙江的边界地区，本文以省辖市为单位，其中又以上海与江苏、浙江交界的西部各区，江苏与上海、浙江交邻的苏州市，以及浙江与上海、江苏接邻的嘉兴市最为典型。故本文以上海西部六区、苏州市与嘉兴市作为长三角邻界地区的样本进行分析。

1. 长三角邻界地区是长三角核心区与经济发达地区

本文所指的长三角邻界地区（见表1）包含上海、江苏与浙江交邻的上海西部六区（长宁、闵行、嘉定、青浦、松江与金山）、苏州全市（包含市区六个区与昆山、常熟、张家港、太仓四县市）与嘉兴全市（包含嘉兴市区两个区与嘉善、平湖、海盐、海宁、桐乡五个县市）。

表1　“长三角区域合作先导区”区域县市区

上海市	虹桥商务区*	长宁	闵行	嘉定	青浦	松江	金山
江苏省	苏州城区六区	昆山	常熟	张家港	太仓		
浙江省	嘉兴城区两个区	嘉善	平湖	海盐	海宁	桐乡	

* 此处虹桥商务区并不是指包括上海西部六区，而仅是指代上海西部六区的核心区。

2013年该区域面积约1.51万平方公里，户籍总人口为1382.19万人，常住总人口达2364.53万人（见表2），占全国人口总量（136072万人）的1.7%；人口密度（按常住人口）为每平方公里1562人，是全国人口密度（142人）的11倍；2013年，这一区域经济总量（GDP）高达21997亿元，占全国的3.9%；人均GDP达到9.3万元，是全国平均水平（4.18万元）的2.22倍；这一区域的产业结构除上海长宁区外，基本上以第二产业为主体，第二产业在GDP中所占比重在50%以上，甚至高达61%，是长三角地区名副其实的工业核心区。可见，这一区域在长三角以及中国经济社会发展中，均居于很高的水平。

表2　长三角区域合作先导区基本情况

地区	户籍人口（万人）	常住人口（万人）	面积(平方公里)	人口密度（人/平方公里）	GDP（亿元）	人均GDP（万元/人）	产业结构
大虹桥	329.82	772.83	2148	3598	5308.42	6.86	
长宁区	62.50	70.54	38.3	18418	846.32	12.00	0.0:5.4:94.6

续表

地区	户籍人口（万人）	常住人口（万人）	面积（平方公里）	人口密度（人/平方公里）	GDP（亿元）	人均 GDP（万元/人）	产业结构
闵行区	101.97	253.22	370.8	6830	1722.11	6.80	0.1:58.4:41.5
青浦区	48.20	173.66	670.1	2592	771.9	4.44	1.3:55.5:43.2
嘉定区	57.61	155.65	463.2	3361	1050.6	6.75	0.4:61.0:38.6
松江区	59.54	119.76	605.6	1978	917.49	7.66	1.0:59.3:39.7
金山区	52.60	78.03	586.1	1331	525.3	6.73	2.7:59.4:37.9
苏州	653.84	1057.87	8488.4	1246	13015.70	12.30	1.7:52.6:45.7
姑苏区	74.66	95.74	86	11133	1159.41	12.11	1.2:51.7:47.1
虎丘区	34.1	58.88	223	2640			
吴中区	61.59	111.90	745	1502			
相城区	39.28	72.76	496	1467			
工业园区	41.31	78.05	100	7805			
吴江区	80.86	129.50	1093	1185	1415.47	10.93	2.7:54.7:42.6
昆山市	75.29	164.35	864.9	1900	2920.08	17.77	0.9:57.9:41.2
张家港市	91.47	125.14	772.4	1620	2145.31	17.14	1.4:55.6:43.0
常熟市	106.73	150.85	1094	1379	1980.31	13.13	2.1:52.9:45.0
太仓市	47.45	70.70	620	1140	1002.28	14.18	3.7:53.1:43.2
嘉兴	345.93	455.18	3915	1164	3147.66	6.92	4.9:54.9:40.2
南湖区	48.39	62.12	426	1462	385.60	6.21	4.0:42.6:53.4
秀州区	37.08	59.10	542	1094	355.83	6.02	6.8:53.2:40.0
嘉善县	38.64	57.34	504	1138	374.25	6.53	6.6:57.1:36.3
平湖市	48.96	68.28	536	1274	461.30	6.76	3.9:62.4:33.7
海盐县	37.67	43.54	503	866	324.75	7.46	6.9:57.7:35.6
海宁市	66.76	82.09	681	1208	633.65	7.72	4.0:57.5:38.5
桐乡市	68.28	82.11	723	1136	573.47	6.98	5.8:51.7:42.5
总计	1382.19	2364.53	15136.5	1562	21997.08	9.30	

注：①数据为 2013 年，根据各地 2014 年《统计年鉴》与 2013 年统计公告编制，姑苏区本地生产总值、人均 GDP 与产业结构为苏州市辖区合计数字（含吴江区）。

②大虹桥区不包括金山区。

2. 经济水平趋同，产业结构相近

改革开放以前，上海本地工业化、城市化与居民收入水平远高于苏州、嘉兴地区。改革开放后，苏州与嘉兴地区经济率先发展，苏州成为长三角区域内的一个重要经济中心，苏州经济发展水平曾两度超越上海西部区域。上海虹桥商务区建设迅速推进，带动了上海西部地区的经济发展，三地间的经济发展水平基本趋

同。从人均 GDP 来看，2013 年苏州地区常住人口人均 GDP 达 12.3 万元，嘉兴地区为6.92 万元，上海大虹桥区为6.86 万元（见表3，下同），嘉兴与上海大虹桥地区的人均 GDP 水平接近，苏州地区人均 GDP 远高于嘉兴与上海地区。但由于苏州外源型经济特征明显，居民收入在 GDP 中占比低，三地居民的收入水平实际相差不大。2013 年苏州城镇居民人均可支配收入为 41143 元、农村居民人均纯收入为 21578 元；嘉兴城镇居民人均可支配收入与农村居民人均纯收入则分别为 39087 元、20556 元；由于大虹桥地区缺乏综合统计，我们可借用具代表性的嘉定统计数据，2013 年嘉定城镇居民人均可支配收入与农村居民人均纯收入分别为 36336 元、21469 元（同期松江区分别为 35886 元、19617 元），可见几个地区的城镇居民与城乡居民人均收入水平均已非常接近。

表 3　2013 年三地经济水平与结构比较

地区	人均 GDP1(元/户籍人口)	人均 GDP2(元/常住人口)	城镇居民人均可支配收入(元)	农村居民人均纯收入(元)	产业结构
苏州	199066	123209	41143	21578	1.7∶52.6∶45.7
嘉兴	90991	69164	39087	20556	4.9∶54.9∶40.2
上海	21602	90092	43851	19208	0.6∶37.2∶62.2
大虹桥区	152547	68563			
嘉定	182364	67498	36336	21469	0.4∶61.0∶38.6
松江	154096	76611	35886	19617	1.0∶59.3∶39.7

资料来源：2014 年《苏州统计年鉴》《嘉兴统计年鉴》《上海统计年鉴》。

从产业结构来看，三地的产业结构也不断趋同，均表现为第二产业占据主体地位，2013 年，上海大虹桥地区除城区长宁区外（三次产业结构为 0.0∶5.4∶94.6），其他五区第二产业在 GDP 中的比重均在 55.5% 以上，嘉定最高为 61%。第一产业比重均在 2.7% 以下；苏州市区的第二产业比重为 51.7%，其他各县市在 52.9% ~57.9%，而第一产业比重在 2.1% 以下；嘉兴除南湖、秀州两区第二产业比重为 42.6%、53.2%，桐乡为 51.7% 外，其他各县市在 57.1% ~62.4%，嘉兴第一产业产值比上海六区与苏州各区均高，均在 4% 以上，最高的海盐县为 6.9%。可见，除嘉兴第一产业比重略高、第三产业比重略低外，三地主体产业较为接近，随着近年来嘉兴服务业的较快增长，结构进一步趋同。与此同时，三地的制造业结构也不断趋同，信息产业、装备制造业、新能源产业、轻工机械、生物化学工业等成为区域共同的主导产业。

可见，三地目前处于相同的工业化阶段，而且居民收入水平与产业结构相近，这对三地进行专业化分工、产业内部贸易提供了非常好的基础。

3. 区域经济合作出现扩散集聚的双向效应

综观改革开放后到近几年的长三角区域经济合作进程，基本是由“回波效应”或“集聚效应”交替占据主导地位的过程。

（1）改革开放到20世纪90年代初是上海都市区扩散效应占主导的时代。90年代初以前，由于经济基础的重大差异，三地在经济发展水平上存在着较大差异。改革开放后，苏州、嘉兴的民营经济率先发展，而上海经济体制改革滞后，出现了上海的人才、技术资源向苏州、嘉兴单向流动的现象。苏州、嘉兴地区的经济，尤其是乡镇企业率先发展。90年代初，新加坡工业园区落户苏州，在很大程度上归功于其毗邻上海的区位优势。这一阶段，长三角地区成为上海经济扩散效应的受益者，而苏州受益最大。

相对于苏州，20世纪90年代初以前嘉兴接受上海的辐射效率低于苏州，这从嘉兴南北县市增长的差异中可以明显看出。嘉兴南面与杭州交邻的海宁、桐乡两市，1995年前在经济增长速度、经济结构、居民生活水平等方面，优于嘉兴北部与上海接邻的海盐、平湖与嘉善三县市。1995年，桐乡与海宁的GDP分别是1978年的8.18倍、7.96①倍（可变价格，下同），而嘉善、海盐与平湖则分别为1978年的6.93倍、7.57倍与7.77倍。这期间，嘉兴全市的经济基础、区位优势、耕地资源等明显优于浙江其他地区，但其经济增长率却逊色于浙江多数地区，低于浙江经济平均增速。

（2）20世纪90年代初到21世纪初，回波效应增强。到90年代初，随着苏州与嘉兴的经济迅猛发展，上海与苏州、嘉兴的经济差距大幅缩小，甚至出现了苏州经济发展水平超越上海西部地区的倒挂现象。1991年上海浦东大开放，对周边地区产生了强大的磁吸效应，浙江与江苏的大量民营资本涌入浦东，不少大企业总部进驻上海。这一阶段苏州、嘉兴邻近上海的边界地区，也因区位成为大上海的回波效应影响区，最为明显的是江苏与上海接壤的昆山、吴区。居于苏州市区与上海市之间的昆山，成为台商等投资的乐

① 数据源自2014年《嘉兴统计年鉴》，下同。

园，昆山成为我国最大的 IT 产业基地之一，苏州地区的经济保持快速增长（见图 1）。

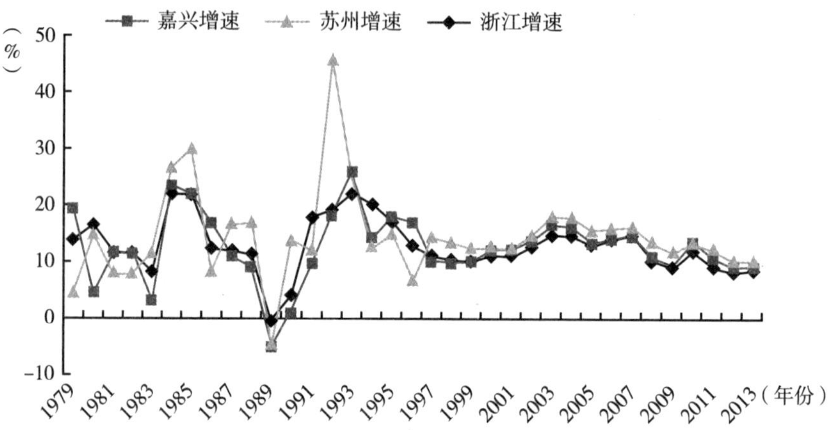

图 1　嘉兴、苏州与浙江经济增速比较

这一阶段嘉兴也受益于上海改革开放的深入与浦东大建设。1991 年上海浦东成为对外开放区，1992 年嘉兴率先提出“接轨上海”的总体战略，随着浦东开放、开发的深度推进，嘉兴与上海的经济联系不断加强。1995 年后，嘉兴北面与上海接邻的三县市，其经济增速明显超过嘉兴南部海宁、桐乡二县（市），到 2012 年，海盐、嘉善、平湖三县市的 GDP 分别比 1995 年增长了 9.54 倍、8.69 倍、6.60 倍，而桐乡与海宁的 GDP 仅比 2012 年增长了 5.24 倍与 6.21 倍。其间，嘉兴全市的经济增长率也超过浙江平均水平。

这阶段上海西部区域因上海浦东开发开放，加之本土民营经济发展较慢，市场化改革滞后，经济增长与城市化反而相对落后于苏州与嘉兴，人均 GDP、城乡居民收入水平均低于苏州、嘉兴两地，成为长三角核心区的“夹空层”。

（3）2008 年以来的“回波—扩散双向效应”阶段。嘉兴、苏州于 2008 年前后，进入工业化发达阶段。同时国际金融危机对长三角地区的经济发展也产生了重大影响。这一阶段，这一区域的产业转移与企业跨区投资加剧。苏州与嘉兴一些三资企业与私营企业发展成跨国大公司，不少苏州、嘉兴民营大企业进军上海，上海市场占据了浙商对外直接投资中的 1/3 左右。与此同时，随着上海“国际经济、金融、贸易、航运”四大中心与其后“全球科技创新中心”建设的推进，上海对周边的辐射能力加强，这一阶段，上海西部区域在上海都市区的扩散效应下，经济增长率也相对提升。苏州、嘉兴的经济增长更多地得益于上海经济的辐射，保持了经济相对较快的增长。到目前，嘉兴与上海经济联系更加密切，嘉兴10%以上的产品供应上海市场，20%左右的工业品为上海配套，30%左右的出口通过上海口岸，40%左右的游客从上海来，50%左右的外资项目源自上海。而与上海接邻的嘉善县更是如此，10%的嘉善人或者亲戚在上海工作、学习或者生活，30%以上的工业产品为上海配套，50%的农产品供应上海，70%的游客来自上海，90%的外资和县外内资直接或受上海的影响而间接进入嘉善。

回波—扩散双向效应的产生，很可能使上海—江苏—浙江的邻界区域成为长三角经济融合的核心。政府需要顺应这一趋势，通过设立长三角合作先导区，助推这一区域融合发展。

4. 共建平台成为区域合作新模式

通过股份合作、委托管理、产业招商等方式，共建产业园区、科技园、协作区与港口码头等平台进行合作成为区域合作新模式。2008年上海交大和嘉兴市政府合作建设上海交大（嘉兴）科技园，成为长三角地区规模较大的大学科技园；2009年底，由上海漕河泾新兴技术开发区发展总公司、浙江省海宁市政府与海宁经济开发区合作投资的上海漕河泾新兴技术开发区海宁分区全面启动建设，开发区致力于发展电子信息、新能源、新材料、生物医药、装备机械等先进制造业及现代服务业；2010年5月，海盐县沈荡镇与上海示范工业投资有限公司合作建设上海示范产业园；2012年，平湖市与上海市张江高新技术产业开发区管委会合作共建上海张江平湖科技园，按照“政府主导、市场运作，总体规划、分步实施，联合开发、共担共享，产业优先、高新引领”，园区将建设成为浙江接轨上海、主动融入上海的先行之地，浙商尤其是在沪浙商回归创业创新的首选之地，长三角产城高度融合的实验之地，科技与创新紧密结合的示范之地。此外，张江高科技园区在长宁、嘉善设立了智慧园。

2013年11月，嘉兴港和上海港集团合作开发的嘉兴港独山港区首个码头项目全面建成；同月，嘉兴工业园区管委会与松江经济技术开发区管委会建立战略合作关系，明确双方进一步加强经济合作、加强招商互动、加强工作沟通，促进双方资源共享。

2014 年 1 月，浙江省首个中国（上海）自由贸易试验区项目协作区在嘉善率先揭牌成立，预示着嘉善县融入上海正由以政府合作、区域合作、平台合作为重点的合作模式，向以上海为窗口的国际合作模式深化拓展，未来嘉善将借助上海自贸区这一重要对外窗口引进更多世界 500 强和国际知名项目，真正使小县城能与大上海“共舞”。

近几年，苏州与上海这种共建平台合作方式也取得大进展，2012 年苏州吴江区政府—上海东华大学开展全面战略合作，“东华—盛泽纺织技术协同创新中心”在吴江盛泽开建；同年，中科院上海技术物理研究所与太仓市人民政府联合组建“中科院上海技术物理研究所太仓市先进技术研究中心暨太仓市红外技术研究所”；2013 年，上海浦东软件园股份有限公司与昆山市人民政府合作共建上海浦东软件园昆山分园（昆山浦东软件园），成为江苏省级科技创业园和江苏省软件和信息服务产业园示范园区。这种共建平台式的合作新方式，切实推进了嘉兴与上海的合作，对经济的跨区域融合起到了积极作用。

5.“边界效应”仍存，需借力政府助推

区域经济学实证研究也表明，我国存在着行政区“边界效应”，“富毗富、穷邻穷”的现象在不少省际边界区明显存在。而其根源就是行政权力造成的区界分割。各省区市的邻界地区经济增长，受行政边界地区的行政权力或开放程度的影响。边界越开放、经济机制越市场化，区域的“俱乐部效应”就越明显；反之，边界地区就越容易出现封闭与贫穷，即“穷邻穷”。

长三界邻界地区的行政分割效应，首先体现在对企业与产业跨界转移的制约上。国有企业的比重越高，对外投资与产业转移就越困难。其次是不同的政策，如地方不同的财税优惠政策、地价优惠政策、外贸政策等，造成市场机制扭曲，误导企业，造成重复投资、过度竞争等现象。再次是要素市场的分割，受不同管辖主体的制度、政策与法规的影响，如劳动人事管理制度与政策差异、农保地政策与农村土地管理制度差异等，地区间的劳动力、人才、土地等要素跨界流动受到限制；最后是各自辖域利益不同，造成道路交通、通信、电力等基础设施规划与建设难以接轨。

改革开放以来，以民营经济为主体的浙江区域经济，在市场机制的强大作用下，很容易打破行政区划的割裂状态，形成区域一体化的发展。苏南亦类似。

如20世纪80年代的温州东部平原县市集体进入经济高增长阶段，并向北漫延到台州南部地区，90年代金华盆地形成了义乌、永康、东阳、浦江、兰溪等高增长俱乐部，甬绍平原、杭嘉湖平原也出现了类似的过程。江苏苏州地区的俱乐部现象也非常明显，90年代初以来，从苏州市区到昆山、吴江，再到张家港、常熟，出现了俱乐部效应，并与无锡、常州形成经济快速增长的大俱乐部。

而在20世纪90年代中期前，上海经济主体仍为国有企业，政府对市场、企业的干预程度大，国有企业要对外投资或进行产业转移是极为困难的，行政边界的封闭现象明显，以至于上海西部一些区县，未能有效利用市场机制，及早融入苏州、嘉兴相邻县市的增长俱乐部，出现了被上海经济界称为“西部凹陷”的现象。

直到目前长三角沪苏浙边界仍存在着明显的市场分割现象。根据黄新飞等人的实证分析，长三角跨边界价差大于边界内价差，说明省际行政边界加大了一价定律偏差程度①。上海—江苏、上海—浙江、江苏—浙江的农产品价差边界效应分别为42%、45%与32.4%，也就是说浙江、江苏与上海接邻的边界地区（100公里内）要比上海边界地区的农产品价格分别高出45%与42%。分析认为行政区经济存在的排外性、地方政府追求行政边界内的利益最大化动机，加大了贸易壁垒和市场分割，上海市政府对农产品的保护性补贴，被认为是造成上海农产品价格远低于浙江、江苏边界地区的重要原因。

二　创设“长三角区域经济合作先导区”的可行性

长三角邻界地区的经济发展与区域合作现状，表明了邻界地区亟须进行区域合作机制创新，通过组织、制度、政策、法规、教育、科技、基础设施建设等全面合作，有效突破“边界”封闭，消除市场分割，并扩大区域俱乐部效应，加快这一地区的转型升级。

长三角邻界地区可通过创建“区域合作先导区”来进行机制创新。“长三角区域合作先导区”由苏浙沪两省一市共同打造，开展合作机制创新，变沪苏浙边界地区的低凹地为合作高台。以实现长三角区域经济一体化的突破和创

① 黄新飞等：《价格差异、市场分割与边界效应》，《经济研究》2014年第12期。

新。其功能体现在“三个示范”上。

区域合作机制创新示范区：通过邻界地区间的合作机制创新，打破在不同行政区域间的合作的体制机制障碍，建设中国区际开放与国际开放的高台。为长三角区域，以及整个长江经济带、珠江三角洲、环勃海湾地区等区域合作提供体制、战略、路径等方面的示范。

新工业革命示范区：全球以新信息技术、3D 打印、纳米技术、新能源技术仿生技术为代表的科技革命兴起，信息智能产业、新能源、新材料等产业迅速崛起，生产方式、流通方式与生活方式迎来革命性变化。而以上海为核心的长三角核心区是中国经济最发达的地区，也是最早面临着经济转型压力的地区，同时又是中国经济最开放、教育科技最发达的地区，长三角必然是迎接全球新工业浪潮的“近水楼台”，以及引领中国产业革命的示范区，长三角区域合作先导区理应会成为国内领先的技术创新中心。

新型城镇化示范区：长三角城市群是中国最大的城市群，但在上海、杭州、苏州等城市圈的邻界边缘地带，城市化明显滞后于工业化进程。在两省一市的邻界区域开展经济合作，以上海大虹桥、苏州市区与嘉兴市区为支点，大力推进要素自由流动，从而能以人为中心，更快、更好地促进邻界地区的城镇化，形成较为合理的城镇体系，促进城乡一体化发展，可为我国区域城市化提供示范。

行政边界区理论、区域分工与协作理论、产业内部贸易理论、国际生产折中理论与跨国公司贸易理论、“回波效应”与“扩散效应”理论、区域协同理论、区域共生理论等为长三角区域合作先导区建设提供了充实的理论基础。同时，创建“长三角区域合作先导区”更是目前发展环境下的基础的自发的需要，也是邻界地区政府的要求，更是国家以改革开放引领区域经济合作发展与转型升级的需要。

1. 长三角邻界地区进入转型升级关键期

长三角地区是我国经济最发达的地区。1999 年，上海第三产业在 GDP 中的比重达 49.6%[①]，超过第二产业 48.4% 的比重；2000 年上海人均 GDP（常住人口）超过 30000 元，按当时汇率计算（8.28 元/美元）超过 3600 美元，

---

① 根据 2000 年《上海统计年鉴》，下同。

居全国首位，在全国率先进入工业化发达阶段[①]。浙江2008年人均GDP突破6000美元，进入工业化发达阶段。江苏省则于2011年进入工业化发达阶段。

在沪苏浙邻界地区，苏州全市的经济发展明显领先于江苏全省平均水平，浙江嘉兴各区县的经济发展水平也高出全省平均水平，上海西部区域的经济水平（以人均GDP衡量）则低于上海全市平均水平。但是可以说，这一邻界区域的经济发展水平较为接近，基本上在2003～2008年，相继进入了工业化发达阶段。

进入工业化发达阶段的最明显的标志，就是经济增长率的明显下降，这也表明经济将呈现“从高速滑向中速”的新常态。无论是日本、韩国，还是我国台湾地区，进入工业化发达阶段后，经济增长率均出现明显下降，降幅在进入工业化发达阶段的5年后至少在40%以上。2008年以后，浙江经济增长率也出现了明显下滑，上海、江苏也有着类似的现象。经济增长率的下降主要原因在于人均收入水平的上升，导致劳动力、土地等资源要素的价格迅速上升；环境保护的要求提高，引致产业成本竞争力下降，劳动力密集型产业不断向外转移。此外，进入工业化发达阶段后，居民对汽车、住房、家用电器等大多数工业制成品的保有量接近饱和，导致对有形商品的需求增长乏力，而服务业投资系数低，其增长难以弥补工业增长率下降的影响。

这一阶段要保持经济的稳定增长，一方面需要提振内需，刺激居民对高端生活品与服务业的需求，促进高端制造业与现代服务业的发展；另一方面，需要拓展外部市场，通过产品输出带动市场与服务的出口。如日本、韩国与我国的台湾，均经历了这一过程，都通过大力开拓中国大陆市场来助力经济增长。

多年来，浙江、江苏与上海西部区县，也通过大量出口保持了经济的较高增长。但2008年金融危机以来，以美、欧、日为代表的发达国家和地区的经济增长总体乏力，制约了出口贸易的增长。而出口产品成本竞争力的下降，也使国外部分市场不断被印度、越南等中低收入的发展中国家挤占。

创建长三角区域合作先导区，打破“行政边界”障碍，可以深化开放合

① 工业化发达阶段为工业化向发达经济（后工业化）过渡的阶段，主要通过人均GNP或GDP与产业结构来衡量，日本这一阶段为1970～1984年，我国台湾为1986～1999年，韩国为1990～2003年。

作，激发产业内部分工与贸易，促进大公司间以及跨区大公司内部贸易，为区域经济提供新的增长点；促进邻界地区的经济发展，从而带动整个长三角地区的经济转型升级。避免工业化发达阶段经济增长率的大幅下降。

2. 长三角邻界区域合作需突破边界障碍

长三角邻界地区有着相同的方言、民俗等文化及相同的地理环境，边界亦无大山大江阻隔，自古以来，居民交往密切。正如前述，改革开放后，在市场机制作用下，三地合作不断发展。尤其是2008年以来，长三角地区的经济合作出现了新变化。其一是三地城乡居民收入水平趋同，其二是“回波—扩散双向效应”开始出现，其三是共建平台成为区域合作新模式。这些，均为长三角邻界区域的经济合作迈上新台阶，提供了良好的基础。

与此同时，长三角邻界地区的“边界效应”仍存在，行政区划的分割，造成了政策差异与管理制度的差异，使得商品与土地、劳动力、人才等要素难以实现无障碍的流动。国有企业产权制度使得这一现象更加严重。

创设“长三角区域合作先导区”，以两省一市邻界地区为主要区域，通过组织、制度、政策、法规、教育、科技、基础设施建设等的全面合作，可以有效突破“边界”封闭，消除市场分割，并能扩大区域俱乐部效应，加快这一地区的转型升级。

3. 打造中国经济升级版

2013年3月以来，国务院总理李克强在多个场合中，多次提出要“打造中国经济升级版”，并强调：“要用开放促进改革，要以勇气和智慧打造中国经济升级版。”这指明了未来我国经济发展的战略目标，因为打造经济“升级版”就是要转变经济增长方式、调整经济结构、促进产业升级，从要素驱动、投资驱动迈向创新驱动，从依赖人口红利、土地红利转向依靠改革红利、开放红利、创新红利。

从当前打造中国经济升级版的发展战略的大背景来审视长三角区域经济合作，我们发现，长三角区域经济一体化已经经历了中国经济初级版的“核心区”的打造过程，并取得了巨大成就。在此基础上，打造长三角区域经济合作的中国经济升级版将会在长三角“邻界”地带的加快发展转型中取得突破，“长三角邻界增长极”的建成将是区域经济一体化的“升级版”，长三角邻界区域凭借其经济发展水平与阶段的全国领先性，将为京津冀、渤海湾、珠三角，以及长江经济带的区域经济合作，提供示范。长三角区域经济一体化进程是与中国经济从“初级版”向“升级版”的演进同步的，因此，创建“长三角区域经济一体化先导区”是顺应中国经济从“初级版”转向“升级版”的具体行动方案。

三　创建“长三角区域经济一体化先导区”的战略选择

创建“长三角区域经济一体化先导区”（以下简称“先导区”）需要从以下几个方面展开。

1. 做好“先导区”创设的协调与申报工作

沪苏浙三地就“先导区”进行研讨磋商，明确“先导区”的机制创新、开放创新与科技创新三大先导、示范功能的定位，而非向中央要“政策”。在取得统一认识后，联合进行“先导区”创设的国家申报。即使不能取得“国家级”许可，也应该通过两省一市共建，来推动“长三角区域合作先导区”的创建。

2. 建设协调“先导区”联动发展的组织机制

以建立“先导区”协同机制与共生机制为目标，建设三个层级的“先导区”组织机制，第一层级为上海、江苏与浙江省级协调层面，第二层级为上海虹桥商务区、苏州市与嘉兴市层级，第三层级为上海西部邻界6区、苏州境内4县市（可另加吴江区）、嘉兴境内5县市。第一层级主要负责指导、协调第二、三层级，以及沟通协调“先导区”与国家层级的工作；第二、三层级是“先导区”建设发展的主体。“先导区”组织主要是通过完善“先导区”内部协调机制和合作机制，尽快形成“先导区”统一的市场体系。同时，也要做好“先导区”与长三角其他地区的机制协调工作。

3. 构筑虹桥商务区、苏州中心市区与嘉兴中心市区三大支点

虹桥商务区、苏州市区与嘉兴市区应成为“先导区”人才、技术、信息与商务集聚的三大中心，以放大区域经济的扩散效应与回波效应。上海虹桥商务区建设正在大步推进，初步框架已形成，长宁区第三产业比重高达95%。虹桥商务区的建设离不开浙江与江苏，尤其是苏州与嘉兴的协调与支持，凭借

其区位优势、立体交通的枢纽功能，未来将成为“先导区”的核心.

苏州市区以其经济规模、人口规模与城市功能，未来将成为苏州片区的中心和连接上海与无锡—常州—南京城市圈的中枢。苏州市区人口占到全市的近52%，但吴江区仍未真正融入城区。苏州市区人均 GDP（12.1 万元/人）仍低于全市平均水平（12.3 万元/人），市区第二产业占比超过 50%，第三产业占比仅为 47%，与其城市中心的功能定位仍不相符，扩散功能偏弱。未来需要加强现代服务业的集聚，转移制造业，提高商务功能。

相较于虹桥与苏州市区，嘉兴市区的城市中心功能最弱。嘉兴市区面积仅为苏州市区的 35%，2013 年底，嘉兴市区常住人口 121.55 万、户籍人口 85.47 万，仅为苏州市区的 25.8% 与 22.2%；嘉兴市区的 GDP 仅为苏州市区的 11.2%，人均 GDP 仅为苏州市区与上海长宁区的一半；经济密度即每平方公里土地面积的本地生产产值为 0.77 万元，不到苏州市区的 32%，不到上海长宁区的 3.5%。嘉兴全境呈现“强县弱市”格局，嘉兴市区难以成为区域性中心城市，市区的商务功能弱，不仅难以高效接受上海都市的扩散效应，自身更难以形成扩散能力，从而影响了嘉兴与周边县市的发展。未来浙江要将嘉兴中心城市功能建设作为重点，提高嘉兴的城市层级；探讨财政管理体制从“省管县”转为“市管县”的可行性；在嘉兴率先放开全面“二孩”生育政策；深化城乡土地制度改革与户籍制度改革。加快嘉兴中心城区对市外人才的吸收力，提高全市人口集中度，加快商务集聚与制造业扩散。

4. 探索“先导区”制度创新、开放创新与科技创新的领域与机制

在制度创新方面，围绕建立统一的市场体系，寻求在城乡土地制度、土地开发机制、生态保护与补偿机制、户籍与人口生育管理制度、劳动人事管理制度、利率汇率制度、与上海自由贸易区对接机制、负面清单管理制度等方面进行深度的改革创新。

在开放创新方面，围绕协同共生的目标，加强整体规划与宏观调控，建立必要的协调机制，制定相关区域政策、产业政策、投资政策等“控制参量”，促进区域经济合作与协同系统“自组织”的形成与推进。寻求在经济社会发展规划、产业政策、产业组织政策、产业转移政策、引进内外资政策、产业园区政策、农产品生产与流通政策、基础设施建设等方面，进行改革与创新，建立起以市场为基础、多方共赢的协调机制。

在科技创新方面，围绕产业转型升级目标，抓住全球新工业革命机遇，寻求在教育科技体制、技术与人才引进与管理机制、产品研发机制、共建产业研究院、扶持高新技术产业发展、科技孵化器与科技园区建设、信息经济发展等方面，进行改革创新，使“长三角区域合作先导区”成为全国科技创新的示范区。

B.10 安徽在长江经济带格局中的发展战略研究

李本和 等*

摘　要：长江横贯东中西，连接东部沿海和广大的内陆地区，依托“黄金水道”打造长江经济带，有独特的优势和巨大的潜力。2014年4月28日，李克强总理在重庆主持召开的座谈会上提出，依托黄金水道建设长江经济带。贯彻落实党中央、国务院关于建设长江经济带的重大决策部署，对于有效扩大内需、促进经济稳定增长，调整区域结构、实现中国经济升级具有重要意义。本文分析了安徽在长江经济带建设中面临的机遇和挑战，对安徽怎样对接长江经济带建设提出了对策思路与政策建议。

关键词：安徽　长江经济带

一　对安徽对接长江经济带建设制约因素的分析

（一）安徽对接长江经济带建设存在的优势与劣势

1. 存在的优势分析

（1）区位条件优越，生态环境良好，自然资源丰富

安徽省位于长江下游，处于我国经济最发达的长江三角洲地区，通江达

* 课题负责人：李本和，安徽省委党校教授；课题组成员：许卡佳、孙都光、赵家俊、张海林、朱文根、李宇涵、曹捷。

海。长江安徽段的主体部分为长江的冲击平原，水资源充分，铁、铜、硫、石灰石等储量丰富，赋存集中，便于开采。皖江流域内拥有国家级风景名胜区3处，省级风景名胜区20处；国家级自然保护区4处；国家和省森林公园22个，以及多处国家级文物保护单位，数十处省级文物保护单位和省级重点寺庙，文化旅游资源十分丰富。

（2）长江岸线条件优越，综合交通体系比较完善

八百里皖江，下连江浙沪，上通赣鄂川，江面开阔，水源充足，支流众多，湖泊密布，承载空间较大，拥有顺江出海对外开放的最佳区位。长江“黄金水道”得天独厚，港口设施粗具规模，其中芜湖港、马鞍山港、安庆港为国家一类口岸。铁路有淮南、宁铜、皖赣、宣杭、合九等线路，公路四通八达。到2013年末，全省高速公路达3521公里，一级公路达2280公里，铁路营业里程达3443公里。航空方面，除合肥、黄山、阜阳等机场外，芜湖、安庆市均有军民两用机场。流域内水运、公路、铁路、航空等交通基础设施较为齐备。

（3）高新技术产业发展稳中有进，新兴产业强势上扬

近年来安徽着力培育的新经济增长点正在逐步发力。2014年1月至6月，全省高新技术产业实现产值6537亿元，同比增长14.2%，实现增加值1623亿元，同比增长14.9%，增加值占规模以上工业增加值的比重35.2%，对全省工业贡献率超过四成。其中，能源和新能源实现增加值41.6亿元，同比增长48%，较上年同期提高42.7个百分点，高于全省高新技术产业33.1个百分点；电子信息和家用电器实现增加值391.6亿元，同比增长24%；汽车和装备制造实现增加值744.4亿元，同比增长11.4%。

（4）实现了国家区域开发政策全覆盖，发展态势良好

安徽省在统筹区域协调发展方面，已经实现了省内国家区域开发政策全覆盖，形成了皖江城市带承接产业转移示范区、合肥经济圈、合芜蚌自主创新综合配套改革试验区、皖北“三化”协调发展先行区、皖南国际旅游文化示范区、大别山扶贫开发安徽片区等各类经济功能区。每个经济功能区各具特色，总体发展态势良好。特别是皖江示范区、合肥经济圈、合芜蚌试验区、皖北六市经过近几年的发展，经济实力有了很大的提升。在2013年我国整体经济形势趋缓的情况下，安徽这几大经济功能区在地区生产总值、规模以上工业增加

值、社会消费品零售总额、城镇居民人均可支配收入和农民人均纯收入等主要经济指标方面，都能保持两位数的增长速度。

（5）皖江示范区各市产业基础良好，配套能力较强

在安徽大经济区域格局中，皖江示范区各市的产业结构特色最为明显，如芜湖的轻纺、机电、动漫；马鞍山的钢铁；铜陵的有色、化工；安庆的石化；滁州的机械、家用电器；宣城的建材、机械等，都有一定基础，且拥有一批大中型企业。各市产业结构配套能力较强，通过合理分工、协调发展与转型升级，可以形成较强的经济功能区优势。农业也较发达，粮、棉、菜、渔等产业在全省占有重要地位。

2. 存在的劣势分析

（1）皖江示范区面临着由量向质的转型升级

在安徽区域格局中，皖江示范区作用明显，是安徽对接长江经济带建设的重点区域。2010～2012 年皖江示范区对全省经济增长的贡献率分别达到 72.9%、66%、68%。但近年来，皖江示范区承接产业转移速度持续放缓，固定资产投资和利用省外资金增速持续低于全省，经济增长出现后续动力不足迹象。当前，皖江示范区承接产业转移面临着由“量”向“质”的转型升级，短期内对全省经济增长的带动力弱化。

（2）参与长江经济带区域竞争优势相对薄弱

从 2013 年的数据来看，安徽省 GDP 为 19038 亿元，居长江经济带 11 个省（市）中的第 7 位；安徽省城镇化率为 47.86%，居第 8 位。从长江经济带已形成的协作区来看，有以上海为中心的长三角协作区、有南京协作区、有武汉协作区、有重庆协作区。安徽省在四个协作区中的整体区域竞争优势不明显，处于相对弱势地位。

（3）区域中的分工协作关系被行政区划所束缚

安徽省区域经济发展具有明显的“行政区经济”特征，影响和制约了城市群的发展。同时由于区域内城市不是根据区域经济一体化的布局来定位，城市之间缺乏整体规划与协调，在长江经济带建设格局中，容易出现争资源、争项目、争中心的现象，在一定程度上造成重复建设与产业同构。

（4）缺少体量大、辐射带动力强的区域增长极

安徽城市群的发展比较分散，紧密性程度不够，规模都不大，对周边地区

的辐射带动能力不足。特别是安徽省会城市合肥，与长江经济带其他省份的省会城市，如南京、杭州、武汉、成都等相比，暂时还缺乏对周边城市的辐射带动能力，规模效应和扩散效应还有待进一步提升。

（5）在长江经济带格局中转型升级相对滞后

在转型升级方面，安徽省在整个长江经济带发展格局中仍处于相对滞后的位置。对于安徽这样一个主要依托重化工业加速发展的资源型大省来讲，在目前环保条件要求越来越高、资源制约日益趋紧的新形势下，要在参与长江经济带建设的过程中实现经济转型升级的目标，任务还相当繁重而艰巨。

（二）安徽对接长江经济带建设面临的机遇与挑战

1. 面临的发展机遇

（1）长江经济带建设给皖江示范区转型升级带来的机遇

国家启动长江经济带开发战略，给作为长江“黄金水道”中下游重要经济腹地的皖江示范区转型升级带来了强大动力和良好机遇。安徽应积极主动抢抓这一战略机遇，提升皖江承接产业转移示范区的战略定位，实施创新驱动战略，加快实现由“量”向“质”的转型升级，立足安徽、融入长三角、连结中西部，进一步扩大开放合作领域，抓紧进行产业结构调整，深入做好承接产业转移的文章，扩大有效投入，培育新的经济增长点，努力形成可持续发展的新优势。

（2）“丝绸之路经济带”建设给安徽扩大区域合作带来的机遇

“丝绸之路经济带”建设和中国（上海）自贸区的建立及其开放政策向长江中上游的延伸和组织实施，为安徽省扩大与西部、中亚及俄罗斯的区域合作提供了广阔的发展空间。特别是长江中上游6省市与俄罗斯斯伏尔加河沿岸联邦区合作的启动，为安徽省加强与俄罗斯的经济、科技、人文方面的合作交流与实现互补发展提供了平台。

（3）“21世纪海上丝绸之路”建设给安徽扩大开放带来的机遇

“21世纪海上丝绸之路”建设，是我国沿海地区进一步扩大对外开放的升级版。上海是“两带一路”建设（长江经济带建设、“丝绸之路经济带”建设和“21世纪海上丝绸之路”建设）的龙头，对引领沿江地区扩大对外开放发挥着重要的桥梁和纽带作用。沪宁至合肥高速公路的建成和上

海经南京、合肥、武汉、重庆至成都动车的开通，以及合肥经巢湖到长江整个水路航运能力的提升，大大缩短了“安徽制造”从皖江地区“出海”的时空距离，非常有利于安徽发挥通江达海的区位优势，加快全面扩大对外开放的步伐。

（4）沿江各省市的开发开放给安徽承接产业转移带来的机遇

长江中上游沿江的江西、湖南、湖北、四川、重庆、云南、贵州等省市新一轮的开发开放，按国家关于长江经济带建设规划要求，将在港口建设、岸线开发、园区建设、生态环保等方面有许多项目要做和有大量的资金投入，可以使安徽省在承东启西的产业转移与分工合作过程中获取许多发展机遇。

（5）宏观经济环境改善给安徽经济发展带来的机遇

从安徽省统计局公布的2014年6月经济运行指标来看，近期政府采取的一系列微刺激政策效应开始显现。金融机构短期贷款投放明显增多。社会总需求也呈现温和回升。宏观经济环境的改善，将给安徽经济发展带来一定的机遇。

2. 面临的各种挑战

（1）长江经济带建设中面临着各种要素市场竞争的挑战

长江经济带建设很大程度上是在国家政策指导下主要依赖市场决定机制来配置资源，随着沿江其他省市经济的快速发展，一方面将挤占安徽传统的市场份额；另一方面将增大安徽人才流失的压力，更多的人才流向沿江经济发达省份。“用工荒”问题将会使得安徽在承接产业和人口转移时面临困境。

（2）承接产业转移中面临着环境污染与资源约束的挑战

建设长江经济带，安徽一方面要避免承接产业转移带来的各种环境污染转移的挑战，需要降低各种能耗，需要加强生态系统修复和环境治理；另一方面要面对各种资源约束趋紧的挑战，需要取消GDP单一经济考核标准，全面提高综合效益。这些将会增大安徽在经济转型升级方面的压力。

（3）加强大区域合作中面临的各种行政区划壁垒的挑战

建设长江经济带，沿江省市需要建立健全流域间的互动合作机制和长江流域大通关体制，更好地发挥市场对资源优化配置的决定性作用。新形势下，安徽面临着全面深化改革开放、打破行政区划壁垒、建设统一开放和竞争有序的现代市场体系等方面的挑战。

（4）资金制约与成本上升对实体经济运行困扰的挑战

目前，制约安徽对接长江经济带建设的重要因素之一，就是建设资金短缺与企业运行成本上升问题。2014 年上半年全省制造业新增贷款 135.7 亿元人民币，比 2013 年同期少增 51.2 亿元，小微企业综合融资成本在 10% 以上。5 月末，全省工业企业应收账款和产成品库存“两金”占流动资产比重为 34.8%，比全国高 2.8 个百分点。融资难、融资贵直接加大了企业经营成本，前 5 个月，全省规模以上工业企业主营业务成本占主营业务收入的 87.8%。企业经营成本居高不下直接影响企业的投资能力。由于投资者信心不足，市场主体扩大投入的动力不足，短期内安徽经济运行延续增速放缓的可能性较大。

二　安徽在长江经济带格局中的功能定位与发展战略

（一）安徽在长江经济带格局中的功能定位分析

2010 年 1 月，国家发改委对皖江城市带承接产业转移示范区的战略定位是：立足安徽，依托皖江，融入长三角，连接中西部，积极承接产业转移，不断探索科学发展新途径，努力构建区域分工合作、互动发展新格局，加快建设长三角拓展发展空间的优选区，长江经济带协调发展的战略支点，引领中部地区崛起的重要增长极。在空间布局上，依托现有产业基础，发挥区位和资源优势，以沿江一线为发展轴，合肥和芜湖为双核、滁州和宣城为两翼，构筑“一轴双核两翼”的产业分布格局等，就是要将安徽打造成为“长江经济带协调发展的战略支点。”

新形势下安徽应在现有加快发展的基础上，以皖江城市带承接产业转移示范区为重点，同时把合芜蚌自主创新综合配套改革试验区、皖北“三化”协调发展先行区和皖南国际文化旅游示范区等几大经济功能区的功能整合起来，依托紧靠新亚欧大陆桥中国段经济带与地处长江经济带的区位优势，从多个层面对安徽在长江经济带格局中的功能进行新的战略定位，加快区域发展战略的转型升级。

在推进综合交通建设方面，安徽应依托境内水路、公路、铁路、航空、管道等构成的立体化综合交通运输网络，把合肥打造成为全国性综合交通枢纽，把芜湖打造成为长江经济带中下游的区域性综合交通枢纽；在产业转型升级方面，安徽应在整合皖江城市带承接产业转移示范区和合芜蚌自主创新综合配套改革试验区功能的基础上，形成长江经济带上承接产业转移创新发展试验区；在推进新型城镇化建设方面，安徽应在总结和推广皖江示范区、皖北“三化”协调发展先行区和合肥经济圈建设经验的基础上，发挥“圈带聚合”效应，进行新的城市组团，打造江淮城市群，形成长江经济带上促进“四化同步”发展的先行区和引领内陆地区发展的重要增长极；在扩大对外开放方面，安徽应在建设皖南国际文化旅游示范区实践的基础上，扩大与周边省份的国际文化旅游合作，形成长江经济带上国际文化旅游合作发展的示范区；在生态廊道建设上，安徽应在总结推广新安江流域环境治理和淮河生态经济走廊建设经验的基础上，加快皖江地区的生态保护与环境治理，形成长江经济带上生态保护与绿色发展的示范区；在体制机制创新方面，安徽应在总结合芜蚌自主创新综合配套改革试验区和皖江城市带承接产业转移示范区建设中体制机制创新经验的基础上，形成长江经济带上进行区域创新体系建设的示范区；在促进面向东部沿海和西部沿边“两头”开发开放方面，安徽应依托紧靠新亚欧大陆桥中国段经济带与地处长江经济带的有利条件，充分发挥承东启西的区位优势，使安徽的蚌埠、合肥、芜湖和阜阳等沿线、沿江沿河城市成为我国横贯东中西、连结南北方两条对外经济走廊的重要商贸物流中心。

（二）安徽在长江经济带格局中的发展战略调整

依据安徽在长江经济带格局中新的功能定位，安徽的发展战略取向应做适当的调整，应适应国家推进产业从沿海向长江中上游纵深腹地梯度发展的新形势，变“东向发展”战略为“东引、中联、西进”战略。“东引”就是安徽要借力中国（上海）自贸区政策向长江中上游延伸的机遇，把上海自贸区的有关创新举措以及有关政策制度复制或移植到安徽，使安徽对外开放水平上一个新台阶。“中联”就是安徽要主动加强与长江经济带中部省份的联合与协作，共同打造长江中游城市群。“西进”就是安徽要加快沿江城市向中西部地区的产业转移，鼓励企业“走出去”，向长江上游的地区进军。

三　安徽产业在大区域中的分工协作与战略重点

（一）安徽产业在大区域中的分工协作

一是在建设先进制造业和现代服务业基地方面，安徽应加强与长三角地区的分工合作。二是在发展国际文化旅游产业方面，安徽应加强与沪、苏、浙、赣、湘、鄂、川、渝、云、贵等省市的协作，落实好2014年8月苏浙皖沪四省市在上海签署的《长三角地区率先实现旅游一体化行动纲领》。三是在发展新材料、新能源产业和高新技术产业方面，安徽应加强与沪、苏、鄂、川、渝等省市的经济联系，共同打造长江经济带新兴产业基地。四是在港口建设、岸线开发、轨道交通等综合交通运输枢纽建设方面，围绕上海、武汉、重庆三大航运中心建设加快安徽综合交通枢纽建设。五是在生态农产品生产加工与供应基地建设等现代农业发展方面，加强与长江经济带沿江中部地区各省市的分工合作，把“中部厨仓”变成“中部厨房”。六是在商贸物流产业发展方面，积极打造阜阳商贸物流城，形成“南有义乌、北有临沂、中有阜阳”的区域性商贸物流市场体系。七是利用“两江地区”合作发展机遇，加强与俄罗斯伏尔加河沿岸联邦区的经济合作与互补发展。八是抢抓“丝绸之路经济带”建设机遇，加强安徽与欧洲的德国、意大利、捷克、瑞士在精密仪器、机械制造等高新适用技术领域的交流与合作。

（二）安徽经济转型发展战略重点的选择

1. 所有制结构调整应以大力发展民营经济为重点

安徽省统计局发布的最新统计数据显示，2014年上半年全省规模以上民营工业企业实现主营业务收入11693.6亿元，增长15.7%，增幅比一季度高0.7个百分点。实现利润512亿元，占全部规模以上工业比重由上年同期的72.4%上升到74.7%；增长19.8%，对全部工业利润增长的贡献率为88.9%，贡献率比一季度提高5.1个百分点。这说明民营经济发展已成为安徽省的重要增长点。安徽省所有制结构的调整，应以大力发展民营经济以及由民营经济参与形成的混合所有制经济为战略重点。

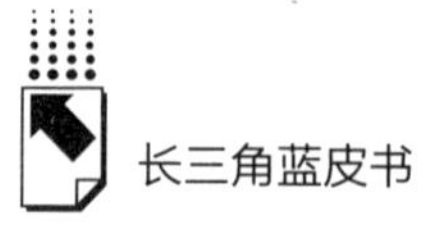

2. 产业结构升级应以加快发展生产性服务业为重点

生产性服务业具有产业关联性、技术创新性、知识密集性等特征，是经济发展的“黏合剂”，在优化产业结构、促进产业升级等方面具有重要作用。与沿江各省市相比，安徽经济转型发展相对滞后的重要原因之一，就是生产性服务业发展缓慢。因此，推进产业结构转型升级，加快发展生产性服务业应当成为战略重点。

3. 区域结构优化应以皖江示范区转型升级为重点

一是重点推进皖江示范区承接产业转移的转型升级，促进承接产业转移向创新驱动发展，并以此来带动其他各类经济功能区的转型升级与联动发展。二是推进皖江城市带、沿淮城市群与合肥经济圈的融合发展，形成新的城市组团，打造江淮城市群，并加强与长江中游城市群的融入与对接。三是推进皖南国际文化旅游示范区的转型升级，以此为基础整合皖江文化旅游资源和淮河文化旅游资源，形成立足安徽面向整个长江流域的国际文化旅游经济网络。四是推进皖北振兴战略转型升级，形成支撑中原经济区东南部区域发展的经济带，并在总结皖北“三化”协调发展先行区经验的基础上，以点带面形成全省“四化同步”发展的新格局。五是推进长江、淮河生态经济走廊建设的转型升级，加强新安江、富春江流域的综合开发与保护工作，把生态保护与区域开发有机结合起来，形成面向整个长江和淮河流域的绿色生态走廊。六是创新区域联动发展体制机制，突破行政区划壁垒的束缚，形成安徽在整个长江流域省与省之间、各经济功能区之间、经济功能区内各市县之间的多层次区域分工合作网络。

四　安徽对接长江经济带建设的对策思路与政策措施

（一）安徽对接长江经济带建设的对策思路

1. 区域发展战略的转变：东向发展→东引西进

随着国家发展战略重点从沿海向内陆地区的转移，特别是长江经济带建设和“丝绸之路经济带”建设战略的提出，安徽的区域发展战略也应进行适当的调整，从东向发展转变为东引西进，实行东西双向开放战略，重点是沿江沿

线向中西部地区合作开放发展。

2. 区域发展重点的转移：分区推进→联动发展

随着对接长江经济带建设的提出，安徽应从分区推进向联动发展转变，把安徽的转型发展纳入长江经济带建设的大格局中加以统筹规划，大力发展沿江沿路经济带，促进省内各类经济功能区以及安徽省与沿江各省市的联动发展。

3. 区域发展动力的转换：政府主导→市场决定

新形势下的长江经济带建设主要是靠市场在资源配置中的决定性作用。因此，安徽在对接长江经济带建设中更应该充分发挥市场的作用，打破各种行政区划壁垒，积极参与全流域的现代市场体系建设。在区域分工合作中，安徽应妥善处理好各种利益关系，探索共建共享机制。以项目为抓手，以资本为纽带，通过政府推动、市场运作、利益共享、风险共担、统一运营，加快长江经济带跨区域高速公路、轨道交通、港口等交通设施建设。

4. 区域发展空间的延伸：省内开发→流域开发

安徽应深化对外开放与区域合作，主动加强与长江中上游省市的分工协作，充分发挥自身的比较优势和竞争优势，利用皖江城市带承接产业转移示范区打下的良好基础和有利条件，在长江全流域新一轮开发开放中抢占制高点，争取区域开发开放的主动权。

5. 区域发展层次的提升：承接转移→创新驱动

近几年来的发展实践证明，仅靠承接产业转移是很难有大作为的。合芜蚌试验区的建立就是要解决承接产业转移中的创新问题。在安徽对接长江经济带建设格局中，安徽作为一个重要战略支点要有所作为，就要实现由承接转移向创新驱动的转变。只有进行区域创新，加大有效投入，培育新的增长点，大力发展新兴产业，才能形成自己的特色和核心竞争力，才能在对接长江经济带的建设中占有一席之地。

6. 区域发展模式的转型：规模扩张→质量效益

在各种资源环境约束越来越紧、产能过剩越来越严重的新形势下，安徽对接长江经济带建设的发展模式必须从规模扩张型向质量效益型转变，从粗放型向集约型转变，努力形成安徽经济转型升级可持续发展的新优势。在推进各类工业园区建设和新型城镇化过程中要更加注重内涵的提升。

7. 区域发展布局的拓展：点轴开发→网络开发

安徽对接长江经济带建设，主要是依托黄金水道向中上游腹地发展，带动广大内陆地区的开发开放。因此，仅靠点轴式开发是实现不了的。必须通过“以点连线、以线结网、以网撑面”来实现区域发展空间的拓展，也只有在网络开发的新格局中，一些处在网络开发节点上的城市才能更好地得到发展，才能发挥这些城市在区域开发开放中对周边地区的辐射带动作用。当前在实施网络型开发模式的过程中，要特别重视发挥中小城市在承接产业和人口转移方面的网络节点作用。

（二）安徽对接长江经济带建设的政策措施

1. 抓紧制定发展规划，提前谋划重大项目

安徽省委省政府应在推进长江经济带建设的综合交通、产业分工、新型城镇化、开放开发、生态建设、协调机制等方面，组织开展专题研究，提出安徽对接长江经济带建设的总体规划与专项规划。围绕长江航道运输能力的提升、岸线开发、港口建设、高铁建设、水路拓展、高速公路建设以及生态保护和环境治理等，结合安徽实际，提前谋划一批重大项目，力争使这些项目挤入国家层面，获得更多的发展机遇。

2. 持续跟踪研究，成立长江经济带研究院

鉴于建设长江经济带是我国长期发展战略，安徽对接长江经济带建设是一项长期建设工程，安徽应成立长江经济带研究院，对长江经济带建设规划与项目实施情况进行跟踪研究，以便及时发现问题做出调整。同时，组织有关专家，对安徽省与俄罗斯伏尔加河沿岸联邦区合作方面的有关领域、项目及政策等进行深入研究。

3. 以两大集中区为依托，建设国家级新区

充分发挥国家支持皖江城市带承接产业转移示范区建设的政策优势，在积极推进皖江南北两大产业集中区建设的基础上，突破传统体制机制障碍，抢抓长江经济带建设政策机遇，积极申报建设国家级新区。特别是应加强对上海自贸区有关创新举措以及政策制度在安徽的可复制性、可推广性的研究，创新经营方式，以此来带动安徽经济转型升级。

4. 优化岸线资源，推进沿江城市跨江发展

安徽应充分发挥八百里皖江水深、江阔、岸线长、港口多、区位优势明

显、承载能力强等比较优势，优化岸线港口资源，加快芜湖、马鞍山、铜陵、安庆等港口建设。省委省政府应强化皖江办的职能，加强组织协调，并有针对性地出台一个专门推进皖江城市跨江发展、联动发展、组团发展的政策文件，以帮助解决皖江城市在跨江发展中政策不配套、组团发展中措施不到位、联动发展中缺乏机制保障等问题。

5. 搭建区域合作平台，形成协作网络体系

安徽应主动加强与长江经济带有关省市之间的区域分工合作，突破行政区划界限，以安徽同周边省份交界处的城市为桥梁和纽带，探索跨区域分工合作新途径。组建多层次的区域合作组织，形成政府、企业、科研院所、高校、民间等相互之间的协调网络体系，力争通过国家层面的引导和推动，吸引和集聚更多的先进生产要素，提升安徽省的经济发展水平。

6. 吸引民间资本参与，成立长江开发公司

安徽在对接长江经济建设中应广泛吸引民间资本参与战略投资，由省内外投融资机构和相关企业以混合所有制形式组建长江经济带开发投融资公司，以市场化运作方式推进沿江地区在基础设施建设等领域的合作发展。制定和出台吸引民间资本投资长江经济带基础设施建设等领域的政策和措施。降低民间资本的准入门槛，提高民间资本的准入效率，合理引导非公有资本以参股、合资合作、独资等方式进入基础设施建设、金融服务、公用事业、生态环境保护等领域。

7. 创新区域发展机制，推进市场体系建设

清理阻碍要素合理流动的地方性政策法规，打破区域性市场壁垒，实施统一的市场准入制度和标准，推动劳动力、资本、技术等要素跨区域流动和优化配置，扩大信息资源开放共享，提高基础设施网络化、一体化服务水平，形成市场体系统一开放、基础设施共建共享、生态环境联防联治、流域管理统筹协调的区域发展新机制。

8. 创新政府管理方式，做好政策衔接工作

政府要创新管理方式，主要负责制定发展规划和做好安徽省与国家有关政策的衔接工作，加强组织协调和做好项目编制验收工作。一是做好安徽省与国家建设长江经济带政策的衔接工作，应根据国务院制定出台的指导意见，积极对接长江经济带建设，结合安徽实际，制定出台具体规划和实施方案。二是做

好安徽省与长江经济带沿江有关省市政策之间的沟通与协调工作，加强安徽省与有关省市在产业发展和基础设施建设等方面的对接，避免重复建设与恶性竞争。三是做好新政策与原有政策之间的衔接工作，把长江经济带建设与皖江城市带承接产业转移示范区建设结合起来，完善协调发展机制，形成对外开放新格局。四是做好省内沿江各城市之间以及沿江城市与非沿江城市之间有关政策的衔接工作，以共建产业园区等形式，把长江经济带建设与推进城市转型升级结合起来，构建以城市群为主体形态的新型城镇化发展格局。

9. 创新人才培养模式，做好人才储备工作

随着整个长江经济带建设工作的全面展开，将有大量的人才和劳动人口参与其中。安徽应根据长江经济带建设中国家有关重大生产力布局和重大项目建设的需要，做好有关人才的储备和培养工作。采取“政府引导、企校合作、工学一体”的模式，使人才培养直接与有关项目建设挂钩，来解决大学生和新一代农民工创业就业问题。同时，通过推进长江经济带建设来加强对省内劳动人口流向的政策引导工作。目前，皖江和皖南地区发展较快，劳动人口紧缺；皖北虽然正在加快发展，但劳动人口就业压力仍然很大。政府应采取有关政策和措施，鼓励皖北劳动人口向皖江和皖南地区转移。这样一方面可以解决皖江和皖南地区发展劳动人口不足的问题，另一方面也可以缓解皖北地区劳动人口就业难的问题。

10. 创新环境治理方式，建立生态补偿机制

在安徽对接长江经济带建设的过程中，应加强安徽与长江下游和中上游地区在环境治理与生态保护方面的协作，应总结与浙江在新安江流域环境治理方面的协作经验，建立起长江下游与中上游地区之间的生态补偿机制，共同打造长江经济带绿色经济长廊。

总之，依托黄金水道建设长江经济带目前已上升为国家发展战略，并制定出台了明确的指导意见，具有着重要的科学依据和美好前景。贯彻落实党中央、国务院关于建设长江经济带的重大决策部署，对于有效扩大内需、促进经济稳定增长，调整区域结构，实现中国经济转型升级具有重要意义。建设长江经济带在给安徽带来许多发展机遇的同时，也使安徽面临着诸多挑战。安徽要抢抓机遇，迎接挑战，就应在充分发挥自身比较优势和竞争优势的同时，通过多方面努力克服自身劣势与不足，积极探索新形势下安徽在长江经济带格局中

新的功能定位与发展战略。安徽要在长江经济带的双向开放战略中充分发挥战略支点作用，就要变“东向发展”战略为“东引、中联、西进”战略，按照网络开发模式，加强自身在大区域中的分工协作关系，以促进皖江城市带的转型升级为重点，全力打造新的区域增长极，并采取相应的对策思路与政策举措，形成安徽经济转型升级可持续发展的新优势。

B.11

促进张江自主创新示范区和上海自贸区联动发展的对策建议

杨亚琴*

摘　要：作为我国改革开放和创新发展的两大高地和核心载体，上海自贸区与张江自主创新示范区要联动发展，关键是立足上海自贸区扩区发展的新形势、新情况，聚焦重点领域，实现资本市场与科技资源对接，构建联动发展体制机制，建立高端科技产业与服务贸易对接平台，形成政策配套联动辐射基地，实现后台服务和信息资源共建共享，构建两区深度融合的新竞争优势。目标是要加快形成以高端创新人才为主的创新资源集聚新高地，加快形成创新产业跨界融合发展新高地，使其真正成为上海科技创新中心核心载体。这不仅有利于上海自贸区经验的复制推广，有利于上海自贸区获得新空间，促进我国改革开放的深化，而且有利于上海科创中心的国际化平台建设，加快实施创新驱动发展战略，打造我国经济升级版。

关键词：张江自主创新示范区　上海自贸区　联动发展

中国（上海）自由贸易试验区（以下简称上海自贸区）和张江国家自主创新示范区（以下简称张江示范区）齐聚上海，使得上海承担的国家战略使命和发展任务更加凸显。借助上海自贸区的制度优势和张江示范区的创新基因，推动两区深度融合和联动发展，是上海当好改革开放排头兵和创新发展

* 杨亚琴，上海社会科学院智库研究中心执行主任，研究员。

先行者的重要标志和核心体现，必将对上海建设具有全球影响力的科创中心，加快实施创新驱动发展战略，打造我国经济升级版产生积极的促进作用。

一 张江示范区与上海自贸区联动发展的背景及意义

张江示范区是2011年1月19日由国务院批准的继北京中关村、武汉东湖之后的第三个国家级自主创新示范区，目前规划已扩大到“一区十八园”和紫竹高新区，总面积为470平方公里。张江示范区发展的核心是科技创新，科技创新不仅是我国创新型国家建设的重要内容，也是实施创新驱动发展战略的重要标志。发展目标就是建设成为世界一流科技园区，代表国家参与国际科技竞争。2014年5月习近平总书记在上海视察时要求“上海建设具有国际影响力的科技创新中心”，这对张江科技创新发展提出了新的更高要求。

上海自贸区于2013年9月29日正式挂牌运营，2014年12月29日国务院决定将上海自贸区扩区，将其实施范围从原来4个海关特殊监管区域的28.78平方公里扩至包括陆家嘴、金桥、张江在内的120.72平方公里。上海自贸区的建立是我国进入深化改革开放发展新阶段的一个重要标志，也是我国全方位探索开放型经济新体制的重要举措，本质是制度创新的试验田，也就是要通过120.72平方公里的特定区域改革开放的先行先试，形成可复制、可推广的经验向全国各地辐射，有利于培育我国面向全球的竞争新优势。

张江示范区与上海自贸区联动发展，究其实质就是科技创新与制度创新的联动，自贸区的制度创新要与科技创新主体的需求紧密结合，创新转型要更好利用便利化的投资贸易规则体系来推进。随着上海自贸区扩区，两者联动发展可分为两个层面：一个是叠加区域（包括张江核心园、金桥园、陆家嘴园）的直接联动，也就是自贸区政策直接带动示范区发展，示范区需求进一步深化自贸区改革；另一个是自贸区与示范区其他区域（分布在各区县的其他十九园）的辐射联动，自贸区政策特别是叠加区域的创新成果将能实现无缝对接，并能直接复制推广到其他区域，张江示范区其他区域难以突破的创新需求可以直接通过两区叠加区域的先行先试进行探索。两者联动发展，对我国新一轮发展具有十分重要的现实意义。

一是充分发挥两大国家战略的叠加效应。如果说上海自贸区建设体现了我国新形势下改革开放战略的新要求，是深入实施国家改革开放发展战略的新领域，是打造上海改革开放排头兵的关键举措，那么张江示范区便是我国以科技创新为引领，加快实施国家创新驱动发展战略的重要举措，是上海成为全国创新发展先行者的重要载体。因此，两者联动发展有利于组合形成我国改革开放与创新发展的大平台，更好发挥科技创新和对外开放两大国家战略的叠加效应，实现国家战略意图和目标任务的全覆盖和高辐射效应。二是构建长三角区域创新发展新高地。一方面，加快提升上海在长三角区域的产业能级，形成有序的产业分工格局和产业梯度转移。通过张江示范区创新资源集聚辐射，围绕产业链、价值链构建上海与长三角地区城市之间的产业市场分工体系。另一方面，促进新一轮长三角区域创新发展。通过张江示范区和上海自贸区两者优势叠加，形成新竞争优势向长三角区域复制延伸，重塑长三角区域在全国经济发展中的龙头地位和影响示范效应。三是加快促进上海经济转型升级。张江示范区与上海自贸区的联动发展，对上海“四个中心”和科技创新中心建设具有重要推动作用，也使上海经济发展面临一次真正重要的转型契机。这不仅有利于自贸区高端产业要素的集聚和张江高端产业要素辐射和延伸，也有利于促进上海从以传统产业为主的发展模式提升为以现代科技创新为主体的高端产业为主的发展模式，加快实现由制造向智造、由一般要素集聚辐射向服务品牌高端要素集聚和辐射的轨道上来，促进上海经济转型升级。

二　张江示范区与上海自贸区联动发展的基础及新机遇

张江示范区与上海自贸区联动发展不仅具有重要的现实意义，而且也是两者发展的内在需求。伴随着我国自贸区扩区发展，两者联动发展的基础条件日臻完善，而联动发展本身也为双方带来了新空间和新机遇。

1. 张江示范区创新基础逐步稳固，有助于提升上海自贸区改革开放力度

近年来，张江示范区创新要素密集，高端产业集聚，创新政策日臻完善，

已经成为我国最具竞争实力的国家高科技园区之一，具备与上海自贸区联动发展的基础。

一是创新要素与成果加速涌现。张江示范区集聚1400余家研发机构、43所高等院校、50多家国家科研院所、65个国家重点实验室和国家工程（技术）研究中心、300多家跨国公司研发机构和近5万家科技型企业、300多家世界500强企业；与此同时，张江示范区内有1700余家高新技术企业和260余家技术先进型服务企业，为自主创新奠定重要基础。在集成电路、生物医药、电子信息、环境、新能源等领域拥有一大批具有自主知识产权的新技术、新产品，累计专利达22000件，其中发明专利达12000件。

二是创新型产业集群加快成长。张江示范区形成了新一代信息技术、高端装备制造、生物医药、节能环保、新材料五大主导产业集群和新能源、新能源汽车两大先导产业集群。其中，生物医药、集成电路和新能源汽车产业在全国继续领先；高端装备制造、新能源、新材料、节能环保产业居于全国先进行列。现代服务业和文化科技融合产业快速发展，文化与科技融合产业产值占本市总产值的50%以上。

三是创新创业环境逐步优化。张江示范区通过加大“简政放权”的推进力度，向政府管理“简政放权”要改革红利，不仅降低企业成本提高办事效率，而且通过行政审批权改革的深化推进，“一门式”服务规模效应初显，“小机构、大服务”格局初步形成。目前市级机构13类20项审批事项已经下放到张江各园区管理机构，实现“园内事园内办结”，创新创业环境逐步优化，有助于吸引各类投资机构落沪，促进了自贸区开放。

四是创新绩效日益显现。通过推进国际化人才试验区建设，张江示范区依托园区、企业及高校院所建立了11个国家级和18个市级海外高层次人才创新创业基地，人才高地效果逐步体现。自2011年以来，张江示范区大专以上人员达到74.9万人，占从业人员总数的57.6%；占全市“两院”院士总数97%的200余名“两院”院士在张江示范区工作；全市有303名国家级和221名市级“千人计划”人才在张江示范区工作。中科院“百人计划”杰出科学家、国家自然科学基金“杰出青年”、国家“新世纪百千万人”人才、上海领军人才中的60%以上在张江示范区工作。2013年张江示范区一区多园的技工贸总收入达1.5万亿元，已经成为我国最具实力和竞争力的国家高新区。

2. 上海自贸区制度创新优势凸显，有助于促进张江示范区科技创新水平的提升

围绕面向世界、服务全国的战略要求，上海自贸区重点开展实施政府管理制度改革、建立负面清单管理模式、推动金融等服务业开放，制度创新优势凸显，可复制、可推广的改革经验基本框架初步形成，具有与张江示范区联动发展及延伸对接的优势条件。

一是服务业开放促进了各类投资机构汇聚。上海自贸区在金融服务、航运服务、商贸服务、专业服务、文化服务以及社会服务领域扩大开放，暂停或取消投资者资质要求、经营范围限制等准入限制措施，营造各类投资者平等准入的市场环境，有利于国内外投资者加快集聚并辐射到张江示范区，促使自贸区金融服务、商贸服务、专业服务、文化服务以及社会服务向张江延伸。比如，通过 VC、PE 等金融机构和金融服务向张江示范区的延伸，可促使金融资本与张江高科技企业以股权投资等多种方式的融合，支撑张江高科技企业快速成长，促进产学研用的协同创新。再如，通过专业服务、文化服务扩大开放，可带动张江文化科技企业、动漫创意产业孵化壮大成长，促进张江示范区科技服务业的运营和成长，促进科技创新商业模式的构建与完善，加快推动科技创新产业化的发展进程。

二是负面清单管理模式优化了创新环境建设。负面清单管理模式主要包括对外商投资试行前国民待遇，按照内外资一致原则，将投资项目由核准制变为备案制，并逐步优化登记流程，完善国家安全审查制度，整体上改善与优化投资环境，从而促进政府管理体制创新，加快科技企业在张江示范区的集聚发展。充分利用自贸区的品牌效应，依托张江科技人才、空间和环境优势，探索部分金融机构总部、财富管理机构和金融要素市场“区内注册、区外运营”的营运模式，进一步提升张江示范区的金融机构能级。同时通过政府管理方式创新，为创新型人才高效流动搭建良好平台。

三是对外投资服务体系建设要强化市场化机制。上海自贸区建设在境外投资项目、境外企业注册等方面，实行以备案制为主的管理方式，并进一步加大对境外投资和企业经营的事后服务管理，建立信息监测平台，做好境外投资和企业经营的引导服务。这有利于引导、鼓励和促进张江示范区高科技企业走向国际市场，进一步开拓张江示范区创新成果的辐射空间，也更有利于运用国内外两种资源两种市场，促进张江示范区资源配置的优化升级。

四是发展模式转变拉动产业结构转型升级。上海自贸区建设的核心理念、制度方法所形成的统一体，就是通过贸易模式的转型和政府职能创新，实现上海甚至我国投资贸易的便利化、高效化，有利于张江示范区根据战略性新兴产业发展、高端产业发展的需要进行整体规划和产业序列优化选择，进一步拉动和促进张江示范区产业结构升级，进一步服务长三角领域和长江流域。

3. 联动发展带来新机遇

上海自贸区是改革高地，张江示范区是创新高地，通过张江示范区与上海自贸区的政策联动和融合发展，延伸或扩大试验区和示范区的经验，不仅为上海自贸区经验的复制推广拓展了空间，也为科技研发和创新成果转化提供了国际化平台和载体，形成了自贸区溢出效应，使区域政策优化取得显著效果。

一是形成国家战略品牌的优势联动。上海自贸区载体是金融贸易，核心是改革开放，主要功能是形成可复制可推广的改革开放新经验新做法，形成对区域经济、全国经济的辐射带动效应，这也是上海自贸区最为突出的品牌优势。张江示范区是我国三大科技创新示范区之一，其载体是科技，核心是转型升级，主要功能是形成促进经济转型升级的核心载体和示范基地，这也是张江示范区最为突出的品牌优势。张江示范区和上海自贸区联动发展，不仅有利于实现优势互补，也有利于形成两大品牌的互动，营造有利于集聚高端资源要素的发展环境。

二是形成资源和市场融合对接的新平台。上海自贸区与张江示范区承载着共同的国家战略使命，具有共同的示范发展的内在要求，需要形成可推广的经验，两者的联动和融合发展，可以形成经验复制的大平台。两者联动，可使高端产业集聚在上海自贸区、发展在张江示范区，形成上海自贸区与张江示范区在高端设计、创新要素集聚和创新高端产业之间的分工衔接，共同形成集聚辐射的大平台。张江示范区可以借助上海自贸区平台，形成高科技产品和企业的国际化发展通道；上海自贸区可以借助张江示范区现有的新三板和中小企业资本市场，以及数量众多的科技企业，为吸引国外资金形成良性的资本循环效应。通过上述平台功能，可以形成国家战略的叠加影响力，更好发挥上海自贸区和张江示范区示范影响的作用。

三是形成国家创新政策协同的新机制。张江示范区与上海自贸区属于国家制度创新和政策创新集聚的先行先试区，在扩大制度创新和创新政策需求的过程中，以及开展国家创新政策试点的推进过程中，可在创新政策报送、创新政策流程和创新政策规范管理，包括创新政策服务培训等方面，形成两者的互通对接和联动机制。此外，张江示范区作为国家科技创新高地，有些需要国家层面提出的创新政策，受制于现在的管理体制机制等多重因素制约，往往出台时面临的瓶颈或阻力较多，时间成本较高，在短时期内取得突破的难度较大，可借助上海自贸区制度创新和政策创新平台，形成张江示范区创新政策先行先试的有效突破。

三 张江示范区与上海自贸区联动发展面临的突出问题

张江示范区与上海自贸区在联动发展战略的具体实施过程中，由于所属领域的差异以及职责有别，仍然存在一些突出的问题，还需要一定时间的磨合。具体存在如下问题。

一是缺乏顶层设计上的衔接。随着上海自贸区扩区，浦东区域的张江示范区核心园将与上海自贸区在体制上连成一体。两者联动发展已具备良好的地域基础，有利于两者之间形成联动发展的整体规划和顶层设计，然而这种体制上的合并，仅仅为两者联动发展创造了条件，从目前联动发展的实际情况看，仍然缺乏明确的制度设计指向和顶层设计方案；更为重要的是，浦东片区的张江高新区核心园，仅为张江示范区面积的1/5左右，覆盖的仅仅是浦东区域，对于整个张江示范区22个分园而言，非浦东区域的张江示范区的大部分园区和整体格局，依然缺乏与上海自贸区形成联动发展的顶层设计，这无疑也将会为两者之间的联动发展带来较大的对接难度。

二是缺乏战略目标的同构性。从战略层面看，设立上海自贸区的根本宗旨是与国际惯例接轨，突破WTO规则局限，形成与跨太平洋关系协议（TPP）和跨大西洋贸易投资协议（TTIP）等新国际贸易规则对接的新平台。上海自贸区在一定意义上是我国服务贸易的升级版，核心是制定开放规则，促使全国区域可直接复制发展，促进我国与新国际贸易规则的对接，因此它的战略设计和立足点是着力于新国际贸易领域，是为服务对接国际贸易金融体系而设立

的。张江国家示范区设立的主要目标是形成国家创新战略的主力军，成为我国创新驱动发展的领跑者，核心是运用国家创新政策引导突破，实现区域优先创新发展和示范发展，着力点是科技创新，通过创新要素的集聚形成创新发展的示范效应。目前无论是张江示范区的发展规模和质量，还是上海自贸区发展的推进扩展，两者之间对接层面不同，所形成的战略设计的出发点差别较大，无疑也将会增大两者对接难度和联动发展深度。

三是缺乏管理体制的整体协同。张江示范区与上海自贸区联动发展，是立足于上海区域的张江各园区（简称大张江），在联动体制上除浦东区域（简称小张江）之外，目前仍然存在体制隔离（张江示范区各分园与上海自贸区在管理体制上分属不同系统）现象。由于上海自贸区的制度创新含金量较高（国务院各有关部门直接提供配套服务），尤其在管理层次和协调力度上，上海自贸区的制度含金量要远远大于张江示范区。由此也产生上海自贸区与张江示范区在体制协调整合上的实际差距。作为国家创新战略实施的重要平台之一，张江示范区虽然也组成了由科技部牵头的，由国家各有关部委组成的协调小组，但是这个国家级的协调小组的协同性较弱，许多配套政策的制定与实施，主要以地方为主，中间层级较多，政策协调成本高、效率较低。而上海自贸区制度设计起点高，体制格局大，作为国务院的制度创新重要试点平台，往往是直接由国务院委托商务部以及相关部委与上海市政府出台制定相关试点政策，国家各大相关部委之间形成了较强的配套和政策支撑。作为国家级的试点平台，上海自贸区有关配套政策往往直接由国家发布，体现了行政体制配备上的规格高、分量大的特点。张江示范区与上海自贸区体制构架上的上述差异，显然也将为两者联动发展带来体制上的不协同（即使从目前浦东区域的张江示范区核心园核心园区域看，上海自贸区的扩围，以及上海自贸区与浦东新区政府的合署办公，虽然为上海自贸区与张江等区域的联动发展，奠定了坚实的体制基础，然而要实现两者的联动发展，仍然需要进一步增强联动发展的体制协同性），举全市之力推进的合力仍然需要强化。

四是缺乏传导对接机制。联动发展需要有效的传导和对接机制，实现规划、产业和政策的匹配。从大张江区域看，大张江区域与上海自贸区之间，无论是规划设计、产业项目，还是政策资金等方面，都缺乏联动发展的对接机制。包括信息传导沟通和规划功能上的协同，依然缺乏联动发展的传导与对接机制，由于战略设计、体制协同等方面仍然有差距，两者之间在规划布局、产业发展以及政策配套和人才支撑等方面，无论是在物理空间上，还是功能定位上，彼此之间缺乏应有的联系，导致在同一区域的两个国家战略重要品牌，仍将可能各自沿着各自的轨迹运转，难以形成互动和联动效应。随着上海自贸区范围的扩大，浦东区域的张江示范区核心园和上海自贸区之间已经没有体制障碍，彼此在功能、产业、平台和政策若干重要区域已经具有联动发展的操作条件，但是仍然缺乏两者对接与互动发展的平台载体和机制，也缺乏有效的前瞻思考，没有进行统筹布局。

五是缺乏实体项目支撑。发挥张江示范区和上海自贸区两者的联动效应，不仅需要形成理念、体制机制上的协同，统筹整合资源，还需要以重大项目为牵引，在操作层面促成协同互动。目前不仅大张江与上海自贸区之间缺乏项目联动，即使是在小张江区域，也依然存在缺乏项目支撑的配套问题。随着张江示范区核心园和上海自贸区体制上的合并归一，原来分属于两个不同产业发展区域的问题，也将会得到解决，规划上的协同性问题包括项目上的协同性问题也将可能终结。尽管浦东区域联动发展项目支撑以后将会不断涌现，但是关联配套，包括重大项目延伸的信息和管理上的协同，仍然需要进一步配套完善，比如与联动发展项目直接关联的内部协同管理、资金和人才匹配与跟进，包括制度环境建设等方面，仍然需要进一步协同配套完善。此外，随着广东、福建、天津 3 个新自贸区的成立，如何进一步提高上海自贸区的区域扩散效应，避免出现回浪效应，即落后地区的人才外流、资本转移、贸易发展对本地区产生的冲击，也将成为近期亟待解决的突出问题。

四　张江示范区与上海自贸区联动发展的思路与主要举措

1. 联动发展的总体思路

按照上海自贸区和张江示范区功能定位和新形势下的发展要求，两区联动发展的总体思路是：以经济全球化为视野，聚焦推动我国“一带一路”建设和长江经济带发展，围绕推进上海科技创新中心建设，发挥上海自贸区和张江示范区空间联动、制度创新和政策叠加综合效应，依托张江示范区和上海自贸区各自的产业发展基础，进一步集聚和运用国内国外两种创新资源、两种市场，通过功能定位、空间布局和产业升级进一步优化和平台载体建设，加快形成张江示范区与上海自贸区的产业对接、平台互用和联动发展，加快提升上海自贸区对接上海“四个中心”和科创中心建设的创新功能，加快实现制度创新与科技创新的有机结合，开放经济与创新经济的有效融合，力争在更高层次更广领域实现改革开放新突破。

（1）聚焦“一带一路”国家战略，进一步优化功能定位。将上海自贸区和张江示范区的原有功能进行重新组合，形成战略联动和“双自联动”新功能组合，进一步集聚开展全球业务的功能性机构和总部型企业、研发机构主体，加快形成区域优势资源集聚和促进创新发展的新载体，抢占全球价值链高端环节，形成上海自贸区功能强辐射效应。加快形成科技产品国际贸易、科技金融服务、高端制造三大产业集群的联动发展。加快形成产业跨界融合发展的新业态，加快集聚总部经济、平台经济、“四新”经济等重点业态发展。

（2）聚焦上海科技创新中心建设目标，进一步优化空间布局。逐步优化上海自贸区内各区域之间以及区域内与区域外之间的空间结构，按照扩围后的上海自贸区空间结构，形成上海自贸区大格局下的（金桥）先进制造业、（陆家嘴）金融服务业和（张江核心区）科技创新业之间的优化布局；集聚上海自贸区制度创新溢出效应，实现上海自贸区内（浦东）与区外（上海、长三角、长江经济带）之间的联动，促进上海自贸区四大区域合理布局，为创新驱动转型发展和上海科技创新中心建设，构建新的战略空间布局。

（3）聚焦制度创新溢出效应，进一步打造平台载体。推动形成创新要素自由流动的开放合作新局面，在投贷联动金融服务模式创新、技术类无形资产入股、发展新型产业技术研发组织等方面加大探索力度，重点构建创新资源国际化整合平台、高端科技产业与服务贸易对接平台、创新研发产品展示和技术成果转化交易平台、科技研发和创新企业境外购并重组示范平台和科技创新金融服务操作平台。

具体来说，通过张江示范区与上海自贸区联动发展，促进张江示范区功能提升，逐步形成国际化创新要素集聚、创新成果转化的重要枢纽和市场化配置资源的示范基地；通过张江示范区与上海自贸区的联动发展，促进上海自贸区

功能扩展，促进上海自贸区从传统货物贸易向服务贸易、科技贸易等并重发展的业态转型，真正形成开放度高、投资贸易便利化、货币兑换自由、监管高效便捷、法治环境规范的自由贸易园区；通过张江示范区与上海自贸区联动发展，加快实现产业链条延伸与功能集聚辐射，促进区内产业集聚与转型升级，以及区内、区外联动发展；通过产业链条延伸和强化服务功能，加快和促进上海自贸区与张江示范区创新发展，发挥张江示范区和上海自贸区在更大范围的发展带动效应，更好服务长三角、服务长江经济带、服务全国。

2. 联动发展的目标任务

（1）加快建设具有全球影响力的科技创新中心的核心载体

近期目标：成为全国和上海科技创新的先行先试平台，在上海自贸区建立国外创新要素集聚、流转到张江创新示范区的中转、扩散通道，促进国外资本、人才和知识专利等各类创新要素在张江示范区的低成本流入和集聚。

中长期目标：成为上海建设具有全球影响力的科技创新中心的核心载体和示范区域。在上海自贸区建立形成国际化创新要素集聚的中心枢纽；促进张江示范区科技创新的国际化，逐步使上海成为配置全球科技创新要素、创新成果集聚转化的国际城市。

（2）加快形成以高端创新人才为主导的创新资源集聚新高地

近期目标：以张江国际人才试验区基地建设为基础，在上海自贸区加快高端人才代理、跨国人才猎头公司总部的集聚，构建上海创新人才集聚、流转和辐射高地。

中长期目标：采用符合国际惯例的人才优惠政策，促进资源要素驱动向创新功能驱动的转化，使上海成为创新资源要素集聚和高端国际人才集聚的枢纽港。

（3）加快形成创新产业跨界融合发展的新高地和高端服务集聚区

近期目标：基本建成跨国公司亚太营运总部集聚地、国际贸易创新引领区；构筑内外贸一体发展，进口、出口、转口贸易联动发展；基本建成新兴产业创新策源地、国内企业“走出去”对外投资促进新平台。

中长期目标：成为跨国公司拓展全球业务、配置全球资源的新载体，成为我国企业融入全球价值链、跨向全球化经营的桥头堡；形成服务贸易与离岸贸易创新发展新格局；成为现代服务业新业态、新模式开放集聚的核心功能区。

3. 联动发展的重要举措

围绕上海自贸区与张江示范区联动发展的总体思路和目标任务，聚焦联动发展的重点领域，进一步落实推进实施路径和重要举措。

（1）围绕科技创新中心核心载体的发展目标，重点聚焦创新要素集散地、创新产品发布地和创新产品交易所，关键要构建五个创新平台。一是建立创新资源国际化整合平台。积极吸引国际化高端创新资源要素，建设1～2家世界级科研机构，逐步打造和形成一流科技研发的品牌；二是建立高端科技产业与服务贸易对接平台，包括张江创新研发产品交易平台、张江科技创新研发设备保税展示平台、建立创新和研发产品跨境电子商务服务平台以及高端创新研发产业总部平台；三是建立创新研发产品展示和技术成果转化交易平台，包括保税技术产品、保税知识产权交易所、技术产品出口退税或免税交易平台、张江专利产品交易保税平台；四是建立科技研发和创新企业境外购并重组示范平台，核心是设立上海自贸区科技类新三板上市企业窗口或报送平台；五是建立科技创新金融服务新平台，主要建立张江高新区与上海自贸区金融联动对接平台、境外科研企业投资服务管理平台、张江科技企业“走出去”金融服务示范基地、科技研发企业境内外资金畅通流动平台。

（2）围绕加快形成创新资源集聚新高地，重点要实现高端创新人才、研发要素和创新市场组织规模化集聚发展，关键要形成三个协同机制。一是加快形成张江示范区和上海自贸区联动发展新平台建设的资金投入协同运作机制。聚焦联动发展的新兴产业和平台载体，组建上海自贸区和张江高新区联动发展基金，为联动发展提供资金保障。二是加快形成张江示范区和上海自贸区联动发展新平台建设的风险管理协同机制。组成联合发展基金理事会，按照双方认股份额比例大小，确定理事会成员名额以及协商管理的职责，形成利益与风险共担机制。三是加快形成张江示范区和上海自贸区联动发展新平台建设的利益共享协同运作机制。聚焦联动发展的公共基础设施，建立利益共享机制。在上海自贸区和张江示范区之间的医疗、教育、交通等公共服务配套设施建设基础上，形成共同规划发展、共同投入资金或按照分享比例投入、共同监管的利益共享机制，对联动发展的平台和载体建设的公共设施或准公共设施的配套投入，按照双方的共同意愿和协同发展要求，共同策划统筹发展推进。

（3）围绕加快形成创新产业跨界融合发展新高地，重点要促进区内区外

联动发展和产业空间布局优化，关键要推进三个政策协同。一是形成联动发展的国家政策之间的协同。在统一的操作平台上进行协同，将两者的试点政策叠加效应联合或联动辐射。二是形成联动发展的区域政策之间的协同。由上海自贸区和张江示范区各自发布的区域政策，应在同一平台上进行协同。三是形成联动发展的配套政策之间的协同。张江示范区虽然总体政策规章不多，但是多年来相关的配套科技政策已逐步形成体系，所对应的政策配套内容较多，尤其是聚焦科技创新的要素集聚和人才激励试点等达 160 多项。上海自贸区的主体政策虽然较多，但是相关内部配套政策较少，为便于两者的联动发展，应在统一平台上进行协同和完善。

B.12 江苏推进南京江北新区建设取得突破性进展的思路、重点与对策

徐　琴等*

摘　要：推动江北新区建设取得突破性进展，对于衔接重大国家战略、协同区域发展、引领新常态、促进城市升级等方面具有重大意义。根据国务院关于江北新区建设“三区一平台”的总体定位，结合江苏省江北新区的区域特点，我们认为江北新区规划、建设与发展的基本思路为：走出卫星城的思维旧路，注重新区城市功能体系的完备；处理好产业发展与人口导入的平衡，在规模、结构、质量上，实现产业发展与人口集聚的协同与契合；坚持居住与就业的平衡，引导人口在新区的集聚与就业；推动房地产与公共服务的同步配套。江北新区建设取得突破性进展的重点在于：运用负面清单方式，引导产业集群成长；不断健全新区的公共服务基础设施体系；大力发展生产性服务业；积极推进智慧城市建设；全面实施自主创新战略；深入推动园区体制机制创新。推动江北新区建设的对策建议有：全面融入长三角一体两翼联动发展中；营造内生成长性高的产业生态系统；多措并举面向全球集聚创新创业人才；积极探索多元化的新区投融资体制；对重点领域重大项目在全省范围内予以政策倾斜。

* 课题负责人：徐琴，江苏省社会科学院社会发展研究中心副主任、研究员；课题组成员：何雨、樊佩佩。

关键词：江苏　南京江北新区　国家战略

一　推进江北新区建设的现状、意义与优势

1. 推进江北新区建设的发展现状

跻身国家级新区为江北新区的发展赢得了新的契机，但是作为“一带一路”战略重要支点、皖江城市带门户、长江经济带重要节点、苏南自主创新示范区重要板块，江北新区的发展现状却并不令人乐观。长期以来，受长江天堑的制约，江北新区变成南京经济社会发展的洼地，也成为苏南自主创新示范区中最为薄弱的板块，远远落后于大部分苏南地区。①城镇化水平不高、质量较低。2013 年南京城镇化率已经达到 80.5%，而江北新区只有 60% 左右。虽然城镇化建设遍地开花，但是却缺乏规模与能级效应，特别是未能形成江北地区的经济社会集聚与发展中心和增长极，在城市形态与城市结构上存在明显缺陷。②经济发展滞后、产业结构很不合理。新区拥有市级工业园区 3 家，区属工业集中区 14 家，但存在产业集中度偏低、工业项目参差不齐、产业普遍规模不大的问题。在产业结构上，重化工比例过大，生态环境压力较大，不利于战略性新兴产业与高端制造业的集聚。③空间资源潜力巨大，但是空间布局混乱。江北新区面积约占南京市域面积的 40%，是经济社会高度发达、现代化程度和城镇化率相对领先的长三角核心区域中，唯一可供大规模发展规划的空间、具有较高的战略价值和较大的发展潜力。但除了位于浦口区的高新技术开发区外，大片土地被众多小工业园区分割占据，空间布局较为混乱。这些小工业园区在实际发展中各自为战，未能形成科学合理的产业集聚。④公共服务能力不足。与江北新区相对落后的经济社会发展现状相一致的是，新区内的公共服务能力严重不足。教育、医疗、道路、基础设施等不论是在质量上还是数量上，都与未来江北新区跨越式发展的需求不相吻合。

2. 推进江北新区建设的重大意义

江北新区是我国第 13 个国家级新区，在衔接国家战略、协同区域发展、引领新常态、促进城市升级等层面具有重大意义。①从衔接国家战略层面看，

建设国家级江北新区有利于承接“一带一路”、长江经济带两大国家战略，有利于发挥两大国家战略的叠加效应，有利于发挥长江南京12.5米深水航道开通后的海港优势，有利于呼应和对接上海自贸区建设，推动沿江产业结构优化升级，加快形成全方位、多层次、宽领域、高水平的开放新格局。今后江北新区将成为长江经济带的重要支点和经济增长极。②从区域协同发展层面看，江北新区也是“承南启北”“承东启西”的关键节点。通过国家级江北新区的培育与建设，向北能够辐射带动苏北、苏中地区发展，向西带动与之毗邻的安徽地区以及长江沿岸江西地区的发展，并以此进一步拓展南京都市圈的腹地范围、与长江中游城市群对接。③从城市发展层面看，江北新区也是“后青奥时代”南京新一轮发展的战略支点。作为南京“一区一带三枢纽”区域发展中的“一区”，江北新区的崛起必将缩小南京江南与江北地区巨大的发展差距，形成江南与江北协同发展的新型城市空间格局，特别是随着桥、隧道、地铁等跨江交通体系的不断完善，与主城隔江相望的江北地区已经成为统筹江南江北协调发展、推动南京转型升级的主战场和主阵地，也是实现南京“迈上新台阶、建设新南京”发展目标的重要支撑。④从江北地区自身层面看，建设江北新区，更是江北地区自身加快发展的迫切需求。占全市面积40%的江北地区，经济社会发展长期落后于主城，成为南京发展的一个洼地与短板。设立国家级新区，有利于发挥江北的后发优势，推动江北地区跨越式发展。

3. 推进江北新区建设的比较优势

从比较优势的角度看，江北新区区位优势突出、交通枢纽发达、历史文化悠久、产业基础扎实、创新资源禀赋优越，具备成为国家级创新平台、区域重大增长极的基础。①区位优势突出。位于东部沿海经济带与长江经济带“T”字形交会处，东承长三角城市群核心区域，西连皖江城市带、长江中游城市群，是长三角辐射带动长江中上游地区发展的重大区域节点。长江黄金水道和京沪铁路大动脉在此相交，承东启西、连南接北、通江达海，集水路、铁路、公路、管道等于一体的综合交通运输体系功能完善。随着长江南京12.5米深水航道开通、高铁南京北站、江北机场的建设，江北新区的江海转运枢纽作用日益凸显。②产业基础扎实。新区拥有国家级、省级园区5个，覆盖南京高新技术产业开发区、南京海峡两岸科技工业园、南京化学工业园等园区和南京港西坝、七坝两个港区。新一代信息技术、生物医药、高端装备制造等战略性新兴产业发展迅速，卫星应用、轨道交通等高端装备制造业近三年产值年均增幅超过20%；化工、钢铁等传统产业加速转型升级，产业结构不断优化。航运物流、研发设计、文化创意等现代服务业加快发展，近三年产值年均增幅达到20%以上。2014年常住人口130万，地区生产总值1435亿元，地方一般性预算收入163亿元。③交通体系不断完善。交通相对落后一直是制约江北新区发展的关键性因素之一。随着规划地铁总里程220公里、地铁600米出行半径覆盖80%的人口的快速轨道交通体系的健全与完善，以及高铁南京北站、马鞍机场、宁合客专、沪泰宁城际、京沪高铁宁扬联络线、宁淮城际的陆续建成，江北新区最终将形成多条桥梁、地铁、隧道连接长江南北，高速公路、铁路、城际、轻轨等快速路网与上海、安徽、浙江等区域互联互通的综合交通枢纽格局。④政策优势护航后发追赶。国家发改委在江北新区总体方案中明确允许其"先行先试"，并享有用地、财税等政策上的优惠。省委省政府也把促进江北新区发展放在促进全省协同发展的战略位置上，更高水平、更大力度地支持江北新区建设成为"自主创新先导区、新型城镇化示范区、长三角地区现代产业集聚区、长江经济带对外开放合作重要平台"的目标。

二　江北新区规划、建设与发展的基本思路

随着社会发展进入新时代，经济发展进入新常态，江北新区建设面临的外部环境正在发生变化：受"三期叠加"的影响，宏观经济已经告别高速增长阶段，进入中高速增长的新常态，这意味着江北新区建设无法享受经济发展的高增长红利。此外，土地政策和财政政策的趋紧，也意味着城市新区开发的政策环境发生了重大变化。为此，江北新区在确定未来规划、建设与发展思路时，必须要更多地依靠自身条件，向改革要动力，掌握好节奏，推动新区建设的可持续开发。

1. 注重新区城市功能体系的完备

在国务院对国家级江北新区的批复中明确指出，要把江北新区打造为"新型城镇化示范区"。新型城镇化不是片面注重追求城市规模扩大、空间扩张，而是强调城乡统筹、城乡一体、产城互动、节约集约、生态宜居、和谐发

展，其核心是以提升城市的文化、公共服务等内涵为中心，使城镇真正成为具有较高品质的适宜人居之所。以建设新型城镇化示范区为目标的江北新区，应该设法避免过去各地城市的新区开发中，或多或少出现的功能单一、动力不足、对民生建设重视程度不够，以及城市边界、生态红线被突破的问题。概言之，就是要走出卫星城的城市建设思维，把江北新区定位为一个功能完备的新城。根据远景规划目标，到2030年江北新区总人口300万～350万人，城镇人口270万～315万人，村庄人口约35万人，城镇化水平约90%。对照《关于调整城市规模划分标准的通知》，2030年江北新区将达到I型大城市标准。就城市容纳的人口规模而言，如果把江北新区视为一个独立的市，那么它是江苏的仅次于南京和苏州的第三大人口城市。显然，如果以卫星城的思维来建设江北新区的话，将会产生大量的就业、通勤、医疗、教育等方面的问题。只有告别遍地开花的传统城市开发模式，坚持以建设功能完备的新城为定位，加强整体城市设计，科学设计新区城市发展框架，高起点、高标准地建设城市综合配套体系，推进城市基础设施和公共服务设施建设，统筹生产区、办公区、生活区、商业区等功能区规划建设，才能促进产业与城市融合发展、人口与产业协同集聚。

2. 重视产业发展与人口导入的平衡

新城的发展将会改变产业布局和空间布局。它通过建立起以城市为中心、以产业辐射边际为半径的动态增长极，将城市的范围进一步延伸，新城发展取得成功的重要前提是人口的导入和人口结构的优化，人口集聚规模大小是决定建设成败的关键因素，而人口导入的数量、结构又与新城的产业结构、规模息息相关。产业发展与人口导入在规模、结构、质量上的契合程度，直接决定着新城的生机与活力。新城既是企业集群的地域体，数量众多的企业在空间上的集中，使得一个行业获得配套产业的支持以及配套产品更为便利，为企业间乃至区际的协作和专业化分工提供便利条件，促进和推动了新兴产业链的形成；新城又是新城市形态的衍生前奏，通过产业积聚、资本积聚、人力积聚，进而推动新城的形成和扩展，为新兴城市奠定了坚实的物质基础。对于江北新区来说，基础设施、商业设施和社会服务能有效发挥作用，关键在于要有一定的人口规模，能在短时间内确保人口规模达到规模效应的临界人口规模，确保人口导入不仅不会拖累产业的发展，相反会为新城发展提供足够的“人口红利”，进入人口增长和基础设施、产业发展的良性循环轨道。根据规划，到2020年江北新区总人口将达

225万~245万人，城镇人口170万~190万人，村庄人口约55万人。2014年江北新区有130万人，这意味着在5年时间里江北新区要新增100万人左右。显然，如何在规模、结构、质量上，实现产业发展与人口集聚的协同与契合，是推动江北新区大发展所必须解决的一个重大而现实的问题。

3. 重视居住与就业的平衡

按照产业集群理论的基本观点，产业的集聚必然会带来人口的空间集中，一方面为企业提供丰富的劳动力资源；另一方面也增加了产业集聚区居民的就业机会，进而提高了居民的物质文化生活水平，提高了消费能力，推动了产业的发展。新城镇运动的重要代表人物沙里宁指出：大城市空间结构的优化无非通过两种方式来解决：一是对日常生活进行功能性集中，二是对集中点进行有机分散。在城市空间扩展演化过程中，培育新的功能结点，集聚城市人口和产业，推动城市地域空间布局的功能优化。从人口迁移的动力来看，在劳动力市场自由流动的前提下，寻求谋生和就业栖息地是形成人口流动的直接动因，人口流入的关键就是目标城市要提供充足的就业岗位和稳定的收入。研究证明：近郊型人口导入主要以居住驱动型为主，远郊型人口导入主要以就业驱动型为主。就业驱动型人口导入对新城的长远发展具有特别的意义。珠三角多中心城市的发展实践证明，产业发展是城市化发展的最强大动力，经济型流动人口是推进城镇化、实现工业化和市场经济发展的主要因素。对于江北新区来说，长远来看，要建成功能自主、体系完备的新型城镇化示范区，就业驱动型人口导入应该是其城市建设的核心模式。过去江北之所以发展严重滞后，除了长江天堑的天然障碍之外，一个很重要的原因就是江北沦为主城的辅助区、附属区，成了交通走廊和工业园区，缺乏自成体系的就业与居住环境。为此，以具有竞争力的就业岗位来吸引人口的流入与集聚，是推动江北新区可持续发展的关键。在此进程中，妥善处理好就业问题与居住问题的平衡，特别是随着新区建设进入正轨、加速度阶段，短时间内的人口集聚，必然会带来居住、就业等大量问题。在明确江北新区主导产业的基础上，注重专业化与多元化相结合，积极发展群落化、多元化、配套协作的产业集群，为居民提供尽可能多的就业岗位，满足多阶层人群的就业需求，有效地集聚一定规模的人口在江北新区就业与生活。

4. 注重房地产与公共服务的同步配套

对于快速城市化的中国来说，房地产业的发展已经成为形塑新型城市功能与空间格局最便捷最有效的途径之一，地产先行、地产造城是过去20年间推进城市化的典型方式。江北新区的发展，依然需要善于运用地产业对于城市开放的巨大拉力，但需要特别注重地产业与公共服务的同步配套，使其成为真正的宜居空间。近年来，通过土地供应结构的调整，南京全市土地与住房供应的重心已经明显北移。随着国家级江北新区的获批，区内房地产业呈现一片繁荣景象，购房人的热情也再度被激发。但是，这种激情更多的是对未来的一种愿景，是投资性购房。由于江北新区在工作、求学、医疗、娱乐、休闲、购物等方面，依然缺乏全面高质量的配套体系，如何把投资性购房需求转变为现实的居住性需求，并以此促进江北新区真正意义上的人口集聚，这依然是一个长期性问题。

江北新区公共服务的空间布局需要进行总体性和前瞻性的优化调整。目前，优质教育、医疗和文化资源主要集中在桥北地区，新规划的学校、医院等公共服务配套所在区域也以桥北地区为中心。相反在已有大规模住宅区开发项目的隧道口地区，功能单一，优质公共服务设施和机构的配套明显不足。基于此，在江北新区未来的片区和组团规划中，应充分注重房地产与公共服务的同步，甚至要体现公共服务优先的发展理念，包括：基本公共服务设施应与地产开发规模和居住区分布相匹配。同时，部分基本公共服务设施建设的时序，需更好地对接住宅开发，有时需适度先行建设，特别是幼儿园、学校、医院等。未来，新城的人口导入将主要以年轻一代新市民为主，教育和医疗服务设施的配套水平将极大地影响他们的居住空间选择。只有教育和医疗等服务设施的适度先行建设，才能更好地、较为快速地集聚人口，形成可持续发展的内在动力。

5. 坚持环境保护与生态先行

江北新区拥有山水城林的良好生态环境资源，在建设新区时应坚持生态先行，把资源节约、环境保护、低碳循环作为刚性约束，着力构建现代绿色生态产业体系，努力打造生态文明建设的样板区。新区规划开发时要在生态评价基础上进行生态要素识别，划定不同等级生态功能区，控制生态红线范围内各类设施、用地建设。严格保护基本农田范围内的耕地，加强农田林网建设，提高乡村整体绿化率，形成特有的乡野生态景观。积极推动新区产业结构由粗放型增长模式向集约型发展模式转变。

三　取得突破性进展的主要方面

1. 运用负面清单方式，引导产业集群的成长

《南京江北新区总体规划（2014～2030）》（征询意见稿）显示：2020年江北新区的主要发展指标，包括：人均GDP达18万元，高新技术产业产值占规模以上工业产值比重达55%，常住人口城镇化率达76%，城乡居民收入分别达7.5万元和3.8万元等。在此，江北新区发展的核心是围绕区域产业布局调整和产业项目推进，结合新技术革命的远景与江北新区的客观实际，确定需要重点突破的产业方向。从目标来看，培育、壮大六大产业园区应是江北新区未来的主攻方向。依托南京高新区，以软件产业片区、生物医药谷、先进制造业基地等为载体，发展软件与信息服务、生物医药、卫星导航产业、先进制造业四大主导产业。依托南京化工园区，重点拓展精细化工产业链，推动化工产业转型升级，发展新材料产业。依托浦口、六合经济开发区，重点发展轨道交通、汽车机车、电力电气、智能装备等高端制造产业。依托南京海峡两岸科技工业园区，大力发展集成电路、生物医药、移动互联网、文化创意等产业，推进宁台合作。依托浦口老城区，大力发展健康医疗、康复养老及相关配套服务等多种功能复合的服务业集群。

在除确立未来空间与产业发展方向之外，对江北新区来说，还必须设法处理好现有的支柱性产业——化工产业的结构调整与转型升级问题。严控化工产业规模，优化化工产业结构应成为江北新区产业再造的应有之义。具体来说，就是石油化工产业以南京化工园（长芦片）为主体，对照国际先进水平，通过高新技术与设备更新进行改造提升，向高端、绿色、低碳方向发展，建设国家级生态化工园区。与此同时，引进国际知名企业，引领化工向新材料产业方向转型升级；结合西坝港建设，发展港口物流。新区将制定严格的能耗、水耗指标，压减污染物排放的绝对量。未来，政府应运用负面清单方式，引领产业集群的成长。负面清单实际上是政府与市场探索合作的一种新机制，政府需要尊重市场配置资源和项目的自主性和主导性。政府在产业发展导向上，只需要依据生态环境保护和绿色发展理念，确立产业发展的负面清单，只要不在负面清单之列的产业，政府就不给予任何干预，只提供必要的招商安商服务。市场

将逐步形成符合其自身发展规律的产业集群。

2. 不断完善新区公共服务设施

芒福德说：人们为了生活聚居在城市，为了更好地生活而留在城市。显然，更好的城市生活，离不开健全完善的公共服务体系。公共服务设施的配置现状、影响因素、规划布局、配置标准以及配置评价等，直接关系到城市居民的生产生活，关系到人民的居住满意度与幸福感。从要素上看，要形成功能完备的城市新区，应该做到以下几点：一是要尽快完善学校、医疗、公共交通、市容环境、市政管理、社区服务、公共文化体育设施，注重居住、就业、商购、文娱等方面的平衡协调发展，为居住人口提供便利的生活条件。二是打破新城基础设施与生活性服务业相对滞后的制约瓶颈，加快基础设施建设步伐，加快推进新城与南京主城之间的轨道交通和公共交通建设，将交通人口向新城引导。三是鼓励科研院所、大专院校、大型医疗设施、商业配套等部门入驻新城。引导市区社会事业向新城延伸，形成与市区均衡的教育、卫生、文化服务体系，提升居住区的生活品质，营造配套齐全、秩序良好、功能完备、安居乐业的生活环境。四是适当提高办公楼、商业设施用地的比例，通过居民生活服务产业，如商贸、餐饮、家政等推进服务业人口导入。当前，考虑到江北新区建设尚处于规划、起步阶段，因此，在公共服务建设方面应选择重点地区、关键环节进行突破。结合新区发展规划，除了要大力发展江浦之外，还要加快建设桥林、龙袍新城，加强市政、环保基础设施和公共服务设施建设，优化教育医疗等公共服务资源配置，打造综合性产业新城。为促进新区与主城的通勤便捷化、生产生活要素流动自由化，应考虑过江通道免费问题，以让利于民、普惠于民。

3. 大力发展生产性服务业

生产性服务业是指为保持工业生产过程的连续性、促进工业技术进步和产业升级及提高生产效率提供保障服务的服务行业。它是与制造业直接相关的配套服务业，是从制造业内部生产服务部门独立出来并发展起来的新兴产业，本身并不向消费者提供直接的、独立的服务效用。它依附于制造业企业而存在，贯穿于企业生产的上游、中游和下游诸环节，以人力资本和知识资本作为主要投入品，把日益专业化的人力资本和知识资本引进制造业，是第二、三产业加速融合的关键环节。在现代经济中，科学技术对经济发展水平的提高起着关键作用，它在生产过程中被实际应用大都是通过生产性服务来实现的。生产性服务促使生产过程应用科学技术的这个过程也推动生产向规模经济发展。生产性服务被认为是新兴经济的关键服务，它与生产经营活动的关系越来越紧密，并且越来越复杂。对江北新区来说，提供全面、优质的服务，为周边地区发展提供支持是江北新区吸引周边地区的居民、发挥辐射作用的前提。而这又依赖于生产性服务业的发展，继而吸引优势企业的集聚，吸引周边地区居民前往江北新区就业。当前，江北新区重点发展的生产性服务应集中在：保险、银行、金融和其他商业服务业领域，如广告和市场研究，以及职业和科学服务，如会计、法律服务、研究与开发等为其他公司提供的服务。

4. 积极推动智慧城市建设

智慧城市是以互联网、物联网、电信网、广电网、无线宽带网等网络的多样化组合为基础，更加广泛深入地推进基础性与应用性信息系统开发建设和各类信息资源的开发利用，把已有的各种生产要素优化组合，从而以更加精细和动态的方式管理生产和生活，形成技术集成、综合应用、高端发展的现代化、网络化、信息化、智能化城市。对于江北新区来说，要充分发挥南京科教、产业和人才优势，推进电信网、广电网与互联网的融合，工业化与信息化的融合以及物联网与互联网的融合，加快社会经济结构从以物质与能量为重心向以信息与知识为重心转变，使信息资源成为重要的生产要素，智慧产业成为经济增长的重要引擎，电子政务成为公共管理和服务的主流模式，网络化工作生活方式得到广泛普及，城市信息化与农村信息化协调发展，形成适应信息化发展的社会经济组织体系，全面提高资源利用效率、城市管理水平和市民生活质量。

5. 全面强化自主创新战略

党的十八大明确提出，“科技创新是提高社会生产力和综合国力的战略支撑，必须摆在国家发展全局的核心位置”。“十二五”时期以来，江苏省大力实施创新驱动发展战略，推进科技创新工程。自 2013 年江苏省被列为创新型省份建设试点以来，科技创新为全省稳增长、调结构、促转型、惠民生发挥了重要作用。实施创新驱动战略，强化自主创新，在破解南京城市发展瓶颈、调整经济结构、转变发展方式等方面发挥示范和引领作用。《南京江北新区总体方案》明确提出，到 2025 年，创新驱动战略发展取得实质性进展，布局合理、特色鲜明的现代产业发展格局基本形成。事实上，和其他国家级新区相比，江北新区的创新资源十分丰富。南京是国家科技体制综合改革试点城市，拥有高等院校53所、省级以上科研机构600多个、在校大学生70多万人、“两院”院士79位、国家“千人计划”特聘专家185名、每万人口发明专利拥有量25件，每万人中大学生数量超过980人。当前江北地区现有国家级、省级园区5个，新一代信息技术、生物医药、高端装备制造等新兴产业发展迅速，并初步形成了若干个产业集群。此外，新区现有各类科技创新平台和工程技术中心50多个，集聚了国内外知名的高科技企业及研发机构数百家，也为创新发展打下了坚实的科教资源基础。对江北新区来说，自主创新就是在现有基础上更加注重顶层设计，使得经济结构更加合理，资源禀赋和优势得以充分发挥，每个产业集群都培育出龙头企业。通过自主创新，推动江北新区成为苏南自主创新示范区中技术创新的主要来源或源头，成为具有全球创新资源配置能力的科技创新中心，成为带动区域发展的自主创新的重要引擎。

6. 深入推动体制机制创新

先行先试是江北新区改革创新的应有之义。对于江北新区来说，就是要探索行政区与功能区融合发展的体制机制，着力整合区域内各类行政资源，进一步理顺内部行政管理体制，适时实施行政区划调整，努力破解制约发展的体制机制障碍，探索形成协同管理、精简高效、权责一致的管理模式，推进政府治理能力的现代化。围绕着“三区一平台”的总体目标，江北新区体制机制创新的主线有三条：一是政府与政府的关系，其中涉及管委会法律地位、权力的行使方式、行政管理体制创新等方面的内容。二是政府与市场的关系，其中涉及江北新区政府与市场关系的梳理和界定，政府“助推市场”的战略选择、发挥市场对资源的决定性配置作用、绩效评价等方面的内容。三是政府与社会的关系，其中涉及政府通过购买服务释放公共空间、社会组织的培育发展、事业单位的分类和绩效改革、公民参与的路径和制度设计等方面的内容。体制机制创新应坚持顶层设计，重点是做好政府的权力清单管理、行政审批制度改革等工作，加大对江北地区“两区两园”的简政放权力度。此外，考虑到江北新区依然是一个概念性范畴，在行政区划与功能布局上并未形成一个整体，因此应适时对江北行政区划进行调整，组建一个权限统一、职责明确的江北新区行政区。在此基础上，赋予江北新区市级乃至部分省级管理权限，使江北新区可以自行审批、处理一些重大项目和事项。

四　实现突破性进展的对策建议

1. 融入长三角一体两翼联动发展格局

从地理位置看，江苏处于长江经济带的“咽喉”位置，而南京江北新区则是连接苏皖地区、承接上海自贸区外溢效应的重要节点，也是长江经济带“龙头”向中部地区延伸、辐射的重要节点。在国家对江北新区功能定位的批复中，提到将江北新区建设成为：长三角地区现代产业集聚区、长江经济带对外开放合作重要平台。建设江北新区，必须要关注南京在长三角城市群和长江经济带中的定位，要与上海浦东新区、浙江舟山群岛新区、中国（上海）自由贸易试验区等形成联动发展。长三角地区整体布局的未来发展方向，应该是建成以上海浦东新区、上海自贸区为龙头，以浙江舟山新区、南京江北新区为支撑的“一体两翼”格局。这一发展格局既明确了长三角经济社会发展一体化的三大基地，同时也有利于长三角一体发展形成一个扇形的辐射态势：以上海为中心，舟山新区和江北新区如同两只“翅膀”，推动上海浦东新区、上海自贸区的外溢辐射，促进长三角城市群与长江中游城市群、皖江城市带等长江中上游地区的区域开放合作，进而带动长三角和珠三角之间洼地的发展。这三个国家级新区的联动发展，既要体现多样化，更要体现统一性。尤其是新获批的南京江北新区，要积极争取、用好用足国家支持上海浦东新区的改革创新政策；推广上海自贸区“可复制”的改革试点经验，分享改革发展红利。要对接上海浦东新区，南京江北新区应积极主动寻求发展高端服务业的机遇，发挥其在高端服务业领域与上海自贸区的互补和耦合。上海浦东新区是长三角高端服务业的重要集聚区和总部基地，南京制造业在国内已处于领先水平，生产性服务业发展水平虽然居省内第一位，但并不能满足区域内先进制造业发展的需求。江北新区的成立，对南京高端服务业发展来说是难得的机遇。南京江北新区要跳出南京，发展成为区域金融中心、物流中心、贸易中心和工业研发及设计中心，在跨省的区域发展中提供产业配套；同时，在今后的发展中还要与上海自贸区加强联动。浙江舟山群岛新区是我国第一个群岛新区，也是首个以海洋经济为主题的国家级新区。自2008年起，南京的集装箱和散杂货物流，与舟山港口的联系越来越紧密。目前，舟山港已经取代宁波北仑港，成为与南京港互动运输吞吐量最大的港口。对接舟山群岛新区，主要的着力点还是要发挥南京通江达海的港口物流优势，大力发展集装箱和散杂货物流。

2. 营造内生成长性高的产业生态系统

以苏锡常为主的苏南地区城市发展的一个主要特点是长期依靠吸引外资，并在某种程度上患上了“外资依赖症”。近年来受经济结构的转型、劳动力成本的上升等因素的影响，外资撤离使这一地区的外向型经济发展受到严重打击，影响了这一地区城市发展的稳定性与连续性。相反，以深圳为代表的内生发展型城市，孕育了包括腾讯、华为、中兴、华大基因、万科等一大批创新型企业，为城市发展提供了源源不断的动力。对于江北新区来说，就是要对标深圳，高起点高水平地打造长三角的“深圳”，使之成为一个不过度依赖其他城市或地区的自主创新的高地、南京转型升级的新引擎。根据江北新区建设展望，到2025年，要力争使全社会研发（R&D）投入占GDP比重在4%以上，战略性新兴产业产值年均增速达到20%以上。为此，江北新区的发展不能是房地产一头热，还必须要有强有力的产业支撑。在主导产业选择上，以南京生物医药谷、南京软件园、南京轨道交通装备产业园等为主要载体，聚焦生物医药、新一代信息技术、高端装备制造、新材料等战略性新兴产业的特色优势领域，促进新兴产业集聚、集群、集约发展。推动产业联盟建设，努力占领产业制高点，不断提高战略性新兴产业对经济发展的贡献率。围绕着主导产业，江北新区应营造一个内生成长性高的产业生态系统，构建一个由高端制造业企业和生产性服务业企业组成的生态群落，通过结构功能优化，在能源、水和材料的管理及环境与资源问题上展开合作，协同提高江北新区的环境质量和经济效益。在此基础上，营造一个高端制造业集聚、生产性服务业发展完备的区域产业生态综合体。

3. 多措并举面向全球集聚创新创业人才

强化自主创新、推动经济转型升级，离不开人才，特别是高端人才、创新创业型人才的支撑。人才资源是第一资源，只有识别、集聚目标人群，江北新区才能为建设自主创新示范区和高端产业集聚区提供不竭的动力。吸引人才、集聚人才的关键是营造一个让人才能够充分施展其才华的宽松环境，包括生态环境、居住环境、创业环境，为高端人才提供高效、低成本创业载体和高品质生活社区。根据江北新区的城市发展定位，把集聚人才作为推动新区发展的突破口，以高层次、创新型人才为重点，积极创新思路，扎实推进人才工作的新发展。树立“市长＋市场”工作理念，努力构建“政府引导、市场主导、用人单位主体”三方良性互动的人才工作机制。围绕江北新区产业发展需要，发布新区主导产业的高层次人才需求目录，引导和促进创新型人才向重点领域、重点产业集聚。针对人才需求与供给的不同层次与类型，建立分类引导的优惠政策体系。一是制定相对宽松的户籍管理办法，减少人才流动障碍，使外来人员享受市民待遇，鼓励有稳定就业岗位的外来人口定居落户，合理引导人口流动。支持大学毕业生到新区就业，放宽指标限制条件，降低缴纳费用额度。二是实现产业结构与人口结构的联动调控，落实吸引高素质人才的各项政策。搭建区域人才信息平台，实施特殊的人才政策，试行人才“绿卡”、兼职兼薪双聘、全球招聘等制度。三是比照同类地区鼓励投资的优惠办法，按照投资总额或纳税总额，给予投资人住房、户籍奖励。鼓励投资人携带家属投资定居。保障投资移民家庭在升学、就业、医疗等方面享有与当地居民同等的权利。

4. 积极探索多元化的投融资体制

随着经济社会发展的转型升级，以土地财政和土地金融来推动城市建设的传统模式已经面临巨大困难，这意味着江北新区建设面临更加严峻的投融资问题，依靠单纯的政府性投融资平台已经无法满足新区建设庞大的资金需求。为此，必须建立起多元化、可持续的投融资体制，为新区建设提供资金支持和保障。建立多层次、多类型的投融资平台。参照国企改革顶层设计要求，根据不同定位和分工，建立江北新区土地储备中心和集团公司两种类型的投融资平台。发挥政策性银行的作用。争取与国开行签订《开发性金融合作协议》，形成来源稳定、融资成本较低的城市建设资金。探索企业债券直接融资新模式。以国有投融资平台为主体，公开发行公司债券，用于重大项目、保障房建设，实现由银行、信托等金融机构间接融资向直接融资的转变。加快发展私募股权投资基金。调动民营企业、社会资本参与新区建设的积极性。采用新型投融资方式有：BOT（建设—运营—转让）、TOT（转让—运营—转让）、PPP（政府与社会资本合作）等。

5. 对重点领域重大项目进行政策倾斜

国家级新区是由国务院批准设立，承担国家重大发展和改革开放战略任务的综合功能区，新区的发展、壮大也离不开适当的政策倾斜与政策支持。江北新区承担着建设“三区一平台”的重大使命，要在重点领域、重大项目上取得突破性进展，就必须有相关政策的扶持，特别是省级层面对涉及新区发展的重大事项的政策倾斜与政策统筹。对于江北新区来说，在省级层面的政策扶持应该包括：支持江北新区的体制机制创新。允许和支持新区在行政管理体制、涉外经济体制、社会管理体制、技术创新和服务体系、科技成果转化、促进民营经济发展等方面先行先试。实施差别化土地政策。新区建设用地计划指标实行单列并给予倾斜，新区范围内的耕地占补平衡应在全省范围内加以统筹解决。在严格保护耕地和节约集约用地的前提下，鼓励新区开发利用未利用土地，允许在土地开发整理和利用等方面先行先试。加大基础设施建设与生态环境保护支持力度。对江北新区教育、医疗、给排水、城市道路等基础设施建设给予优先安排和重点支持。优先布局重大项目。在重大项目布局上给予江北新区重点支持，对顺应产业转型升级方向、具有技术与市场前景的重大项目优先审核。可以根据实际工作需要，将部分经济管理审核权限下放给江北新区。加大金融支持。鼓励和支持符合条件的金融机构在江北新区设立分支机构。设立较大规模的专项资金，以投资入股、定额补助、对发行企业债券和贷款实行贴息等方式，扶持区内的先进制造和现代服务类企业发展。对新兴产业及其人才给予倾斜。新区内高新技术产业领域或战略性新兴产业领域的企业，从获利年度起三年内，按有关规定提取的风险补偿金（按当年利润额的3%～5%）可税前扣除。对新引进的大型企业总部高管人员给予安家资助等财政扶持，并建立分配激励机制促进人才引进。

B.13

江苏对接“一带一路”战略研究

张 超等*

摘 要： 由于地缘政治经济关系、发达经济体关注度和自身需要解决的发展问题难度不同，“一带”沿线国家对“一带一路”倡议的响应更为积极，不仅需要基础设施投资，而且需要有技术含量的制造业投资。江苏参与“一带一路”建设已有坚实基础和经验优势，国际陆海空综合运输体系越来越发达，与沿线国家合作共建的园区不断增多，但尚与“一带”沿线国家的经贸合作偏少、对外服务贸易偏少，对中高端环节和现代服务业投资不足。江苏应统筹好自身和国家层面的各种力量，建立有效的沟通、合作和保障机制与路径，深化对“一带一路”的认同感和明确重点合作对接表。在“一路”稳中求进、提升竞争优势，在“一带”以点带面、加快扩大合作规模和占据产业链中高端；在基础设施投资方面，重点关注与中国政治经济关系日趋巩固、基建规模大且需求迫切的国家和地区，既以主体承包也与国家级大项目配套，或以共建园区为起点，以园区基础设施及相关高等公路、港口码头、物流设施、电商平台等为重点开展基础设施投资与建设；在经贸合作领域，依托亚欧新大陆桥、港口群及援疆平台，通过与新疆、中亚、巴基斯坦、东欧等多方合作来共建覆盖面广的经贸物流园区，以此为根基扩大货物贸易和工业投资布局，拓展技术服务、

* 课题负责人：张超，江苏省社会科学院经济研究所副所长、副研究员；课题组成员：朱士松（新疆师范大学）、张莉。

咨询培训、物流、金融等服务贸易与投资。

关键词：江苏　“一带一路”战略　对接发展

一　“一带一路”发展进程与前景展望

对“一带一路”发展进程的分析展望，基于以下几个方面。

一是国家层面的规划和行动。国家有关“一带一路”的规划有两个版本，一个是早期内部版本，另一个是2015年3月28日公布的版本，即《推动共建丝绸之路经济带和21世纪海上丝绸之路的愿景与行动》。综合来看，“一带一路”发展将是一个有序推进的过程：未来3年将以打基础、开局面为重点，如与沿线国家形成共识，与重点国家形成规划和方案，与重点区域达成和升级自贸协议，提升投资、贸易、人员往来便利化水平，一批重点基础设施项目、产经合作、人文交流等取得早期收获。未来5～10年在经济、政治、安全等各领域合作将有实质性突破和进展，区域贸易自由化、经济一体化高标准推进，战略走廊、安全通道基本形成，国内经济更高水平开放与升级，国家海上实力、对外影响力显著提升。

二是学术界的研究主张。比较有代表性的是中国人民大学重阳金融研究院的《丝绸之路经济带：愿景与路径》，指出丝绸之路经济带应当是一项长期战略，时间跨度为35年，分“三步走”，从现在起到2016年为战略动员阶段；2016～2021年为战略规划期；2021～2049年为战略施行期。并强调，各省市区方案需要与中央政府的战略步骤保持一致，避免出现争抢项目和无序竞争现象，否则难以实现自身发展和战略的有序推进。

三是沿线国家和国内各省区市的响应与行动。“一带”沿线国家的响应已比过去更为积极，如巴基斯坦、中亚五国、俄罗斯、伊朗、东欧部分国家等，并在交流、规划、部分基础设施项目上都有所开展。未来5年合作会有所加快。“一路”沿线国家则多数仍处于观望阶段，尚无明确的认识和具体的合作思路。国内多数省区市已积极响应，但总体上都是利用自身已有的地理区位优势、民俗相通优势来开展文化交流、展会合作、会议研讨、商品贸易、争取项目等，大规模对外投资还没有出现。

二 “一带一路”沿线国家的合作意愿与需求

“一带一路”相关各国面临的问题与挑战各不相同，对“一带一路”战略有一个消化理解、接受认同、参与融合的过程。因而，不同国家所呈现的合作意愿与机会也各不相同。具体分析如下。

“一带”沿线的俄罗斯，当前由于与中国的政治合作关系而对丝绸之路经济带战略构想给予了支持，经贸合作项目有所增多，俄方希望在高科技、农业等领域扩大合作，在大项目上除莫斯科－喀山高铁项目外，还主要在能源方面，从过去中俄能源项目合作经历看，在未来5年政治合作关系具有不确定性的背景下，经贸合作尤其是大项目合作要有多次磨合的心理准备。目前，中亚国家多数处于摆脱贫困与危机的发展阶段，发展愿望更迫切，投资来源的选择性不多，投资的风险因素也相对多一些，同时又是中国经济与安全突围的重点方向，因而中国与中亚国家都有合作的意愿和基础，在逐步取得共识的前提下会有越来越多的合作机会和领域。例如目前，中国是中亚国家主要的贸易伙伴，中国是哈萨克斯坦、土库曼斯坦第一大出口市场，是吉尔吉斯斯坦、塔吉克斯坦的最大进口来源地，贸易格局以中国商品销售和从中国进口原材料为主。近年来，中哈双方已经在油气、基础设施建设、金融等重要领域取得许多合作成果，基础设施建设、发展绿色经济、增加深加工企业投资和加强技术领域交流等将是今后中哈深化经济合作的重要方向。目前，吉尔吉斯斯坦的服装业主要从中国进口服装配件和原料，塔吉克斯坦的铝产业、乌兹别克斯坦的汽车产业也是“两头在外”的加工型产业，江苏在这些方面都可以利用自身优势开展投资和技术合作。乌兹别克斯坦也非常欢迎中国企业参与工程投标，也希望合资建立生产型企业，生产太阳能光板、建筑材料、泵站设备等。目前，伊朗对基础设施、能源运输等有很大的需求，与中国合作的积极性很高。白俄罗斯希望以合作建设丝绸之路经济带为契机，与中国在贸易、金融、基础设施、能源等方面展开实实在在的合作。波兰希望中国投资物流，强压波兰的大陆铁路交通枢纽地位。

“一路”沿线的东盟国家对战略构想尚无明确的认识，多数处于观望状态，仍处在“中国—东盟自贸区”框架进行合作，没有具体的合作思路和新的举措。与中国传统关系比较稳固的国家如老挝、柬埔寨，可能可以在深化已有合作的基础上开拓一些新合作领域和合作项目。在中美之间保持平衡的国家如新加坡、印尼、马来西亚、文莱、泰国，可能会把原先合作投资的基建项目纳入，以应付“一带一路”战略倡议，或者通过引入日本、美国、韩国、欧洲等的企业与中国企业竞争，以促使它们做出最有利于自己的选择，因此与我国这些国家的合作将会越来越难。近期与中国有纷争的国家如越南、菲律宾、缅甸等，我国与它们不仅难以进行实质性的合作，原来的部分合作项目也有可能面临搁浅的风险。

“一带一路”交会的南亚国家对战略的认识与参与程度反差较大。如中巴经济合作已远远走在前列，这归功于中巴两国友好的政治经济关系和双方合作需要，特别是瓜达尔港交付中方使用并把2000亩土地长期租赁给中方后，瓜达尔港首个经济特区将开工建设。同时，中巴经济走廊沿线甚至覆盖巴全国的经济合作将加快展开，港口、高铁、输油输气管道、高速公路、机场、电力、通信等项目都会开工建设。印度、孟加拉两国在参与合作时，不一定受外国政治因素影响，但二者都会在投资项目上引入更多的竞争企业，以做出最有利于自己的选择，无论是印度的交通、电力等项目，还是孟加拉的港口、园区项目。斯里兰卡在参与合作时，则不仅受印度地缘政治影响，而且在投资项目上也会引入竞争企业，以提高自己的要价。

三 江苏与“一带一路”沿线国家经贸合作现状与问题

2013年9月和10月，习近平主席分别提出建设“一带”和“一路”的重大倡议后，江苏积极参与并取得斐然成绩，奠定了进一步参与建设的坚实基础。目前，连云港至阿拉山口、阿拉木图、莫斯科等地的集装箱直达班列已开通7条，辐射面达日本、韩国、东南亚等20多个国家和地区，连云港到阿拉山口的集装箱铁水联运通道已成为交通运输部和铁道部联合建设的示范项目。“苏满欧专列”以苏州铁路货运西站为起点，经满洲里出境，途经俄罗斯、白俄罗斯到达波兰，是面向华东、货运需求和潜力越来越大的往返班列，也是国内唯一苏字头的中欧班列。目前，连云港港、苏州港、南京港的港口运输能力越来越强，国际航线不断增多，江海联运、铁水联运的综合运输体系越来越发

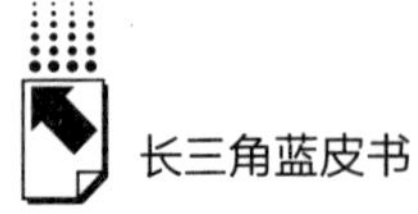

达。近年来，江苏与“一带一路”沿线国家（初定64个国家，以下简称“64国”）经贸合作密切。2014年与64国货物贸易总额为1164亿美元，占全省进出口总额20.6%，占全国与64国贸易总额10.5%。截至2014年底，64国在江苏累计实际投资额占全国比重约三分之一，江苏在64国协议投资合计48.4亿美元，占全省同期总量18%。开展园区合作共建，是江苏的重要特色，除苏州工业园区外，江苏在柬埔寨设立了西哈努克港经济特区，也已发展成为国家境外经贸合作园区的样板工程。另外，江苏首家境外农业园区——中坦现代农业示范产业园开始建设，江苏首家境外产业合作集聚区——加里曼丹岛农工贸经济合作区设立，作为“一带一路”建设首个实体项目的中国－哈萨克斯坦（连云港）物流合作基地项目在连云港启用，中欧生态园、中韩盐城产业园在盐城开始建设。

不过，江苏与“一带一路”沿线国家经贸合作中，仍有一些需要进行改进的问题。一是合作的区域结构不合理，与“一带”国家合作明显不足。如与中亚5国及蒙古的贸易规模仅占与64国货物贸易总额的1%，“一带”国家在我省累计投资仅占64国的1.94%，江苏对64国投资中仅有不足一成投向“一带”国家；二是贸易结构不合理，服务贸易明显不足。2014年江苏与64国货物贸易总额为1164亿美元，而服务贸易总额仅有20.3亿美元（进口6.65亿美元，出口13.65亿美元），仅占全省服务贸易总额的7.4%，并且与新加坡一国的服务贸易额就占了与64国的67.4%；三是产业投资布局不合理，中高端环节和现代服务业投资明显不足。目前江苏企业对64个国家的投资，主要分布在矿产及农业资源开发合作，化学原料及化学制品制造，境外园区建设，设备制造，批发、纺织及服装鞋帽制造领域，在产业的中高端环节和现代服务业领域的投资很少。这种产业投资是低水平扩张而不是高水平竞争、扩张和主导控制，既不可持续也难以达到倒逼江苏经济转型升级、在更高水平开放的目的。

四　江苏对接“一带一路”的重点领域及主要路径

根据“一带一路”沿线国家不同的合作意愿与需求，江苏应结合自身优势来对接合作机遇、谋划有效路径和夯实重点领域。尤其要更加重视与“一带”沿线国家经济互补的优势，利用好江苏通过援疆建立的面向哈萨克斯坦、吉尔吉斯斯坦的经贸合作园区，以及由此建立的通往亚欧经济联盟大市场、人口规模大的巴基斯坦的渠道优势，进一步扩大合作空间。

（一）贸易

首先是货物贸易。“一路”沿线国家是江苏产品出口的传统空间，“一带”沿线国家是未来增长空间。江苏的电子信息、工程机械、机电设备、电线电缆、电子器件、仪器仪表、化学制品、面料服装、鞋帽箱包、家用电器等产品，在巴基斯坦、中亚、俄罗斯、中东、东欧等多数国家都有较大的销售增长潜力。具体路径：一是“一带”的陆上贸易大通道，省内以全省为商品来源基地，以苏州、南京、连云港、徐州为集结点和中转站，以欧亚大陆桥等为枢纽；省外和境外，可直接与销售目的地的贸易公司、贸易园区合作，也可在中哈合作的霍尔果斯口岸园区设立面向中亚、俄罗斯和东欧的贸易窗口和物流基地，并与连云港的中国－哈萨克斯坦（连云港）物流合作基地形成组合，与更多国家在连云港开展合作，提升辐射力和扩大贸易规模；二是“一路”的海上贸易大通道，则以长江出海口、苏中出海口、连云港出海口为起点，与江苏周边港口、销售目的地港口合作，增加航运线路，扩大贸易规模；三是在政府间沟通协调的背景下，构建多边合作的跨境电子商务平台和安全保障体系，共建物流网络和贸易龙头企业，提高贸易的便利性、安全性，尤其是在一些“一带”沿线国家内部和与周边国家之间的商贸物流系统并不发达完善的条件下。

其次是服务贸易。除少数国家外，“一带一路”沿线国家目前多数处于不仅需要快速发展，而且工业化和技术水平较低的阶段，因此，在技术服务、项目管理、企业咨询、投资决策、产业规划、区域发展、战略研究等方面都需要先进经验和智力支持，也需要包括中资企业进入上述国家和地区也提供的咨询服务，由此形成巨大的服务需求市场。这样的服务需求，在“一带一路”战略启动的早期阶段就已经表现出了迫切性，也是进入这些国家和地区产业链高端环节的有利时机和可靠动力。江苏在外向型经济发展、区域发展和技术创新方面有很好的经验，生产性服务业近年来发展较快，及时主动地参与上述相关服务活动，并由此扩大服务贸易规模，应当是对接“一带一路”战略的重要领域，也带动了江苏的出口贸易、对外投资和转型升级。基本原则和具体路径：在政策配套和保障体系尚未完善的早期阶段，有必要借助政府沟通、民间与行业组织协调，实行多边合作共建和企业化运营。

（二）基础设施投资

未来几年，“一带一路”沿线国家的基础设施投资需求都非常旺盛，并且江苏近几年在“一路”沿线的印度尼西亚、柬埔寨、越南和沙特阿拉伯等国，以及“一带”沿线的蒙古、俄罗斯等国都已经开展了基础设施项目的投资建设。但从项目的类别和规模看，江苏承包的工程主要集中在港口码头、园区配套、高等公路、建筑安装等方面的中小项目上。因此，面对“一带一路”沿线的国家基础设施建设项目的“大蛋糕”，江苏应当进一步优化投资合作渠道，在项目结构上既以小聚多也以大带小，在投资方式上既有主体承包也跟进配套，以更加灵活、多元的方式来获得更多投资份额。并且，重点关注对“一带一路”倡议积极响应、与中国政治经济关系日趋巩固、社会稳定、投资环境良好、招商引资力度大、基础设施建设规模大且需求迫切的国家和地区。

具体的投资思路与路径：一是通过政府间合作和推动，在重点国家和重点区域，以共建园区为起点，以合资公司为主体，以园区基础设施及相关高速公路、港口码头、物流设施、电商平台等为重点开展基础设施承包、投资与建设。例如，可以在援疆基础上在新疆伊犁州，以苏新合作合资方式扩大面向哈萨克斯坦的经贸园区建设规模，或者分别与新疆伊犁州和哈萨克斯坦、新疆克州和巴基斯坦成立苏新哈合资、苏新巴合资的投资集团在两国境内建设经贸园区，由此带动和承接相关基础设施项目，进而带动江苏与两国的产业投资和商贸物流。以园区为支点，也能够在一定程度上分散相关国家和地区在服务、保障、安全等体察尚未完备的前提下，民间企业对外投资所存在的各类风险。

二是通过江苏对外交流的各种渠道，向外推介江苏企业。江苏企业通过各种信息渠道，在“一带一路”沿线国家独立争取、承揽各类基础设施建设项目。在项目承揽、建设过程中，江苏企业可以各种方式联合组团进行，以增强竞争实力和降低个体风险。

三是以产业积极配套、企业投资入股等方式，参与建设一些中资承揽的大型项目，如高铁、高速公路、港口、园区、机场、电力、通信、市政、物流等，“不求为主，但求有为”。这类参与的机会会越来越多，但需要政府、行业、企业等共同构建各种平台和搜寻、发现渠道，并且越早介入越好，特别是要在项目论证、招标之前就必须介入，根据自己的优势、实力，确定参与的方式和规模。

（三）产业投资

在“一带一路”沿线国家中，除少数国家外，大多数尚处于工业化和产业技术水平较低的发展阶段。因此，它们非常希望通过合资建立有一定技术水平的生产型企业，或者达到建成体系完整的工业的目的，或者达到建立能发挥比较优势的工业部门的目的，同时也能够解决更多的就业。除了加速扩大工业规模之外，部分国家也希望加快工业现代化步伐，发展高新技术产业，改造传统农业，等等。实际上，它们在决策咨询、管理培训、技术服务、商贸物流、金融等领域的服务需求也会越来越多。因此，在未来一段时间内，随着“一带一路”倡议得到越来越深入的认同，这些国家在上述第二、三产业领域的投资机会逐渐增多。只是由于各个国家在人口规模、消费习俗、资源优势、现有基础、产业方向等方面各不相同，因而会有不同的产业投资机会，需要具体把握。

江苏是制造业大省，基础雄厚，门类齐全，技术水平较高，装备制造业发展水平在全国领先，现代农业、现代服务业发展也具有一定的规模和技术优势。尤其是，江苏具有发展外向型经济和开展国际合作的丰富经验和成功案例，不仅在本土通过中新政府间合作成功发展了苏州工业园，并且在海外通过中柬合作成功发展了西哈努克港经济特区，并使这个经济特区成为中国境外经贸合作园区的样板工程。因此，江苏需要加快与“一带一路”沿线国家建立更细致的产业对接表和更有效的投资合作纽带。通过自身优质、富余的产业要素资源的“走出去”，来支持国家通过“一带一路”倡议来构建新的可持续的安全、发展的战略体系，也进一步反哺自身中高端产业部门实现规模扩张和能力提升。

具体的思路与路径：一是在“一带”沿线的中亚、巴基斯坦、东欧、俄罗斯、中东等国家和地区中，近期来自发达国家的投资并不多，中国企业的投资面临较少竞争，但同时也面临地缘冲突、美国干扰、政权更迭、社会不稳等因素所带来的各种难以完全消除的风险。因而，近期应以重点国家为立足点，以政府合作和中外合资为主要方式，以园区开发建设为起点，以最优先产业投资需求为突破口，以占据产业中高端环节为重点，通过多种类型企业组团的形式，来开展产业投资和布局，建立或重组生产企业及配套企业，不求多，但求参与，稳健有序扩展。如可分别与新疆伊犁州和哈萨克斯坦、新疆克州和巴基斯坦成立苏新哈合资、苏新巴合资的投资集团来在两国境内建设经贸园区，或者也可以在援疆基础上进一步以苏新合作合资方式，在新疆伊犁州建设面向哈萨克斯坦、中亚的经贸园区。

二是在“一路”沿线的东南亚、澳大利亚、印度、斯里兰卡、非洲等国家和地区，中国企业的投资所面临的环境会各有不同。但总体上看，一方面面临来自发达国家的竞争，另一方面也面临地缘冲突、美国干扰、政权更迭等复杂因素所带来的风险。因而，首先，应当立足自身优势和投资目的地国家最优先的产业投资需求；其次可以以两类模式分别开展对外投资，即通过政府合作和建设园区的方式来开展产业投资和布局，或者企业根据适宜的投资机会和分散的产业投资需求来开展产业投资，建立或重组生产企业及配套企业；最后是坚持不求多，但求成功，力争占据产业中高端环节和形成竞争优势。

五　江苏对接“一带一路”战略的重要举措

（一）统筹协调，构建“两个重大沟通”工作机制

“两个重大沟通”即对“一带一路”认同的沟通和经贸合作细节的沟通对接。鉴于两个沟通的重要性和复杂性，以及国家层面沟通尚且困难，作为地方，江苏要实现好沟通并服务经贸发展，更需要统筹好自身内部各种力量和国家层面的各种力量。

首先，要统筹协调，促进认同沟通。“一带一路”战略构想的理念、宗旨和目标是共同发展和合作共赢，但是这一宗旨的原则和目标愿望并不是提出后马上就能得到相关各国高度认同的。不仅部分国家存有疑虑和可能进行不同程度的抵制，还受到部分域外国家特别是美国的干扰和阻挠。因此，为了使“一带一路”战略构想得到更深度、更全面的认同，并能够积极参与和实现更

广泛的合作，必须与相关国家进行持续的沟通，建立有效的沟通渠道和机制。江苏不仅需要与国家层面的沟通渠道进行合作和对接，尤其是政治外交和安全保障方面的合作和对接，也需要在国家层面的沟通渠道和机制的基础上，更多地形成自己特色和有效的沟通渠道与机制。如可以借助亚欧大陆桥东桥头堡的独特地位，倡议召开“一带一路”经贸合作连云港国际高峰论坛；可以凭借苏南国家自主创新示范区的高端优势，倡议召开“一带一路”投资与贸易合作南京（苏州、苏南）国际洽谈会；可以依托南京大学、江苏省社会科学院等单位，与重点国家和重点智库共同成立“一带一路”经贸合作研究院；也可以借助援疆力量和新疆与中亚五国人文民俗相通优势，与新疆合作召开“一带一路”贸易与投资洽谈会；等等。

其次，要统筹协调，强化经贸合作的沟通与对接。“一带一路”沿线各国特别是“一带”沿线的多数国家，由于人口规模小，没有足够的劳动力来发展体系完整的工业。不仅要企业直接进行沟通和对接，更需要在政府层面建立有效的沟通渠道，与重点国家建立互访、往来、交流的稳固机制，构建投资需求、商品供求、服务供求等各种相关信息的交流平台，在早期阶段政府层面的协调合作能为企业的合作提供必要的安全、便利和保障。

（二）强化实体经济升级能力和优化功能空间布局

无论是为对接“一带一路”战略行动，还是自身深化改革、加快转型升级和在更高水平发展开放型经济，江苏都应当也基本形成了基于区位优势、产业优势所决定的经济实体和发展功能的合理空间布局。如苏南通过国家自主创新示范区建设来加快中高端产业发展，苏中和苏北则在发展腹地经济的同时大力发展港口经济。因此，为更好地对接“一带一路”，特别是要能够得到更多更广泛的合作机会并占据“一带一路”沿线国家产业发展的中高端环节，就必须具有更强的国际竞争能力和突出的国际竞争优势，必须具有持续的转型升级和自主创新的能力，并且应当基于目前的功能空间布局，一方面继续强化苏南产业自主创新和发展中高端产业的能力；另一方面要在沿海和东陇海整合港口、铁路以形成功能强大的综合商品中转和服务体系，形成一流的国际物流服务能力并具有较强的国际竞争力，打造具有国际竞争力并能对外投资扩张的物流产业群。

B.14 上海在长三角区域协同发展中龙头地位作用的研究

刘 亮*

摘 要： 上海作为长江经济带中长江水道和东部沿海“T”形结构中的交点，是连接国内腹地和海洋腹地两个扇面的交会点，是国内经济参与国际经济大循环大进大出的最佳结合点。同时，作为中国经济发展水平最高的城市之一，上海在长三角区域协调发展和长江经济带未来发展中具有特殊的“龙头”地位。本文详细分析上海如何在长三角区域协同发展中发挥“龙头”作用，并提出了对策建议。

关键词： 上海 长三角 区域协同发展 带动作用

自20世纪80年代开始，上海就经由民间自发推动、企业联合推动、政府推动和市场推动等几个阶段，开始了长三角区域经济合作和发展一体化的进程，并取得了显著成效，已经使长三角地区基本实现了交通一体化、人才一体化、市场一体化、产业一体化和政策一体化，使长三角因此避免了相互分割的问题，实现了共赢分享，也产生了整体的协同创新效应。

目前，随着我国改革开放的进一步深入展开，长三角区域协调发展显得越来越重要和关键，而上海，作为长江经济带中长江水道和东部沿海“T”形结构中的交点，是连接国内腹地和海洋腹地两个扇面的交会点，是国内经济参与国际经济大循环大进大出的最佳结合点。同时，作为中国经济发展水平最高的

* 刘亮，上海社会科学院部门研究所副研究员。

城市之一，上海在长三角区域协调发展和长江经济带未来发展中具有特殊的“龙头”地位。为此，从中央到地方，都对上海寄予了厚望，正如2014年5月在亚信会议期间习近平总书记在上海考察时强调的，在长江经济支撑带的建设中，上海的“龙头”地位当仁不让，上海要主动去推动合作。李克强总理也在2014年的政府工作报告中提出“依托黄金水道，建设长江经济带”，建设长江经济带已上升至国家战略，中国最大的跨区域国家战略建设已经拉开序幕。而上海，作为长江经济带中最大的城市和最重要的经济体，当好排头兵、先行者，这是中央交给上海的任务，也是上海的责任。

因此，今天上海的发展战略已经不再是就上海讲上海，而首先必须把我们的每一项改革探索，放到具有全国意义的大战略格局中去审视。可以说，在长三角区域协调发展中，上海责任更大、任务更重，改革本身面临的不确定性比以往任何一次都大。那么，上海如何在未来长江经济带的建设中，通过加强市场建设，成为集资金、信息、技术、人才、商品等为一体的“流”的中枢，从而在整个长三角经济一体化的建设中形成集聚与辐射共赢的“龙头地位”，带领长三角和长江经济带实现“多向升级”和可持续发展。

一　城市“流”是决定一个城市“龙头作用”的重要因素

著名经济地理学家、中科院地理研究所陆大道院士指出，大城市群是当今世界上最具竞争力的核心区，而在全球化和新的信息技术支撑下，土地需求强度较高的制造业和仓储等行业正在逐渐向核心区的周围扩散，但又集聚在核心区周围，从而形成庞大的都市经济区。核心城市与周围地区垂直和横向产业联系日益密切。在这个大背景下，“世界经济的‘地点空间’正在被‘流的空间’所代替”，所以，“大城市群中的核心城市是‘流’的中枢，是资金流、信息流、物流、技术流、人才流的交会点”。大城市群及其核心城市往往也是一国或一个大区域进入世界的枢纽，以及世界进入该区域的门户，是一个国家或地区的增长极，也是最具发展活力和竞争力的地区。因此，要研究上海在长三角区域协同发展中龙头地位的发挥情况，首先就需要研究上海作为长三角城市群中的核心城市如何在长三角发挥其作为“流中心”的枢纽作用问题。

（一）城市群中“流”的定义及其作用

“流”的理论首先出现在物理学中，它指的是物体的一种流动过程以及在这种过程中形成的能量。这个概念随后被越来越多的学科所引用，如美国著名的公共政策学家金登（Kingdon）将它用于对政府公共政策的研究，提出了多源流理论；心理学家米哈里·齐克森米哈里（Mihaly Csikszentmihalyi）则将其应用到心理学分析中提出了“心流”理论，研究者在分析交通问题时提出交通流的定义；伍中信在会计核算中则提出财权流理论等。而围绕着城市的发展，城市成为“流”的综合体，即“城市流”①，它具有以下几个特征。

一是它是不同类型的“流”的综合体。新一轮经济全球化促进了世界城市体系的重构，这使得区域性中心城市的空间影响，已经实现了由“地点空间”向各种“流的空间”的转换，由此引起的“门户型中心城市”及其辐射区域组成的“城市区域”（City-rigion），逐步成为区域竞争与分工合作的基本单元。区域中心城市和门户城市共生演进在国内外区域经济发展中是一个普遍现象，“中心+门户”的城市空间格局也越来越明显。这个“门户+中心”的城市已经成为一个国家或区域对外交往与联系的关键门户和重要端口，是区域的“中心”和“增长极”，代表一个国家或区域最高的城市发展水平，在区域发展中具有强大的吸引能力、辐射能力和综合服务能力，在经济社会发展和区位方面发挥重要作用。城市间的人、物、信息、资金、技术等在城市区域发生频繁、双向或者多向的流动现象，即城市流。城市间各组成要素的联系正是通过这种流的集聚和扩散形式来完成的，即城市集聚与辐射功能是城市流得以运行的推动力，而城市间的综合交通运输网的通达性与便捷性是城市流得以实现的基础与保证。

二是它体现为一种对周边区域的“集聚”与“扩散”双重效应。根据“中心外围理论”，作为城市群中的中心城市，一方面需要具有汇聚周边资源要素形成资源高地的效应，同时，更需要形成对周边的“扩散”和带动作用，正如弗里德曼指出，“中心城市”是通过一个不连续的，但又是逐步积累的创

① 如时辰宙（2008）就将这种城市间的人流、物流、信息流、资金流、技术流称为“城市流”。

新过程实现的，而发展通常起源于区域内少数的“变革中心”，创新由这些中心向周边地区扩散，周边地区依附于“中心”而获得发展。因此，在中心城市发展过程中，一方面其本身就包含“极化”过程，但另一方面又有着“扩散”过程的发生。

三是它体现为对“成本劣势”的补偿与取代。中心城市形成的中心集聚，必然会带来生活成本（如居住、交通等成本）的上升，但是，这种成本的上升往往并不能阻碍城市发展和极化的步伐，一个根本的原因就是由于集聚形成的信息优势往往能弥补由于成本带来的“成本劣势”。如 Thrift 的研究发现，信息技术和全球化的力量不但强化了商业活动的集聚力，也大大抵消了由互联网技术带来的分散力量。Friedman、Scott 的研究也发现，虽然网络信息技术越来越发达，金融资本的集聚却越来越明显趋向于大城市，少数大都市区占据了世界大部分财富。

（二）城市“流”的构成

由于城市“流”是一个流的综合体的定义，我们认为，可以将城市流定义为促使城市作为集聚和扩散中心的各种资源要素的集合，因此，它包括各类资源和要素的集聚，具体包括以下几个部分。

1. 有形资源和要素的集聚和扩散形成的“流”

（1）由于人的流动形成的“人流”

我们认为主要包括两类人的流动：一类是作为劳动力的人的流动；另一类是作为基础技术研发的人才的流动。在这两类人流的基础之上，需要一个完备的人才流动的发动机——人才市场。

（2）由于商品货物流动所需要形成的“物流”

物流一般包括两种类型：一种是有形货物的流动，另一种则是无形货物即技术、服务等的流动，前者形成了有形商品的流动，包括典型的仓储、现代物流服务以及在此基础上形成的有形商品市场，后者形成无形商品的流动如服务的输入输出、专利技术及智利输出等无形市场。

（3）由于资金流动形成的“资金流”

这是由投资行为引致资金集聚与扩散，从而形成的在资金集散中心的流动。因此，经营货币的机构（即各类金融机构）是其主体。

2. 无形资源和要素的集聚和扩散形成的“流”

(1) 由于决策因素引起的决策能力形成的“制度流”

由于一个地区的城市对政策制定和分享具有不同的影响力，因此对于政策和决策层的影响力也不尽相同，这种影响力会形成决策层与执行层之间的互动。

(2) 由于信息流动形成的信息流

正如 David（1998）、Porteous 等（2001）的指出的，信息的不对称性导致资产交易与距离存在很强的反向关系，因此，信息的地理分布是国与国之间金融交易的主要决定因素，也是导致城市中心形成的主要原因之一。

二 上海在长三角中的“城市流”中的强弱分析

（一）上海及长三角周边主要城市的“城市流”强度比较分析

我们使用了李程骅和陈燕（2012）中对“城市流”强度的算法，该研究通过运用区位熵和城市流强度定量分析方法，通过选取中心城市的 14 个外向型行业，进行区位熵、城市外向型功能量、城市流强度和城市流倾向度的比较分析，揭示了它们发展中的空间差异。具体的计算公式如下。

1. 区位熵的算法

$$LQ_{ij} = {}^{(L_{ij}/L_i)} \Big/ {}_{(L_j/L)}$$

其中 LQ_{ij} 表示区位熵，L_{ij} 表示第 i 地区第 j 个产业的就业人数，L_i 表示该地区总就业人数，$LQ_{ij} > 1$ 表示该产业集聚度大于区内平均水平，LQ_{ij} 越高，集聚度越大。

2. 城市流强度的算法

$$F = N \times E$$

其中 F 为城市流强度，N 为城市功能效益，即各城市间单位外向功能量所产生的实际影响，E 为城市外向功能量。城市流强度指标说明了城市与外界联系的数量指标。城市流强度的计算要考虑到指标选取的容易性以及代表性，选择城市从业人员作为城市功能量的度量指标，城市是否具有外向功能量 E，主

要取决于某一部门从业人员的区位熵。

表 1 是我们模拟计算的江浙沪三地中心城市的城市流强度结果。

表 1　江浙沪三地中心城市流强度核算结果

城市	区位熵	区位熵大于 1 部门数	交通运输仓储邮政	信息与软件业	批发零售业	住宿餐饮	金融业	房地产
上海	1.6762	11	2.22	1.31	1.55	1.71	1.77	1.93
杭州	1.1008	7	0.95	2.01	1.33	2.19	0.91	1.33
南京	1.1069	10	1.73	1.66	1.67	2.01	0.63	1.07
城市	科技与勘探	基础设施	居民生活	教育	卫生福利	文化娱乐	社会管理	租赁与商业
上海	2.67	1.01	2.09	0.59	0.94	1.17	0.46	2.08
杭州	1.32	0.72	0.85	0.53	0.72	0.98	0.53	1.69
南京	1.63	0.95	0.48	0.81	0.84	1.35	0.64	1.43

资料来源：作者根据各地统计年鉴数据整理计算得出。

从上述结果中我们可以看出，整体上，上海的城市流强度远远高于长三角其他城市，它在交通运输、仓储、金融、房地产、商业租赁、科技、居民生活等方面占绝对领先地位，但是，我们也看到，上海在信息软件、批发零售、住宿餐饮等方面具有一定的劣势，这是由于上海的商务成本高所带来的必然结果。因此，上海在长三角诸城市中，其比较优势产业是具有较高附加值和技术含量的现代服务业，而传统服务业优势已经被周边城市取代。

（二）上海与长三角周边地区城市联动效应分析

在本研究中，我们使用了克鲁格曼对经济联系强度的度量指标，计算公式为：

$$R_{ij} = (\sqrt{P_i G_i} \times \sqrt{P_j G_j}) / D_{ij}^2$$

其中 P、G 为地区总人口和生产总值，D 为两地区间相隔的空间距离，即两城市之间的经济联系强度与各地的人口总数和经济生产总量呈正相关，与两地间空间距离的平方呈负相关。为了计算方便，D 我们使用上海与周边城市间所需要花费的高铁到站时间来进行近似计算，我们使用高铁到站最短时间是基于以下几个方面的原因：一是到站时间代表了两地的通勤时间，通勤时间的长短在一定程度上能够较好地说明两地经济的联系强度；二是高铁时速在不同地区之间基本稳定，并且能够较好地反映不同地区之间的出行难度，因此，更能够将地形等问题考虑在内；三是使用铁路时间是目前在计算空间距离是比较普遍的做法（类似的如范建勇，2003；张学良，2005 等）；四是更能体现由于交通改善对区域间经济联系的强化效果。

表 2 是我们通过上式计算的上海与周边城市之间的经济关联度及其排序结果。

表 2　江浙沪三地中心城市流强度核算结果

序号	城市	经济关联度	序号	城市	经济关联度
1	苏州	12137	9	镇江	354
2	嘉兴	3973	10	南通	346
3	无锡	3372	11	扬州	151
4	杭州	2100	12	合肥	131
5	常州	1106	13	湖州	124
6	南京	680	14	泰州	101
7	绍兴	665	15	芜湖	22
8	宁波	453			

资料来源：作者根据各地统计年鉴数据整理计算得出。

从上述分析中我们可以看出以下情况。

一是上海北向关联度大于南向关联，从上海与周边城市的关联度指数上看，由于受上海经济布局中“北重南轻”的影响，上海与苏州经济关联度非常高，与无锡、常州的关联度也比较高，而南向关联的嘉兴和杭州只基本上相当于无锡常州的水平。

二是上海在“一核两翼”的发展中，与“两翼”中南通、宁波的联系还有较大上升空间。目前上海与宁波和南通的经济联系虽在加强，但是由于受到交通因素的影响，上海与这两地的经济互动上仍然不足。

三是上海与苏中和安徽的经济联系仍然存在较大的问题。这说明上海与周边地区互动较强的同时，对整个长三角区域内的辐射仍然有限。

（三）上海与长三角周边城市人流的比较分析

在分析上海与长三角周边城市的人流方面，我们暂时不考虑低端的劳动力流入流出对比，我们主要考虑创新人才的分布对比情况，因此，我们更多考虑的是关于地区内研发人员的积聚、研发投入与研发的效益。

首先从创新人才的产出成果和效益上看，上海落后于江浙地区。在我们的研究中，虽然上海的研发投入水平以及科研人员数量落后于北京，在研发成果数量方面相对于北京而言也不具有优势，但上海的研发效益远远大于北京，然而我们也看到，上海的研发效率落后于江浙等长三角其他地区（见表3），这可能与我们没有考虑研发的质量有一定关系，但总体而言，这与江浙更多接近市场和应用也有很大关系，所以，如何利用好市场解决人才效率问题是上海面临的一个重要的难题。

其次从区域创新能力的角度来看，上海在这方面也具有劣势。在科技成果转化过程中，企业家具有着重要价值。事实上，正如著名经济学家张军教授（2001）指出：中国改革开放和经济增长的过程实际上也是一个中国企业家阶层和企业家精神形成和发展的历史过程，这是中国经济体制改革应有的成果，而这又反过来推动改革的前进。对具有创业精神和风险偏好的企业家才能的发现过程其实是一个制度不断创新的过程，所有的制度创新几乎都有利于和有助于对企业家精神的“甄别”和企业家能力的实现。因此，关注企业家们的能力和影响力就显得非常重要了。

表3　长三角流域省市R&D投入及其效益情况

指标	北京	上海	江苏	浙江
科技人员数(人)	296990	198667	455135	324245
科技经费投入(万元)	9366439	5977131	10655109	5980824
当年授权专利(项)	40888	47960	199814	130190
专利累积数(项)	131255	149202	371322	331703
人均科技经费投入(万元)	31.54	30.09	23.41	18.45
万名R&D人员拥有专利数(项)	4420	7510	8159	10230
每亿元研发投入产生专利数(项)	140	250	348	555

资料来源：《中国科技统计年鉴2012》。

但是，上海欠缺的正是具有产业号召力和市场影响力的企业和企业家：2014 年，上海进入《财富》中国最具影响力 50 位商界领袖榜的人数远远低于北京、广东地区，在前 10 名中没有 1 名总部在上海的企业和企业家，最高排名是双汇控股的企业家万隆，排在第 15 位。在前 25 名企业家中，上海仅 2 人，在整个 50 名企业家中，上海也仅有 3 家企业入围，分别是双汇控股、上海汽车和浦发银行，其中后两者均为国有企业。而同期的《中国企业家》杂志对国内最具影响力的 25 位企业家的排名中，上海也仅有郭广昌（第 19 位）1 人上榜，而 10 年前上海还有胡茂元（上汽，第 19 位）、谢企华（宝钢，第 21 位）和郭广昌（第 25 位）三人上榜。

表 4　2014 年《财富》最具影响力 50 位商界领袖地区分布

地区	广东	北京	上海	山东	江苏	浙江	安徽	河北	辽宁	云南	重庆	福建
前 25 名分布	4	12	2	2	1	2	0	0	1	0	1	0
前 50 名分布	12	23	3	2	2	2	1	1	1	1	1	1

从上述的分析中我们可以看出，在人流方面，上海虽然具有一定的先发优势，但上海科技研发的比较优势在资金而不是研发人员的密度，也就是说，上海的技术创新和人才集聚需要发挥资本市场的作用。

（四）上海与长三角周边城市商品流的比较分析

分析上海与长三角周边城市在商品流方面的互动，可以从以下三个角度来展开。

一是上海商品在长三角区域的品牌影响力仍然处于领先地位。这个结论依据世界品牌实验室①发布的“亚洲品牌 500 强”数据：在 2013 年的榜单中，共有 19 个国家和地区的企业入选，其中大陆共入围企业 226 家②，占总数的 45.2%，远远超过日本的 113 家。此外，中国台湾入选 37 家企业，中国香港

① 由于在“全球品牌价值 500 强”中中国（含中国香港和澳门）仅上榜 95 家企业，不具有普遍代表性，而入围亚洲 500 强的企业较多，总数达 222 家，因此，代表性和覆盖面更广，更具有可比性。

② 笔者直接使用亚洲品牌 500 强的名单统计得出，有些媒体报道称中国大陆企业入围 118 家，可能是统计口径不同。

入选34家企业，韩国入选28家企业，中国澳门也有4家企业入选。在中国企业中，长三角、珠三角和环渤海地区仍然是主要区域（见表5），其中北京由于是中央企业最集中的地区，但即使扣除入围的22家中央企业，仍然有35家企业上榜，由此可见，北京在市场影响力方面仍然具有较大优势。广东省上榜企业数量也达37家之多，且多以民营企业为主。长三角地区则总共有47家企业上榜，其中上海入围的22家企业，江浙分别有10家和15家，这反映了长三角地区的发展格局仍然是以上海为龙头带动周边发展的整体格局。

表5 2013年亚洲品牌500强中国企业地区分布情况

地点	北京	上海	广东	浙江	江苏	福建	山东	天津
企业数	57	22	37	15	10	8	6	6

二是从（海、空）港口物流的角度来看，上海作为全球第一大港的地位虽然继续保持，但受到国内外国际大港竞争的压力明显。在全球港口货物吞吐量排名中，2013年，宁波－舟山港已经超过上海成为全球第一大港，但是在高附加值的集装箱运输和航空货运方面，上海在长三角地区仍然具有领先优势，而集装箱运输上上海领先新加坡并不多，在航空运输上，杭州萧山也有赶超虹桥机场之势（见表6）。

表6 2014年上半年全球港口排名

排名	港口吞吐量	集装箱	空港货运量	空港客运量
1	宁波－舟山	上海	上海浦东	北京首都
2	上海	新加坡	北京首都	广州白云
3	新加坡	香港	广州白云	上海浦东
4	天津	深圳	深圳保安	上海虹桥
5	唐山	宁波－舟山	成都双流	成都双流
6	青岛	釜山	上海虹桥	深圳保安
7	广州	青岛	杭州萧山	昆明长水
8	鹿特丹	广州	郑州新郑	重庆江北
9	大连	天津	昆明长水	西安咸阳
10	德黑兰	鹿特丹	厦门高崎	杭州萧山

从国际航运中心如伦敦、新加坡和香港的发展趋势来看，由于受物流成本的影响，在量上被其他港口城市赶超将是一种必然趋势，但是，在高附加值的产品和信息服务方面，上海需要打造自身的新优势。在这方面，伦敦的发展经验值得借鉴，作为全球航运中心城市，伦敦的港口吞吐量并不大，但依然拥有世界20%的船级管理机构，世界50%的油轮租船业务、40%的散货船业务、18%的船舶融资规模和20%的航运保险总额都在此进行。此外，香港和新加坡也拥有很强的金融实力。另外，伦敦仍然是全球最大的国际旅客进出地，2013年，其国际旅客达到6663.3万人次，这一数据远远高于国内各大机场。

三是从物流商品的衍生品市场来看，目前上海的市场优势仍然非常明显。作为我国三大商品期货交易市场之一和华东地区唯一的商品期货交易所，2013年上海期货交易所在全球场内衍生品交易所中排在第11位，其天然橡胶位列全球第5，螺纹钢期货排名全球第1，白银期货居全球第2，铜期货在全球排名第3，黄金期货排名第12位，上海期货交易所的铜期货价格已成为世界铜市场三大定价中心权威报价之一。但是，上海大宗商品期货市场仍然存在品种单一，定价能力较弱等问题需要进一步解决。

除大宗商品交易市场之外，上海还有一个与物流有关的市场——上海航运交易所，这是一个经国务院批准、由交通运输部和上海市人民政府共同组建，于1996年11月28日成立的我国唯一一家国家级航运交易所，是我国政府为了培育和发展中国航运市场，配合上海国际航运中心建设所采取的重大举措。但是，该市场目前交易产品主要集中在二手船等实物资产的交易，交易产品单一，交易并不活跃，同时，对物流体系的影响并不大，作为上海国际航运中心重要服务平台的作用难以发挥。因此，如何利用好这个市场平台，并以此带动长三角区域内航运物流产业的发展是上海需要重点解决的问题。

（五）上海与长三角周边城市的资金流比较分析

长三角作为中国经济最发达的地区，是资金的重要集聚中心，因此，上海在资金流方面具有得天独厚的优势，这体现在以下几个方面。

一是全球资金的配置能力上看，上海是中国资本市场资源最完备的地区。我们选取了前300家银行一级分行（或代表处）的数量作为衡量城市全球资源配置能力的指标，图 1 给出了我们统计的全球各主要金融中心的一级分行数量及其对比。

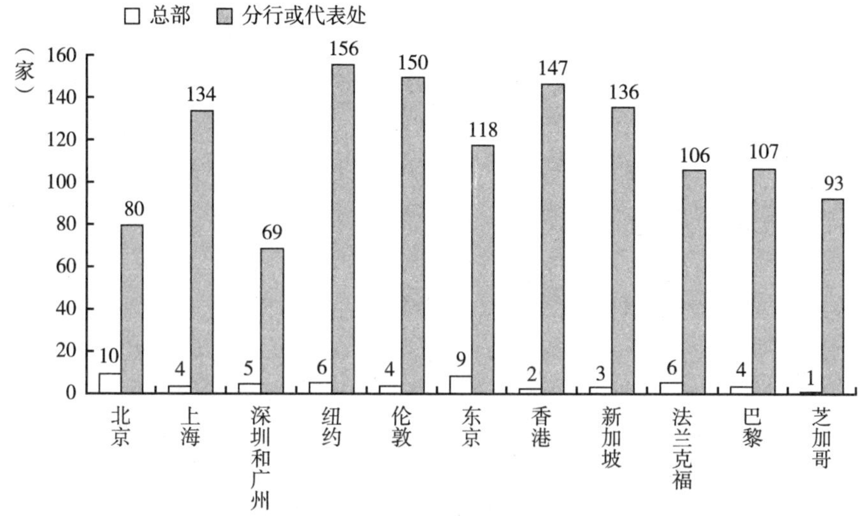

图 1　全球主要金融中心前 300 大银行总部及其分支机构

从图 1 我们可以看出，在全球资金配置能力方面，上海遥遥领先于国内其他地区，虽然在银行总部的分布上，上海（4 家）少于北京（10 家）和广东（5 家），但是，上海以其开放包容的姿态获得了全球主要金融机构的青睐，共有 134 家银行在这里设立了分支机构开展金融业务（含 9 家代表处），这一数量远远高于北京（80 家）和广东（69 家）。但上海与全球主要金融中心如纽约、伦敦、香港和新加坡相比，仍然有一定差距。这也意味着，随着上海自贸区建设在金融领域的进一步开发，上海在全球资本配置中的地位将得到进一步提升。

二是从金融市场对当地的融资和服务能力上，上海拥有的全国最完整资本市场体系为长三角区域发展注入了源源不断的资金支持。上海证券交易所市值稳居全球前 10，上海期货交易所在全球排名中列第 12 位，其中黄金期货、铜期货分列全球金属类的第 1 和 3 位，已经具有了一定的全球定价能力。中国金融期货交易所列全球第 19 位。2014 年上海证券市场股票筹资总额 3927 亿元，债券融资总额 2995 亿元，优先股融资总额 1030 亿元，整个 2014 年，上海证

券市场共为全国企业融资 5256 亿元，高于同期深交所 4229.65 亿元的股票筹资额。而在上海上市的企业，除 148 家上海本地企业外，其次就是北京、江苏和浙江的企业，其中江浙地区分别为 79 家和 78 家。

而在银行间市场上，上海为周边地区提供资金支持的趋势更加明显（见图 2），整个 2014 年，上海每月均处于净融出资金的状态，其中最多的 9 月一个月净融出资金 814.01 亿元，全年净融出资金 6172.21 亿元，其中大部分资金流入了江苏和浙江等长三角地区，其中江苏净融入 1850.29 亿元，浙江净融入 2073.13 亿元，安徽净融入 180.06 亿元。

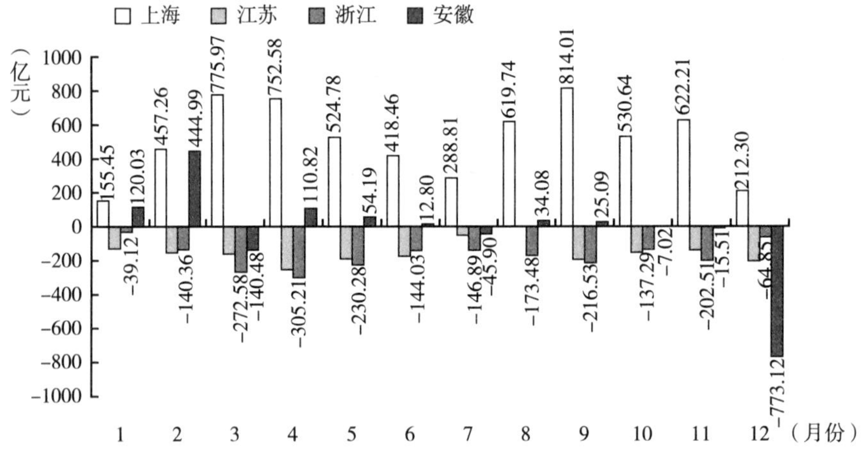

图 2　2014 年长三角各地区资金融出月度情况

三是在民间投资方面，上海通过创业投资的方式对长三角经济产生越来越明显的影响。目前，在创业投资机构数量方面，我国共有创业投资机构 1059 家，主要分布在北京、上海、广东、江苏、浙江、天津等沿海发达地区，上述六个省市共有创业投资机构 884 家，占全部机构的 83.5%。长三角地区是创业投资最活跃的地区，江浙沪共聚集了 388 家创业投资机构，环渤海地区主要集中在北京，天津和山东相对较少，珠三角地区主要以广东特别是深圳及其周边地区为主（见图 3）。

（六）上海与长三角周边城市形成的制度流分析

在制度方面，上海主要通过自贸区的建设影响长三角其他区域。主要体现

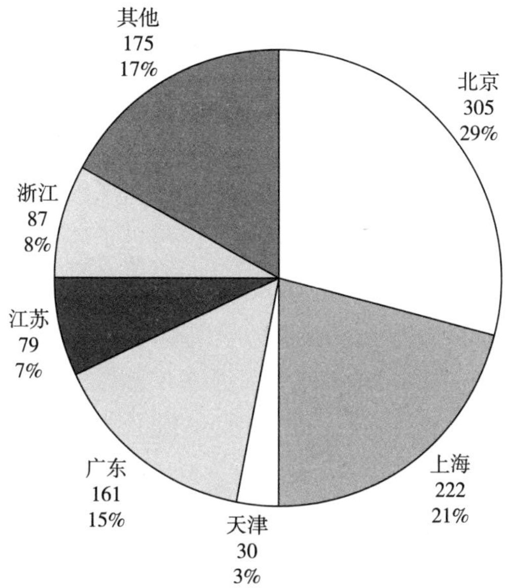

图 3　2013 年全国创业投资机构分布情况

为以下三个方面。

1. 制度创新的示范效应

上海自贸区并非上海一个城市的单一“试验田”，是中央为使我国更好应对国际经济贸易和投资规则变化与挑战、提高对外开放水平、以开放促改革促发展的一块试验田。中国设立自贸区的一个根本要求是：可复制、可推广，在全国起着示范带动作用。上海自贸区既是试验区和示范区，同时也承载着改革开放功能试验区的重任。上海自贸区建设方案体现了未来发展的方向，其关节点不在政策的优惠，而在于制度改革，做的是制度改革的高地，而非寻求政策优惠的洼地。如自贸区“负面清单”管理模式、工商注册登记制度改革、海关通关便利化改革、金融改革细则、国际贸易“单一窗口”监管等的实施，对于长三角各省市的经济发展具有巨大的示范作用，倒逼制度创新，带动金融、税收、贸易、政府管理一系列政策的变革。

2. 服务发展的平台效应

上海自贸区建设体现在以下三个平台的建设上。

一是长三角对外联络的平台，上海自贸区赋予企业国际化运营、贸易便利化、金融自由化等更大幅度的优惠政策，在某种程度上存在“虹吸”效应，吸引长三角其他城市有海外业务的企业在自贸区设立财务中心、运营中心和营销中心等功能性的企业总部，对其他城市着力发展的总部经济产生较大压力。

二是长三角大宗交易的平台。从自贸区产业发展规划来看，今后将重点发展大宗商品交易平台、保税展示交易平台、跨境电子商务平台等。大宗商品交易平台重点拓展面向国际的大宗商品交易平台，坚持“总量控制、合理布局、审慎审批”的原则，建立高标准的市场管理制度，鼓励同类型的交易平台合并设立，注重定价权和话语权提升、注重服务实体经济，逐步推动平台成为国际大宗商品交易中心、物流中心、信息中心和定价中心。

三是长三角供应链集成平台。自贸区实际上是一个供应链集成平台，一切按产业链、供应链、服务链来运作，建设完整的“微笑曲线”。制造业的集聚，进出口贸易的集聚，必然带来各种要素市场的集聚，也推动了物流业的集聚。

3. 区域合作的联动效应

上海自贸区的成立，使得区域分工更加紧密，通过对长三角地区的辐射，推动长三角区域分工细化，实现联动发展。自贸区空间容量有限，自贸区内企业的配套企业必须布置在长三角外围。江浙皖都已培育形成一部分优势产业，可以利用商务成本低的优势，通过上海自贸区的窗口、平台，优势产业引进一些国际先进的人才、技术、市场等要素，从而实现产业发展的转型升级。

另外，体现为产业发展的联动。长三角产业联动发展，今后有望在交通、能源、信息、科技、环保、信用、社保、金融、涉外服务、城市合作、产业转移等 11 个重点领域展开。其中，包括推进长三角跨区域商务合作、区域大通关建设、跨区域园区共建、检验检疫泛长三角信息平台共建等在内的涉外服务；建立三省一市金融长效合作机制、创新拓展金融新型业务等在内的金融合作，包括长三角区域信用体系建设、区域信用服务机构备案等在内的信用合作。

（七）上海与长三角周边城市的信息流分析

第三次工业革命对产业变革带来的一个重要影响就是平台型企业和大数据

企业的产生，企业面临着数据量的大规模增长。例如，IDC 最近的报告预测称，到 2020 年，全球数据量将扩大 50 倍。目前，大数据的规模尚是一个不断变化的指标，单一数据集的规模范围从几十 TB 到数 PB 不等。简而言之，存储 1PB 数据将需要两万台配备 50GB 硬盘的个人电脑。

上海目前数据型平台型企业数量在全国处于领先水平，这些数据型平台企业主要集中在金融领域。主要表现为三种业态形式。

一是金融市场平台。主要是各类证券交易市场，上海拥有着国内最全面最完善的金融市场体系，围绕着金融市场平台的交易形成了庞大的金融服务数据库。

二是各类金融机构包括准金融机构构成的金融机构平台。这里首先有传统的金融机构积聚。至 2012 年末，上海已聚集各类金融单位已达到 1124 家。其中，货币金融服务单位 510 家，资本市场服务单位 193 家，保险业单位 347 家。至年末，在沪经营性外资金融单位数达到 208 家，外资金融机构代表处 210 家。同时还在新型金融机构和金融业务方面具有竞争优势。在互联网金融企业方面，国家将银联总部设在上海，2012 年，银联支付总额达 900 万亿元，其中在互联网移动支付方面，银联也跃居全国第三位。

三是金融中介服务类平台。上海除了在传统的法律和会计方面具有竞争优势之外，在金融信息服务的供应商方面也具有明显的竞争优势。目前国内前四大的金融信息服务商，除同花顺总部不在杭州以外，东方财富、大智慧、万得资讯总部均在上海。目前，以大智慧、万德资讯、聚源数据、钱龙软件、益盟软件、东方财富网为代表，包括杭州的同花顺等在整个长三角领域已经开始形成产业集聚效应。

面对大数据时代的到来，基于大数据背景的金融机构大数据平台也就显得越来越重要，它对于一个区域未来产业发展和创新有着举足轻重的作用。从图 4 中我们可以看出，虽然由于行政区划的影响，银行总部难以在上海落地，因此上海在全球前 300 大银行中总部并不多，但在国内银行数据中心上却具有绝对优势（在国内前 50 大的银行中，上海拥有 10 个数据中心，北京只有 9 个，除此之外，汇丰银行和东亚银行也将其备份的数据中心放在上海，这在一定程度上显示了上海的全球资本影响力），这正显示了上海在国内资本市场上对资金的支配和影响能力。

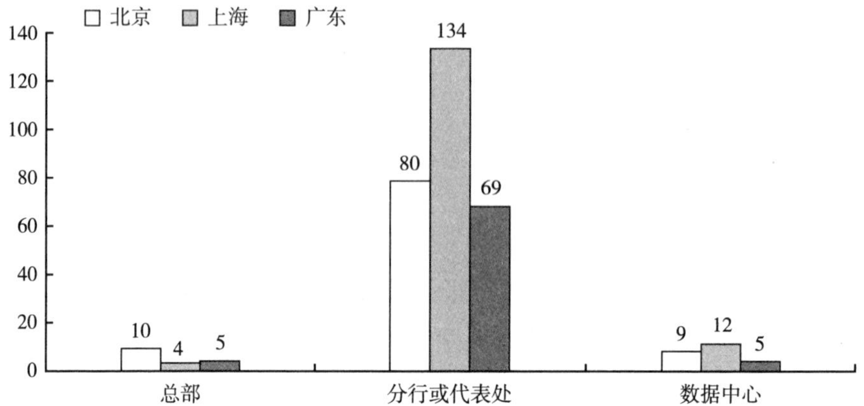

图4 北京、上海、广东三地银行数据中心分布情况

四 上海在长三角中的“龙头”作用发挥的策略分析

（一）上海在长三角协调发展“龙头”作用的内涵分析

作为长三角区域城市群中的首位城市，在当前国家战略背景下，上海必须扬长避短，发挥其在“城市流”中的核心和枢纽作用，从而在长三角区域转型和发展中发挥其应有的“龙头”作用，为此，上海需要在以下四个方面做出表率。

（1）依托新一轮改革深入地契机，做制度创新的排头兵

以开放促发展、促改革、促创新，形成可复制、可推广的经验，推动加快转变政府职能和行政体制改革，促进转变经济增长方式和优化经济结构。

（2）依托长三角产业腹地，做转型升级的驱动者

在全球新一轮的产业革命和第二波全球化冲击大背景下，上海发挥其集聚国内外的人才、资金、信息等方面的市场优势，在长江经济带中成为联动东中西三大发展区域，构建中国经济可持续发展的新动力，并通过“两带一路”向全国辐射。

（3）依托自贸区的建设，做对外开放的带动者

上海要发挥上海自贸区对外开放的新路径和新模式，构建与各国合作发展

的新平台，通过提高市场开放度和贸易便利化水平，发挥中国（上海）自贸区的外溢效应，推动沿长江流域自东向西开放，从而带动和形成对内、对外全面开放新格局。

（4）依托“两带一路”建设，做区域协调的推动者

上海当仁不让地在长三角地区合作和交流中的龙头带动作用，主动参与并积极地去推动长江经济带、丝绸之路和海上丝绸之路上各区域间的交流与合作。

（二）上海发挥“龙头”作用的着力点

2014 年 5 月，习近平总书记代表中央对上海提出了“四个着力”的新要求，即着力推进自由贸易试验区建设、着力实施创新驱动发展战略、着力培育和践行社会主义核心价值观、着力提高干部队伍素质。这是中央对上海在全面深化改革新阶段和在新形势下对上海提出的要求，这四个着力在长江经济带建设中，则可以体现在以下五个方面。

一是依托上海完备的市场体系和资本集聚优势，形成以资本市场建设带动长三角区域整体功能提升的新格局。市场是带动和影响周边区域的发动机，而资本的流动则是推动经济高速发展提升的血液。前面的分析中我们已经清楚地认识到，上海在长三角发展中的优势正体现在市场和资金方面，上海需要通过不断地完善市场功能和加强市场体系建设，进一步提升市场在长三角乃至全球资源配置中的影响力，深化其在全球要素资本定价过程中的话语权，在加强对外开放和提升对内服务能力的同时，使自身成为“城市流”的枢纽和中枢。

二是借助自贸区建设的契机，形成长江经济带“一区引领，多区互动”的新局面。自从 2005 年国家批复浦东新区综合配套改革试验区以来，国家战略性区域规划已出台了 53 个，其中涉及长江经济带区域内的规划有将近 20 个，这些规划包括国家新区、区域规划、指导意见和综合改革区等。在这些规划中，无疑上海自贸区的建设是最重要的规划之一，国家也给予了自贸区非常高的厚望，希望通过自贸区的建设不仅带来经济的繁荣和发展，更是要以自贸区的开放促进国内的改革和创新，并形成可复制、可推广的经验，这也意味着，上海自贸区制度创新试验对长江经济带应起到开路与衔接作用，通过深化

与国际通行规则衔接的自贸制度创新发挥“一区引领，多区互动”的功能。

三是要借助上海打造全球创新中心的契机，培育中国面向全球的竞争新优势。目前，上海在科技创新方面主要有两个优势。一个优势是国际化的优势，截至2013年底，上海拥有跨国公司研发中心近370家，占全国的比重约为1/4，其中来自世界500强企业的研发中心占比更是高达全国的1/3，在全球性或区域性研发总部数量上仅次于东京和硅谷，上海已经可以用全球的资源来建设全球科技创新中心，已经具有了全球科技创新中心的雏形。另一个优势则是上海的产业化优势，这个优势不是上海一个城市所能够具备的，而是由于上海拥有着长三角和整个长江流域制造业的广大腹地，即上海的研发产品与周边地区的制造业结合了起来，形成了上海在技术应用和产业化方面的竞争优势。因此，上海要打造全球科技创新中心，离不开与长三角和长江经济支撑带之间科技与产业发展之间的良性互动，只有这样，才能形成上海辐射长三角乃至全国，面向全球的竞争优势。

四是要依托“四个中心”建设底蕴，形成上海对全球的资源配置优势。国际经济中心、国际金融中心、国际贸易中心、国际航运中心是上海城市发展的目标，在上海四个中心建设中，国际经济中心是上海四个中心建设的最终目标，金融中心、航运中心等代表的是上海在全球资源配置中的功能和地位，而国际贸易中心则是上海实现目标的方法和手段。在上海建设四个中心的过程中，需要把资源配置的功能从长三角区域扩散到整个长江流域，并形成全球资源配置能力，而这种全球的资源配置能力的建立，将对整个长江流域其他城市的功能完善起到补充和促进作用。

五是要发挥上海“三沿”的优势，与长江经济带融合与共生。从上海与长江经济带区域内经济发展的整体布局来看，上海及长三角地区与长江经济带的中西部地区有着非常强的互补关系：从经济增长总量上看，长三角地区经济增长主要依靠良好的经济基础以及合理的产业结构，而长江中上游地区虽然产业结构和产业基础较差，但经济增长势头迅猛。从相对增长率上看，长三角地区尽管产业结构效应较强，但产业增长速度较慢，而长江中上游地区虽然产业结构效应较弱，但产业增长速度较快。因此，上海完全可以带领长三角在国家“三沿”（沿边、沿海、沿江）的大规划背景下，在整个长江流域里发挥支撑、引领和带头作用。

（三）上海发挥“龙头”作用的具体对策

目前，要发挥上海的“龙头”作用，我们认为，目前急需并且可以开展得工作主要有以下几项。

一是提升区域合作的统筹协调层级，引领区域内各省市共同推进长江经济带区域规划实施。要形成以上海为龙头，全面提升长江经济带的开发和相互开放水平，需要上海积极争取从国家的更高层级上对该区域的协调发展进行规划引导。可以考虑参照京津冀一体化的领导层级模式，由中央核心领导层挂帅，各省市主要负责人参加，在全国的统一框架下，统一规划、统一部署、统一落实各项政策和措施。

二是要强化一体化发展理念，发挥整体优势，大力推进长江经济带的一体化发展。长江经济带的建设，首先需要在领导层面形成思想共识，才能实现目标共荣、行动共建、责任共担和成果共享，只有这样，才能推进整个区域内产业一体化的发展，加快基础设施一体化，促进科技创新一体化，加强生态建设和环境保护一体化，推动区域市场建设一体化，逐步实现社会保障体系一体化建设，并在更高层次上实现资源整合和优势互补。

三是重点建设和完善以下几个市场体系，并在以下几个市场建设中形成突破。包括：①整合和完善技术交易市场。建立统一的技术交易市场体系，要对目前上海的各类技术交易市场平台进行梳理和整合，并在统一的框架下制定统一交易标准，建成与未来上海具有全球影响力科技创新中心相匹配的技术交易市场体系。②加强航运交易所的建设。上海需要以目前的航运交易所为基础，通过交易产品的梳理和重构，交易内涵的深化和开发，将其打造成为具有国内影响力的交易市场平台。③加大对清算所的支持力度。作为全国重要的资金结算平台，清算所落户上海具有重要的价值和意义，上海需要加大对清算所的支持力度。④加大其他金融机构的市场创新力度。在交易规则和交易制度不断完善的同时，开发更多适合长三角未来经济转型和发展需要的金融产品。⑤加大市场诚信体系建设，营造更加优良的市场环境。

四是打破行政格局，完善城际交通体系特别是城际铁路建设。目前，上海与南通之间的联系主要是通过公路交通和水路交通进行，与宁波之间的高铁还主要是通过杭州连接，东海大桥、崇启大桥建设完成后虽然在一定程度上加强了上海与宁波、南通之间的联系，但是由于其他更加便捷的交通方式如城际铁路的缺失，上海与两翼之间的互动仍然不够充分，上海港与宁波—舟山这国内两大港湾之间的互动尚未形成，因此，上海有必要通过进一步建立完善的城际交通体系来加强与周边城市之间的联系。

五是在具体操作上可以实现三个方向上的率先突破。首先需要在整个区域的规划上形成突破，目前，各省市区都面临着新一轮“十三五”区域规划的调整，这就需要各方主动利用规划调整的契机，紧紧围绕区域功能协调、经济结构调整和产业升级，形成新的经济增长点和竞争优势。其次需要在航运交通上突破，即在航运中心的构建上，以洋山港码头、上海两大机场为龙头，通过长江水道和业已贯通的沪汉蓉沿江高速铁路网，联动东中西三大发展区域，同时，实现船舶、航道、港口泊位、航运管理与服务等的标准化。最后要在生态建设的跨区域协调与合作上取得突破，国际环境治理的经验表明，大江大河的治理需要在一个整体的大系统中展开，要从自然、社会、经济综合考虑，打破部门割据的视角出发，建立相应的管理和经营体制，统筹安排，宏观调控，综合治理，才能够使我们共同生活的家园更加美好。

六是要从三个方面建立和完善区域合作机制。目前可以考虑在国家层面上建立三个跨省市的合作协调机制：首先是由国家发改委和国土资源部牵头，由各省市区相关发展改革和规划部门参加的全流域功能区域规划部门，对整个长江经济带各区域内的功能、产业定位进行研究和规划，从而从规划上做到区域的统一协调。其次是由交通部牵头，配合国家和区域内各省市相关部门对长江流域内有关交通航运相关事宜进行统一规划、组织和协调。最后是由国家环保部和国家能源局牵头，对区域内的能源、科技、区域生态资源开发和生态环境保护等领域的重点专题合作展开研究和推进，从而促进区域合作再上新台阶，逐步使区域内的经济、管理、规划一体化。

B.15

江苏对接长江经济带战略研究

蒋昭乙*

摘　要：江苏水资源丰富、生态环境条件好、人力资源素质高，按照经济新常态的新要求，创新发展思维，创新发展模式，在加快经济发展的同时注重绿色生态建设，注重环境保护、生态安全，注重结构优化，在积极对接长江经济带战略中，建设“强富美高”的新江苏。首先，江苏省可借助通江达海的区位优势，突出转型升级和创新发展主题主线，努力建设成为深化改革开放的先行地、国家“两带一路”战略枢纽地、创新驱动引领转型升级的典范区、全球重要的先进制造业和现代服务业中心、区域协调发展的示范区、金融开放示范区和生态文明建设先导区。其次，江苏省可以创新对接长江经济带战略的推进路径。以提升地方战略层次为抓手强化示范引领作用；以放大科教资源优势为重点巩固创新领导地位；以打造新型城镇化为依托推动产业转型升级；以完善综合交通运输体系为纽带促进区域协调发展；以深化国际交流合作为重任增创开放型经济新优势；以推进生态文明建设为导向共建美丽长江。最后从加强江苏沿江区域经济联动，提升区域综合功能等八个方面提出了江苏省对接长江经济带战略的对策建议。

关键词：江苏　长江经济带战略　对接发展

* 课题负责人：蒋昭乙，江苏省社会科学院世界经济研究所副研究员。

长江通道是我国国土空间开发最重要的东西轴线，在全国区域发展总体格局中具有重要的战略地位。面对资源环境瓶颈、产能过剩的局面，江苏省要凭借着水资源丰富、生态环境条件好、人力资源素质高等优势，按照经济新常态的新要求，创新对接长江经济带的发展思路和推进模式，在加快经济发展的同时注重绿色生态建设，注重环境保护和生态安全，注重结构优化，建设“强富美高”的新江苏。

一　对接长江经济带战略中江苏的地位和作用

江苏省地处长江经济带的咽喉地带，从地理形势看，江苏地处“龙头”上海和“龙腰”武汉之间，是长江经济带这条巨龙的“龙颈”，是承接“龙头”、协调控制“龙腰”和“龙尾”的中枢，是承东启西的天然纽带，可以有效实现“向西开放”与“沿江开发”“沿海开发”的联动配合。

（一）辖区面积小，经济总量大

在长江经济带11个省（市）中，除上海、重庆两个直辖市的辖区面积相对较小外，江苏的辖区面积仅略大于浙江，较大幅度低于其余省份，江苏的人均辖区面积在全国各省（市、区）中最少，与辖区面积小形成鲜明对比的是，自1979年起，江苏的经济总量（GDP）一直占据长江经济带各省（市）的首位。2014年，江苏的GDP总量达6.51万亿元，是居第二位的浙江的1.62倍，居末位的贵州的7.03倍。总体而言，江苏已进入工业化中后期，处于全面建成小康社会并率先向基本实现现代化迈进的关键时期。强大的经济规模奠定了江苏在长江经济带建设中的引领带动作用，尤其是苏南地区，已成为我国经济社会最发达、现代化程度最高的地区之一，对长江经济带的现代化建设发挥着重要的示范引领作用。

（二）水运资源得天独厚，交通体系较为完善

江苏滨江临海，水网密布，湖泊众多，全省水域面积占17%，比重居全国首位；拥有内河航道2.48万公里，占全国的20%，居全国首位，已形成以长江为东西、京杭运河为南北的“十字”骨架的内河航道网；东部临黄海有

近千公里的海岸线。得天独厚的水运资源优势，使得江苏水运发展步伐持续加快，尤其是随着江苏沿海开发的深入推进和沿海深水大港的加快建设，其江海河联运优势日益凸显。2013 年我国大陆地区共有 16 个港口（沿海港口 13 个，内河港口 3 个）的货物吞吐量超过 2 亿吨，其中 3 个内河港口全部位于江苏省境内；2013 年长江干线 24 家主要港口企业有 10 家位于江苏省境内，它们的货物吞吐量、外贸吞吐量及集装箱吞吐量，分别占 24 家主要港口企业的 71.22%、88.32% 和 73.11%。此外，江苏已基本形成了由公铁水空管五种运输方式协调组成的“四纵四横”综合交通网络主骨架，这为长江经济带的转型升级以及综合交通运输体系的加快完善提供了坚实支撑。

（三）科教资源丰富，开放优势明显

江苏科教资源丰富，南京的科教资源禀赋仅次于北京和上海。国家知识产权局统计数据显示，江苏的专利申请量、专利授权量、发明专利申请量、企业专利申请量和企业专利授权量五项指标连续 4 年保持全国第一。在教育方面，改革开放以来，江苏的普通高等学校数及普通高等学校招生数一直以来稳居长江经济带各省（市）的首位。丰富的科教资源，是长江经济带经济社会持续健康发展的重要源泉。良好的区位使得江苏经济发展的重要特征和优势之一体现为“两头在外”、高度开放。改革开放以来，在开放型经济发展方面，无论是实际利用外资、外贸出口，还是开发区建设、服务外包等，江苏都始终走在全国前列。日益扩大的开放优势是示范带动长江经济带以开放促发展、促改革、促创新的强大引擎。

（四）区域合作交流广泛，产业梯度转移加速

改革开放以来，在“上海经济区”试点、浦东开发开放、长三角一体化发展等一系列国家战略的接续推动下，长三角地区一体化发展水平日益提升，江苏与长三角内其他省（市）间的横向经济联系以及政府间的合作与交流不断深入，长三角地区政府间基本形成了以决策层、协调层、执行层为基本构架的协作体系。在此期间，由南京等长江沿岸 4 个中心城市于 1985 年联合发起组建的“长江沿岸中心城市经济协调会”的成员城市现已扩大到 30 多个，它们相互间的合作与交流不断深化，有力地推动着长江流域经济的可持续发展。

在广泛的区域合作和交流中，经济相对发达的苏南地区的产业除了以合作共建园区等形式向苏中、苏北梯度转移外，也开始出现了向安徽等长江中上游地区梯度转移的现象。

二 对接长江经济带战略中江苏发展的战略定位

目前，部分沿长江经济带的省份已经给出了自身的战略定位，江苏省可借助通江达海的区位优势，突出转型升级和创新发展主题主线，努力建设成为深化改革开放的先行地、国家“两带一路”战略枢纽地、创新驱动引领转型升级的典范区、全球重要的先进制造业和现代服务业中心、区域协调发展的示范区、金融开放示范区和生态文明建设先导区。

（一）深化改革开放的先行地

以制度建设为重点，紧紧围绕使市场在资源配置中起决定性作用深化经济体制改革，并以经济体制改革为重点牵引和带动行政体制、文化体制、社会体制和生态文明体制改革，最大限度激发创新活力和内生动力，使江苏继续担当长江经济带先行先试、创新发展的先行军。

（二）国家“两带一路”战略枢纽地

紧抓国家“两带一路”发展战略新机遇，充分利用自身位于“两带一路”交汇点的良好区位，充分发挥经济实力雄厚、水运资源丰富、对外开放程度高、综合交通运输能力强等基础优势，努力打造国家“两带一路”战略枢纽地，在对接欧亚、联通东盟、辐射内陆中发挥更加积极的作用。长江经济带发展定位之一，就是建设沿海沿江沿边全面推进的对内对外开放带，要求用好海陆开放的区位资源，创新开放模式，培育内陆开放高地，加快同周边国家和地区基础设施互联互通，促进与“一带一路”的衔接互动，使长江经济带成为横贯东中西、连接南北方的开放合作走廊。同时，加快促进国际国内要素在长江经济带有序自由流动、资源高效配置、市场深度融合，加快推进长江经济带整体参与和引领国际经济合作竞争新优势。

（三）创新驱动引领转型升级的典范区

充分发挥江苏科教资源丰富、产业基础良好、外向型经济发达的优势，全力推进科技创新工程，加快构建以市场为主导、政府为引导、企业为主体、产学研相结合的技术创新体系，切实将江苏的科教优势转化为科技创新优势和竞争优势，大力提升高科技产品和创新产品的全球份额，增加具有国际品牌的“江苏创造”产品和技术的数量，增强江苏对长江沿岸其他地区尤其是中西部地区经济发展的技术支持。

（四）全球重要的先进制造业和现代服务业中心

推动新兴产业发展成为主导产业，鼓励传统制造业加快融入新产业的产业链条，打造若干规模和水平居国际前列的先进制造产业集群，大幅提升江苏制造业的层次和水平，实现从“制造大省”向“创造大省”转变。按照加强服务业和制造业内在衔接的要求，加快发展金融、物流、科技、软件和信息服务、服务外包等面向生产的服务业，建设一批主体功能突出、辐射带动能力强的现代服务业集聚区，加快形成以服务业为主的产业结构。

（五）区域协调发展的示范区

在省内“南北合作”“跨江合作”基础上，探索南北联动、跨江融合、陆海统筹发展新机制，加快构建统筹协调、互动融合的城乡区域发展新格局。广泛调动苏南发达地区在江苏区域协调发展中的积极性，充分激发苏中、苏北地区发展经济的主观能动性，实现江苏区域整体协调发展，更好地担当引领长江经济支撑带全面发展的重任，并为推进长江经济带整体协调发展积累经验、探索路子。

（六）金融开放示范区

探索建设金融开放示范区，不仅是提升江苏省金融竞争力和开放经济竞争力的主要手段之一，为本地区聚集资本、解决投融资问题，还能辐射和带动长江经济带沿线地区开放型经济发展。坚持改革重组、创新和开放的原则，发展互联网金融、消费金融等新型金融业态，开展资产证券化、市政债等创新型融资工具的运用，发展中小型非银行金融机构，打造长江经济带金融结算中心、泛长三角区域金融后台服务和金融服务外包基地、长三角北翼区域金融服务中心。

（七）生态文明建设先导区

支持江苏沿江城市开展生态文明建设综合改革试点，加强生态文明制度建设，大力发展新能源、新材料等生态工业，加快传统产业高新化改造，促进产业加速向高端和绿色方向发展。充分发挥省内水网密集优势，积极推进省内各水系的生态景观和绿色廊道建设，全力打造长江经济带生态文明建设的先导区和样板区。

三　对接长江经济带战略中江苏发展的路径选择

（一）以提升地方战略层次为抓手强化示范引领作用

紧抓国家重视跨区域、次区域规划发展的有利时机，在推动长江流域合作体制机制加快完善的同时，从引领长江经济带发展的总体要求出发，努力争取将当前江苏发展中的一些能对长江经济带建设产生全局影响和示范效应的地方性战略提升至国家战略层面，增强江苏在长江经济带建设中的示范带动效应。主要包括：推进苏州的国家级城乡发展一体化综合改革试点；推进镇江的国家生态文明先行示范区建设；支持南通陆海统筹综合配套改革试验区上升为国家级试验区；支持南京都市圈从国家战略层面做好总体规划，使其更好地在打造长三角世界级城市群中发挥重要作用。

（二）以放大科教资源优势为重点巩固创新领导地位

扎实推进国家创新型省份建设试点工作，强化南京的全国重要科教中心地位。突出企业在技术创新中的主体地位，加强政府推动、科技金融支撑和中介组织服务的作用，提高区域创新整体效能。依托沿江科技园区、国家高新区载体，加快培育和扶持技术守门员，促进产业集群实现全球—地方生产网络的技术联结。实施创新国际化战略，引进一批国际性科研机构和创新团队，共建国际科技产业园，开展联合研发项目和国际科研成果在江苏转化。加强知识产权工作，提高知识产权创造、运用、保护和管理水平。与长江流域其他省市高校、科研机构以市场为纽带加强知识、技术的交流与合作，促进技术转移，构建以江苏为核心的长江经济带科技创新网络。

（三）以打造新型城镇化为依托推动产业转型升级

以人的城镇化为核心，以提高城镇发展质量为宗旨，以增强城镇综合承载能力、可持续发展能力和辐射带动能力为着力点，努力开创以新型城镇化推进经济结构调整和产业转型升级的发展新路。在推进形成以沿江、沿东陇海线为横轴，以沿海、沿大运河为纵轴的“两横两纵”城镇化空间布局和大中小城市与小城镇协调发展的城镇体系过程中，沿江城市群要以做强长三角世界级城市群北翼核心区和充分发挥对长江中上游城市群的带动作用为目标，以推进宁镇扬大都市区同城化和苏锡常都市圈、苏通都市圈一体化为重点，加快推动区域高端创新要素集聚，加快建设具有国际水平的战略性新兴产业策源地和先进制造业中心，打造江海一体的高端生产服务业集聚区和我国服务贸易对外开放的先导区。

（四）以完善综合交通运输体系为纽带促进区域协调发展

加快推进通江达海的内河干线航道建设，全力打造江海河联运优势，积极推进通州湾建设，提升长江黄金水道在流域经济开发中的功能。积极推进沿江城际、沪泰宁、宁启扩能改造等铁路规划建设，进一步强化沿江城市群与上海的联系，形成东接上海、西连长江中上游城市群的交通大动脉。加快沪通铁路等过江通道建设，支撑和引导苏中与苏南、上海融合发展。推进连淮扬镇铁路建设，便捷江苏沿江地区与徐、淮、连地区的交通联系，实现长江经济带与新丝绸之路经济带在江苏省境内顺畅连接，巩固江苏衔接海陆丝绸之路、引领长江经济带建设的战略枢纽地位。有效促进交通运输与现代物流融合发展，全面提升江苏综合交通网络的服务能力与整体效率，努力将江苏打造成长江沿线各地区走向世界的主要节点和重要平台。

（五）以深化国际交流合作为重任增创开放型经济新优势

围绕开放型经济转型升级要求，不断优化利用外资结构，转变外贸增长方式，增强企业国际市场拓展和竞争能力。抢抓国际先进制造业、现代服务业加速转移机遇，加强对著名跨国公司和先进技术的引进。建立绿色贸易导向，优化出口产品结构。加大培育国际化企业的力度，加快培育一批具有全球资源整合能力的国际化企业和本土跨国公司。积极实施“走出去”战略，支持企业利用国际市场与资源，创新对外投资与合作方式，在研发、生产、销售等方面开展国际化经营。紧抓国家“两带一路”战略机遇，加强与中亚、欧洲、东盟以及长江中上游地区合作，扩大对内对外开放，推动长江经济带形成海陆统筹、东西互济的开放新格局。

（六）以推进生态文明建设为导向共建美丽长江

进一步强化生态文明理念，努力将江苏沿江地带打造成生态文明建设先导区。建立健全生态环境保护工作机制，将生态环境保护纳入地方经济社会发展评价和领导干部综合考核体系。设立生态功能保护区，严格控制并逐步清退产业开发对沿江生态功能保护区的占用。坚持节能减排，以严格的节能减排标准，倒逼产业结构调整，带动城乡环境基础设施的全覆盖。狠抓水污染防治，做好重点区域水土流失治理和保护，建立严格的水资源和水生态环境保护制度。加快生态补偿机制建设，促进长江经济带经济社会与资源环境协调发展。建立健全与其他省（市）间的区域生态环境治理协调机制，统筹做好长江流域生态环境建设的总体布局。

四　对接长江经济带战略中江苏发展的对策

（一）转型升级，辐射带动，进一步加强江苏沿江区域经济联动

一是依托长江黄金水道和新亚欧大陆桥，积极向外发展。向东积极接轨上海，向南与浙江和珠三角地区合作，向北对接中原地区和环渤海地区，着力完善沿江城镇布局，重点建设宁镇扬大都市区、南京都市圈和苏锡常都市圈，积极推动锡常泰、苏通经济圈等跨江城市组群融合发展，形成南北呼应、优势互补的沿江城镇体系。二是大力发展装备制造、化工、冶金、物流四大产业集群。通过江南江北经济联动，以建设具有国际水平的先进制造业中心为目标，

以临江城市和开发区为载体，充分发挥长江航运优势，形成装备制造、化工、冶金、物流四大产业集群。三是充分利用江北新区成为国家级新区的战略优势，发挥南京江北新区辐射带动的载体作用。强化江苏向西对长江中上游地区的强烈辐射作用，使江苏成为名副其实的长江中上游地区对外开放的门户。四是推动产业转型升级，构建江苏省以服务经济为主体的现代产业发展体系。以高端化、服务化、集聚化、绿色化为发展方向，促进现代服务业和先进制造业"双轮驱动"、信息化与工业化"两化融合"发展。加快发展高端制造业，推动新能源、新材料、生物技术和新医药、节能环保等十大战略性新兴产业做大做强。

（二）发挥优势，主动融入，进一步提升长三角的"群合"力量

一是策应上海、联合浙皖。构建长三角同城化趋势下江苏省"系统结构、功能互补、分工协作、板块集聚、整体联动"的城镇结构体系，优化江苏的都市圈与上海、浙江的竞争合作关系。二是错位发展，融合发展。提升上海核心地位，进一步提升南京、杭州等区域性中心城市的综合承载能力和服务功能，错位发展，提升长三角的"群合"力量。三是构建江苏省四种城镇空间结构布局。即沪宁高铁轴线的苏南五市和上海与高速公路交通圈的宁镇扬泰常构成的左倾斜"P"字形1小时交通同城化城市布局；高速公路交通圈的江苏中部城市群与区域中心城市上海、南京构成左倾斜的反"R"字形2~3小时高速公路交通圈域的城市空间结构；苏北五市和上海、南京与沿江、沿海、沿运河、沿陇海线以及"五纵九横五联"高速公路规划网络构成的"B"字形空间结构；沪宁城际高速铁路和沿江两岸形成的"60分钟"同城化城市群发展带的空间布局。

（三）区域协调，融合发展，进一步推进省内区域协调发展

一方面是推进沿江、沿海和沿东陇海地区三大区域协调发展。强化三大都市圈在推进新型城镇化进程中对各自腹地的引领带动作用，加快促进江苏沿海城镇轴、沿江城镇轴、沿东陇海城镇轴和沿运河城镇轴集聚发展，改变江苏中广大腹地的"草肚皮"现状，逆转江苏作为沿海省份的后院化、边缘化态势。另一方面是进一步加快苏南、苏中和苏北的协调发展。苏南加快南京都市圈和

宁镇扬同城化建设，提高苏锡常都市圈联动发展水平，加强与上海的产业和空间资源互补，使其成为具有国际竞争力的长江三角洲城市群核心地带。苏中深化沿江开发，重点加强宁镇扬、锡常泰、（沪）苏通三大板块跨江融合发展，形成南北呼应、发展共振的格局和态势。苏北加快新型工业化和城镇化进程，实施沿海开发战略，促进沿海城镇轴和沿东陇海城镇轴集聚发展，提升徐州都市圈核心城市综合功能。

（四）优化布局，创新驱动，进一步形成江苏省创新驱动发展的强大动力

一是通过融入长江经济带建设，优化江苏省生产力布局。抓住江苏及下游地区面临的制造业增长乏力、部分传统产能严重过剩、产业结构亟须优化升级的转型压力和中上游地区产业发展大干快上、后来居上的要求急切的互补性，促进下游产业梯度转移、上中游产业有序承接、战略性新兴产业共同发展的区域产业合作新模式。二是推进政产学研协创新，提高科技成果转化能力。完善“两省一部”科教协同创新机制，推进企业、高校、科研院所的深度合作和产业链上下游的资源整合，持续产生具有原始创新和自主知识产权的重大科研成果。三是加强江苏省传统优秀文化和现代文化与信息技术、传播技术和自动化技术等科学技术的融合度，用先进的文化产业理念带动产业创新，辐射中西部的产业升级；注重处于技术创新和研发等产业价值链的高端环节的文化创意产业等知识密集型新兴产业的发展，提高其延伸产业链及产业价值链的能力。

（五）循序渐进，错位发展，进一步加强长江经济带区域金融合作

一是要循序渐进，在已有的海关特殊监管区基础之上设立金融开放示范区。国内外研究表明，发达的生产性服务业需要有一定的制造业基础。而海关特殊监管区是国务院批准的、享有特殊对外优惠政策的国家级开发区，大多具备一定的制造业基础，因此，江苏省可以在省内现有的海关特殊监管区首先进行金融开放示范区试点。二是要定位明确，错位发展苏南、苏中、苏北的金融服务集聚区。苏南地区以发展总部金融机构为主，充分利用昆山深化两岸产业合作试验区，打造苏南金融聚集区。苏中以金融后台服务为主，打造股权投资

类机构等聚集地。苏北以发展科技金融为主，打造民间资本管理和股权基金集散地。三要创新发展，主动对接上海自贸区的部分金融改革政策。金融开放示范区可以借鉴和扩大以下成功的试点经验，包括昆山深化两岸产业合作试验区开展了跨境人民币创新业务试点；苏州工业园区启动的跨境人民币创新业务试点；进一步扩大跨国公司外汇资金集中运营管理改革覆盖面。

（六）生态文明，持续发展，进一步整合沿江岸线资源、打造绿色人文生态廊道

一方面是整合沿江岸线资源。推进沿江产业集约、绿色发展，突出节能降耗，注重沿江生态环境保护。以产业集群、资源集约、生态优先、和谐发展为沿江产业空间布局原则，禁止新上高污染、高能耗、低附加值产业项目，防止淘汰的落后产能向中西部转移，坚决淘汰沿江钢铁、化工等行业落后产能。另一方面是依托江苏名山大川等自然资源和城市风光、名胜古迹等人文资源，重点推介江苏的旅游资源、线路产品、优惠政策。整合沿江经济带的三大都市圈历史文化资源，通过世界文化遗产的申报，共同沿江著名历史文化遗产遗迹的保护与适度使用，联合开发长江流域的旅游文化资源，加快沿江旅游一体化发展，打造绿色人文生态廊道。

（七）规划交通，联动发展，进一步加强江苏与中西部地区的多式联运发展

一是增强干线航运能力，加快实施长江干线航道疏浚整治工程，消除通行瓶颈。优化长江口通航条件，实施长江口深水航道深化减淤工程，保障长江口12.5 米深水航道畅通、稳定。重点推进南京以下 12.5 米深水航道建设工程，推进长江中游荆江河段航道治理工程。二是加快部分交通基础设施建设。加快推进上海至成都的沿江高速铁路和大能力的货运铁路通道建设；加快建设宁合货运铁路、宁芜铁路扩能改造、宁启二期等铁路项目。进一步完善公路网络，重点推进宁合高速江苏段及沪陕高速江都至广陵段、京沪高速新沂至江都段、沪蓉高速和等扩建工程，建成带内城市间的公路快速运输主骨架网。三是优化机场分布格局，确立南京禄口机场的枢纽地位，结合长江沿线省市的其他枢纽机场、干线机场和支线机场，完善航空运输建设。

（八）发展通州湾，联动江海，将其打造成长江经济带江海联运的新枢纽

一是加快通州湾深水港建设，打造江海直达运输集散基地、多式联运物流中心。按照“一次规划、分期实施、滚动发展”的总体思路，加快通州湾深水港开发步伐，建成长江沿线地区对外贸易的重要口岸和江海联运的中转枢纽。构建临海临港产业体系，构建现代化港城，为长江中上游城市发展提供“出海新通道”和服务新基地，把通州湾新区建成长江经济带江海联运的新枢纽。二是积极参与上海港国际航运中心建设，大力建设沪苏合作园区。与周边洋口、吕四港的统筹协调，构筑南通沿海“一体两翼”深水港发展格局，共同打造上海国际航运中心北翼组合港，为上海国际航运中心建设提高港口承载条件。全面接轨上海的产业分工，全力打造通州湾成为上海高端产业、技术和资本转移承载地。积极建设沪苏合作园区。三是构建与完善区域创新体系，推进科教兴区。将科技创新平台作为科技创新能力建设的重要抓手，通过各类优惠政策联动，支持企业建立各类研发机构，支持产学研合作。

B.16

江苏推进苏南国家自主创新示范区建设取得突破性进展的思路、重点与对策

曹晓蕾 等*

摘　要：建设苏南国家自主创新示范区是江苏省加快经济由要素驱动、投资驱动向创新驱动转变的重要抓手。为推进示范区建设取得突破性进展，应根据国家“三区一高地”的战略定位，按照深化体制机制改革，强化创新引领功能，强化区域创新一体化发展以及强化开放创新功能的思路，从推进科技体制改革、确立企业创新主体地位、突破关键核心技术、开展区域协同创新、发展科技服务业和推动开放创新与合作等六个方面进行重点突破。对策在于：一是突出区域联动，形成自主创新合力；二是突出企业主体地位，构建层次丰富的自主创新企业群；三是突出产业导向，打造创新产业集群；四是突出基础支撑，加快创新载体建设；五是突出人才引领，集聚创新创业人才；六是突出开放优势，推进创新国际化合作；七是突出改革引领，加快体制机制创新；八是突出服务配套，完善创新生态环境。

关键词：苏南　国家自主创新示范区

建设国家自主创新示范区是加快创新型国家建设、实施创新驱动发展战略

* 课题负责人：曹晓蕾，世界经济研究所副研究员；课题组成员：张莉、徐清。

的重要举措。2014 年 11 月 3 日，苏南国家自主创新示范区获批，成为江苏省第二个国家级战略。近年来，江苏坚持抓创新调结构，取得了重要进展，为苏南建设自主创新示范区建设打下了良好的基础。我们要紧紧抓住落实国家重大战略的机遇，推进苏南自主创新示范区建设取得突破性进展，示范引领经济社会发展从要素驱动、投资驱动向创新驱动转变，为“迈上新台阶、建设新江苏”提供有力支撑，也为发展大局做出应有贡献。

一 苏南国家自主创新示范区建设的现状和问题

（一）现状与基础

1. 新兴产业布局初步形成

苏南 5 市“八园一区”优势互补的新兴产业布局初步形成。其中，南京高新区形成了软件、智能电网和未来网络等新兴产业高地。苏州高新区、苏州工业园区和昆山高新区分别形成了医疗器械、纳米技术和以核酸为代表的生物医药产业基地。常州高新区和武进高新区分别集聚了世界级光伏产业集群和石墨烯产业链企业。无锡高新区的物联网、江阴高新区的特钢产业中心、镇江高新区的船用装备研发制造基地等也各具特色。这为打造苏南区域一体化创新区打下了良好的产业基础。

2. 高新技术产业规模持续扩张

2014 年，全省高新技术产业实现产值 57277.3 亿元，比上年同期增长 10.4%。全省高新技术产品出口额为 1293.6 亿美元，占出口总额比重为 37.8%。苏南地区高新技术产业产值 34203.3 亿元，占全省的 59.7%，高新技术产业对工业产值增长的贡献率均超过 40%，高新技术产业产值占规模以上工业的比重达 39.5%，其中，南京高新区该比重高达 60%。

3. 研发投入与创新能力不断提高

2014 年，江苏省全社会研发投入达 1630 亿元，全国第一，比上年增长 12.4%，占 GDP 比重为 2.5%，比上年提高 0.08 个百分点。2013 年，除镇江占比为 2.43% 外，苏南其余四市研发投入占 GDP 比重平均为 2.7%，南京最高，达到 2.95%，接近发达国家水平。企业创新投入不断加大，大中型企业

研发机构覆盖率达88%，企业研发经费占销售收入的比重约为1%，科技贷款在中长期贷款中的比重为3%～5%。到2014年，江苏省区域创新能力已连续六年位居全国第一，科技进步贡献率达59%。其中，苏南地区每万人口专利授权数平均在40件左右，发明专利占专利授权数的比重平均在8%左右。

4. 高端人力资源要素相对丰富

江苏省科教优势突出，高端人力资源要素相对丰富。2014年，全省新增专业技术人才44.2万人、高技能人才30.6万人；全省共有普通高校134所，其中超过一半在苏南，普通高等教育本专科在校生169.7万人，其中七成在苏南。2013年，除镇江外，每万从业人员中R&D人员数均在200以上，R&D活动人员占科技活动人员比重均超过50%，无锡甚至达到66%，为企业开展自主创新提供了智力支撑。

5. 自主创新的软硬件环境良好

苏南地区各级政府重视和支持创新，营造了较好的创新服务环境。一是财政投入力度大，2013年苏南地区政府科技拨款占财政支出的比重为5%。二是融资服务支持水平较高，实行创新科技和金融结合机制，建设科技金融风险补偿资金池，到2014年底，全省创业投资规模超过1750亿元。三是创新载体数量多，江苏省国家高新技术创业服务中心和国家大学科技园等创新载体数量全国第一。其中，示范区拥有各类科技孵化器347家，孵化面积1917万平方米，在孵企业2.2万家，分别约占全国的1/6、1/6和1/7。

（二）存在的主要问题

1. 区域创新要素与创新能力不均衡

《2013年江苏省科技进步统计公报》从科技进步环境、科技投入、科技产出、科技促进可持续发展四个方面进行的系统评价显示，前五名依次是：苏州（96.3分）、无锡市（95.9分）、南京市（90.4分）、常州市（88.6分）和镇江市（85分），镇江与苏州的差距为11.3分。以每万人中专及以上在校生数为例，南京最高，是无锡的4.5倍，就每万人口专利授权数而言，苏州、无锡相对较高，几乎是其余三市的两倍。

2. 原创性创新成果较少

目前，江苏省示范区的支柱产业，主要是“跟随创新”，原创性创新成果不多，自主知识产权创造能力不强。2013 年，苏南发明专利占专利授权数比重最高的南京为24%，其余 4 市均在 6% 左右。《2014 全国及各地区科技进步统计监测结果》显示，江苏综合科技进步水平指数为 73.1，位于北京、上海、天津之后，与先进省市相比，全省和示范区的创新效率有待提升。

3. 缺乏大型科技创新企业

江苏省高新技术企业的单体企业科技实力不够强，缺乏具有国际影响力的领军型科技创新企业。在专利获取方面，由于缺乏像深圳华为、中兴这样的大型科技创新企业，体现领先创新水平的国际 PCT 专利申请量明显偏低。2014 年全省申请总量为 1610 件，只占全国的 6.3%，还不及中兴一家公司（2801 件），更不到深圳华为（3901 件）的 1/2 和广东（13332 件）的 1/10。

4. 创新生态体系尚待健全

科技创新涉及企业、高等院校、科研院所、政府、中介机构等多个主体。目前，苏南自主创新示范区内还没有形成完善的创新体系，各主体相互独立、自成体系，没有形成一个有机的整体。特别是中介服务机构不健全，缺少促进科技成果向生产力转化的组织和机制，不利于创新成果的产业化。

二 推进苏南自主创新示范区建设取得突破性进展的思路与重点

（一）取得突破性进展的总体思路

立足苏南产业基础和创新优势，按照建设“创新驱动发展引领区、深化科技体制改革试验区、区域创新一体化先行区和具有国际竞争力的创新型经济发展高地”的目标要求，与“一带一路”战略、长江经济带战略、“中国制造 2025”、“互联网＋”等国家战略有机衔接。深化体制机制改革。以“四个对接”为重点，加大政策先行先试力度，形成有利于出创新成果，有利于创新成果产业化的新机制。强化创新引领功能。以苏南 5 市“八区一园”为核心载体，加快创新要素资源集聚、创新载体建设和创新功能提升，使高新区成为带动创新驱动发展的引擎，并及时总结可复制可推广的经验，以点带面放大辐射示范效应，激发区域创新活力。强化区域创新一体化发展。优化创新布局，加强创新资源整合集聚和开放共享，提升区域协同创新效率，构建苏南发展新优势。强化开放创新功能。依托苏南开放优势，开展高层次的国际创新合作，提高吸收整合国际创新资源的能力。

（二）取得突破性进展的重点

1. 推进科技体制改革

科技体制改革以破除体制机制障碍、创新科技管理为主攻方向，本身就是一种突破，同时也是苏南国家自主创新示范区建设取得其他突破的前提。重点在以下方面取得突破：第一，加快构建政府和市场各就其位、各司其职，不越权、不越界的良性互动格局，政府进一步简政放权，集中精力设立制定政策、营造创新环境。第二，建立和完善科学的成果评价体系和激励机制，加大创新成果的市场评价比重，将成果产业化发展作为重要的评价内容。

2. 确立企业创新主体地位

企业是创新的主体，苏南国家自主创新示范区取得突破的重点之一就是要确立企业的创新主体地位。第一，要在提高企业创新意识、营造创新文化上取得突破。通过培训、参加展会等多种形式开拓企业家的视野，培育具有创新精神的企业家，增强企业科技创新的使命感和责任感，使企业真心实意为创新投入资金和人力。第二，在构建以企业为主体的产学研合作机制与模式上取得突破，调动各方积极性，鼓励由松散式合作转向一体化，由契约型合作转为利益共同体。

3. 突破关键核心技术

力争突破一批关键核心技术是建设苏南国家自主创新示范区的重点，同时也是自主创新取得成效的重要标志。目前我国在关键核心技术和高端装备领域的对外依存度仍然较高，苏南地区既拥有产业基础好的优势，也面临产业转型升级的紧迫要求，具有突破一批关键核心技术的条件。因此，要与《中国制造 2025 江苏行动纲要》有效对接，使纳米技术及材料应用、石墨烯、生物医药、机器人及智能制造、物联网、轨道交通智能装备等新兴产业领域的关键核心技术得到显著提升。同时在科技成果转化的过程中突破信息不对称、资金匮乏和政策瓶颈的“三重门”，加快科技创新推动产业转型升级步伐，向中高端产业价值链攀升，打造创新型产业集群。

4. 开展区域协同创新

苏南国家自主创新示范区是我国首个以城市群为基本单元的跨区域的国家自主创新示范区，从一开始就被赋予了构建区域创新一体化机制的重任，这也是它与我国其他自主创新示范区最显著的区别。苏南各市要以创新资源的共建共享和提高协同创新能力为抓手，在构建一体化的区域创新体系方面取得突破。第一，牢固树立苏南一盘棋的发展理念，在打破行政区划的限制和束缚、建立科技创新管理协调机制上取得突破，对阻碍区域创新一体化的考核评价体系进行改革，防止各地无序竞争。第二，构建创新共建共享的联动机制，建设统一的科技信息共享平台，完善科技资源合作共享机制，以组织重大科技项目联合攻关为突破口，真正实现区域创新一体化。

5. 发展科技服务业

国务院于 2014 年 10 月印发了《关于加快科技服务业发展的若干意见》，这是国家首次对科技服务业发展做出全面部署。苏南国家自主创新示范区应抓住这一有利契机，在三个方面取得突破：第一，科技金融服务业，开展科技保险、知识产权质押等科技金融服务，充分利用互联网金融服务平台，在缓解科技型中小企业融资难的问题上取得突破。第二，加速培育和引进技术转移、科技咨询等中介机构，加快科技成果产业化进程。第三，优化科技服务业布局，在苏南培育连锁式科技服务机构，推动科技服务业向专业化、网络化、规模化方向发展。

6. 推动开放创新与合作

增强自主创新能力要善于利用各种创新资源。作为国家战略，要在更高层次、更高水平的开放创新合作上取得突破。第一，加强对国内创新资源的开发和利用。苏南地区紧邻上海，有效整合和利用好自身和周边的资源要素是建设苏南国家自主创新示范区的基本要求。第二，吸引和利用国际创新资源。进一步与国际接轨，吸引国际人才和研发机构开展国际创新合作，使苏南成为具有国际竞争力的研发和创新高地。第三，鼓励大众创业、万众创新。创新不只是科研工作者的事，每一个人都可以成为创新参与者，要降低创新的进入门槛，让更多的人参与创新，为创新贡献力量。

三 苏南自主创新示范区建设的突破对策

（一）突出区域联动，形成自主创新合力

1. 统筹区域自主创新要素

强化苏南5市的优势创新资源与创新要素联动连通，整合苏南区域的研发力量，加快建设国内外领先的研究型大学、科研机构和创新型企业，加强国家重点实验室、工程技术研究中心、国家重大科学工程的建设，加强科技基础条件平台和产业共性技术研发试验平台的共建共用，借鉴北京"首都创新资源平台"的经验，探索建设"苏南创新资源平台"，推动创新要素自由流动、高效组合，构建协同有序、优势互补、共建共用的区域自主创新支持体系。

2. 优化区域创新布局

明确发展定位，突出发展特色。南京要依托科教资源优势，培育国家基础技术研究和战略高新技术研究的重要集聚区，苏州应依托开放优势建设战略新兴产业、产业共性技术平台研发的国家级基地，其他苏南三市结合自身创新条件和产业条件，打造战略新兴产业和特色战略产品开发的国家级基地。通过差异化定位优化区域创新结构，形成创新合力，示范引领全国产业结构转型与创新型经济发展。

3. 辐射带动区域创新发展

以苏南地区中心城市为核心，促进创新要素与资源分阶段逐步向周边辐射，首先向科技资源和创新要素相对密集，高新技术产业和现代服务业比较集聚的周边区域扩散，在沪宁线区域建立创新型城市发展带。其次，通过园区合作共建等方式，加强与苏中、苏北地区的创新合作与对接，带动省内其他地区创新能力提升。最后，呼应长江经济带发展战略以及淮河生态经济区规划，拓展苏南创新板块与中西部地区的合作空间。

（二）突出企业主体地位，构建层次丰富的自主创新企业群

1. 强化企业的创新主体地位

健全技术创新的市场导向机制，发挥好企业在创新决策中的主体作用，引

导企业主动介入早期研发活动，支持高校、科研机构主动对接企业需求，在政产学研合作中确立企业的主体地位。支持有条件的企业自主建立研发机构，充分利用企业研发经费“加计扣除”等财税优惠政策加大技术创新投入，引导企业把更多的资金投向成果转化。构建以企业为主导、政产学研合作的产业技术创新战略联盟，推动企业成为创新决策、研发投入、技术开发和成果应用的主体。

2. 培育创新型企业集群

一是推动高新技术企业快速成长。加大高新技术企业培育力度，支持和引导资金、项目、人才等创新要素资源向高新技术企业集聚，加强高新技术产业核心关键技术攻关能力，加快提升企业自主创新能力和内生发展动力。二是培育创新型领军企业。重点支持拥有知识产权核心技术、研发投入强度大、注重产学研合作、成长前景好的高新技术企业，建设具有世界先进技术水平的重大创新平台，打造具有国际竞争力的创新型领军企业。三是发展科技创新型中小企业。抓住“大众创业、万众创新”机遇，依托“创业中国”苏南创新创业示范工程，打造低成本、便利化、全要素的“众创空间”，促进科技型、创新型中小企业持续大量涌现，并加快成长为高新技术企业。构建以创新型领军企业为龙头，高新技术企业为主体，科技创新型中小企业为后备力量的创新型企业集群。

（三）突出产业导向，打造创新产业集群

1. 聚焦高端产业突破关键核心技术

深刻认识国际科技创新和产业变革趋势，深入开展产业跟踪研究，参与和掌握国际技术的变化，把自主创新技术推向主导技术轨道。对接《中国制造2025 江苏行动纲要》，围绕集成电路及专用设备、网络通信设备、操作系统及工业软件、云计算大数据和物联网、智能制造装备、先进轨道交通装备、海洋工程装备和高端船舶、新型电力装备、航空航天装备、工程和农业机械、节能环保装备、节能型和新能源汽车、新能源、新材料、生物医药和医疗器械等15 个战略新兴产业领域，以高新园区为主阵地，依托科研院所和骨干企业，整合相关资源，搭建产业技术开发平台和技术创新服务平台，加强产业共性技术的研发。以核心装备、系统软件、关键材料、基础零部件等关键领域为重

点，结合国家重大工程建设及国家科技重大专项等，组织实施重点研发计划，推进关键核心技术创新。不断健全产业创新体系，促进产业价值链由低端向高端跃升。

2. 提升高技术服务业的产业支撑力

加快发展研发设计、信息服务、检验检测、科技成果转化等高技术服务业，打造一批为适应战略性新兴产业创新需求的高端服务平台和服务中心。推动高技术服务业与战略新兴产业深度融合，积极引导制造业企业将内部高技术服务活动外部化，增强高技术服务业对战略新兴产业的支撑作用，通过创新服务需求连接多个产业，促进产业间的优势互补与价值提升，构建创新型产业集群。

（四）突出基础支撑，加快创新载体建设

1. 提升“八区一园”的引领带动功能

充分发挥“八区一园”在加速产业转型、推动科技创新等方面的示范引领作用，以加强原始创新和成果转化为方向，引导这些园区集聚高端创新资源，建设重大创新平台，打造集知识创造、技术创新和新兴产业培育为一体的创新核心区，在此基础上，注重核心区与拓展区互动发展，促进核心园区成为引领和带动区域经济发展的创新要素集聚区和特色产业创新示范区。

2. 推动企业研发机构建设

深入推进江苏省大中型内资企业、规模以上高新技术企业研发机构建设全覆盖。围绕促进产业升级的高端技术，支持企业建设重点实验室、企业研究院、工程技术研究中心等高水平研发机构，或者联合高校院所共建研发机构，开展前沿先导技术和重大战略产品开发。

3. 推动协同创新载体建设

加快推进江苏省产业技术研究院等一批产业平台建设，着力培育前沿先导产业，打造新兴产业的重要策源地，引导江苏省高校结合高新技术产业发展需求进行学科建设与人才培养，深化园区、企业与产业技术研究院、高校、科研机构等协同创新载体对接，构建以市场为导向、政府为引导、企业为主体、其他协同创新载体为依托的政产学研合作模式。

4. 探索新型创业孵化器建设

以“互联网+”为切入点，以“创业中国”苏南创新创业示范工程启动为契机，探索在创新资源集聚区，率先发展众创空间等新型创业孵化器培育模式，培育满足个性化消费需求的创新型小微企业集群，把苏南打造成为最富吸引力的“创业天堂”。

（五）突出人才引领，集聚创新创业人才

1. 依托科教优势培育“双创”人才

依托重点学科和科研基地、重大科研和工程项目等，健全科研教学人才双向流动机制，促进科研人员在事业单位和企业间合理流动，培养推动科技创新和产业发展的高端人才；提升高校学生创业的专业化服务功能，积极研究解决大学生创业载体在建设发展中的矛盾和问题，培育以大学生为主的青年科技创业生力军，更好地示范和带动大众创业、万众创新，让江苏人才红利加快转化为现实生产力。

2. 加快引进海外高端人才

加强与海外人才服务机构的合作，加大招才引智力度。深入实施江苏省“双创计划”、南京“321 计划”、无锡“东方硅谷计划”、常州“龙城英才计划”、苏州“姑苏计划”、镇江“331 计划”等高层次人才引进计划，重点引进拥有国际领先成果的高层次创新、创业领军人才来苏南落地孵化和创办科技型企业。构建高端人才的配套保障机制，支持中国苏州人力资源服务产业园等集聚区建设，满足高层次人才的社保、医疗等社会综合服务需求，为引进的人才营造良好的创业创新服务环境。

（六）突出开放优势，推进创新国际化合作

1. 探索外资合作研发模式

立足苏南外资总部经济的发展基础，进一步吸引海外知名大学、研发机构、跨国公司在苏南设立全球性或区域性研发中心，将外资研发机构有效融入区域创新体系，支持外资研发机构承担科技计划项目、牵头组建产业技术创新联盟。与跨国公司研发部门进行深度合作，探索研发成果共享机制，探索设立高新技术贸易保税区。

2. 主动对接国际创新资源

抓住“一带一路”国家战略等机遇，依托苏州工业园区开放创新综合改革试验区等开放载体，加强与德国、以色列等世界领先的创新型国家和地区的全方位科技合作，加快中新苏州创新中心、中以常州创新园等国际创新园建设。鼓励企业“走出去”设立海外研发中心和产业化基地，开展联合研发、国际标准制订等国际合作，提升整合配置国际创新资源的能力。

（七）突出改革引领，加快体制机制创新

1. 加快科技体制改革与政策先行先试

深入开展国家科技体制综合改革试点工作，力争科技体制机制创新取得新突破。一是改革科技创新评价机制，加大市场评价技术成果的比重，加快关于职务发明人处置权、收益权、所有权的“三权”改革，建立以产品成果与市场实绩为主的科技创新评价机制。二是创新科技成果转化机制，创新培育高新技术企业模式，改革创业孵化机制，完善技术经纪人制度、科技成果转化机构和个人奖励制度。三是推进技术研发机构市场化、企业化改革，推进国有科技创业企业股权和项目收益分工权激励试点，加快股权激励政策的先行先试，允许技术人员和管理人员股权奖励的个税在数年内分期缴纳。此外，支持设立适应科技企业特点和需求的保税仓库试点，加快互联网金融相关政策的先行先试。积极争取各级政府的大力支持，形成类似中关村“6 +4”政策等创新政策。

2. 构建区域联动创新合作机制

成立苏南区域协同创新联合领导小组，由省政府主要领导担任组长，对方向性、关键性问题做出决策；一些关键部门、综合部门，如省科技厅、发改委等的负责人、苏南五市和高新区主要负责人任组员，共同加强在区域科技创新的规划、计划、管理制度等方面的对接，对区域协同创新利益协调等问题进行调控。

（八）突出服务配套，完善创新生态环境

1. 完善政府科技管理与公共服务体系

进一步深化行政审批制度改革，提高行政效率，加快政务公开和电子政务建设，提高政务信息化水平。强化社会创新服务，健全政府购买公共服务制

度，实现公共资源均衡化发展，提升政府服务水平与效率。积极发展科技咨询、检测检验认证等科技中介服务，满足各类创新主体的服务需求。进一步加强技术公共服务、技术成果转化、融资服务、社会化人才服务四大平台建设。完善知识产权公共服务平台，搭建集专利、商标、版权交易于一体的网上知识产权交易平台。

2. 构建覆盖创新全链条的融资服务体系

创新财政科技投入方式，改变以直接拨款为主的科技资金支持方式，更多地通过创新券、风险补偿、后补助、创投引导等方式支持创业创新活动。设立新兴产业创业投资引导基金，带动社会资本支持创新型企业初创期发展。建立科技资源与金融资源有效对接机制，建立健全科技创业企业、小微企业投融资风险补偿和奖励激励机制，促进天使投资、创投基金等快速发展，引导社会资本、金融资本支持科技型中小微企业创新发展。

B.17

安徽省区域性大气污染联防联治法律机制研究

曹树青*

摘　要：本文通过对安徽省大气污染状况的原因分析，提出了区域性大气污染联防联治的方案。同时指出联防联治的法律制度现状及存在的问题，更进一步从十一个方面介绍了区域性大气污染联防联治法律机制构建。

关键词：大气污染　联防联治　法律机制　安徽

安徽省乃至全国近年来大气污染十分严重，其污染程度严重地影响了人民群众的日常生活和身体健康，制约了经济社会的可持续发展。全社会都在关心大气污染问题，面对大气污染，政府被推到了前台，大气污染到了必须严格控制的时候了。

一　安徽省大气污染状况及其原因分析

（一）安徽省大气污染状况

安徽省 2014 年第一季度 PM10 全省平均浓度为 120 微克/立方米，比 2012 年和 2013 年的同期浓度分别增加了 46.3% 和 27.7%。2014 年上半年，安徽省可吸入颗粒物日均值浓度范围为 6～496 微克/立方米，平均浓度为 112 微克/

* 曹树青，安徽省社会科学院法学所副所长，副研究员。

立方米。与上年同期相比，安徽省可吸入颗粒物平均浓度上升 28.7%。从安徽省总的大气污染趋势来看，呈现大气污染日益严重的态势。

（二）原因分析

大气污染由于其流动性、复合性，治理与效果之间不成正比，导致治理责任不清，众多复杂原因致使大气污染治理长时间内不见成效。

1. 主观认识不足

各地市对大气污染治理的重视程度不够，对大气污染的严重性、危害性、复杂性及治理难度认识不足。鉴于经济发展的需要，对大气污染治理积极性不高，缺乏内生动力和积极性，治理进度不快，成效不明显，这有碍于安徽省大气污染联防联治目标的实现。

2. 科学分析不到位

由于大气污染状况近年来急剧升级，大气污染的跨区性、复合性等使我们对大气污染成分、形成机理、传输途径等还不能完全准确地把握，所以对区域性大气污染还不能成熟、科学应对，不能形成有效地应对机制和管理办法。

3. 发展结构不合理

对大气污染贡献率较大的几个因素不能得到有效改善，产业结构、能源消费结构以及交通工具结构不合理，造成大气污染高位运营。在产业结构上，安徽省火电、钢铁、建材、化工等高能耗产业比重仍旧很高，2013 年安徽省六大高能耗产业增加值同比增长 10.1%。安徽省煤炭消费总量近年持续走高，导致二氧化硫、氮氧化物和可吸入颗粒物含量增加。

4. 超标违法排污监管不力

安徽省一些工业企业违法排放污染仍旧很严重，工业企业污染物排放总量居高不下，很多企业没有除尘、脱硫、脱销设施，或上述设施违法不运营，导致污染气体超标排放，有的企业偷排偷放、屡查屡犯，导致企业污染气体超标排放。城市的建筑道路扬尘以及烟粉尘没有得到控制，道边烧烤引起的烟粉尘没有得到控制。午季秸秆燃烧也没有得到应有的控制，其对周边地区的大气污染贡献率很大。机动车排放是大气污染的重要源头，其中占汽车保有量 13.4% 的黄标车排放了 81.9% 的细颗粒物，2010 年安徽省机动车氮氧化物排放占全省氮氧化物排放量的 23.3%。安徽省黄标车和老旧车在机动车数量中占有很大比例，对大气污染贡献率高。

5. 大气污染的复合性与异地迁徙

由于大气污染具有流动性和跨界性，本地的大气污染不一定源于本地的污染排放，区域之外的大气污染也可能远道奔袭而来，对本地大气污染做出“贡献”。因此，任何行政区域内“单打独斗”的大气污染治理都不能从根本上解决区域性的大气污染问题，它需要区域内所有成员通力合作，在区域更大的范围内布局大气污染治理行为。大气污染的复合性也使得大气污染治理具有不可预见性。当前的科技还不能完全掌握不同大气污染间的化学反应，因此，当前的大气污染不能以先前的单一污染物治理方式来对待，针对这种复杂的复合型污染，其防治难度更大，甚至我们还没有完全掌握完整的防治方法。

二 安徽省区域大气污染联防联治的必要性及存在的问题

（一）安徽省大气污染联防联治的必要性

大气污染联防联治成为世界各国普遍和必须采取的防治机制，之所以必须，是因为以下原因。

1. 传统的以行政区域为单元的环境管理体制与大气污染的自然特性相冲突

传统的以行政区域为单元的环境管理体制不能适应大气污染流动性的特质，任何行政区域单打独斗的管理努力由于大气污染的跨界性而不能得到相应的优质空气质量。大气污染的流动性和整体性要求各行政区域的大气污染治理必须采取一体化行动。

2. 传统的对大气污染单因子的治理模式不适应复合型大气污染治理

传统的大气污染治理是以单独的污染物为治理目标，随着大气污染问题的日益复杂化，复合型大气污染日益严重。解决复合型大气污染问题，既要控制一次污染物，又要控制二次污染物的前体物。颗粒物污染既要控制扬尘、烟尘、工业粉尘等一次污染物，又要控制氮氧化物、挥发性有机物、二氧化硫等二次颗粒物的前体物。传统的以防治二氧化硫和工业粉尘等单一的污染物的治理模式解决不了复合型大气污染问题。传统的针对单一污染源的点源治理模式也不适应多污染物协同治理的形势。

3. 安徽省特殊的地理位置，对大气污染特别敏感

安徽省东临我国重要的经济区长三角，西临武汉经济圈以及中部四省经济发展区，地形以平原为主，南北夹山，非常容易承接东西两大经济区的大气污染，在江淮地区形成大气污染重灾区。可见，安徽省建立大气污染联防联治机制特别紧迫。

（二）安徽省大气污染联防联治存在的问题

从安徽省以及其他地区联防联治的实践来看，该体制的建立运行中普遍存在以下问题。

①联防联治存在“底数不清、机理不明、技术不足”的瓶颈制约，缺乏对大气污染的科学认识，难以做出正确的科学的决策。

②“联防可以，联治很难”。联治就是要求各方在同一标准基础上，围绕共同的治理目标同步采取行动。由于区域内各方面临的问题不同，经济发展程度不一，关注的焦点不同，在统一采取行动后的利益背景不同，难以形成合一的行动决定。

③区域内不同地区区情不同，难以就大气污染联防联治措施达成一致意见。大气污染治理其实是环境与经济发展的矛盾问题，发达地区对大气污染治理积极性高涨，而僻远地区更关注发展经济，对环境的关心较弱，这样在治污的积极性上二者存在先天性异议，达成共识的成本高。

④由于缺乏国家层面的立法保障，联防联治各方达成的协议缺乏明确的法律规范支持，其权威性得不到应有的尊重，影响了联防联治机制的可持续性发展。。

三　安徽省大气污染联防联治的法律制度现状及存在的问题

（一）安徽省大气污染防治法律制度与政策现状

大气污染防治的法律依据主要是《环境保护法》与《大气污染防治法》，

在其他单行法中也有具体的相关条文，如《环境影响评价法》《固体污染防治法》《清洁生产促进法》《循环经济促进法》中都有关于大气污染防治的规定。安徽省为了落实国家大气污染治理法律法规，也制定了系列地方性法规、规章以及规范性文件。主要有《安徽省大气污染防治行动计划实施方案》，其提出了5年内安徽省大气治理目标，并将颗粒物纳入约束性指标，将大气污染防治成效纳入干部考核目标。安徽省人大通过《进一步加强大气污染防治的决定》，要求政府每年向人大汇报大气污染防治落实情况。安徽省政府出台《大气污染防治行动计划考核办法（试行）》，办法规定没有通过考核的市将面临约谈、涉气项目限批等处罚。为落实实施方案安徽省经信委制定了《安徽省工业大气污染防治实施方案》，为工业大气污染防治提出了6项任务和目标。2014年初，安徽省颁布了《安徽省重污染天气应急预案》，该预案将预警分为蓝色、黄色、橙色和红色四个等级，并对应采取四级相应措施。2014年5月安徽省大气污染防治联席会议发布了《安徽省燃煤小锅炉污染整治工作方案》等4个工作方案，以整治燃煤小锅炉、混凝土搅拌站、矿山以及加油站等油气污染。2014年安徽省住建厅颁发了《安徽省建筑工程施工扬尘污染防治规定》，以防治建筑工程导致的扬尘大气污染。

（二）安徽省大气污染防治在法律制度以及政策上存在的不足

①对政府责任规定缺乏可操作性，大气污染防治的重要主体是政府，虽然安徽省规定，对不能完成大气污染防治任务的市面要实施约谈和区域限批，但是这种责任追究缺乏刚性和可操作性，对政府的压力有限。

②安徽省的应对制度多因袭传统的行政区域管理和点源治理，缺乏行政区域间对大气污染的联合应对机制，缺乏更大区域范围的大气污染治理的联合应对机制，虽然安徽省某些地市加入了《长三角大气污染防治协作机制》，但是安徽省没有在制度上形成区域联防联治的系统合作机制，缺乏系统的省外大区域与省内小区域之间联防联治的合作机制。

③大气污染防治在某些方面缺乏制度支撑，PM2.5的法律规制存在空白。作为雾霾的重要原因的PM2.5没有法律规制很不正常，《大气污染防治法》没有针对PM2.5的规制措施，虽然将在2016年实施的新的《环境质量标准》中有相关规定，但必须要有法律依据的支撑才能得到严格执行。

④总量控制的规范有待完善，我国总量控制的对象主要是二氧化硫和酸雨控制区以及没有达到大气质量标准的区域，没有将 PM2.5 纳入总量控制范围，这是立法需要完善之处。

⑤机动车排放监管制度以及政策有待完善。尤其是主管部门及其职权不匹配，环保部门是主管部门，具有年检权和组织抽检权，但是处罚权还在公安部门，这对主管单位来说很尴尬，不便开展工作。另外，环保部门对机动车的抽检也只能抽捡静态车辆，对行驶中的车辆没有抽检权。

⑥“两控区”制度与政策缺乏安徽省针对性的防治措施，安徽省是二氧化硫与“酸雨”重要污染区，但是，在政策制度上没有适合安徽省具体省情的地方应对制度。

⑦秸秆焚烧是大气污染的重要来源，安徽省当前缺乏禁止秸秆焚烧的政府规章和地方立法，导致很多执法行为随意性强，执法不给力。很多兄弟省份或城市颁布了《禁止焚烧农作物秸秆的规定》或相关办法等可作为安徽省立法的借鉴。

⑧扬尘是大气污染的重要贡献因子，安徽省在扬尘污染控制上虽然颁布了《安徽省建筑工程施工扬尘污染防治规定》，但制定主体是住建厅发布的，效力低下，属于部门管理的规范性文件，应上升到政府规章或地方立法层面方能发挥更强的约束力。同时，该规定对扬尘的管控范围较为狭窄，只对建筑工程类的扬尘有约束力，对道路运输，煤炭、灰渣、沙石、灰土、矿粉等散体物料堆场，以及渣土临时堆放地等扬尘污染没有强有力的规范。

四　区域性大气污染联防联治法律机制构建

区域性大气污染治理由于其跨界性、综合性和复杂性，必须进行区域和部门的联防联治方能解决问题，联防联治机制的核心在于“联动”，用制度和机制的方式确保合作各方为了共同的大气治理目标统一行动。

（一）建立大气污染联防联治协调组织机制

安徽省乃至我国的环境治理尤其是大气污染治理主要是建立在行政区划体制下的行政区域分割治理，这种分割治理导致大气污染治理整体性要求得不到遵循，使大气污染治理顾此失彼，这就需要安徽省区域性大气污染治理必须打破行政区划的界限，在大气污染重灾区域进行整体规划、统一治理。由于区域和部门利益的竞合，迫切需要一个权力高于各行政区域和各部门权力之上的权力部门来协调各方，即大气污染联防联治协调机构。该机构负责对各区域和各部门的利益协调；制定该区域的大气污染防治目标、行动计划，协调各方的治理责任分配以及利益均衡；赋予该机构对区域内各地方的大气污染防治情况进行监督检查问责的权力；为大气污染联防联治做出牺牲或贡献的区域进行利益补偿，从而使大气污染治理各方的权利义务基本均衡，使该治理机制有效长期运营。

（二）建立区域大气污染联防联治决策机制

联防联治的核心在于“联”，即“联合预防”和“联合控制”。二者都来源于联合决策，没有统一的决策，就不可能有统一的管控。联合决策包括：联合立法、制定联防联治规划、联合会商等。

1. 区域联合立法

安徽省大气污染联防联治需要有联防联治的行动方案和行动依据，作为联防联治各方共同遵守的依据，并赋予其法律约束力，这就需要联合立法。在合作各方充分商议的基础上，就联防联治的目标、对象、任务、措施以及责任达成一致，并赋予其约束力，或在省人大以立法方式通过，或在省法制办以规章形式通过，或在合作各方以签订联合协议的方式通过。根据安徽省情况，可以在各地市行政区域之间签订联合协议，在实施成熟的基础上进行省级立法。

2. 制定区域大气污染联防联治规划

联防联治规划是区域合作各方就联防联治的目标、计划、任务分解、原则以及具体措施达成的一致决议，是合作各方意志的整合，也是各方承担责任和履行承诺的依据。联防联治规划要体现区域整体性特点与合作性特征，为此，规划在布局上要打破行政区划的界限，将区域作为统一整体进行规划，提出区域共同的大气治理目标、任务以及实现这些目标任务的具体措施，划定生态红线，分阶段地改进区域大气环境质量目标。区域联防联治规划不仅要解决区域大气污染共性问题，还要解决区域不同地区的特性问题，根据不同区域、不同城市的大气环境问题特征和不同的大气传输路径及程度制定差异性的目标。

2010年5月11日，国务院办公厅转发环保部等9部委的《关于推进大气污染联防联治工作，改善区域空气质量的指导意见》，其中要求重点区域编制大气污染联防联治规划。区域大气污染联防联治规划是个立体的层级体系，国家层级、大区域层级、省级的、地市级以及县镇级的，每个层级都要依据上级规划层层分解。

3. 区域重大项目环境影响评价联合会商机制

由于重大项目对大气环境的影响特别巨大，而这种影响是跨界至整个区域的，所以其立项应该由整个区域来评判其环境影响，决定其去留。这种联合会商最能彰显联防联治机制的价值。安徽省应对六大高能耗产业火电、钢材、化工、建材等行业项目进行重点把控、合理布局。对这些项目的立项要进行区域联合会商，由相关各方组成联合会商小组，依据区域规划环境影响评价，区域重点产业环境影响评价，对其合理性、必要性、环境影响以及预防措施进行综合评价，并且广泛听取当地观众的意见，最后由合作各方提出会商意见。联合会商机制首先要确定联合会商的对象，对哪些项目必须进行联合会商，规范会商程序，制定会商结果的法律效力等。

（三）区域总量目标的联防联治机制

大气污染具有跨界性，因此，安徽省各级行政区域单打独斗的环境治理避免不了按下葫芦浮起瓢的厄运，必须按照大气污染的本质规律进行协同治理，发挥异地大气污染治理的协同效果。随着工业化和城镇化的集聚发展，我国乃至安徽省的大气污染形势发生巨大变化，突出表现在污染从局地化走向区域化，污染因子从单一化走向复合化。这种变化要求：大气污染要从自然区域整体高度进行规划布局和防治；在区域整体范围内，各行政区域必须联防联治形成合力；环境管理的重心从注重局地范围内的总量控制向质量改善为重心。但是总量控制仍旧是环境管理的重要方式，大气污染联防联治也离不开总量控制机制，即区域整体质量改善目标下的总量控制机制，体现质量改善与总量控制并重的治理思路。

首先是确定为保证该区域大气环境质量要求标准的NOx、SO_2以及PM2.5的最大允许排放量。其次是分配大气污染排放总量控制目标。这种分配在两个层面上进行，其一是在区域内的不同层级的地方政府间分配，上级政府向下级政府逐级分配。其二，是基层政府向治下的各排放企业分配。这种总量控制指标的分配充分体现了区域联防联治的特质。这种排放总量控制指标的分配其实是区域利益的分配，从根本上决定了区域联防联治利益各方治理环境的积极性因而决定了联防联的成败。为此，在制度设计时要注重几点：一是根据各地自然环境条件情况决定排放指标，如环境自净能力强的地区可以获得较多的排放指标，相反，指标较少。二是充分考虑城市间的污染影响。大气污染联防联治的最大特点在于考虑城市间的污染影响，在区域相互影响的城市间，对区域环境污染贡献率较大的城市，应当获得较少的污染排放量。三是从时间或进程上看，随着大气污染治理进程的逐步推进，可以逐年提高区域环境质量要求，为此应加大环境质量要求对区域环境排放总量的制约，逐年减少区域污染排放总量，适时修改排放总量的要求。四是在排放总量指标公正分配基础上，适度考虑国家及省级重点工程、国家及升级支持产业的优先和扶持。五是为不可测因素预留排放指标。为应对市场的不可预测性，为政府宏观管理储备环境调控资源，为保证特殊地理位置区域的环境质量达标，政府必须预留一定的污染排放指标。

（四）建立区域大气环境质量监测与评价体系，规范环境监测和评价程序

进行大气区域联防联治的前提是科学决策，而科学决策的依据是对区域大气污染状况的全面精准地掌握，同时，大气环境质量监测也是对各行政区域大气污染治理情况的全面监督，是确定区域内联防联治各方权利义务的基本依据。为此安徽省应建立科学合理的大气环境质量监测体系。一是确定大气环境监测对象，明确对 PM2.5、O3、VOCs、有毒有害废气的常规监测。二是科学布点城市大气质量监测点位，同时，完善城市间的大气质量监测点位，以确定城市间的大气污染运输情况。三是将区域内所有大气污染监测数据进行联网，实现区域内大气环境信息互通共享。为此，区域内建立大气环境信息标准化体系，以提升信息共享的水平。建立区域内重点污染源信息、重大项目环评信息、区域内企业环境违法及排污信息共享平台。这种区域联网分两个层级，其一是省内各区域的信息联网，其二是安徽省与长三角大区域的信息联网，只有在更大范围的掌握信息，才能更好地把握全省大气污染和管理信息，才能在更大范围内实现联防联治。

（五）构建大气污染联防联治联合执法机制

任何完美的制度目的是达到最好的治理效果，重在制度落实和执行，大气污染联防联治也不例外。首先，在区域范围内进行环境执法人员技能培训，统一环境执法理念和标准，提升环境执法能力。其次，规范和统一区域内环境执法标准，执法程序，以实现区域内各行政区域的公平正义。最后，建立跨行政区域的大气环保联合执法机制。针对一些事关全区域的大气污染行为进行定期联合执法，就区域内突发大气污染事件临时组织调查和执法。对区域内重点大气污染源进行联合监督检查，将污染消除在源头。

（六）建立和完善区域大气污染防治投入保障机制

任何环境管理机制的建立和运行都建立在一定的物质基础上，区域大气污染联防联治也不例外。应为该机制建立一个投资基金，为区域内共性的环境问题治理提供支持。为应对区域内紧急大气环境问题提供资金储备。为加强区域内环境执法能力和大气环保监督管理能力建设提供资金保障，同时，为区域联防联治提供科学的决策需要对大气污染状态做深入科学的研究，区域大气环境保护基金可以就特殊大气环境问题发布课题。同时该基金可以当某方对区域的大气环境保护做出过超越其应尽责任时的奖励。基金来源以省财政资金为引导资金，吸引地、市或县级政府按照一定的比例提供提供资金，同时吸收社会各界或企业捐赠，从而共同建立大气污染联防联治专项基金。

（七）建立区域大气污染联合科研机制

大气污染不同于其他污染的最大特点在于其动态性、不可预测性、范围辽阔性等。这就要求大气污染的防治不能靠经验，而要有科学的决策路径和依据。这种决策的科学性来源于专业科研机构的科研成果，为此建立区域大气污染科学研究机构成为世界各国解决工业化期间的大气污染的共同选择。科研机构从当地的自然地理情况以及风土人情研究出发，从当地的大气污染、大气环境质量现状中研究当地大气污染的严重程度、污染源类型、污染过程以及大气在城市间的传播路径和传播程度等，为大气污染联防联治决策提供科学依据，合理确定合作各方的权利义务。尤其是关于大气污染源的问题，各家各执一词，众说纷纭。因此，区域大气污染联防联治首当其冲的是要做好大气污染的科学研究，这种科学研究事关整个区域的利益，为此区域内各方要一体化研究，整合研究资源，共享科研成果，共担科研成本，共同使用成果，为完成区域整体大气污染的逐步改善。

（八）构建完善区域大气污染联防联治监督、评估与考核机制

联防联治机制必须强调对各行政区域落实联防联治的情况进行监督，安徽省大气污染联防联治机构应定期对各地市联防联治情况进行现场监督检查，各地市应该按照要求定期报告或作特殊报告。大气联防机构定期（任期、年度、季度或按月）对各地市、重要企业的大气污染联防联治工作进行定期评估，评估结果作为本届政府或官员政绩考核的重要依据。重要的是每次大气污染联防联治的考核结果向公众公开甚至将某些重点企业的大气治理不良记录录入我国的征信系统。

（九）建立大气污染区域联合预警和联合响应机制

当区域大气污染监测体系监测或预测到严重大气污染，可能危害到公众身体健康时，区域联防联治机构应当启动重污染预警机制，按照事先规定的预警级别向公众发布预警，向公众告知应对措施。联防联治机构应当召集联席会议，按照联防联治协议启动响应机制：减少或停止户外活动，学生停课，减少或停止施工工地土石方作业和建筑拆除施工，减少或停止城区渣土、散装物料、沙石等车辆运输；增加城市保洁或道路洒水，对部分排污单位进行限产或停产；对黄标车或老旧车进行区域性或阶段性限行等。

区域性联合监测结果显示大气环境质量不达标或重点污染的区域，应当建立响应机制。按照联防联治协议，不达标或重度污染区域应当制定限期治理的方案或规划，按照大气环境污染超标的程度启动不同的程序：当大气环境质量超过规定的一般标准时，超标区域应当制定大气质量改善计划；当大气质量超过警戒值时，超标区域应当制定短期应急方案，同时告知联防联治相关方以获得支持，同时，可以依法实施短期行动措施，如飞机交通、工厂生产、产品使用以及家庭供热等方面做出限制。而这些预警和响应机制都是围绕大气质量目标而展开的，当大气质量超标时启动响应机制，当大气质量达标后，停止响应机制。

（十）在全区域范围内进行产业布局和结构调整，建立市场准入机制

大气污染在很大程度上与产业结构和布局有关，区域联防联治的特质在于从区域大气污染防治的整体高度出发，统筹分配区域环境容量资源，合理布置产业，在大气污染严重的城区也即核心区严格控制火电、钢铁、化工以及建材等高能耗产业，新建项目必须配备先进的环境治理设施。在环境容量富裕地区适量布置高能耗产业。在整个区域层面上，根据环境容量情况，建立大气污染市场准入机制，将高污染高能耗企业或产业拒之市场之外。建立落后生产工艺或设备淘汰制度，建立淘汰目录，同时对淘汰的企业或工艺设备进行适度经济赔偿。

在区域范围内，调整能源结构，减少煤炭能源的使用，鼓励清洁能源的使用，为此应当建立煤炭消费总量控制制度，在特定区域可以设立高污染燃料禁燃区。根据区域大气污染状况，建立机动车尾气排放监管机制，大气污染严重区域启动机动车总量控制机制，设立本城市汽车最高保有量，特殊时期实行机动车辆限行制度，同时对老旧车辆实行定期的报废制度。同时，在安徽省建立建筑施工扬尘污染防治体系，项目环评文件中必须有扬尘污染防治的内容，加强工地源头、运输沿线和弃土场地管理，严格渣土运输市场准入，凡是运输建筑垃圾必须配备专门车辆，做到净车出场、封闭运输。

（十一）激励与惩戒机制

1. 激励机制

其一，联防联治区域对大气污染联防联治做出贡献或特别利益牺牲的行政区域给予生态补偿。其二，在联防联治区域内建立大气污染排放权交易制度，这种区域间、工业企业间的大气污染排放权交易既可以在保持区域排放量不增加甚至减少的情况下，增加新的产能，同时给予大气污染治理技术先进的企业一定的经济利益，促进治污技术的发展。其三，对大气污染治理先进的区域或企业，在信贷、排放指标分配、税收、用地以及财政转移等方面给予优惠或政策倾斜，制定绿色证券制度，对守法企业给予上市融资方面的优惠。在保险政策上，建立污染企业强制保险制度。对大气环境违法企业严格限制贷款和上市

融资。在区域内排放总量控制目标的分配上，对区域大气污染贡献率大的城市，分配的总量应该越小，贡献率小的城市，分配的总量应该越大。对严格执行大气污染排放规定的企业，尤其是火电等耗能行业，实施有利于发展的电价政策和土地政策等。

2. 惩戒机制

其一，对区域内环境违法行为实施严惩，依据“按日处罚”条款对不依法整改的企业按日累计罚款，上限不封顶。其二，对区域大气污染防治不作为，防治成效不明显的行政区域实施“区域限批”。其三，对严重违反大气污染防治法的企业，视情况给予挂牌督办、限期整改或关闭的惩戒。其四，对大气污染排放行为进行征税或征费。如在欧洲建立的二氧化硫排放税或含硫燃料税、二氧化氮和氮氧化物排放税。对这些污染物质排放行为依据排放量征税可以使外部性内部化，促使排放者减少排放。其五，对大气污染执法不力的执法人员，给予行政处分，严重的给予引咎辞职。

五　小结

安徽省建立大气污染区域联防联治机制是在传统大气污染属地管理的基础上发展而来。大气污染联防联治是在更大的地域范围内统筹各方共同治理大气污染的体制机制，它不是对传统属地环境管理的否定和颠覆，而是二者相辅相存，联防联治机制以属地管理机制为基础，是对各行政区域之间共同面对的公共环境问题和管理问题的协同治理。安徽省大气污染联防联治是我国大气污染联防联治机制中的一个环节，所以，该机制的运行必须上接长三角区域大气联防联治，平接相邻各省大气污染联防联治，下接各县市属地环境治理，形成一个严密相通的联防联治体系。

B.18

林权制度改革创新研究

——以浙江丽水为例

闻海燕*

摘　要：本文以浙江省丽水市的林权改革为对象，重点分析了丽水市林权制度改革的成效与改革中存在的障碍因素，提出林权制度改革实现了“还权”到户，但更需要提高农户林业资产转变为资本的能力。这需要在农村综合性产权流转交易体系、农村担保体系建设和林权评估机制上下功夫。

关键词：丽水市　林权改革

中国农业发展环境已进入农业资源偏紧、生态环境恶化、人口红利消失的新时期。深化林权制度改革，促进集体林权的“还权赋能”，有利于盘活农村资本市场、提高林地资源配置效率，增加森林资产的财产属性和流通性，提高林农财产性收入，促进林地适度规模经营，推进生态林业和民生林业发展。

丽水市是浙江重点林区和典型的南方集体林区，有“九山半水半分田”之称。全市有林业用地面积146万公顷，占浙江省的四分之一。其中，集体林140万公顷，占林业用地的95.8%。林木蓄积量7000万立方米，占全省四分之一。森林覆盖率80.79%，森林绿化率81.62%。全市生态公益林面积1163万亩，占全市林地面积的53%，占全省公益林总面积的30%。丽水市是浙江的重要生态功能区和“绿色后花园”，是浙江省乃至整个华东地区的生态屏障。据测算，全市森林、湿地生态效益总和达到2229亿元。同时，由于山多地少，

* 闻海燕，浙江省社会科学院区域经济研究所，研究员。

林业资源成为丽水最重要的资源，也是农民的主要经济基础。其森林资源具有生态优先性、旅游文化性、公共管理性和林农生计保障性，林业作用十分突出。

一　丽水深化集体林权制度改革的做法与绩效

丽水市自20世纪80年代初就开始了林权制度改革的探索实践。经历了四个阶段：第一阶段是集体林权改革启动阶段。20世纪80年代初，开展了林业的“三定”工作。即划定自留山、责任山和统管山。第二阶段是完善林业生产责任制。20世纪90年代初，全市72%的集体山林承包到户，形成以家庭经营为基础、统分结合的林业双层经营体制。第三阶段是山林延包。2006年，丽水市在浙江省内率先出台了“在第一轮林业生产责任制基本到期后，在保持已划定的自留山长期不变的前提下，对已承包到户的责任山承包期再延长50年”山林延包政策。第四阶段，深化集体林权制度改革。原有林权是将林地所有权、林地使用权、森林或林木所有权、森林或林木使用权“四权合一”，但权能很低，山林流转不能盘活现有的资产，林农并未得到相应的权能。资源并未化为资本带来收益，林农增产不增收。也导致通过租赁、转包、入股等方式获得林地经营权的企业和个人无法通过林权变更登记申领林权证，也不能将流转的林地和林木进行林权抵押贷款，严重影响了工商资本投资林业的积极性。最后导致了“农户不愿过户、政策不能过户、银行不敢贷款”这一瓶颈。从2006年开始，丽水市积极探索，勇于创新，形成了以林权抵押贷款为主线的具有丽水特色的林改新路子。

（一）探索“四权分离”新模式，推广林地经营权流转证制度

1. 创新林地流转激励机制

丽水市出台了《关于加快农村土地承包经营权流转推进现代农（林、渔）业发展的意见》，探索试行林地流转经营权证制度，从制度层面促进流转权益得到保障，解决经营权抵押融资难题。在率先开展集体林权制度改革的基础上，探索“林地所有权、经营权归农户，林木所有权、经营权属经营者”的“四权分离”新模式，全面激活2101万亩森林，实现“资源变资本，青山变金山”。全市9县（市、区）政府全部出台了推行林地经营权流转证的规范性

文件，出台了鼓励林地流转、抵押贷款的政策措施。

截至2014年5月底，林改以来公开招标、拍卖或挂牌流转森林资产13203起，面积136.03万亩，实际成交额15.93亿元。

2. 推广林地经营权流转证制度

丽水市林业局选取辖区龙泉市作为试点。2013年龙泉市政府在全国率先出台《林地经营权流转证管理办法（试行）》。办法规定，林地经营权流转证是证明林地流转关系和权益的有效凭证，是林地流转受让方实现林权抵押、林木采伐和其他行政审批事项的权益证明。通过林地承包权和经营权分离，对不能办理《林权证》流转林地的，为经营主体颁发《林地经营权流转证》，注明承包权利人，并将其作为债权凭证，解决林地经营权流转后的权益保障问题和流入方的林地经营权作为贷款融资抵押物的难题，突破了现行林权管理制度制约林地转包、租赁不能办证的难点。并在此基础上鼓励金融机构开展《林地经营权流转证》抵押贷款业务。有效破解了经营大户抵押难、贷款难问题。家庭林场主郑自友以全国首本流转证抵押贷款238万元，解决了购买香榧苗木资金短缺的燃眉之急，建成了千亩香榧精品园。截至2014年11月底龙泉市已累计发放《林地经营权流转证》139本，面积3.21万亩，流转证抵押贷款74笔3092万元。丽水市新增林地流转面积11.32万亩，办理林地经营权流转证面积5.52万亩。促进了林业经营的规模化、集约化，为实现改革深化、政策完善、服务健全、管理规范奠定了基础。

通过把林权作为抵押融资的载体，使“绿树青山变成林农致富靠山”，使“资源变资本”，可以从根本上破解制约农村经济发展瓶颈。反过来通过林权抵押贷款又能够有效融资，使更多的资金投入林业生产中。2014年全国两会上，该市推广林地经营权流转证制度的做法得到李克强总理的充分肯定。

3. 培育新型林业经营主体

制定下发《丽水市新型林业经营主体认定标准（试行）》，鼓励引导林农通过转包、出租、互换、转让等形式流转林地，加大政策扶持力度，吸收社会资金和工商资本投资林业。丽水市规定，对流转林地面积达到200亩以上（含）、期限15年以上并且签订规范土地流转合同、用于发展农业主导产业，由经营主体统一经营管理、初步形成产业基地的土地流转都给予相应政策扶持。对流出土地的农户（包括以耕地、林地入股形式）分别以耕地流转每年每亩100元、林地流转每年每亩30元的标准给予奖励。该奖励资金按每年度集中拨付到村集体，由村集体负责为相应流出土地农户缴纳城乡居民社会养老保险。

龙泉市已形成托管型、租赁经营型、股份企业型、专业合作型、家庭林场型等多种新型林业经营主体445家，参与农户达1.7万户，占全市农户的29%。其中，托管型281家，委托管理农户4340户，托管面积27余万亩；租赁经营60家，涉及农户2900户，租赁面积10万余亩；股份企业型48家，入股农户5600户，入股面积19余万亩；专业合作社40家，入社社员4700户、面积40余万亩；家庭林场16家，经营面积2.37万亩。

（二）创新林权抵押贷款模式，促进“资本进山”

为盘活林业资源，提高林农获得贷款能力，丽水市自2006年起在全省率先出台了《关于推进森林资源流转工作的意见》《推进森林资源资产抵押贷款业务发展的意见》等林权抵押贷款相关的政策性文件。与金融部门联合出台了《丽水市森林资源资产抵押贷款管理暂行办法》等文件，形成了市级林权抵押贷款政策和操作体系。

在全国率先推出5种林权抵押贷款模式。①林农小额循环贷款模式。采取“集中评定、一次登记、随用随贷、余额控制、周转使用”的管理办法，银行按信用等级核定贷款限额，一次性办理林权抵押登记后发放贷款证。②林权直接抵押贷款模式。借款人以林权直接向银行抵押贷款，向林权管理中心办理林权抵押登记。③流转证抵押贷款。即以《林地经营权流转证》作为债权凭证，注明承包权利人，解决林地经营权流转后的权益保障问题和如何将流入方的林地经营权作为贷款融资抵押物问题。④森林资源资产收储中心担保贷款。借款人向银行贷款、森林资源资产收储中心担保，借款人以其林权向森林资源资产中心提供反担保。⑤林贷通。借款人向银行贷款，由村集体森林资源资产为本集体组织成员提供担保，借款人以其依法拥有的林权向村集体提供反担保。此外还有合作社担保、专业担保公司担保等多种贷款方式。

截至2014年10月，龙泉市已累计发放林权抵押贷款3.14万笔，19.7亿元，余额7703笔5.97亿元。其中小额循环贷款余额7463笔5.28亿元，占贷款余额88.4%；林权直接抵押5466万元，流转证贷款余额72笔2913万元。

全市52%的林农享受到林权抵押贷款带来的实惠，户均贷款达3.3万元。丽水全市16家金融机构中已有12家开展了林权抵押贷款业务，累计发放林权抵押贷款12.44万笔，111.46亿元，贷款余额达到42.15亿元，不良贷款率仅0.15%。有效缓解了林农发展林业生产资金难的问题，实现了“资源变资产，资产变资本”的转变。率先在全国探索形成了“机制最健全、运作最规范、产品最丰富、受惠最广泛”的林权抵押贷款“丽水模式”。

（三）探索村级担保合作社试点和林地信托创新试点

2014年3月由龙泉市上垟镇花桥村42名村民和村委共同出资60万元组建的花桥村惠农担保合作社正式成立。这是全国首家村级担保合作社，为林农生产经营提供融资服务。主要为林农提供三个方面便民服务。一是借款农户无须认识银行信贷人员，只要合作社提供担保就可贷到款，信用社确认其担保行为即可放贷。二是融资实惠。信用社给予贷款利率不超过基准利率的20%的优惠，月息只要6厘，林农融资成本减少了3~4厘。三是担保合作社自行组织信贷调查、资产评估和不良贷款处置变现。该合作社不仅降低了农户融资成本，简化了信贷手续，还有效破解林农与金融机构信息不对称、林权抵押贷款处置变现难等瓶颈。自成立以来，该社已为56户林农解决生产经营资金430万元。茶坦村和道太乡供村也相继成立了村级担保合作社。3个村级担保合作社反担保贷款61笔金额共563万元。

探索林地信托创新试点。2014年7月住龙镇政府代表所辖水塔村与万向信托有限公司签下公益林收益权信托计划合同——万向信托—绿色摇篮1号。在农户自愿前提下，水塔村112户的38516.4亩公益林参与信托设立，标志着全国首单以林地为标的的信托项目正式运营。公益林收益权信托的设立使生态资源变金融资产，并实现凭证化、证券化，林农可通过信托收益权凭证提前实现交易，也可质押融资，破解了公益林不能抵押流转等问题。

（四）创新森林保险模式，建立风险防控体系

林业不仅生产周期长、效益低，而且易发生自然灾害、人为破坏等事故，自然风险和市场风险都比较大，因而存在投资风险也较大。丽水市推行以“林木火灾保险”为主的林业政策性保险。实行以县（市、区）为单位，采取

打包联保的方式，由地方财政出资将全县（市、区）有林地一次性与商业保险公司签订保单，实行统一保险、统一理赔的森林火灾保险模式。目前公益林火灾保险按中央、省、县各占50:40:10比例分担，林农不承担保费。商业林火灾保险按中央、省、县、林农按30:27:18:25分担。丽水市已连续5年在全市有林地全面推行以林木火灾保险为主的林业政策性保险，实现林地林木火灾保险"全覆盖"，降低了林业经营风险，也有效化解了林权抵押贷款风险，为林农撑起了一把"保护伞"。据统计，2007~2013年全市森林保险（以林木火灾保险为主，包括林木综合保险）累计投保面积12134万亩，投入保费7498万元。

同时，各县（市、区）财政按照上年林权抵押贷款余额的5‰的比例逐年提取建立风险补偿资金。

（五）组建林权管理中心，提高交易效率

丽水在全市9县（市、区）分别组建林权管理中心（主要负责林权确认、变更、过户、抵押登记等服务）、林权交易中心（主要负责收集和发布林权流转交易信息，组织林权流转招标拍卖挂牌等交易）、森林资源收储中心（主要为林农、林企贷款提供担保，并按规定对抵押的森林资源资产进行收储和处置）和森林资源调查评价机构（主要为森林资源流转和林权抵押贷款提供调查规范设计和资产评估服务）。"三中心一机构"林权流转交易保障体系的建立，不仅使农村产权流转交易信息化、便利化，而且从根本上解决了抵押物的流通问题。截至2014年10月底，全市已累计办理林权登记21078件，其中初始登记6952件、变更登记12233件。

（六）"林权IC"卡创新林业信息化平台

为从根本上解决林农抵押贷款过程长、手续多、利率高等难题，经过在庆元县的试点，丽水市在全国首创了"林权IC"卡（即实行林权管理"一户一证一图一表一卡"的"林权身份证"管理制度），对林农的森林资源资产实行动态服务管理。林农凭"林权IC卡"就可以查询所承包山林的位置、地形地貌等相关信息，为办理林木采伐、林权抵押、林地流转等手续提供便利。9县（市、区）47.8万本林权证信息全部录入电脑，林权勘界2114万亩，森林资

源资产评估总额278.5亿元。在“量化”农户森林资源资产的基础上，建立“统一评估，一户一卡，随用随贷”的森林资产信息档案（林权IC卡）40.1万户，占应建档的99.7%。

林农“林权IC卡”一次性解决了评估问题。金融部门以农户森林资源资产信息为依据，及时为农户提供放贷资金，减免小额贷款的资产评估程序。林农办理林权抵押贷款从一周缩短为半天，同时也促进了金融机构对农户授信工作，有效破解了林权抵押贷款评估难、贷款难和费用高等难题。截至2014年10月底，全市金融机构对33.1万户林农授信118.2亿元，取得授信的林农在授信额度内可以随时到授信银行支取贷款，节省了时间。

三　林权改革中存在的障碍因素

丽水林权制度改革对促进林权流转，林权抵押，促进资源变资本，促进林农增收起到了很大的作用。但是在实践中还存在林农抵押贷款难、土地流转不规范等诸多问题亟待解决，使林农真正实现“确权、赋能”。

1. 林权流转规范化程度不高

在实践中林权流转方面的民间私下交易较多，林农间自发无序流转较为普遍。导致部分流转价格过低，损坏林农利益。产权交易平台建设及规则制定工作滞后，而且产权交易必不可少的一些基本规则制定也严重滞后。基准价格、评估机制、监管机制、信息共享机制、诚信机制等还不健全或不完善。林权流转缺乏统一的法律规范和配套政策，林农担忧流转后的产权归属，流转双方利益得不到制度保障。

2. 林权评估难

一是评估缺乏统一标准。森林资源资产构成复杂，受财产等级、交通区位、用途管制等因素影响，不同林地、不同树种之间价值差异性比较大。目前仅有财政部与国家林业局2007年联合制定的《森林资源资产评估管理暂行规定》和国家林业局2004年制定的《森林资源资产抵押登记办法（试行）》等一般的规范性文件，没有统一的权威性的林权评估行业标准。

二是缺乏专门的评估机构和专业的评估人员。由财政部和国家林业局联合发布的《森林资源资产评估管理暂行规定》对森林资源资产评估机构和评估人员做出了明确规定：从事国有森林资源资产评估业务的资产评估机构，应具有财政部门颁发的资产评估资格，并有 2 名以上（含 2 名）森林资源资产评估专家参加，方可开展国有森林资源资产评估业务。森林资源资产评估专家由国家林业局与中国资产评估协会共同评审认定。经认定的森林资源资产评估专家进入专家库，并向社会公布①。由于很多地方缺少有资质的专业评估机构，导致评估科学性、准确性不高。由于相关评价机构从业人员不熟悉林权知识，林业机构人员也没有熟练掌握资产评估和财会方面的知识，因此，对林权林地资源的评估经常会发生评估标准、评估结果不一的现象，对林权评估结论存在不统一、随意性较大现象。

三是价值评估不充分。森林资源资产产权种类繁多、形式多样，包括森林、林木、林地、森林景观资产以及与森林资源相关的其他资产，产权关系复杂。用于抵押的林权实质上应包括林地使用权和林木所有权。目前林权抵押价值评估仅以地上附着物林木来判断价值，并未涉及林地使用权价值。此外，还不包括对森林生态系统服务功能价值的评估。森林生态系统服务是指森林生态系统及其中各种生物对人类提供的有益服务。森林生态系统服务功能是指森林生态系统与生态过程所形成及所维持的人类赖以生存的自然环境条件与效用。② 使林权评估总价值大大降低。森林资源资产评估问题已经成为目前林权流转和集体林权改革工作中亟待解决的问题。因此，能否处理好森林资源资产评估的问题，直接关系到林权流转能否顺利进行，集体林权改革工作能否顺利推进。

3. 林农办理抵押贷款难

一是贷款期限与林农需求不一致。林业生产周期长、树木成才一般需要 10 年以上，投入大、回报慢。林业投入属长期投资，贷款一时难以收回。而目前林权抵押贷款以 1 年期为主，最长不超过 3 年，在期限上与林农的回报期不对称，给林农还贷造成困难，难以满足林业生产需要。二是林权抵押贷款主体分散，单笔融资金额小。按照林权抵押贷款制度的规定，只有经营大户才能

① 财政部、国家林业局：《森林资源资产评估管理暂行规定》，《中国资产评估》2007 年第 4 期。

② 邱玲玲：《集体林权改革中的森林资源资产评估研究》，《梧州学院学报》2011 年第 4 期。

符合林龄、林地面积、抵押贷款额度的下限，而大多数农户因为可经营林地面积不大，难以通过林权抵押获得贷款。三是当前林地和林木资产流转市场尚未充分发展，导致设押林权处置变现存在一定困难，金融机构发放林权抵押贷款普遍存在顾虑。贷款主体分散、单笔融资额小、手续烦琐，商业银行参与积极性不高。行业竞争不充分导致利率偏高，增加林农融资成本。

四　加快林权改革的建议

十八届三中全会的《决定》明确提出了要赋予农民更多财产权利。但是要实现从“还权”到提高农户实现资产低成本、高效率、有秩序地转变为资本的能力，还须采取很多切实可行的政策和举措。

1. 加快构建农村综合性产权流转交易体系

针对林地规模经济的特点，政府及相关部门应进一步完善相关林地流转的法律法规及政策，规范林地流转行为，促进林地流转市场的健康发展。同时要充分发挥市场在资源配置中的决定性作用，加快构建农村综合性产权流转交易体系，推进各种资源要素参与市场化、社会化配置，促进流转交易平台的整合与提升。完善流转交易的规则与内容，按流转交易品种制定细致的流转交易管理办法、操作流程及相应的服务要约。

2. 加快推进农村担保体系建设

开展林地信托和村级基金互助会担保试点，在林地信托（公益补偿基金信托和森林经营性收益信托）试点基础上，以信托收益权凭证为抵押贷款。同时，探索金融服务创新模式，完善推广林权信息化和林权抵押贷款信用证制度（即“林权 IC 卡”贷款），为林农提供更简便高效的服务。大力推广以“产权 + 担保”形式开展“三权”抵押贷款。

3. 探索建立科学的林权评估机制

因林权的特殊性，因而评估机制与评估政策应与其他产权有所区别。应建立适合林业特点的林权资产评估的体制、机制，规范林权资产评估机构资质、从业人员及法律责任。尽快制订符合本地特点的和可操作性的森林资源资产评估操作办法等配套政策，对评估方法、评估程序、评估标准等内容加以规范，减少评估的盲目性和随意性，从而为推进林权交易提供保障。

参考文献

1. 西南地区集体林权制度改革课题组：《对西南地区集体林权制度改革的思考》，《经济体制改革》2008 年第 4 期。

2. 邱玲玲：《集体林权改革中的森林资源资产评估研究》，《梧州学院学报》2011 年第 4 期。

3. 何文剑等：《林权改革、林权结构与农户采伐行为——基于南方集体林区 7 个重点林业县（市）林改政策及 415 户农户调查数据》，《中国农村经济》2014 第 7 期。

4. 周李：《破难题探新路 龙泉勇做深化林改擎旗人》，《浙江林业》2014 年。

B.19

以金融支持推进长三角经济转型升级

聂献忠*

摘　要：长三角多领域合作进展明显，产业规划、政策法规、金融服务等高层次合作探讨也逐步深入，但制约深层次一体化进程的政策与体制机制障碍仍然存在，特别是包括金融政策与制度环境。破解当前一体化发展的困境，推进长三角地区转型发展，需要以金融支持为抓手推进改革与开放，着力在体制改革、中产阶层培育、新兴战略性产业崛起和新型城镇化等方面形成合力，推动传统发展路径与发展模式的转变。

关键词：长三角　经济转型　金融改革

国际经验与发展实践表明，创新是推动经济增长质量与效益提升的重要动力，其中金融支持是推动创新与转型进程的重要保证。通过加快金融改革开放与政策支持，美国、原联邦德国分别于20世纪50年代、60年代，英国、法国和日本分别于70年代相继实现发展方式的转变，并保持多年的快速增长。新加坡与香港于80年代、韩国和我国台湾于90年代，在5%～6%左右的增长环境下，着力转型与创新，也相继实现发展方式的转变。长三角地区是全国综合实力最强、增长潜力最大的经济区域，这一区域竞争力的提升，很大程度上将取决于能否实现更有效率的改革、更大程度的开放从而实现创新发展。改革开放以来，长三角区域经济高速发展，转型进程也逐步加快。

近年来随着国内外环境与形势的根本性改变，传统发展模式下日益增强的

* 聂献忠，浙江省社会科学院产业经济研究所副所长，研究员。

资源与环境压力，传统增长动力逐步减弱，增速由高速转入中速。当前，上海、江苏与浙江均已处于由工业化后期向现代化迈进阶段，不能再沿巡过去传统的依赖空间、资源、劳动力等红利发展模式，特别是受社会需求与生态环境压力的长期制约，推进长三角地区转型升级与创新发展，必须依托制度改革红利、依托技术创新红利、依托资本改革开放红利，必须进一步加大金融改革、开放与合作，强化金融政策的战略支持，以创新引领经济转型升级，探索形成长三角地区特色的现代化自主创新发展模式。

一　先行国家与地区以金融改革开放推进转型的战略举措

国际上先行国家和地区以金融支持助推创新进程，成功地完成发展方式转变，实现了以技术提升为根本的转型发展。美国、日本与新加坡等国在转型发展和现代化建设进程中，始终坚持以市场经济为主，尊重市场规律，完善金融制度支持推进领先世界的新技术，主导全球产业分工。在工业化进程后期和推动产业升级进程中，中国台湾也十分注重推进技术进步，并配合工业升级计划，采取了一系列旨在加速策略性工业发展的金融政策措施。

1. 以民间资本为抓手，放松管制，强化市场基础地位

在转型发展阶段，日本积极推进对国有企业或有国有成分的企业进行市场化改革，尤其是重点发挥民间资本的作用推动民资参股或民营化进程。政府通过搭建制度平台，促进民间储蓄转变为民间资本，化解民间资金流动压力和保值增值要求，这跟当前我国的金融环境非常相似。同时，日本有完善的中小企业融资服务体系，并且有政策性金融机构来推动民间资本供需双方的有效结合。日本经验表明，民族资本不仅是平衡外资的重要力量，是政府力量和企业融资的有益补充，而且还通过吸纳大量就业，为扩大消费提供强有力的支撑。

2. 以外汇储备为保障，扩大对外投资和并购

日本利用高额的外汇储备，通过对外投资，在全球范围形成产业内的贸易链，从而转移贸易冲突，为企业赚取大量利润，“走出去”战略相当成功。日本不是简单地进行资本输出，而是以资金、技术、管理和全球战略形成面向全

球的资本输出。通过海外并购，众多日本企业在全球战略竞争中占据有利位置。如日本在获取油气开采权方面手段就非常隐蔽，一般是利用企业以小规模、分散投资的方式进行，每次获得7.5%或5%的开采权益，动作小，不易引起注意，取得的成效非常显著。当前面临全球性经济危机，日本一面进行企业重组，一面进行海外扩张，投资主要转向了新能源、金融、食品、医药等重点领域，在汽车等领域则相对收缩。

3. 以财政金融为引导，不遗余力推进创新

日本通过科技创新为在未来的全球经济体系重建过程中提前布局，争夺全球竞争制高点，提高其国际影响力。尽管在以信息技术为代表的经济浪潮中日本落在后面，但它依托全球领先的节能和环保技术，以新技术带动新产业、新市场，形成新的经济增长点。在区域创新体系建设上，芬兰在世界上最早提出国家创新体系概念，并积极引导科研机构及企业研究对增强国家竞争力最为迫切的技术。注重通过宏观指导和协调，推动技术开发及科技成果的转化，使芬兰的国家创新体系涵盖了从产业培育到成长过程的整个链条。

然而，我们也看到，日本虽然在人均GDP 1万美元阶段成功转型，并顺利迈向人均GDP 2万美元，但其自90年代在顺利实现现代化后的转型是不够理想和成功的，其转型失败除因内部市场饱和，未能及时培育新的消费增长点；在推动产业结构升级方面力度不够，维持大量效率较低的企业等因素外，还因金融过度支持服务业。在货币政策上，政府为减缓出口部门所受冲击，长年维持低利率，导致货币供给过剩，房地产和股市泡沫发酵膨胀。当前，国内一些省份也普遍面临这类问题倾向和发展难题，值得我们重视和关注。

二　当前长三角地区转型发展面临的突出矛盾与难题

当前，长三角地区人均GDP均处于超越1万美元阶段，转型发展已进入攻坚克难的关键期。改革开放三十多年来，长三角地区就是始终坚持“市场化”这一根本路径，率先探索改革才能保持领先地位，这是改革发展规律的必然选择。但遗憾的是，高层次的要素市场化改革与社会改革未能有效跟进，从而没有对经济更深层次的改革起到推动作用，反之其滞后性与负面效果日益

显现，从而也严重制约了要素资源的市场化进程和长三角地区增长潜力。此外，受传统的“GDP 挂帅”等同于政绩的发展观影响，各地长期以来各自为政，虽然近些年长三角多领域合作进展明显，产业规划、政策法规、金融服务等高层次合作探讨也逐步深入，但制约深层次一体化进程的政策与体制机制障碍仍然存在，特别是吸引投资导向下的金融政策与制度环境的障碍。

1. 当前的金融领域市场化改革还有很大空间

市场化改革能否走得更远，能否真正实现要素市场化，还有很长的路要走。化解市场化难题，政府转型是问题的关键，只有把打破垄断、政府转型、要素市场化改革与转型升级结合起来，以“打破垄断、强化竞争”为手段，推进市场化改革，扩大民间投资，才能构建形成符合国内外转型趋势的新需求结构、新产业体系和新体制机制。主要是突破两个壁垒：一个是市场要素壁垒，尤其是高级生产要素还不能实现自由流动，最突出的就是资本与人才，约束因素还很多。二是行业领域的制度性壁垒，这方面只能通过国家层面的更进一步改革开放、释放垄断行业对民间资本开放的巨大增长潜力得以实现。就拿金融制度来说，就直接影响到市场要素的配置方向、影响经济效率、影响区域协调发展，进而影响到创新要素的配置创新效益。在高速放缓进入中速增长阶段，长三角地区经济增速若要保持以7%为中轴的稳定增长，就应重点考虑如何通过改革把更多的社会民间资本与战略性新兴产业发展、重大支撑产业紧密结合起来成为重要的抓手。也正是因为这两大约束性因素的存在，才进一步证明当前是转型发展的关键阶段。

2. 日益高端化多元化的金融消费需求蓬勃兴起，正在持续有力地积极推动金融业领域改革与开放进程

长三角地区作为我国改革开放的先行区，一直是我国资金财富的重要集聚地，区内上海、江苏与浙江三地城镇与农村居民收入、人均存款等多项指标也一直位居国内前列，居民对金融多元化的业务需求有增无减，尤其是高端客户群体不断增长，财富管理需求空间巨大。特别是在当前互联网背景下，各项业务领域的创新如火如荼，消费互联网和产业互联网发展也是突飞猛进。而传统的金融业务管理与指导模式，直接束缚着资金流向，如果传统的制度约束而导致居民金融消费需求不能满足，就会使得各类社会资金涌向国外或虚火的泡沫市场，而不是流向国内经济发展迫切需要资金和资金效率高、投资效益有保障

的其他领域。

3. 金融领域利益等诸多群体要素影响到转型合力的形成

我们还要充分认识到，推进长三角地区的转型发展，必须建立系统化的转型战略，包括经济增长方式转型、社会公共需求转型和政府转型，尤其是迫切需要消除包括金融领域制度与运行机制的约束性因素，大力发挥长三角地区现有的转型条件，挖掘潜在转型动力，形成有效转型路径。推动长三角地区转型发展，不仅仅是经济领域或政治社会领域的事情，也不仅仅是传统发展模式的改变，更重要的是重视多方的参与和协调推进。转型中有各种角色参与，例如不同民主政党、社会团体以及各类社会组织等，它们为实现转型目标而奋斗。如果对既得利益阶层无可奈何，缺乏改革动力与有效手段，很容易形成阻碍转型发展的官僚。在日本经济赶超阶段，官僚起到较为正面的作用。然而经济停顿之后，这种权力有时就成为经济活力提升的障碍。议员希望为地方争取基建项目来争取选票，于是官僚通过与议员合作，将资金投入该地区，来争取好处，这是日本版的“跑部钱进”，拮据的财政资源被利益集团随意分配，必然造成需要的地方无法获得。同时政府通过各种规定来对行业进行限制，直接损害经济活力，并成为阻碍改革的主要力量。可见，金融领域利益群体积极推进改革开放，密切协调不同利益群体关系，就转型目标并达成一致而言非常重要。

4. 转型发展尚缺乏金融法律层面的完善改革与推进

在转型发展的关键阶段，不仅要重点推进行业转型和制度转型，我们还要积极推进转型社会中的法律援助与法律改革。根据长三角地区人口现状与未来趋势，未来人口老龄化与劳动力短缺将成为制约经济快速增长的两大难题。以日本为例，近20多年来老龄化问题一直是日本发展的桎梏，其直接影响就是消费萎缩。不仅老龄人口增加，总人口也逐步萎缩，制造业不得不依靠外需，这就使得日本的产业结构调整更无从着手。长三角地区发展也将面临同样难题，尤其是进入中等收入阶段后，因本地居民对在传统制造业就业普遍不积极，加上社会保障、户口与教育、医疗等体制机制性约束和相关法律援助、法律改革的不到位会直接束缚外来务工者对长三角地区就业市场的补偿预期。为此，长三角地区应对老龄化与人口减少问题采取正确应对措施，尤其是需要政府部门未雨绸缪，及早规划与考虑。

5. 当前的金融政策与体系影响了投资驱动向消费驱动的转型进程

民间消费没有成为消费主体，有历史文化积累及社会保障、体制等多方面原因。特别是对于长三角地区来说，即使当前人均 GDP 跨越 1 万美元，但是经济与社会结构发展没能实现同步，消费没有成为经济增长的主要动力，体制机制约束与现代化金融体系的缺乏是主要原因，但根本原因还是在于金融领域制度改革与开放的滞后，不能与转型需求有效地同步。以日本为例，其公共投资比重高且一度达到欧洲国家的 10 倍，GDP 增长相当大一部分也靠这种投资拉动。如 20 世纪 90 年代，日本不惜大举增加国债水平，通过投资基建来刺激经济，结果是政府投资效率极其低下，无法激活经济，反而滋生许多腐败，使得日本债台高筑。长三角地区的转型发展，就是要避免类似局面和后果，选择消费带动模式和稳定的增长。

三　以金融改革与开放推进长三角地区转型的对策与建议

破解当前发展困境与难题，推进长三角地区转型发展，需要以金融支持为抓手推进改革与开放，着力在体制改革、中产阶层培育、新兴战略性产业崛起和新型城镇化等方面形成合力，推动传统发展路径与发展模式的转变。全面推进转型发展，同时也需要我们切实抛弃过去的高增长预期和思维定式。由高速增长转入中速增长，意味着增长动力由低成本要素驱动、效率驱动与制度驱动向创新驱动的转变。这种转变需要以金融转型与开放为抓手，进一步深化改革作为支撑。

1. 以金融改革为抓手，释放内在增长动力

要切实推进金融创新试验改革，激发民间投资热情，健全支持民营企业和中小企业发展的政策和服务体系，从而通过以金融、信息服务和物流为代表的现代服务业改革深化，来吸纳更多的民间资本，为长三角地区中速增长提供动力。当前，要努力实现区域内除上海外的户籍全放开，实现区域内城乡土地、房产与物权的等值化，释放内需动力。要以金融支持为手段，创造条件消除农民工的落地困难，让尽可能多的外来务工人员（或“半城市化人员”）成为完整意义上的“市民”或完整意义上的本地“居民”。要使那些已经在城市长期

就业和居住的外来务工人员及其家庭成员，在自愿基础上获得所在城市的市民身份，享受与城市其他居民同样的教育、医疗、住房与社会保障服务。

2. 以财富增值为目标，培育壮大中产阶层

长三角地区目前处于快速变动的经济和社会转型进程阶段，如何协调各种复杂矛盾和利益的挑战，需要政府部门加强以控制外部性和增进社会和谐度于一体为目标的干预政策的实施。改革开放以来，长三角地区在经济、社会发展与城市建设等方面积极推行的一系列政策实际上都有利于中产阶层的成长，但进一步培育和提升中产阶层的政策环境还不够完善和充分。培育健康的中产阶层，体现在数量和质量两个方面，当前，长三角地区不仅要在数量上不断扩大中产阶层规模，形成中产阶层社会，更重要的是在质量方面要求引导中产阶层建立科学健康的生活观念与生活方式。

3. 以资本引领为路径，应对新产业革命，加快战略性新兴产业的培育

近年来，长三角地区大力推进产业结构的调整优化升级，正在逐步形成以高新技术产业为先导、先进制造业为主体、基础产业为支撑、服务业全面发展的产业格局。在转型发展的重要战略期，长三角地区经济要从低成本为主要特征的传统产业体系，转向以高附加值为主要特征的现代新产业体系，金融扶持和引导是至关重要的。长三角作为我国长江经济带的火车头和改革开放的“发动机”，应进一步提升战略目标，明确发展思路。应着眼于未来 10 年乃至 30 年，力争成为我国经济发展的重要增长极和具有强大国际竞争力的全球最大都市圈、高新技术产业集聚区和世界级新兴制造业基地。目前，长三角地区正处在新兴产业培育的机遇期和关键点上，在绿色新能源产业、新材料产业、生物与新医药产业、电子信息产业及文化创意、动漫等服务业诸多领域，长三角地区已经形成一批高附加值、高成长性的大产业，并开始形成一定规模的产业链体系。新兴产业处于成长阶段，面临巨大的市场空间，这些新产业可能形成万亿元以上的产业规模，这是发展希望所在。

4. 以金融扩张为支撑，提升城镇化效率

受城乡二元结构制约，城市化对经济增长贡献的潜力还远未释放出来。今后的重点是要以县域城市化与小城镇建设为抓手，推进新型城镇化，其带来的广大乡村投资消费需求的增长，将积极推动未来长三角地区的持续健康增长。其关键在于，要以质换量，从城乡均衡发展中开拓经济增长的新空间。从国际

经验看，在转型期，通过提高城市化水平和质量来求得经济社会均衡发展，不仅是有可能的，而且还是一条必由之路。不仅要尽快建立基本公共服务体系，改善民生，切实把改善民生作为扩大消费需求的落脚点和出发点，还要以政策来推进社会结构的合理化，改革任何阻碍社会流动的制度和政策藩篱。

5. 以金融环境变革为保障，推动长三角地区转型发展

国际经验表明，在经济转型期，转型环境影响转型发展进程，尤其是需要以社会的经济、政治、文化和消费架构进行有效改变为基础，这种改变又会导致金融体系的全面变革和调整。从日韩等先行国家看，政府与政治层面的改革，往往优先成为转型发展的重要突破口，成为推动转型成功的主导力量。其中，“由上至下”的政治环境，通常在宏观上影响转型发展进程，影响经济转型效果的大小均衡程度，尤其是经济发展模式的根本性变革。而“开放民主”的文化环境，不仅在中观与微观层次上影响转型进程，而且会更深层次地持续地影响到转型社会的价值文化体系建设。当前，长三角地区文化领域改革已经大踏步推进，但政府与政治层面的改革能否有效跟进，就成为转型阶段能否稳定增长的重要环境依托。

6. 以分层次金融中心建设为目标，全面推进金融支持下的质量型发展

当前，在长三角深化改革开放、加快转变经济发展方式的关键时期，国务院先后批准上海四大中心城市建设，加上上海自贸试验区的建设更是拥有改革先发优势。江苏也已获得沿海开发战略，浙江获得海洋经济发展示范区、舟山群岛新区、义乌市国际贸易综合配套改革试点、温州市金融综合改革试验区等有关规划和方案。加上杭州获批跨境电子商务中心城市建设，这就从宏观层面上为长三角地区分别加快建设国际金融中心、创新金融中心、互联网金融中心、科技金融中心、财富金融中心和离岸金融中心创造了有力的保障。

7. 以“两路一带”（丝绸之路、海上丝绸之路、长江经济带）建设为契机，推进长三角资本扩张和转型

规划推进“丝绸之路”和“海上丝绸之路”建设，积极发展“长江经济带”，不仅有助于打造中国经济新的支撑带，而且也有助于积极推进长三角优质产能的进一步转移和“腾笼换鸟”进程。尤其是上海、江苏与浙江制造业结构同构度都较高，在长三角一体化进程中实现区域经济的良性竞争存在诸多压力，而化解压力实现产能向中西部地区转移则有助于推动长三角区域经济的健康发展。在此过程中，因中西部地区财力相对落后，社会资本相对缺乏，因此在“两路一带”构建过程中，要通过加快金融改革开放并凝聚金融要素资源优势，形成金融合力，从而有效推进长三角社会资本的积极扩张，加快不同层次不同领域要素和产业的转移进程，并同时不断提升资本效率和社会效益。

参考文献

吴敬琏：《当代中国经济改革》，上海远东出版社，2003。

宋德勇：《经济转型问题研究》，华中理工大学出版社，2000。

冯绍雷、相蓝欣主编《俄罗斯经济转型》，上海人民出版社，2005。

Carolin A，Crabbe，A Quarter Century ofPension Reform in Latin America and the Caribbean：LessonsLearned andNextSteps，Inter – American DevelopmentBank. 2005.

B.20

推进长三角区域协同创新的重点任务与政策建议

沈开艳　陈建华　邓立丽*

摘　要：协同创新区域拥有一批创新能力较强的企业集群、具有人力资本的开发与集聚效应、具有良好的政策环境、具有较为充足的风险资金供给与完善的风险投资机制。新形势下，长三角应加强协作，在协同创新的体制机制框架下，开展区域共性技术联合攻关，推动区域科技产业联动发展和创新服务系统链接，着力优化区域科技创新创业环境，真正建成政府引导、企业为主体、产学研一体化的区域科技创新体系，推动区域创新发展和结构转型。

关键词：长三角　协同创新　科技创新能力　结构转型

协同创新已经成为创新型国家和地区提高科技创新能力的全新组织模式。随着技术创新复杂性的增强、速度的加快以及全球化的发展，当代创新模式已突破传统的线性和链式模式，呈现非线性、多角色、网络化、开放性的特征，并逐步演变为以多元主体协同互动为基础的协同创新模式。

面对日益严峻的全球竞争和资源环境约束，长三角正加快区域经济发展整合，以战略联盟和共同经济体为平台，集聚各种创新要素，通过区域协同，提高区域整体科技创新能力，以更高姿态和水准参与国际竞争。

* 沈开艳，上海社会科学院经济研究所副所长，研究员；陈建华，上海社会科学院经济研究所副研究员；邓立丽，上海社会科学院经济研究所助理研究员。

一 区域协同提高科技创新能力的国际经验与启示

纵观发达国家创新发展的实践，打破行业领域、区域和国别的界限，实现区域性乃至全球性的协同创新，构建起一个庞大的创新网络体系，最终实现创新要素的自由流动与整合无疑是其最重要的成功经验。如在美国硅谷内，企业、大学、科研机构、行业协会相互协作，形成了一种扁平化和自治型的“联合创新网络”。来自全球各地的创新、创业者在此都能够以较低的创新成本，依托这一网络，实现创新价值的增值与获得。

（一）发达国家通过协同创新提高科技创新能力的模式形成过程

1. 制度创新是基础

国外协同创新区域的形成与发展都是以制度机制变革创新为基础，其中激发科技创新意愿是关键，拥有优化配置和组合创新要素的区域创新氛围是必要条件。区域创新体系的形成过程需要一个较长的时间周期，它是在整合各种创新要素、创新资源、行政管理模式和社会关系基础之上形成的一个系统。这样，政策的统一协调是关键。无论是美国、日本还是法国，在创新过程之中的政策协调中，地区与行业之间政策协调是重要内容，政策实施的无缝隙、政策及时沟通是协同创新区域形成与发展的一项重要要求。因为它在形成以制度机制变革创新为基础，创造与提升区域创新的政策氛围，优化创新的制度环境具有重要作用。

2. 高度共享的资源平台是基本框架

区域创新资源的合理配置与运用，是区域创新体系建设的重点内容。高度共享的资源平台是协同创新区域的基本框架。国外协同创新区域都拥有共建共享服务平台，包括大型科学仪器设备运行保障、技术交易、科研试剂、实验动物等科学资源共享服务及若干行业共性技术服务，协同创新区域拥有统一的数据标准与管理办法。此外，协同创新区域还有大型科学仪器设备协作共用平台、技术转移信息及交易共享平台、科技文献和科学数据共享平台、软科学研究与共享平台、科技创业与投融资协作服务平台、区域科技专家库与共享网络建设平台、区域高层次科技创新人才交流平台等。这些平台形成协同创新区域的基本结构与框架，也是创新型企业发展的重要基础。

3. 协同创新区域是镶嵌于城市群之中的核心区域

国外协同创新区域都是以区域中心城市作为创新高地、其他城市充分发挥优势，整个区域经济形成分工协作关系的区域创新体系。在区域创新过程之中，中心城市的增长极效应不断增强，聚集与辐射效应不断提高，提高了中心城市的技术创新能力。同时，这个中心城市的周边城市发挥各自的比较优势与要素禀赋，不同城市通过竞争与合作形成互动协调的态势，形成整体上生动与活跃的区域创新局面与创新体系，形成全国乃至世界的创新高地，从而提高整个城市群的国际竞争力，推动了地区乃至全国经济转型。

4. 具有良好的产学研合作机制

产学研一体化合作是城市、区域综合创新能力提高的重要途径，也是西方国家创新能力提高的可资借鉴的重要经验。在协同创新区域之内一般拥有较多的高校，这些高校以企业为技术需求方，加强成果与市场的联系，与企业合作开展技术咨询、技术诊断、技术培训，明确企业需求，研究出真正对经济建设有贡献的科技成果并将成果转化为生产力。在协同创新区域企业与高等学校、科研机构常以多种形式共建技术开发实体，如以项目或课题为纽带联合开发技术攻关，解决生产技术难题。

（二）发达国家协同创新区域的结构特征

纵观世界各国区域创新体系建设经验，可以发现协同创新区域的共有特征，企业集群、创新氛围、人才与风险投资以及产学研合作是协同创新区域发展的主要特征。

1. 协同创新区域具有人力资本的开发与集聚效应

创新主要依赖于人力资本，发达国家的协同创新区域都积极营造有利于人才引进、成长和发展的环境，创新人才培养开发、评价发现、流动配置、激励保障机制。某个区域以便捷的交通、便利的生活和工作环境以及良好的创新氛围吸引着其他地区的创新性人才流入。文明、生态、繁荣、富裕的宜居佳地都对创新型人才具有较大吸引力。创新性人才在此区域之内可以不断提高默示性知识，加快非标准化信息的传播，从而激发人们的创新欲望与能力，如硅谷、班加罗尔集中的人才资源，不仅能推动地区经济的跨越式发展，还能构筑强大的竞争优势，在日趋激烈的市场竞争中获得主动权。

2. 协同创新区域具有良好的政策环境

发达国家的协同创新区域的政策环境不仅仅局限于创新区域，它在整个国家层面都有一个创新性计划，如美国、德国与法国都有科技创新计划。这为协同创新区域发展提供了政策前提。从政策层面来看，国外的协同创新区域的政策环境包括人才政策、金融政策、产业政策、财政政策以及税收政策，并形成了多层次、全方位的保护和激励科技创新的政策法规体系。它是政府提供协同创新区域特殊的政策，它对于吸引人才参与创新，保护创新成果具有重要作用。例如，人才引进、创新投入、资源共享、知识产权保护、税收激励和产业扶持都是国外协同创新区域经常采用的政策措施，许多促进创新的政策以立法的形式确定下来。此外，补贴与贷款特别低利率贷款也是发达国家协同创新区域经常采用的政策。这对于促进科技成果转化、提高企业科技创新能力具有积极作用。

3. 协同创新区域具有较为充足的风险资金供给与完善的风险投资机制

由于创新特别是科技创新具有正外部性，创新之外仿效的成本低收益高，且创新过程投入高、周期长、风险大等。一般而言，如果创新主体没有足够大的激励和足够强的风险承受能力是很难从事创新。因此，创新需要风险资金投入与参与。而风险资金投入到创新过程之中需要风险投资机制的配合，风险投资机制是指风险投资的投资主体、投资对象、风险资本撤出渠道、政府的监管系统等构成的经济运行体系，在符合科技产业创业规律的前提下，相互促进、相互制衡的高效运行过程。在协同创新区域之中，可以看到它拥有较为充足的风险资金供给与完善的风险投资机制。这种风险资金供给包括特地为风险企业创立资本市场。

4. 协同创新区域具有良好的创新文化氛围

创新归根到底是依靠人的创造性活动，特别是依赖于高级劳动力特别是工程师、科学家的发现、发明与创造。所以，城市创新活动数量主要在于城市是否能够创造条件培养或吸引到这部分人才。良好的文化氛围进行聚集人才进行创新的必要条件。良好的创新文化氛围是激发人们之间交流与产生新思维的重要外部环境。敢于打破成规、锐意革新和广采博纳的文化环境对于创新具有积极意义。一种宽容、求新、敬业、求新与开放的城市文化氛围，是城市创新精神所必需的重要品质，它可以使得城市不断在经济与文化领域不断推陈出新，从而促进城市作为国际性大都市的兴起。

二 新形势下构建长三角协同创新区域的意义

长三角城市群以占全国2.6%的土地面积，聚居着全国13.1%的人口，创造了近五分20%的GDP和社会消费品零售总额，40%的进出口总额，是我国经济发展速度最快、经济总量规模最大的区域之一，同时也是充满创新活力、富有创新能力的集聚区，在全国经济发展和创新活动中占不可或缺的重要地位。长三角城市群以其良好的基础设施、发达的科技教育资源支撑和人才支持，加之日趋完善的投资环境，已成为国内外投资者、创业者关注的“热土”。

（一）长三角区域协同创新的现状与瓶颈

在长三角城市群之间，现已初步形成了以企业为主导、政府、科研院所、中介组织、金融机构等密切协作、联动发展的区域协同创新网络。区域协同创新网络有效地促进了知识、信息、技术、资本、设备等各类创新要素资源在长三角区域内的有效流动，促进城市之间的创新优势合作互补，推动区域产业体系不断完善，产业结构不断提升，整个区域创新发展格局的不断推进。

1. 园区共建，协同推动区域科技创新载体建设

“园区共建”有助于推动产业联动、转移和承接，能有效释放区域内“涌动”的产业动力，进而实现区域创新要素的优化配置，有效推动创新的产生、发展和扩散，促进区域协调发展，提高区域的整体竞争力。长三园区共建要以“创新合作、联动发展”为宗旨，倡议各共建园区要强化科技创新合作，协同发展，共同推进区域科技创新联动发展，推动整个城市群产业能级升级。通过技术转移，在向企业输送先进技术的同时，引导企业融入产业链之中，实现产业价值链的新组合，找到新的生存机会和发展出路。

据统计，沪苏浙皖参与合作共建园区已达200多个。从产业结构来看，苏浙皖三小合作共建园区多数以编织服装、机械制造、电子器械、化工医药、食品等产业为主，而上海多依托自身产业和园区优势，开发新能源、电子信息等

高新技术产业。[①] 在共建园区的实践中，上海充分发挥长三角龙头城市的作用，现已在苏浙等地建立了一系列合作园区和开发区分区，如漕河泾新兴技术开发区盐城分区（园区产业定位为新能源汽车及汽车零部件、新光源和新能源装备制造、生产性服务业和区域总部经济），影响力不断扩大。目前而言，长三角共建园区已成规模，但其产业协调刚起步，利益共享机制、合作机制，尤其是创新协同合作更有待提升。

2. 区域科技创新服务呈现系统化和网络化趋势

随着经济社会发展，区域协同创新成为共识。长三角各级政府高度重视，多举措、多领域，为创新的发展和转移转化营造宽松有序的制度环境，现已初步形成了政府、社团、技术经纪人等多方主导或协作的技术服务模式，区域内科技协同创新的服务体系呈现系统化、网络化发展趋势，进一步促进区域内科技创新要素资源的自由流动和合作。如长三角地区科技中介战略联盟（2004年成立）其主要职能是联合开展科技评估、科技咨询、创业孵化、技术交易转让、风险投资、科技人才共享、技术经纪人培训等中介服务，共同举办国内国际大型科技展览活动，通过创新协同来推动长三角区域创新体系建设。

为大力实施创新驱动发展战略，加快建设具有全球影响力的科技创新中心，推进上海长三角科技联合攻关领域科技进步，提升创新能力，实现经济社会可持续发展，上海发布“科技创新行动计划”长三角科技联合攻关领域项目，项目围绕区域协同创新，如区域协同公共服务体系关键技术研究（聚焦区域民生保障、公共安全等领域，打造区域协同公共服务体系，构建区域功能性服务平台，促进区域资源的融合与互补，为地区服务能级提升起到促进和支撑作用）、区域共性技术联合攻关及示范应用（聚焦长三角区域公共安全、民生保障与环境保护的共性关键技术开展联合攻关研究，并在长三角区域内形成示范应用。通过项目实施，对长三角地区协同发展起到积极的促进和支撑作用）等。

（二）构建协同创新区域是提高长三角一体化内在质量的必然要求

1. 协同创新区域的形成与发展是长三角经济转型的必然需要

改革开放以来，长三角经济发展取得了举世公认的成就，但长期形成的经

---

① 资料来源：http：//finance. eastmoney. com/news/1350，20140918425207132. html。

济结构不合理特别是产业结构升级缓慢问题依然存在，重复建设问题、产业结构趋问题、产业技术停留在低水平问题已经成为我国经济进一步发展越来越严重的制约因素。许多区域经济增长主要依靠政府投资和出口需求拉动，第二产业比重居高不下，第三产业发展较为缓慢和科技创新力不强是较为突出的问题。面对产业规模的扩大和日益激烈的市场竞争格局，只有加快转变经济发展方式，加快产业结构优化升级，构建以协同创新区域为主体的经济增长极，以创新形成错位竞争才能促进我国经济可持续发展。因此，转变我国区域经济发展方式，推进科技创新与综合创新的区域经济增长，加快建设协同创新区域，提高资源利用效率，对于推进我国经济转型具有重要意义。

通过协同创新区域的形成与发展，不断提高科技创新能力，完善综合创新体系，不断优化产业结构，消除结构性短缺或过剩，促进生产要素向效率更高的部门转移，提高技术密集型产业的比重，以信息、高新技术提高优化产业结构，是我国经济转型的重要途径。此外，在协同创新区域内，可以尝试在消化吸收国外先进技术后的创新集成，并使之能转化为拥有自主的知识产权、自己的创新队伍和自主开发的平台，真正提高我国区域经济的竞争力。

2. 协同创新区域的形成与发展是长三角区域产业结构升级的内在要求

目前，长三角经济正在进入向工业化纵深阶段推进阶段。虽然长三角城市群高技术产业和服务业正在不断发展，但是仍未取得完全主导地位，对周边区域的辐射作用并不明显。而现今很长一段时间内仍需保持制造业发展，维持经济发展的稳定性，同时又需要提升城市能级，向国际大都市方向发展，实现城市经济与社会可持续发展。

长三角城市的科技创新能力不足，产品技术含量较低，依赖于土地、资本和资源的加大投入，从而使产品技术受制于西方发达国家。区域经济要提升能级，要摆脱依赖于外国市场局面，需要大力加强科技创新能力，提高产品的国际竞争力，通过供给创造需求，使国际市场对本区域的经济产品形成刚性需求。制造业与服务业的进一步发展都需要提高科技创新能力，从中低端制造升级到高端制造，推进服务业升级，利用服务业渠道与周边区域形成分工与协作关系，并降低产业同构化程度，优化产业结构。

3. 协同创新区域的形成与发展是长三角城市群能级提升的需要

传统上国际上一般以城市对全球金融和生产资本的控制能力来决定大都市

的国际化等级和国际竞争力，拥有三大国际金融中心的伦敦、纽约和东京因此无可置疑地成为顶级的国际大都市。然而，随着经济全球化、一体化程度日益加深，世界经济发展呈现出明显的区域化特征，以创新为核心竞争力的创新区域、创新城市为世界经济发展的重要单元，成为一个国家、地区创新发展的有效载体。最近10多年来，创新能力成为区别城市群能级的重要依据，城市对技术创新的消化能力和引导能力、提供知识性产品和创新思维成为全球城市提升国际竞争力的着力点，协同创新区域也成为城市群内部的核心区域。

从世界五大城市群发展经验来看，城市群竞争力依赖于其内部的科技创新体系产生的科技创新能力，城市群内部的协同创新区域也是最重要的区域，成为带动城市群发展的增长极。世界城市的科技资源和科技产业优势明显，成为产生新思想、新技术的基地，并对其在国际城市体系中的等级有重要提升作用。20世纪90年代以来，世界各国际大都市都意识到科技创新在世界城市竞争体系的重要性，因而不断探索在以知识为基础的全球经济中的创新角色，推动协同创新区域建设。例如，纽约提出“智能化城市”战略，下曼哈顿地区成为政府积极促进高科技企业发展的核心地区，促进了高科技就业人员的增长速度明显快于其他任何经济部门。我国城市群要成为世界级的城市群，跻身于世界六大城市之列，必须大力发展区域创新体系，提高区域科技创新能力，才能增强我国城市群的国际竞争力，从而更好地服务于周边区域的经济与社会发展。

三　推进长三角区域协同创新的优先主题与重点任务

长三角首先应当不断在服务于技术创新与协同创新的体制机制实现对接，特别是创新技术的服务系统链接，建设区域科技公共服务平台，为科技创新创业提供信息交流、技术交易、企业孵化、人才流动、知识产权、投融资等配套服务。围绕区域科技成果转化重点，加快区域科技中介体系建设，着力优化区域科技创新创业环境，携手打造科技创新创业的适宜区。立足区域产业综合竞争优势，瞄准国际核心竞争力目标，围绕创新驱动产业发展，统筹规划长三角产业集群或产业园区。加强两省一市产业发展规划和政策的协调与统一，发挥市场配置资源的基础性作用，促进产业创新集群跨区域联动发展。支持企业联合科技攻关，真正建成以企业为主体、产学研结合的区域技术创新体系。选择并重点支持10～15家代表性区域创新集群，联合共建，利益共享，形成世界级创新基地。

（一）区域共性技术联合攻关

配合国家产业技术创新联盟试点，通过政府引导、资金共投、风险共担、利益共享的模式，在战略性新兴产业领域，以及具有比较优势的等产业领域，共建一批区域性产业技术创新联盟，联合建立面向区域的共性技术平台。面向区域产业发展需求，依托科研要素集聚的优势，结合重大工程建设和重大项目研发，以产业共性技术研究开发与示范应用为重点，共建产业共性技术研发载体，构建产业共性技术研发保障机制，为优化长三角产业结构和提升产业竞争力提供技术支撑。共建5～7个科技创新示范产业，实施6～10个科技创新示范工程，建设10～15个产业共性技术研发示范基地。

1. 大力实施区域科技联合攻关计划

前瞻研究区域经济、社会及生态环境发展科技问题，开展长三角区域技术预见及关键技术选择。聚焦区域性、公共性、互补性重大科技项目，加大长三角联合攻关计划项目投入，在电子信息、生物医药、新能源、物联网、海洋科技、节能环保等基础性研究和战略性新兴产业领域，以及石油化工、纺织服装、船舶、汽车、软件等具有比较优势的产业领域，突破一批区域共性技术。

2. 联合实施产业技术“二次创新”工程

突破重点产业技术依赖，以国家战略目标和区域共性需求为基础，围绕提高长三角区域的国际竞争力，充分利用两省一市的国际科技合作渠道，加强区域产业关键技术和共性技术引进、消化、吸收再创新方面的协同互动，围绕战略产品联合实施产业技术“二次创新”工程。选择3～7个产业技术依赖度高的重点产业进行引进技术再创新示范，力争在生物医药、电子信息、大型装备等产业实现技术自主和品牌自有。

3. 共建区域产业共性技术研发基地

启动建设长三角产业技术研究院。联合开展长三角科技合作创新示范基地认定。引导区域内的高等院校、科研院所以及国家重点实验室、工程研究中心等相互开放。配合国家产业技术创新联盟试点，采取政府引导、共同投入、风险共担、成果共享的方式，在战略性新兴产业领域，以及具有比较优势的等产业领域，共建一批区域性产业技术创新联盟。围绕区域战略产业、支柱产业、新兴产业和重点产业，鼓励各类研发机构与企业紧密合作，联合建立面向区域的共性技术平台。

（二）区域科技产业联动发展

要立足于长三角产业综合竞争优势，围绕创新驱动产业发展，统筹规划长三角产业集群或产业园区。加强两省一市产业发展规划和政策的协调与统一，发挥市场配置资源的基础性作用，促进产业创新集群跨区域联动发展。支持企业联合科技攻关，真正建成以企业为主体、产学研结合的区域技术创新体系。选择并重点支持10～15家代表性区域创新集群，联合共建，利益共享，形成世界级创新基地。

1. 联合实施创新型企业培育工程

以国家创新型试点企业、国家级企业技术中心企业为骨干，联合实施区域创新型企业培育工程，大幅提升企业技术创新能力，努力培育一批掌握自主知识产权的骨干企业，具有自主知识产权的战略产品。联合开展长三角科技创新型企业评选活动。

2. 联合培育区域产业创新集群

以培育产业创新龙头企业或企业集团为核心，从支柱产业出发，引领产业集群的技术创新能力提升，促使产业集群向创新集群演变。重点建设钢铁、汽车、船舶、电子信息、生物医药、纺织服装、软件产业集群。以上海虹桥交通枢纽建设为契机，联合培育长三角科技服务业创新集群。打造大飞机、新能源、光伏、风电、传感器等新兴区域性创新集群。

3. 加快区域产业技术转移基地建设

根据区域产业发展规划，合理部署和加快区域产业技术转移，统筹协调中心城区产业转移与产业转化的关系，优化区域产业结构，共同支持上海现代服务业基地、江苏沿海经济带建设、浙江民营科技产业发展，安徽皖江城市带的建设。引导和促进中国科学院、中国工程院及有关部委科研机构在长三角地区的重点投入和深度合作，建立技术转移基地，融入长三角区域创新体系。健全区域高新技术产业化组织体系，加快科技创新成果的产业化及示范应用，探索科技成果产业化商业新模式。

4. 促进高新区跨区联动发展

允许和支持国家级高新区跨区域建立“飞地式”分区，可联合选择3～5个高新技术产业开发区作为科技创新示范园区，立足自身优势，发挥特色充分吸收人才、资金、成果等创新资源，加快联动融合，促进区域资源市场整合和联动发展。鼓励“园区共建”，通过开发区与开发区、园区与园区的结对共建，采取并购、参股控股等方式，共享园区先进品牌、管理和先进理念，推动高新技术产业开发区“二次创业”，共同推动长三角产业结构优化升级。此外，在跨区联动发展中，要着重于进一步完善支持创新创业和中小企业发展的金融资本、技术及管理服务体系。

（三）区域创新服务系统链接

建设区域科技公共服务平台，促进服务链与创新链的对接，为科技创新创业提供信息交流、技术交易、企业孵化、人才流动、知识产权、投融资等配套服务。围绕区域科技成果转化重点，加快区域科技中介体系建设，着力优化区域科技创新创业环境，携手打造科技创新创业的适宜区。

1. 共建科技公共服务平台

争取国家支持，强化分工协作，有序推进区域科技公共服务平台建设，着力完善平台的服务功能和标准制订，打造一体化、高效共享的区域科技公共服务平台网络体系。如进一步提高长三角大型科学仪器协作共用网、网上技术成果交易平台、纺织产业、集成电路、船舶制造创新服务平台等的服务能力。同时，要集中建设一批工业研发设计平台，服务于工业的升级，提升工业竞争力。

2. 构建长三角科技中介联盟

积极建设区域一体化科技中介服务机构，切实提高科技中介服务质量，为长三角科技合作与协同创新提供融资、产权交易、评估和保险等多层次、宽领域、全方位的服务。大力推进区域性行业协会、学会建设，积极争取全国性、协会、学会、研究会等落户长三角。促进“两省一市”各类科技中介服务机构的交流合作，形成市场化、专业化、一体化的创新创业服务网络。联合建设长三角科技创新创业信息服务中心。

3. 加快发展区域科技金融

强化金融对科技创新创业的支持力度。选择科技和金融资源相对集中的城市和高新技术区，在创业风险投资、科技贷款、多层次资本市场建设、科技保险、知识产权质押、信用担保、企业债券等领域推动科技金融创新的综合试点。推行跨行政区开设账户、存贷款等相关金融服务，鼓励跨省区开展科技风险投资活动，鼓励国外风险基金和其他各类经济成分参与创业风险投资事业。探索民间资本发起的区域型创业投资机制，增加对区域内中小型高科技企业的金融供给。探索共建长三角科技开发银行。发行“长三角科技合作奖券”。

（四）区域科技惠民示范引领

长三角依托现有基础，围绕提高人民生活质量和健康水平，将科技创新成果应用到各个方面。在生态环保、节能减排、公共安全、城镇规划建设、文化体育等民生科技重点领域上，加强联合攻关和适用技术成果推广，把长三角建设成为科技惠及民生的，区域民生科技水平居于全国领先地位。

1. 构筑市民科学生活保障体系

推进世博科技成果示范应用，编制实施后世博科技成果区域应用方案，切实加大世博科技成果的转化力度及在长三角区域乃至全国的示范应用。围绕健康、安全、便捷生活，加强计划生育与重大疾病防治，创新药物与医疗器械、生物技术等方面的科技工作。加快区域交通一体化进程，构建多种交通方式相互配套、相互协调、快速便捷的立体化、网络化的区域综合交通体系。加强新能源汽车、平板显示、3TNET、智能交通卡、智能医保卡等示范应用。联合开展科普宣传交流活动，提高公民科学素质，培育区域合作创新氛围。

2. 联合开展区域流域治理

深入开展长三角水环境调查，联合研究开发清洁生产工艺和技术，联合制定水污染物总量控制制度和标准，重点治理长江、太湖、钱塘江和城市的水污染，控制河流有机污染与湖泊富营养化，严格控制工业污染。重点做好区域水资源保护与水生态修复、区域环境监测技术、近海水域污染控制与赤潮爆发预警预防等工作。

3. 协调发展区域低碳经济

针对重点区域、重点行业、重点企业，探索建立低碳企业创新规划，联合发展节能减排、清洁生产、绿色环保、能效评估等技术和产品，联合研究制定低碳企业产品优胜劣汰标准和单位 GDP 能耗指标、协同建设长三角“绿色产品”试验场和投放地，探索低能耗、低污染、低排放为基础的创新型经济模式。实施长三角低碳企业创新示范工程，联合建设环太湖、临港低碳经济试验区等。

（五）区域创新政策先行先试

联合推进科技体制改革和政策创新，积极争取国家科技体制改革有关举措和政策规定在长三角区域先行先试，发挥长三角作为我国改革开放桥头堡的作用，为全国区域科技合作体制机制和政策创新提供经验和示范。健全区域合作机制，形成一批区域科技政策，优化创新软环境，促进技术创新过程在整个区域层面的合理配置。建设 50～60 个科技创新政策示范点。

1. 探索协同创新区域制度安排

建构区域创新系统模型，加强协同创新区域战略研究，统筹协调政府与市场，中心城市与城市群、开放创新与科技创新等区域创新力量，实现系统耦合和均衡配置。科学界定区域内各级政府在科技创新方面的财权和事权，探索建立与科技创新相适应的创新管理体制，建立与区域创新体系相适应的行政管理与法律框架。在国家有关部委统一指导下，联合制定《长三角科技创新管理条例》《长三角科技合作指导意见》，在区域性法律条例和行政法规方面进行探索。

2. 实施区域协同创新管理

强化国家相关部委与长三角两省一市之间的沟通、联动与合作，依托现有的部省（市）科技合作机制，在区域性政策法规制定、联合攻关和协商机制建设方面，探索建立定期的部－区会商机制，制定部—区联合研究计划。改革地方政府绩效考核办法，研究制定区域科技合作指标，并将其作为两省一市领导干部考核指标。探索建立国有企业及国有企业负责人科技创新责任评价及考核。推动两省一市现有各类国家级试验区等改革试点联动发展，形成区域协同效应。

3. 促进科技创新政策突破

根据科技创新政策需求和特点，研究探索区域一体化进程中的政策推进路线图。研究地方和区域落实国家科技创新政策的影响因素，选择国家支持科技创新60条政策中的若干条关键政策，评价政策效果，探索落实路径。围绕科技政策制定、实施、协调中的难题，重点在跨国公司研发中心政策、产学研合作政策、招商引资政策，提高创新质量与效率政策，人才流动政策、科技金融财税金融政策、科技创新产品联合采购和首购政策等方面取得突破，在提高政策的知晓度、便捷度与兑现度等方面取得进展。

4. 建构区域一体化创新政策

梳理各省市区域科技政策，简化审批事项，逐步取消限制条款，促进现有科技创新政策的协调对接，形成统一的税收、土地、金融、人才政策，促进资源无障碍流动。建立健全区域科技创新政策体系，推动产业政策、金融政策和科技政策融合，在联合制定、共同实施区域科技创新政策方面取得突破。推进区域创新体系与地方、国家、国际创新体系融合，使长三角区域创新体系成为国际创新体系重要一极。

5. 加强区域创新人才队伍建设

联合培养优秀人才，促进人才跨地区交流，更好地吸引和使用海内外科技创新人才。通过政府购买培训成果、制定专项计划、定期发布重点领域和行业人才开发目录等方式，加快培养高技能人才和工程化人才。启动长三角科技专家库建设，促进两省一市科技专家库共享共用。共建长三角科技人才网，定期发布人才需求、供给信息和高新技术人才目录。

四　推进长三角区域协同创新的体系架构与政策建议

（一）推进长三角区域协调创新的体制与机制设计

在长三角协同创新区域发展之中，围绕区域创新体系建设的资源整合与共享的要求，根据长三角跨地区合作较为困难的现状，可以考虑通过建立跨区域的行业协会，以市场机制来推动政策一体化的进程；可以考虑在中央政府的统一协调，建立省际与市际的协调机制。在政府的主导下，按照创新体系建设的要求，建立若干与创新活动有关的跨区域的行业协会，以此为区域政策协调新的平台与政策一体化的实验地。现有长三角许多区域创新体系的组织协调者是以科技系统为主的，如长江三角洲的协调会议，但是，由于作为创新体系建设必然要涉及人才、资金以及中介机构等纵横与条块分割开来的政府机构，需要制度与体制的统一与协调。例如，区域创新政策的协调，不仅需要除科技政策以外的其他政策的协调，也需要除了科技部门以外的其他部门参与拟定相关的政策。这就需要制度与机制的创新，推动区域一体化发展。

长三角两省一市联合推进科技体制改革和政策创新，积极争取国家科技体制改革有关举措和政策规定在长三角区域先行先试，健全区域合作机制，形成一批区域科技政策，优化创新软环境，促进技术创新过程在整个区域层面的合理配置。科学界定区域内各级政府在科技创新方面的财权和事权，探索建立与科技创新相适应的创新管理体制，建立与区域创新体系相适应的行政管理与法律框架。在国家有关部委统一指导下，联合制定《长三角区域协同创新与科技创新管理条例》《长三角科技合作指导意见》，在区域性法律条例和行政法规方面进行探索。

成立长三角科技创新综合试验建设领导小组，领导小组由国务院、科技部和两省一市人民政府组成。充分发挥长三角区域创新体系建设联席会议及其办公室的作用，进一步完善政府引导、企业主体、市场运作、社会参与的合作交流工作机制。争取发改委、财政局、地税局等有关职能部门的大力支持，做好建设与国家、区域、省市科技、经济、社会发展规划相衔接。

（二）长三角推进区域协同创新的政策建议

从政策层面来看，创新型区域的政策环境包括人才政策、金融政策、产业政策、财政政策以及税收政策，并形成了多层次、全方位的保护和激励科技创新的政策法规体系。它是政府提供创新型区域特殊的政策，它对于吸引人才参与创新，保护创新成果具有重要作用。例如，人才引进、创新投入、资源共享、知识产权保护、税收激励和产业扶持都是国外创新型区域经常采用的政策措施，许多促进创新的政策以立法的形式确定下来。此外，补贴与贷款特别低利率贷款也是发达国家创新型区域经常采用的政策。这对于促进科技成果转化、提高企业科技创新能力具有积极作用。

科技型与创新型企业在成长期特别是初期阶段，存在着企业积累少，市场竞争能力不强，抗风险能力弱以及人才短缺等问题，迫切需要其所在的区域给予财政补贴、融资支持、产业扶持以及社会服务方面提供服务，才能使企业渡过创业阶段的艰难时期，从而推动不断提高创新能力，最终实现生存与发展。在企业初创阶段，创新型企业依靠本身积累来获得科技创新和企业发展所需要的资金是比较困难和缓慢的，所以必须有外部条件的支持。国外发达国家在国家层面和区域层面都有科技型与创新型企业的激励政策有财政扶持、金融支持、税收优惠、产业扶持以及社会化服务支持等方面。这些政策形成体系，对创新型企业形成立体性的支持，创造了创新型与科技型生存与发展的土壤与环境，推动了创新型区域的产生与发展。

此外，需要明确国家部委对长三角的政策倾斜、项目投放及鼓励先试先行的具体内容，明确两省一市的配套政策、项目支持和推进措施，抓紧制定各有关部门实施细则和配套措施，认真落实各项政策。

（三）提高长三角区域协同创新的产业运作

积极争取国家部委支持，“两省一市”联合投入，鼓励“两省一市”相互开放科技计划，优先支持高校、科研院所和企业跨区域申报科技项目。争取长三角联合攻关项目经费达到各省市年度科技预算经费的5%以上，加大对区域科技合作项目的支持力度。

定期检查通报和评估考核试验建设的各项工作。建立区域创新统计调查制度和监测指标体系，对长三角区域创新体系建设进行跟踪监测。制定长三角科技合作绩效评估办法，切实抓好重大科技合作项目、重大科技活动和联合共建创新载体的绩效评估。联合设立长三角科技合作奖，对科技创新工作和科技合作效益较好的单位和个人给予表彰。集成社会各方智慧，形成试验建设的共识和合力。

制定分期建设，分步推进的实施方案，落实申请批准、正式实施、全面推进、总结提升各阶段的路线图和时间表。明确示范责任和要求，根据示范内容的纵向关联性和横向协同性，以及示范主体的多元性和能动性，中央政府及两省一市政府主要承担跨行政区创新管理建设示范。战略产业及骨干企业主要承担产业科技创新示范。高新技术开发区及创新集群主要承担科技创业及成果转化示范。科技创新示范城市、示范企业主要承担若干科技创新政策示范。

参考文献

李万：《下好科技创新“先手棋”》，《东方早报》2014 年 8 月 26 日第 5 版。

万晓琼：《区域创新体系建设刍议》，《中州学刊》2010 年第 9 期。

谢吉亮：《长三角区域中小企业技术创新能力评价与发展对策》，南京航空航天大学硕士学位论文，2012 年 3 月。

彭灿：《长三角地区中小企业技术创新能力研究：问题与对策》，《科技与经济》2012 年第 8 期。

张仁开：《“十二五”时期推进长三角区域创新体系建设的思考》，《科学发展》2012 年第 9 期。

李伟、董玉鹏：《长三角区域集群创新中科研成果转化的政府导向与协同效应》，《中国发展》2013 年第 8 期。

邓剑雄：《论区域创新活力与区域创新系统优化》，《社会科学家》2011 年第 4 期。

郭建科等：《城市创新空间网络研究》，《生产力研究》2012 年第 8 期。

吕拉昌、李勇：《基于城市创新新职能的中国创新城市空间体系》，《地理学报》2010 年第 2 期。

B.21

浙江网上技术市场提升发展面临的挑战及应对举措

李东华*

摘　要：浙江网上技术市场经过十几年的探索和实践，有效集聚创新要素，成为浙江省科技成果转移转化的主要渠道。在新常态下，网上技术市场发展面临难得的机遇，同时也有巨大的挑战。本文分析了浙江网上技术市场的特点，提出了浙江网上技术市场提升发展的路径与举措。

关键词：浙江　网络技术市场　发展

浙江网上技术市场经过十几年的探索和实践，有效集聚创新要素，成为我省科技成果转移转化的主要渠道。随着经济新常态下创新驱动发展战略的全面实施，特别是时隔19年，《促进科技成果转化法》迎来大刀阔斧的修正，浙江网上技术市场将在新时期继续承载起促进科技资源的合理配置和有效流动，加快科技成果转化，加强企业与科技、金融双对接，有效解决科技经济“两张皮”问题的重要使命。而大数据、云计算、物联网、电子商务、互联网金融等新兴技术的迅猛发展和广泛应用，为浙江网上技术市场提升发展提供难得的机遇。

一　当前浙江网上技术市场的特点

2002年，中国浙江网上技术市场首次把现代信息网络技术引入技术市场，

* 李东华，浙江省社会科学院产业经济研究所，研究员。

改变了延续30多年的传统技术市场技术交易的流程和方式。作为我国网络技术交易平台的首创，浙江网上技术市场凭借高效的技术交易效率、更低的交易成本、更广阔的交易时空延拓性以及更公平的市场机会等优点，在技术交易平台建设、科技成果产业化各个环节进行了积极的探索和创新，形成了独具特色的服务模式。概括起来，主要解决了三个问题：一是技术成果转化的渠道，二是技术交易的平台，三是技术信息交互的路径。具体特点有：

（一）技术交易规模不断增加

从无到有、从小到大，浙江网上技术市场目前总体规模和各项指标均保持全国第一。截至2015年1月，浙江网上技术市场网站点击率达到1330万人次，9.63万家在线企业累计发布技术难题72671项，高校、科研院所和中介机构发布技术成果信息15.72万项；签约项目3.23万项，技术合同成交额309.29亿元；专业市场累计签约合同2936项，成交额11.3亿元。[①]

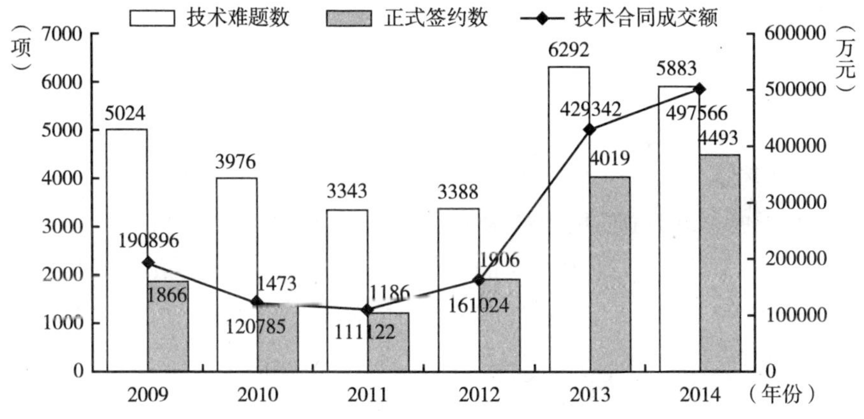

图1　浙江网上技术市场技术成果交易变化

（二）供需对接成效明显

数据显示，在2006年以前，浙江网上技术市场成果签约数和合同成交额

① 数据来自浙江网上技术市场信息统计汇总表。

都维持相对较快增长，技术签约数每年增长约3400项，技术合同成交额每年增长约30亿元，而到2009～2011年间，技术交易件数和成交额均呈现下降趋势，正式签约的技术成果项目占技术难题数的比率仅约35%。但是不遗余力的改革创新，有效推动了浙江网上技术市场科技成果对接率，正式签约技术成果占技术难题数的比率从2011年的35.5%逐步提高到2014年的76.4%，说明已经有超过3/4的技术难题通过网上技术市场得到了解决，每笔签约项目成交金额也从2011年的93.7万元增加到2014年的110.7万元。

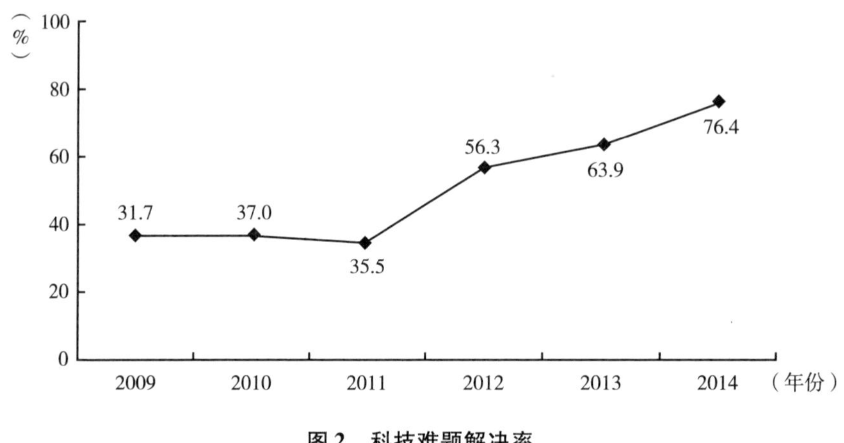

图2　科技难题解决率

与此同时，借助浙江网上技术市场的辐射，全省技术市场技术交易额从2002年的83亿元增长到2013年的224.8亿元，吸纳技术的成交额也快速增长，尤其在2011～2013年间浙江市场吸纳技术成交额就增长了50%。①

（三）市场体系逐渐完善

依托互联网技术，浙江网上技术市场建立了由浙江省网上技术市场管理中心、11个市级市场、94个县（市、区）分市场和29个专业市场构成的组织体系架构，形成了覆盖全省、联系全国的信息网络系统，汇集了企业技术难题、高校与科研院所科技成果、人才需求信息、中介服务机构信息、科技政策、科技项目招投标等海量信息，前向推动几万多家高校、科研院所和中介机构形成

① 数据来自国家统计局、科学技术部：《中国科技统计年鉴2014》。

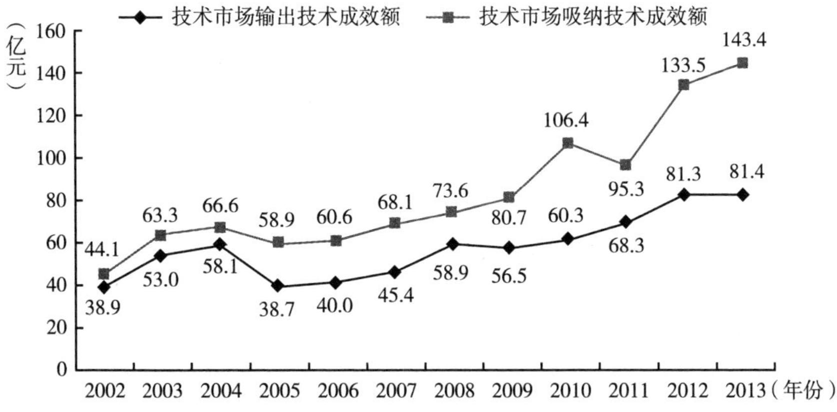

图3　浙江技术市场成交额变化

强大的技术供应市场和技术中介服务市场，后向通过降低技术供求双方交易的分担成本，提高科技成果交易成功率，解决众多中小企业旺盛的技术需求。同时，浙江网上技术市场充分挖掘网络的最大潜力，搭建结构合理、便于检索和交易的专家库和技术中介库，不仅上万名专家可以及时、高效地帮助企业解决技术难题，而且技术市场中介库可以消除行业和地区壁垒，为企业在技术转移过程中遇到的问题，提供法律咨询、技术咨询、技术评估、知识产权评定、合同签约等增值服务。

而作为科研成果的重要产出形式，科技报告制度的引入，则有助于浙江网上技术市场科技资源的开放共享，提高科技投入的使用绩效，实现科技资源持续积累。企业通过科技报告公布的研究进展和结果从源头找技术、从实验室找项目，缩短了科研项目得到企业认可、投资，转化的速度和周期。目前已有2000余项国家、省级财政支持的科研项目提交了科技报告，向企业和社会公开技术内容以及实施情况。

（四）服务功能创新日趋普遍

继推出“863”计划成果与民营企业对接活动、与中科院联合实施“432”计划、与台湾中华两岸科技交流促进会合作等多种形式的科技对接专项活动之后，2012年，浙江网上技术市场创新性地推行了科技成果竞价（拍卖）会，让科技成果竞价交易真正实现“发现价值、实现价值、选择投资人”的功能，

不仅实现了科技成果价值最大化，而且有效避免了科研成果在转让洽谈过程中存在的技术泄露风险和法律风险。截至目前，浙江已经连续3年开展科技成果竞价（拍卖），共有450项科技成果成功竞价拍卖、1000多家企业参加，总成交额6.93亿元。从2012年、2013年竞价拍卖的192项科技成果情况看，60项成果已成功实现了产业化，新增销售12.44亿元、新增利税2.32亿元。而在2014年春季科技成果竞价拍卖会上，81项成果成功拍卖，成交额1.2亿元；秋季科技成果竞价拍卖会上，177项成果成功拍卖，成交额3.49亿元。浙江网上技术市场这种网上网下结合的科技成果交易方式，不仅成功地打造出了巨大交易量的技术市场，更为突出的是除高校、科研院所外，高新区及科技型企业的新技术、新产品和新装备也进入市场进行展示交易。

另外，鉴于科技成果交易比一般商品交易相对复杂和多样化的特点，把线下延伸作为浙江网上技术市场的有效补充。2014年12月，筹备已久的浙江科技大市场在杭州滨江区正式开业，这个面积2万~3万平方米的实体市场由政府免费为企业提供办公场所，先后引来35家技术中介机构入驻，服务内容涉及投融资、技术评估、法律咨询、知识产权等多个领域，为技术交易双方能够面对面地进行接触、询价，有机构提供主动性一站式服务奠定了基础。除此之外，浙江科技大市场还提供可以让卖方进行成果演示、买方进行实体感受的固定场所，具有展示、洽谈等多种服务功能，为技术交易双方提供更多的交流和共享平台，解决了企业很难仅靠网上信息交流平台获得需要的关键技术信息，高校、科研院所也很了解和鉴别企业真正的技术需求等技术转移转让中的信息不对称问题，从而突破了网上网下、技术交易与产品交易相结合，技术要素与人才、资本等其他创新要素的相结合问题。

（五）运营主体市场化改革加快

随着浙江经济进程的深入和外部环境的变化加快，浙江网上技术市场赖以支撑的政府主导的运营管理模式越来越不适应复杂多变的现代技术要素市场竞争格局。为了更好地贯彻浙江网上技术市场从建设初始就确立的以企业技术需求拉动技术供给，以技术买方市场带动技术卖方市场的理念，更好地服务于我省经济社会发展需求，组建浙江伍一技术股份有限公司（由省科技信息研究院、浙江科技发展投资有限公司、中新力合、华数传媒、阿里巴巴、浙大网新、杭州科畅科技咨询有限公司等8家股东单位组成），大胆进行浙江网上技术市场市场化管理创新，使政府推动与市场化运行改革取得初见成效。

总结起来，相对成熟的网络化运行机制、较高的市场化程度以及旺盛的技术需求是浙江网上技术市场得以创建并获得快速发展的重要因素，也正是这些因素促使浙江网上技术市场在技术转移和科技成果产业化过程中发挥服务示范引领作用。

二　网上技术市场发展新趋势及挑战

随着全球市场竞争日趋激烈，技术交易的重要性更为凸显，加上资本市场管制放松以及资本流动的自由化使得交易市场的竞争程度加深，技术市场发展以及技术转移呈现出逐渐上升为国家战略的趋势。特别是网上技术市场的服务国际化、专业化和精细化的新特点日趋显著，除利用互联网无边界的特性，利用实体技术交易中心的服务外，还在专业交易配套服务、国际合作等运作方式上，甚至在伴随技术交易衍生的周边专业服务等方面展现出新的格局。

（一）网上技术市场发展的新趋势

网上技术市场于20世纪90年代初美国创建以来，在主要发达国家获得了迅速的发展。其中，由于美国在全世界B2B电子商务和信息服务方面所处的领先地位，不仅诞生了世界上最早的网上技术市场，也使得美国的网上技术市场发展成为典型。美国拥有国家技术转移中心（NTTC）、全球首家技术交易电子商务公司——美国创励（InnoCentive）、网上知识产权交易公司（yet2.com）、国家技术转移公司（UTEK）、UVenture、TechEx、Pharma - Transfer（PT）等众多领先的网上技术市场。欧洲的网上技术市场主要集中在德国和英国，比较著名的有德国研究与教育部创立的Innovation Market，德国史太白促进经济基金会（STW）、英国技术集团（BTG）等。亚太地区则以日本为代表，日本最大的两个技术交易中心——日本产业规划中心（JILC）和日本产业技术综合研究所（AIST），JILC在2003年建立的e-technomart就是一个完全意义上的虚拟交易市场。

国外的网上技术市场多数由20世纪70～80年代的联机科技信息服务市场

转化而来，也有部分由传统技术转移机构或科研机构开展网上业务发展而来。20 世纪 90 年代，随着互联网商业化应用的广泛出现，网上技术交易不仅逐渐成为发达国家电子商务中的重要内容，而且其运营主体日趋多元化，政府、企业、研发机构、网络内容服务商（ICP）等纷纷介入网上技术交易市场，构成了一个较为完整的网上技术市场体系。当前，在全球经济深度调整和创新全球化时代，网上技术市场发展呈现出新的趋势和动向：

1. 技术转移国际化趋势加快

技术转移发展到一定阶段必定是全球化行为，尤其已进入开放式创新、创新全球化的阶段，技术来源和技术转移范围国际化趋势及各国的技术标准趋向一致现象日益凸显。网上技术市场成为全球技术转移的一个结点和驿站，技术转移运营方式进一步多样化，技术转让与国际经济合作的融合和渗透加深，技术拥有者不光从事单纯技术交易，而开始涉入产业贸易或技术入股，并在投入技术产业产生效益后享有技术分红的现象越来越普遍化。

2. 技术经营成为技术转移的主要形式

随着创新全球化和技术交易规模的日益增大，技术交易风险也与日俱增，技术经营是科技成果产业化和市场化发展到一定阶段的必然产物，其目的在于通过引入协同创新和专利集中战略等途径降低技术转移风险，而且通过有意识的技术经营行为，帮助企业提升价值、增加利润，为技术市场谋取赢利空间。技术经营这一新现象和新趋势主要以跨国公司为载体，逐步形成全球技术战略、技术转移、技术产业化、技术人才培养一体化的网络结构。目前约 3.5 万家跨国公司及 17 万家子公司控制着全球约 80% 的新技术、新工艺，70% 的技术转让通过跨国公司完成，极大地促进了国与国之间的联合创新，有力推动了国际技术转移与技术扩散进程。①

3. 技术银行兴起

随着技术经营日益成熟和普遍化，从事发明和专利等成果交易的技术银行兴起。技术银行实际上就是发明、专利等技术成果的集中经营，它聚焦于发明、专利这个细分市场，通过专利授权、创建新公司、建立合资企业以及发展合作伙伴关系等多种方式来促进科技成果商业化。韩国、日本和中国台湾都有

---

① 董丽丽、张耘：《国际技术转移新趋势下中国的战略研究》，《中国市场》2013 年第 7 期。

比较成功的经验，尤其是台湾的做法很有特色。台湾根据中小企业多，几乎每个行业都成立了一个知识产权经营公司，买了很多企业必需的国外专利，当中小企业遇到和国外企业的知识产权纠纷时，就把这些知识产权转卖或租借给打官司的企业，帮助企业取得法律地位，赢取诉讼官司。近年来兴起的美国高智发明公司目前拥有 3 万 ~6 万个专利，而专利投资公司中的典型阿卡西亚研究公司 2010 年累计专利授权近千次，仅其中的 31 项专利授权费就超过 13 亿美元。

4. 大企业通过技术转移扶持创新型中小企业

即成熟的大企业通过对拥有领先技术的策略伙伴——创新型中小企业提供研发资金、成果产业化资金，提高中小企业竞争力的同时，共享其创新成果。这也是技术市场领域的“众筹”模式，“众筹”对中小企业来说是解决融资难问题的一个行之有效的商业模式。“众筹”的出现，使得资本形成进入了网上技术市场，技术供需双方能够直接接触，在创业方面起到了不可替代的作用。如韩国三星电子、浦项制铁都聚集了不少的创新型中小企业，并签订共享创新成果的协议。据悉，韩国两家大企业对中小企业的研发经费投入已分别达到了 43 家 305 亿韩元和 384 家 172 亿韩元。2013 年，三星电子就选择了 4 家创意中小企业，承担其研发经费的 70%。

（二）浙江网上技术市场面临的挑战

随着国际网上技术市场的不断创新发展，以及全社会对创新驱动发展的意识不断增强，浙江网上技术市场改革发展也面临多重挑战。

1. 技术信息的质量有待提高

网上技术市场发展必须以技术信息资源建设为基础。浙江网上技术市场建立技术信息数据库，采用技术信息“共建共享模式”，并通过网上技术市场这一信息平台，对各地区的技术、政策、资源以及商贸信息进行加工和整理，为加快科技成果转化和产业化起到良好的激励和推动作用。然而由于在技术信息总量不足、行业技术密度不高、信息功能及数据库设计上仍显简单，难以满足不同用户需求，而且互联网安全机制不完善、网上诚信监督体系不健全等因素，导致对发布的信息无法做到严格把关，不能保证网上技术数据的质量，进而不同程度影响网上技术市场的权威性和影响力。尤其是技术信息的开发与利用这一国外网上技术市场信息资源管理中最为突出的优势，是目前浙江网上技

术市场还最为欠缺的。

2. 市场化运营主体能力有待提高

浙江伍一技术股份有限公司的组建是浙江网上技术市场发展由政府出资免费上网交易的非营利模式向市场化运营模式转变的一种尝试，标志着浙江网上技术市场进入一个新的发展阶段。但成立一个公司只是创造网上技术市场科技成果转化市场化主体的手段。在技术转移国际化趋势加剧、市场运营主体跨国化背景下，对浙江网上技术市场运营主体的期许会越来越高。对于政府决策部门和市场运营主体来说，稳定可靠的技术信息、专业的技术分析、及时的技术评估至关重要，但更为重要的是市场运营主体对改革创新的判断力和应变能力。

3. 技术中介体系有待进一步完善

从国内外网上技术市场发展成功经验看，高素质技术中介服务是科技成果产业化的重要媒介，在技术转移过程中起着十分重要的作用。浙江的技术中介虽然在规模和数量上有所增加，但仍然存在体制不顺、专业人才缺乏等问题。首先在体制上，技术中介机构大都属于政府部门或国企、高校、研究院所条块分割、资源分散，缺乏与市场的有效衔接，阻碍了中介机构的市场化、专业化和品牌化发展。而高端复合型人才的缺乏，直接影响技术中介服务职能的开展。如表 1 所示，浙江的技术中介服务还以技术信息发布、科技咨询、科技培训为主，难以承担起技术成果转移中应该提供的技术评价、技术融资、市场调查等增值服务功能。而由此引发的对技术中介的不确定性、不信任和信息不对称，使得小规模技术中介机构更加难以展开服务。在政府政策法规方面也缺乏有效扶持，《合同法》《科技成果转化法》等技术转移相关法规政策中都没有给予技术中介足够的支持，国外技术中介能够获得的风险资本、大型投资银行、大型尖端技术企业的稳定的资金支援非常少，从而无法有效降低在技术转移初期阶段的风险。

4. 竞争优势有待重塑

除了国际技术市场全球化、经营化趋势造成的影响外，如中国技术交易所、北方技术交易市场、西安科技大市场、科易网等省外同质技术市场，在自主经营、中介机构及技术经纪队伍等方面不断探索和突破，尤其是火星 863 网站、科易网、佰腾网、中国应用技术网等企业化运作的营利性网上技术市场的

表 1　浙江省科技中介机构提供的主要服务内容

序号	服务内容	提供此服务的中介机构占被调查总数的百分比(%)
1	科技咨询	78.82
2	科技培训、推广服务	62.35
3	科技信息查询	56.47
4	技术交易服务	52.94
5	科技项目引进	40.00
6	科技信息采编发布交流	36.47
7	科技创业服务	31.76
8	科技项目招标	22.35
9	专利申报接洽代理	20.00
10	人才开发与交流	16.47
11	技术合同登记	15.29
12	风险投资服务	4.71
13	科技资产评估	2.35

资料来源：浙江科技信息网，http：//xinxi. scieco/article. html，“浙江省科技中介服务机构调查分析”。

创建和迅速发展，使得浙江网上技术市场优势不断地被侵蚀，给浙江网上技术市场现有运营模式带来深远冲击和影响。巨大成交量、成交额仍然是浙江网上技术市场的亮点，然而，与其他省市相比，浙江网上技术市场的竞争力和影响力正在逐渐丧失。

三　浙江网上技术市场提升发展的路径与举措

浙江网上技术市场的进一步创新发展，不仅要抓住国家新的《促进科技成果转化法》修订机遇，[①] 更要顺应当下浙江充满活力的“大众创业、万众创新”的局面，并充分运用浙江拥有的全国最大的 B2B 跨境电商平台、全国最大的 B2C 交易出口平台、全国最大的网络支付平台。网上技术市场改革创新

① 《促进科技成果转化法》修正草案在科技成果的信息发布、引导和激励转化、强化产学研结合和提高转化服务等方面做了重要的修改，能有效解决当前科技成果转化过程中的一些制度障碍。

的核心是要构建一个更加开放的科技成果转移转化平台，提供更加完善的增值服务，关键的目标是加快科技成果转化，推动经济社会发展。具体路径及举措，提出如下建议。

（一）确定合适的市场服务模式

如果网上技术市场功能仅仅是提供技术交易通道的话，其发展充其量是量和粗放型扩张，是不可持续的。对于浙江网上技术市场未来发展来说，关键因素是服务：它提供的服务不仅仅是能够完成技术交易，更多的应该是提供给企业一种讯息或咨询，让企业可以了解选择什么样的技术项目，了解宏观经济形势，了解不同行业的变化周期。

（二）充实线下资源和服务，重构浙江网上技术市场的核心优势

网上技术市场的在线转移效率、便利性和市场敏感度当然很重要，但其核心竞争力仍在于拥有的线下资源和服务。说到底互联网是一个通道、一种工具，光有发达的网络技术、海量的网上技术供需信息远远不够，如果没有线下资源的支撑，线上的优势可以“一键转移”。因此，浙江网上技术市场提升发展要充分利用我省当下努力营造的创新生态系统，和“众创空间”的如贝壳社、西湖创客汇、B 座 12 楼、乐创会、搜钱网、洋葱胶囊等众多新型创业服务机构建立合作网络，在此基础上，吸引浙江众多“创客”加入浙江网上技术市场的服务网站，作为技术提供者，扩大今后筛选技术的空间。众所周知，最新的技术往往诞生于小微科技型企业，而能把它最终产业化的一般是大型公司。浙江网上技术市场就是要做好两者之间的桥梁作用，形成自己的竞争优势。

（三）确定合适的技术中介服务路线

据浙江省政府于 2013 年发布的《培育技术市场和促进技术成果交易专项行动五年计划（2013 ~2017 年）》，到 2017 年浙江新培育重点技术中介服务机构将达到 1200 家以上，培养具有专业知识的技术经纪人达到 5000 名以上。对这些技术中介机构，我们可借鉴国外的模式，按政府支持、非营利和商业营利机构等不同类别，形成政府、公共和民间等多层次的中介机构体系，并且通过

各中介机构之间共享技术信息，方便技术需求搜索，同时对现有大量科技中介机构进行明确定位，加强专业化导向。发展技术中介，关键应从技术中介机构的质量入手，技术中介发展缓慢已经成为阻碍浙江网上技术市场进一步发展的主要因素之一。全面提高中介业务水平，重点可放在加强技术经纪人队伍自身的专业基础上，鼓励与信息、咨询、风险投资等中介机构联手开拓技术经纪业务；发展涉外中介，协助企业引进海外先进技术；鼓励技术中介服务面向中小企业，深入分析其发展中的弱势，提出支持与扶助的方案。而通过财政扶持、减免税收等方式增加中介机构的利润来源也是行之有效的方法。

（四）建立技术转移合作组织，形成创新网络服务平台

以浙江 5 个国家高新区和重点高新技术企业为依托，形成省市共建的以区域科技资源的统筹与配置为核心功能的新型市场，使高新区技术市场成为推动我省科技成果落地转化的突破口。同时，探索技术产权交易模式，建立服务于高新区高新技术企业股权交易、技术并购及股权融资等业务的技术产权交易平台。通过这一平台，实现从原来单极的技术交易向技术交易与产权交易两极交易过渡，不仅以产权交易带动和激活技术交易，还通过技术交易提升产权交易的技术水平和含金量，最终形成技术交易与产权交易的良性互动，进而调动各科研院所、高等院校、高新区上市公司以及风险投资、民营资本等各方面的资源，使得技术成果、产权、资金等资源的配置效率大大提高。

B.22
新常态下浙江科技管理体制改革创新研究*

郭 鹰**

摘 要: 浙江省科技管理体制改革取得了丰硕的成果，在很多方面走在了全国的前列。然而目前的科技管理体制仍存在一些亟须解决的问题。浙江省应借鉴国外和国内省份先进的经验，对科技管理体制进行改革应从创新财政科研经费投入方式、增强创新平台自身的造血能力、创新科研成果就地转化利益引导机制、推进各级政府科研投入联动机制建设、加强组织领导和全方位配套改革等方面入手。

关键词: 浙江省 科技管理体制 改革

一 浙江科技管理体制改革取得的成绩

长三角科技管理体制改革大致经历了四个阶段。第一阶段从 1985 年至 1992 年，以中央《关于科学技术体制改革的决定》为标志；第二阶段从 1993 年至 1998 年，以中央《关于加速科学技术进步的决定》为标志；第三阶段从 1999 年至 2004 年，以中央《关于加强技术创新，发展高科技，实现产业化的决定》为标志；第四阶段从 2005 年至今，以《国家中长期科学和技术发展规划和纲要》为标志。历年来的改革创新都取得了丰硕的成果，在很多方面走

* 本文系浙江省社会科学院专项课题“以科技管理体制改革促进协同创新”的成果。

** 郭鹰，浙江省社会科学院区域经济研究所，研究员。

在了全国的前列并取得了以下成绩。

（1）科技投入步伐及科技成果位居全国前列。2013 年地方财政科研拨款 166 亿元，比 2007 年增长了 1.3 倍，年均增长达到 18.3%。财政科普活动经费拨款 1.45 亿元，比 2007 年增长了 91%，年均增长达到 13.9%，科普活动人均经费从 2007 年的 1.63 元提高到 2013 年的 3.04 元。各级政府对科研投入力度的不断加大，较好地发挥了引导社会资金投入的作用。在财政资金投入不断增加的同时，全社会科研投入保持稳步增长。2013 年，全社会科研活动经费支出 1293 亿元，比 2007 年增长了 1.3 倍，年均增长达到 18.4%，研究与试验发展（R&D）经费投入占 GDP 的比重由 2007 年的 1.53% 提高到 2.18%。科研投入的大幅度增加提高了区域创新能力，科技成果的质量和水平都有了新的提高。2013 年全省获国家科学技术奖的重大成果有 31 项，其中获国家科研进步一等奖 1 项，获国家科研进步二等奖 22 项，获国家自然科学二等奖 2 项，获国家技术发明二等奖 6 项。浙江省 2013 年专利申请量、授权量分别达 29.4 万件和 20.2 万件，比 2007 年分别增长 2.9 倍和 3.8 倍，年均增长分别达到 29.3% 和 35.0%；发明专利申请量和授权量分别为 4.3 万件和 1.1 万件，比 2007 年分别增长 3.5 倍和 4.2 倍，年均增长分别为 28.4% 和 38.9%，发明专利授权量占专利授权总量的比重由 2007 年的 5.3% 提高到 6.5%。2013 年全省规模以上工业新产品产值 13460 亿元，同比增长 13.1%，增幅比规模以上工业增加值增速高 6.5 个百分点，2007 年以来年均增长达到 23.2%，增幅比工业增速高 8.7 个百分点；新产品产值率 23%，同比提高 1.3 个百分点。实现高新技术产业增加值 2626 亿元，同比增长 1.6 个百分点；高新技术产业增加值占规模以上工业的比重为 24.1%，同比提高 0.3 个百分点。

（2）高新园区和重大科研创新平台建设位居全国前列。以浙江省为例，为加快推进高新园区转型发展，省政府近年出台了《关于创建省级高新园区工作的意见》《关于加快高新技术产业园区转型升级的指导意见》，推进产业集聚区、经济开发区等各类园区创建省级高新园区。温州高新区升格为国家高新区，新创建了杭州青山湖高端装备、嘉兴光伏、舟山船舶装备、衢州氟硅新材料和绍兴纺织新材料等 5 个省级高新技术产业园区。目前高新园区已集聚了一批国内外著名高校院所和大企业的研发机构，吸引了一批海外高层次人才创新创业。基础、区域和行业三类重大创新平台和“六个一批”创新载体建设加快，截至2013年底，三类重大公共科研创新平台累计为71家，省级工程技术研究中心、省级重点实验室和省级企业研究院总数分别达到53家、156家和101家。

（3）产学研合作、优质创新资源集聚位居全国前列。各相关机构的合作取得新进展，浙江省5000多家企业与全国500多家高校院所建立了稳定的产学研合作关系，从单纯的技术转让发展为共建科研型企业、共建创新载体、联合实施科研项目。例如，浙江省与清华大学签订了新一轮战略合作协议，深入实施中科院的“432”合作计划，科技部与省政府在舟山共建国家海洋科研国际创新园，等等。并且国际科研合作进一步深化，例如，浙江大学、浙大网新和IBM三方签署共建“浙江省绿色智慧城市联合研发中心”合作备忘录，中意纺织与新材料联合研究中心前期工作加快推进，等等。同时，引进大院名校共建创新载体工作取得新突破，2003年以来，以企业为主体实施引进大院名校共建创新载体战略，已引进中科院宁波材料所和清华长三角研究院等各类创新载体879家，总投资230亿元，引进专利1500多项、成果1300多项，引进科研人才16000多人。其中浙江中科院应用技术研究院仅2011年通过项目和成果转化就实现经济效益134亿元，在中科院在全国的26个转化中心中排名第一，连续多年被中科院评为全国“院地合作一等奖”。

（4）科研成果转化和企业技术创新位居全国前列。为促进科研成果转化为现实生产力，研究制定了《关于支持浙商创业创新促进浙江科研成果产业化的若干意见》《浙江省企业研究院建设与管理办法》《关于加强科研创新加速成果转化促进经济转型升级的若干意见》。围绕战略性新兴产业发展的技术需求，近5年组织实施了118个重大科研专项，科研总投入30.4亿元。同时，开展产业技术创新综合试点，建立起企业主导产业技术研发创新的体制机制，在纯电动汽车和船舶等产业领域建立起55个省级重点企业研究院，给予每家一次性补助，同时连续三年给予一定的项目经费支持，当地市县还给予相应配套支持。目前浙江省企业研发机构、科研人员、科研投入、承担的科研项目和获得的专利数量均占全省的80%～90%，初步形成了以市场为导向、企业为主体、产学研相结合的区域创新体系。全省累计认定了4000多家高新技术企业，其中有35家企业入选国家创新型（试点）企业，入选数量居全国首位。扎实开展高新技术企业认定管理工作，加快培育科研型企业，全省近5年新认定高新技术企业540多家，截至2013年底累计超过4500家；9家企业获批国家创新型试点企业，累计达到44家；新培育省级示范企业45家、创新型试点企业54家，累计分别达到194家和363家；新建省级产业技术创新联盟8家，累计达到31家，建设单位471家，其中企业390家，研发经费12.6亿元，共组织实施了126个科研项目。并且茶产业等4个省级产业技术创新战略联盟被科研部列为全国试点。

（5）科研管理体制改革位居全国前列。坚持“四位一体”工作布局，强化创新人才培养、创新环境营造和创新平台载体建设，促进协调发展。2008～2010年，企业研究开发费加计抵扣税收优惠达到133.97亿元，高新技术企业享受税收优惠总额达到89.8亿元，居全国前列。加快实现科技管理“五个转变”，从重项目管理向重综合管理转变，从重前期立项向重全过程管理转变，从重审批向重培育转变，从被动受理向主动设计转变，从重经费分配向重使用绩效转变。优化财政科研经费使用结构，建立完善事后补助和贷款贴息等支持政策，“以小博大”，提高财政科研经费使用效率；加强对科技工作的宏观指导和综合协调，建立由科技部门牵头、有关部门协同配合、省市县集成联动、专家咨询与行政决策相结合的科技管理新体制。加强科研工作的综合协调，建立完善部省会商、厅市会商和部门会商制度。科技金融服务体系创新发展，研究并制定了《关于进一步促进科研与金融结合的若干意见》，积极推进杭州、湖州、温州和宁波高新区开展科研金融试点工作；按照银行信贷一块、风险资本投资一块、知识产权质押一块、科研保险一块、科技担保一块、财政支持一块的“六个一块”工作思路，大力推进科技与金融结合，创业风险投资基金规模居全国第3位，达到300多亿元。

二　科研体制改革中存在的问题

1. 对“企业为创新主体”的理解片面化

首先，理解企业为创新主体时，片面强调企业的投入。企业对科研投入多，并不能表明以企业为主体的科技创新体系已经建立，因为目前许多科研计划项目不是为满足企业自身科研创新需求，而是由政府确定。在这样的体制背景下，在政府引导下企业加大科技投入，是企业替政府分担创新的风险，而不

是政府替企业分担创新风险。其次，理解以企业为主体时，很多时候强调民营企业少一些，国有企业多一些；强调中小企业少一些，大企业多一些。从科技创新的实践看，民营企业和中小企业是科技创新的重要主体，出于业绩考核及垄断等多种因素的影响，国有企业与民营企业相比，科技创新的动力相对不足。但在以政府为主导的科技创新资源配置体系中，国有企业在获取科技创新资源方面却占有先天优势。再次，"企业被参加"情况在一些重点科研计划申报中普遍存在，因为科研计划申报时要求申报单位中须有企业，但实际是由科研院所或高校主导，企业的参与仅仅是为了获取财政的科研经费，仅是为了达到申报的要求，而不是为了满足企业生产或市场上的科技创新需求。最后，理解企业为创新主体时，片面强调科技创新资源向企业集聚，却忽略了科学和共性技术本身创新能力弱及自身质量不高的问题。企业不愿意寻求与高校院所合作的根本原因是高校科研院所自身在基础科学、共性技术方面突破能力不足，科研院所和高校科研人员的行为存在扭曲现象，基础性研究过分追求"短、平、快"，研究人员"走穴"现象普遍存在。

2. 科技投入力量分散化

各部门、各地方在科技管理中相互脱节、彼此分割、政出多门、各行其是，一定程度上存在科研活动重复和分散的现象。在当前的体制框架下，综合部门、科技行政主管部门、产业部门和公共事业部门都独立有权提出科研计划，通常多个政府部门都拥有直接安排科研投入预算的权力，缺乏必要的预算协调和统筹规划。主管科研工作的政府部门包括科技厅、发改委、经信委等相关的科研管理部门，在职能分工上有许多重叠的地方，在工作关系上存在部门交叉现象，同时部门间的协调沟通不够，造成重大科研政策的制定与执行难以形成统一高效领导，经济资源与科研资源达不到优化配置，科研政策和其他经济政策相脱节，无法有效解决科技与经济的有效结合。从政府级别看存在省、市、县（区）三级科研行政管理部门，科研文献、科学仪器设备和科研数据无法在三级科研行政管理部门实现开放共享，无法集中力量办大事，导致科研资源严重浪费。各项科研计划从出台至预算、实施和完成，都会带有很强的部门意识，一些政府部门都自己设置由财政性资金承担的科研计划项目，互相的联系协调很少。并且，地方目标往往会成为部门目标，造成存在多个科研战略目标的现象。

3. 政府管理模式传统化

政府对科研活动的管理模式基本上保留了计划经济时期的做法，按照科研活动的一般规律和研发阶段的资源配置计划，按基本相同的规则进行管理。基本忽视科研活动中的集成要求，忽视科研创新活动对构建科研创新链的需求。虽然科研活动获得很多技术成果，但却难以将成果转化为现实生产力；虽然获得技术突破，但只是形成了一个个技术孤岛，难以应用于生产科研项目。政府管理科研活动的组织机构，在横向上按学科领域分工，在纵向上按科研阶段设置，基本形成了网状管理结构，大体覆盖科研活动的各方面，但是并不适应现代科研综合交叉发展的新趋势。在基础研究中，学科分类相对简单清晰，分管机构比较容易协调学科综合交叉活动管理；然而在技术层面上，技术综合交叉发展通常会超出原有领域分工范围，形成新技术领域，出现技术活动管理真空，影响新技术应用速度。政府对科研活动的管理手段很传统，计划色彩浓重，基本上是立项、申请、研究、报奖、评奖这样一个过程。科研活动的管理机构设置依据与职责分工造成“铁路警察各管一段”的现象，无法适应科技创新活动的规律。在科研资源配置上也沿用计划经济时期办法，虽然有“发指南”“招投标”等参照市场经济的做法，实际上却还是围绕着具体科研项目内容转，管理者忙于分钱和分项目，很少考虑科研资源配置政策目标和引导社会资源功能。

4. 科研与经济结合不紧密归因简单化

科研与经济结合不紧密一般归因于企业技术创新动力不足，大部分企业追求短期利益，不愿投入研究与开发，还处在依靠生产要素大量投入的粗放式发展阶段，还没有真正走到依靠科技进步的轨道上来。这样的归因其实存在简单化倾向，因为随着创新动力不断增强，国企改革步伐加快，大量新型股份制企业和非国有企业在长三角地区占有很大比例，它们完全依靠自己在市场上的奋力拼搏而成长，对科技都存在着强烈的内在需求。科技与经济结合不紧密不完全是因为科研需求不足，还因为科研的供给不足，主要表现在三方面：第一，没有以市场为导向进行科研选题，部分缺少需求预测和市场调研，开发出来的成果没有经济价值；第二，科研成果虽然数量多，但重复的多，跟踪的多，创新的少，总体水平不是很高，国际一流的则更少；第三，科研机构和高校的成果成熟度低，还需要中试等一系列环节才能进入市场成为有竞争力的商品，这

期间科研机构与高校力不从心，需要大量风险资本投入。因此，表面上科研供给大于需求，但实际上是有效供给不足。

5. 产学研合作短期化

当前产学研合作主要以短期的项目合作为主，缺乏长期稳定战略层面深层次的合作。合作各方主体之间组织形式松散，创新内生动力不足，利益取向有差异。由于缺乏有效的利益协调机制，产学研参与各方互信度低，行为短期化，无法保障成果顺利产业化。有些时候合作还没开始，一方就在考虑如何设置陷阱，获取对方技术；另一方也在考虑如何设立“防火墙”，防止对方了解技术细节。有时研究机构提供的技术很好，企业的积极性也很高，但是由于各方对技术价值评价不同，各方利益不能很好地得到处理，最终影响合作进程甚至因此中止了合作。存在这个问题的原因是各方对成果价值评价标准不一样，企业认为科研院所、高校对其成果定价偏高，价格与价值的差距很大；而研究单位认为企业过于斤斤计较，舍不得投入。

6. 科研经费竞争白炽化

科研经费的数量已经成为科研人员考评、晋升的关键指标，成为衡量科研人员科研业绩、能力的重要标准。科研经费拨款制度以科研计划和项目为载体，实际上是从科研院所和学校“切出”一块事业经费向上流动，再通过基金、科研计划或其他形式随项目往下拨，增大了上级主管部门经费分配的决策权，减小了科研单位对资金投向与管理方面的决策权。同时，提升了课题组和科研人员的自主权，造成利益单元微型化和零碎化，尽管一定程度上加大了竞争性，但是科研人员往往是争取到什么项目就搞什么，无法保证稳定性，造成基础性、长远性、超前性项目被忽视，并制约了公益性和基础性科研项目的发展。因为以市场生存能力为判断标准，使得一些市场效应不明显的科学研究，例如公益类和基础类的科研受到冲击。此外，科研评价的周期过短，在一些学术评价体系中经常是对科研项目半年一评估，每年一考核，甚至有的周期更短。在急功近利思想的影响下，为了在短期内产生学术的轰动效应，科研活动就会要求短期内出成果、出人才。

7. 项目管理前期化

目前科研经费管理的主要模式是“项目申报制”，这使得项目申请、批准环节上的竞争很激烈，但是一旦项目确定后通常又缺乏严格的科学评估机制与监管机制，不能保证科研经费的产出效率，浪费大量资源而出不了高水平科研成果。有的科研课题从招标立项到完成验收，都在政府机构与科研专家间循环，资金发放单位最后拿到结题报告就万事大吉。项目承担者凭其所发表的论文和结题报告可以申请下一课题，并获得相应职称晋升机会。这就使得应用研究无法服务市场需求，基础研究不能与国际前沿看齐。一些科技工作者为了获得利益，拼命争项目，但疏于潜心做研究，造成“闷头想题目，闭门搞研究，成果束高阁”的现象，不断进行从文献到文献的自我封闭、自说自话的循环。在科研项目申报过程中，没有将项目价值放在首位，申报者在乎更多的是如何才能拿到项目、如何才能完成项目，这样的结果就造成部分科研成果脱离了社会市场的需求。

8. 成果转化低效化

成果转化率低的现象较普遍，首先，因为成果转化的服务、责任、考核和监督机制不健全，科研计划项目的决策机制是行政部门和专家导向，部分科研计划是在基层单位申报计划的基础上汇总编制的，项目分散并缺乏统一的战略目标。在项目的筛选、立项和验收中企业参与度不够，一般以专家评审决策为主。在成果评价上，重短期，轻长远；重论文和专利申请，轻转化和利用。其次，因为成果转移和转化渠道不畅，在现行科研经费管理体制中，从研究开发、成果转化到产业化的创新链条各环节互相衔接不够，造成纵向分割，尤其是成果转化环节资金短缺；并且存在公共机构和科研计划的成果转移机制不健全问题。最后，因为统计与考核指挥棒导致科研偏离经济，科研院所和高校对科研人员的考核以论文为主，科研人员搞科研是为了发论文和评职称，与社会需求相差较大；科研创新统计主要考察科研投入，产出主要是统计论文、专利和成果数量。

三　国内外科技体制改革的经验与借鉴

1. 国外科技体制改革的经验与借鉴

（1）美国多元分散型科技管理体制

在科研资源分配、组织形式、科研政策等方面，美国均表现出多元化倾向。一方面，研究开发工作分散在四大类研究机构，即联邦政府实验室、私人工业公司、高等院校、其他非营利机构，并在其中独立进行。联邦政府通过研究合同、采购合同和其他政策在一定程度上影响政府以外的科研机构，使全国科研工作形成一个统一的整体。另一方面，政府重视自由研究与计划管理的协调。科研管理机构和政府各部门都有严格的管理制度，在充分尊重科学专家的基础上，严格遵守制度并开展科研计划；实施规范的项目节点管理并合理划拨经费，有效保证项目管理质量。在管理机构对项目阶段科研成果评价的基础上，论证是否继续按原计划支持该项目，只有在前一阶段项目成果达标后，才能获得下一阶段经费的资助。为适应全球科研经济一体化和新技术革命新形势，近些年对科研体制进行了一些变革和调整，以适应社会经济发展，例如，成立国家科学技术委员会，扩大政府宏观科研管理职能和力度；制定有利于创新的政策法规，鼓励私人企业增加科技风险投资，鼓励社会力量型科研机构的建立和发展，促进创新和高科技产业的发展；强调基础研究，特别是重视科研成果商品化，通过《联邦技术转移法》《史蒂文森·威尔德勒法》，规定技术向工业和商品化转移，允许个人、私人公司在政府资助的研究中获得专利权，成立联邦实验室技术转移集团。

（2）新西兰市场机制型科研管理体制

新西兰科研体制改革成功的关键在于国家研究所实行公司化运作、政府持股模式。1992 年新西兰解散了集研究、政策与科研基金拨款于一体的“科学工业研究部”，把科研体系改组为由政府科研决策机构、科研经费拨款机构与公司化运作的科研执行机构组成的科研体系，形成三个独立板块，且三个板块职责分明并绩效可测。这样改革的重要特征是保留研究所资产的国有性质，符合西方国家企业所有权和经营权分离原则。这一方面体现了市场经济下的法人制度和有限责任制度，另一方面也体现了政府对科研组织进行间接管理的职能转变。在宏观上，既保证了国有资产的保值，也避免了私有化可能引起的国有资产流失与国家财富分配不均等问题。研究所实行公司化运作，为国有资产增值开辟了新途径。经过改革，新西兰研究所逐步形成自主经营、自负盈亏，固定资产和科研产出稳步增长的新局面。在科研体制上，政府、拨款机构、研究所和企业之间成市场与客户的关系，政府制定政策，拨款机构按政府规定向研究所购买服务，企业付费向研究所购买服务。该科研体系中各环节相对独立，目标明确，职责分明，各自在按最佳方式运行，同时，各环节又存在相互制约和监督的机制，保证了整个科研体系的高效运转。

（3）韩国集中型研发体制

韩国科研部在科研体制改革之初提出，通过体制创新研发与结构调整，将“模仿追击型”研发模式转变成“创新型”研发模式，把分散型研发体制转变为集中型研发体制，进而提高研发效率，提高原创性研发比重。韩国将政府所属研究院所从政府部门中分离出来，并将其放在国家科委管辖之下，按不同领域分别组成“产业技术研究会”“基础研究会”“公共技术研究会”。研究会对下属各研究院所的研发计划、实绩和经营状况进行评估，并对合作研究给予必要支持。同时，鼓励私人研发机构的发展，引导社会力量加入国家研发创新活动。韩国在其科研部门定位上体现了科学决策政策集中化，国家科委作为国家科研发展的宏观决策部门，由总统亲自担任委员长，主要负责制定、实施和调整国家科研发展规划和科研创新政策，调整并分配科研预算；管理产业技术研究会、基础研究会和公共技术研究会；审议国家知识产权政策、标准政策和科研金融政策。韩国很重视科研成果转化环节，注重科研项目评审评价体系，建立韩国科学技术企划评价院，对科研部主管的重点科研项目进行评价管理，对国家科研计划实施调查、分析、评估和评价，以保证项目的科学性和完成质量。科研部从结构和制度入手，在后续配套上加速建立成果转化机制，政府科研预算向产业化领域倾斜，支持有关部委培育发展风险企业和创新型中小企业；通过建立研发特区和创新群体，构筑产学研紧密结合的开放化和网络化的研发体系，加快成果推广和扩散。

（4）日本打造把科学家当顾客科研机构

2009 年日本推出独特的“最尖端科研支援计划”，把科学家真正当作科研的主人，在保证政府投入和引导的同时，最大限度地发挥科学家的主动性和积极性，提高资金运用效率。该计划的核心是培养 30 名顶尖科学家及其团队，集中体现“把科学家当顾客”的思想。该计划要求科研机构做到以下四点：第一，彻底转变科研机构的职能，使其转变成为科研人员服务机构，采取由首席科学家指定依托单位的新做法，促使公立科研机构、大学彻底转变职能，转变思维模式，更多地关注科研人员需求，而不是政府部门意见，一心一意为科研人员服务，形成科研机构向科研人员负责、科研人员向提供资金的政府部门负责、政府部门向综合科学技术会议负责、综合科学技术会议向国会负责、国

会向人民负责的科学体制。第二，设立事务局形式的研究支持部门，减少科学家及其团队的事务性工作。在编制各类项目申报材料、管理研究经费开支和事前、事中、事后评估过程中会产生大量事务性工作，因此明确规定依托单位必须为研究基地主任设立“事务部门”，研究支持单位必须为首席科学家设立“支援工作组”，使科研团队能从烦琐的事务性工作中解放出来，全身心投入科研工作。第三，提高科研经费使用自由度，给予科学家更多财权，使其研究意志可以得到更加自由充分的发挥。第四，提高科研经费使用灵活度。科研机构的科研预算执行和管理制度过于死板，无法为一些事先不可预计的科研活动提供支持，因此要使科研经费可跨年度使用，而且首席科学家可以根据需要，将科研经费自由用于人员费、会议费、设备费和团队津贴支出等。

2. 国内其他省份科研体制改革经验及启示

（1）广东省大力培育新型研发机构

近年来在广东等珠三角地区涌现出来的新型研发机构，以东莞华中科研大学制造工程研究院、深圳华大基因研究院等为典型代表，依托国内高水平创新知名高校院所、科研团队和广东龙头企业组建，重点面向新兴产业开展科技创新，紧跟世界科研前沿，具有高效率运行机制、高起点组建模式和高水平创新成果“三高”特征。新型研发机构实行高效率运行机制，取长补短，创新机制，将企业和高校院所“优质基因”进行重组融合，促进科研与经济紧密结合。在运作上按企业化管理方式，采用合同制、动态考核和末位淘汰等管理制度，不拘一格地任用具有创新胆识和创新能力的青年人。新型研发机构突破旧体制束缚，迅速发展并取得了高水平科研成果。例如光启研究院成立后的两年中，申请了1229项国内外超材料领域的发明专利，在该领域底层的专利覆盖率达到80%。一方面，新型研发机构的培育发展，形成了自主创新的新生力量，做大了创新主体增量部分；另一方面，激发了传统高校院所创新活力，为广东地方创新体系建设注入了新内涵和新活力，带动盘活了省内的创新资源，在广东起到了重要的示范引领和辐射带动作用，闯出一条科研体制改革的新路子。通过在广东建立大型研究院，国内知名高校建立“政策+创新+产业基金+VC/PE”的新机制，形成融“应用基础研究—技术开发—产业化应用—企业孵化”于一体的科技创新链条，大幅提高科研成果转化率。并且，催生了一批高新技术企业和新兴产业，例如：深圳清华大学研究院充分利用清华大学的创新成果，设立产业投资基金，创办投资了180多家高新技术企业（其中含14家上市公司），年实现总产值达300亿元，凝聚了一支高层次科研创新人才队伍，成为培育和发展战略性新兴产业的重要力量。东阳光、光启、华大基因和华中科研大学东莞研究院等机构在短短几年间，吸引大批不同专业和不同国籍的科学家，打造了具有国际竞争力的人才高地。

（2）山东以“项目+公司”为代表的产学研结合模式及科研成果转化模式

以重点实验室为创新前端，特色鲜明的大院所与大型企业联合，组成共建科研企业或战略联盟“双大合一”模式，以专业性自主科技研发机构为主体，以产学研合作开发及引进消化吸收为两翼，以中试基地、数据信息中心、检测中心、国家级成果转化中心等为支撑平台的区域创新体系，在推进山东科技创新和科技进步的过程中发挥了重要作用。当前，已有颐中、澳柯玛、海信和海尔等多家大型企业以科研成果为纽带，以项目公司和股份制公司等多种形式与黄海水产研究所、中国电子科研集团41所、中科院海洋所、中国海洋大学、青岛科研大学和国家海洋局一所等一批大院所组建了新兴的科研实体。2013年仅青岛市这样的“双大合一”企业就有47家，注册资金达4亿多元，总投资额716亿元，实现年产值8亿多元。

四　对策建议

1. 创新财政科研经费投入方式

一是政府须根据项目特性，对企业技术创新不能采取一次性无偿资助方式，应该综合采用无偿资助、风险投资、以奖代补、偿还性资助等方式引导企业参与国家科研计划。财政对企业的受资助项目须采用严格的评估制度，应从应用前景、研发投入、资金匹配程度和研发队伍等多方面进行综合评估，通过科研经费引导，推动企业加快自主创新。二是建立稳定性经费和竞争性经费相协调的投入机制，改善课题间接成本补偿机制。优化应用性研究、基础性研究和成果转化的经费投入结构。现在科研预算资金零星分散到各个研究机构和各个项目，科研投入资金利用效率不高，有些资金还是以奖励或补助的形式发放，导致资金的投入缺乏连续性，缺乏对资金使用效果的评价反馈机制。三是

集中财力保证重点科研开发项目，提高资金使用效率。同时改变多头管理局面，分清各部门职能，建立起跨部门的科研创新决策机制，应明确由科技管理部门制定统一政策，对科研开发项目进行统筹规划，推动科研创新。四是科研经费分配实行统一归口管理，统一预算分配权，取消各个部门的预算分配权，各部门按其在科研工作中的分工和年度科研工作重点，编制部门及所属单位科研预算，由财政部门统一审核汇总，报本级人大审议通过后实施，从而减少经费分配环节和层次，避免部门分割及重复投资。五是针对应用研究、基础研究和实验发展的不同科研特征，不断创新科研经费的使用管理办法，积极引入市场中介，应考虑以第三方支付和评估评价等方式将直接管理转变为间接管理。

2. 增强创新平台自身的造血能力

逐步增强创新平台自身的造血能力，建立创新平台企业法人身份，明晰产权，创新平台人员激励政策，推行机构实体化和运行企业化。通过知识产权入股及平台服务等方式，加快科研成果转化，实现团队成员股权激励。鼓励科研机构将“论文写在产品上，课题做到企业里”，推动产业界和科学界互动互补深度结合，实现效益共荣、共生成长、资源共享和发展共赢。以全新的创新机制、用人机制和运行机制，开拓科研与产业化结合新途径，瞄准国际前沿、集聚国际顶尖人才团队、建设具有国际一流科研条件水平的创新平台，以企业化运作为模式、以支撑引领战略性新兴产业发展为目标、以市场为导向，集科研创新和产业化于一体，引领新兴产业与行业发展。

3. 创新科研成果就地转化利益引导机制

为了鼓励创新科研成果就地转化，应该建立可行的利益引导机制。一方面，支持企业转化科研成果，择优支持若干市场潜力大并且具有自主知识产权的科研成果在企业实现产业化，根据其新增项目投资额度和实施进度，给予一定的资助；对购买高校院所技术成果并且在本地实施转化的企业，按其年技术成果交易额的一定比例给予补助；企业技术转让所得部分，应免征企业所得税。另一方面，促进高校院所科研成果就地转化，建立高校院所和企业的对接机制，集中推介市场前景好的科研项目，促进其成果就地转化。高校院所转化职务发明成果的收益，应按一定比例划归研发团队或者由个人支配；以科研成果作价出资创办企业的，其作价份额可占注册资本的一定比例，并且可按作价份额的一定比例奖励给成果完成人及为成果转化做出重要贡献的管理人员；高校院所转化职务科研成果，对以股份或出资比例等股权形式给予科研人员个人的奖励，应暂不征收个人所得税；高等院校和科研机构主要利用财政性资金形成科研成果取得的经济收益，应将经济收益的一定比例奖励给该科研成果完成人；高等院校和科研机构主要利用财政性资金形成科研成果并转让的，应以不低于市场价格一定比例的价格优先转让给科研成果完成人。

4. 推进各级政府科研投入联动机制建设

加快转变政府职能，强化政策指导、规划引导和协调监督等作用。建立健全科研重大决策机制，促进长三角各省与国家部委之间以及与市、县（区）之间的科研重大决策协调联动，进一步明确各类科研计划、专项和基金的支持重点，建立重大科研项目省、市、县（区）与企业共同投入、共同整合科研资源的机制。优化财政科研投入省、市、县（区）联动机制，明确省级财政科研投入的重点及方向，并结合各市、县（区）科研和产业特点，明确省、市、县（区）三级财政对科研创新链不同环节和不同科研创新主体的支持重点及方式。省级财政投入应以创新人才、创新基地、基础研究、应用基础研究和科研公共服务平台建设等项目为主，鼓励市、县（区）积极配套财政投入。应鼓励市、县（区）级财政对技术改造、技术研发、产业化和成果转化项目加强投入，省级财政可结合市、县（区）级科技创新热点，加大对符合全省产业发展定位并具有区域特色的产业创新进行投入。在支持方式上，可采取省级投入跟进市、县（区）级投入的方式。在制定省级科研发展规划计划时，应对各市、县（区）稳步增加财政科研投入提出明确要求，引导各市、县（区）不断加大财政科研投入，并鼓励市、县（区）在制定科研发展规划时，明确提出财政科研投入目标及相应的投入结构指标。

5. 加强组织领导和全方位配套改革

把科研进步目标责任指标纳入各级部门和政府年度综合责任目标考核范围，提高考核权重，并建立国有及国有控股企业科研创新责任考核制度。在改革方法上，系统推进创新体系建设，避免科技管理改革出现单兵突进现象。就科研体制谈科研体制已难以取得应有成效，教育体制改革、文化体制改革和政治体制改革的配套必须跟进。通常科研管理立竿见影的经济刺激方法难以奏效或不可持续，科研体制改革目标的实现将有赖于经济体制改革，必须为企业发展创造公平竞争的市场环境，使企业成为创新主体，增强企业创新的内在动力，使企业依靠创新谋发展。科研管理应从科研系统小循环走向经济社会系统大循环，科研体制改革的深化要从局部走向整体，从微观走向宏观，从以院所为主要对象的创新体系改革走向科研创新体系的整体性改革，改革的内容从单纯的技术问题转向科学与社会体制的综合创新。

6. 建设资源型科研管理部门

科研管理部门应从以项目管理为主的项目型部门转变为以统筹科研资源为主的资源型部门，从统筹和凝聚科研资源并发挥其作用出发，担负起集聚、调动和有效运用科研资源的职责，打破科研资源条块分割壁垒，加快产学研一体化，促进科研成果转化，统筹高校、院所及企业的科研资源，将科研优势转化为现实生产力，创建具有核心竞争力的创新体系。构建基于共同目标、从系统着眼的不同科研领域的相互协作机制，从以促进科研为主的“点”的问题转向以满足需求为主的“面”的问题。加强协同创新，统筹科研资源，使各项科研计划服务于专项工程和主题计划，解决科研发展中的重大问题。

7. 大力发展新型创新机构

新型创新机构的发展在很大程度上为科研体制改革提供了一种新的选择路径，其灵活的运行机制和管理制度，值得传统科研机构借鉴学习。新型创新机构主要有国有性质、企业或联盟创办和民办官助三种。通过大力发展新型创新机构，以增量激活存量，通过充分发挥新型创新机构的示范和带动作用来推进科研单位的改革。国有性质的创新机构性质虽然是事业单位，建设主体是传统的高校、科研院所或地方政府，但采用的是全新市场化运行机制。民办官助机构以民办非企业身份登记注册，没有主管部门，没有事业费，没有编制，没有行政级别，市场化运作，自主经营，自负盈亏。企业或联盟创办的机构包括两类，一类是以产业联盟为主创办的机构；另一类是以单个企业为主体，联合科研院所、高校共同建立的机构。

B.23

江苏推进民生建设的思路、重点与对策

张　卫等*

摘　要：当前，我国已跨入全面改善民生的时代，作为率先发展的经济大省，江苏民生建设应先行一步。研究报告对2011年以来江苏在教育、就业、收入分配、医疗卫生、社会保障、住房改善、公共安全等领域取得的发展成就和成功经验做了总结概括，同时对当前江苏民生建设过程中存在的突出问题做了分析探讨。课题组提出，未来几年是筑牢基本民生安全网，提升广大群众社会预期的关键阶段，江苏应该力求为全体社会成员提供使生活质量得以全面提升的民生福利，促进江苏民生可持续、健康发展。课题组认为，江苏应进一步确立政府在民生建设方面的主导作用，切实转变江苏省在抓经济建设与社会建设过程中存在的“一手硬、一手软”的状况，加大“民生支出”在全省财政支出中的比重；通过全面深化改革，加快民生领域法治建设，推进依法治理，创新民生建设与发展中社会服务的供给方式，保障民生领域均衡公正，让人民真正共享经济发展与改革成果，实现“多元普惠，和谐善治”的目标，不断提升民生保障和改善的水平，建设人人享有、更加美好的幸福江苏。

关键词：江苏　民生建设

* 课题负责人：张卫，江苏省社会科学院社会学研究所所长、研究员；课题组成员：鲍磊、刘佳、范梦衍。

党的十八届三中全会《决定》指出，要“紧紧围绕更好保障和改善民生、促进社会公平正义深化社会体制改革，改革收入分配制度，促进共同富裕，推进社会领域制度创新，推进基本公共服务均等化，加快形成科学有效的社会治理体制，确保社会既充满活力又和谐有序”。2014 年 12 月，习近平总书记视察江苏时对民生建设提出了“七个更”的要求，即“更好的教育、更稳定的工作、更满意的收入、更可靠的社会保障、更高水平的医疗卫生服务、更舒适的居住条件、更优美的环境”。当前，我国已跨入全面改善民生的时代，作为率先发展的经济大省，江苏民生建设应先行一步。新时期解决民生问题，要从当前的薄弱环节和突出问题着手，通过稳定、合理的制度安排，不断提升民生保障和改善的水平，建设人人享有、更加美好的幸福江苏。

一 近年来江苏民生建设的主要成就

近年来江苏在教育、就业、收入分配、医疗卫生、社会保障、住房改善、公共安全等七大民生领域取得了一系列发展成就和成功经验，真正做到了为人民谋福祉，在全国范围内树起了榜样。

（一）教育改革的进展与成效

一是注重基础教育内涵式发展。全省在注重基础教育公平，不断深挖基础教育内涵，巩固基础教育普及率的同时，着力探索基础教育新模式，打造“苏派特色”。2013 年，省政府将创建 10 个义务教育优质均衡改革发展示范区列为十大民生实事之一，切实保障了义务教育优质均衡地整体推进和顺利实施。截至 2014 年底，全省学前三年毛入学率达 97.5%，义务教育巩固率达 100%，高中阶段毛入学率达 99.0%。二是创新发展现代职业教育体系。2011 年以来江苏不断整合职业教育院校的资源，加强校企合作，建立职业创新发展实验区，促进高素质技术人才的培养。江苏先后推出了 19 个职业教育创新发展实验区建设计划和职业教育教学质量提升工程。三是不断推进高等教育综合改革。江苏率先试点高教综合改革，自 2011 年建立实验区以来，先后完成办学体制改革、现代大学制度改革、人才培养体制改革、学科建设与协同创新建设、考试招生制度改革、推进中外合作办学等，取得了一定的成效。

（二）就业工作取得的成效

全省各级政府通过建立公共就业服务制度，向广大劳动者提供城乡一体、普惠共享、功能完善、服务规范、管理高效的基本就业服务，为全体劳动者创造就业条件，保障人们的基本生活。一是建立健全就业创业服务体系。面对不断增加的农村转移人口和高校毕业生，江苏通过完善并全面提供就业政策法规咨询、信息发布、职业指导和职业介绍、创业指导等服务，推进服务规范化和标准化，拓展服务功能，推进分类服务和管理，建立起了一套更加完善的覆盖城乡的就业创业服务体系。全省年均再就业人数 75 万余人，其中就业困难人员在 15 万人左右。二是优化基层平台，加快信息系统建设。江苏正式启动了充分就业示范社区创建工作，以落实积极的就业政策和对各类就业困难对象实施就业援助为重点，以完善平台就业创业服务功能为手段，提升社区就业服务工作的质量和效率。为了提高工作效率，江苏制定了省级就业监测数据标准，将各地上报的数据在省级层面进行合并、整理和入库，全省就业工作信息化水平不断得到提升。

（三）收入分配的现状

收入分配调节是广大群众最为关心的，也是改善民生最直接、最有效的方式之一。截至 2014 年，江苏省城乡居民收入差距已连续 5 年缩小，苏南、苏中、苏北之间居民收入差距也呈现缩小的态势。一是城乡居民收入稳中见涨。2014 年江苏城镇居民人均可支配收入达到 27173 元，比上年增长 9.7%；农村居民人均可支配收入为 14958 元，比上年增长 10.6%。二是城镇居民收入区域差异明显。总体上看，呈现南高北低的梯度趋势。苏南人均家庭总收入和人均可支配收入都很高，几乎是苏北的 2 倍，其中，最高的苏州是最低宿迁的 2.3 倍。三是社会保障水平逐步提高。2011 年 2 月，江苏率先在全省范围内调高了最低工资标准，将原先的 960 元调整到了 1140 元，拉开了收入倍增计划的序幕。2014 年 1 月 1 日，江苏又根据地区发展情况，将月最低工资标准调整为：一类地区 1630 元，二类地区 1460 元，三类地区 1270 元。

（四）医疗卫生事业发展的成就

江苏医疗卫生事业发展取得的成绩显著，衡量居民健康水平的三个主要指标（孕产妇死亡率、婴儿死亡率和预期寿命）水平均居全国前列。医改工作取得了显著成效：一是基本医保制度框架基本建成，参保率稳定在95%以上；二是基本药物制度全面建立，基层医疗卫生机构综合改革持续深化，初步建立起维护公益性、调动积极性、保障可持续的基层运行新机制；三是基层医疗卫生服务体系显著加强，基本实现村村有卫生室、乡乡有卫生院、县县有达标医院的目标，基本公共卫生服务走向制度化、规范化，促进了卫生发展模式从重疾病治疗向重全面健康管理转变。

（五）社会保障事业的主要成就

一是积极推进城乡居民社会保障制度的全覆盖，实现了城乡低保、新型农村合作医疗、新型农村社会养老保险、城镇居民基本医疗保险和社会养老保险五个“全覆盖”。二是建立起贯通城乡的社区保障服务平台，在3524个城镇社区建立了劳动保障工作站。城乡统一的社会保障卡持卡人数达2000万人，社会保障卡应用范围覆盖到劳动保障的各项业务领域。三是加大社会保障体系建设力度，促使养老、医疗、失业、工伤和生育保险等城镇社会保险制度逐步完善，五大社会保险参保总人（次）以年均10.1%的速度递增，覆盖面不断扩大；社会保险基金总支出年均增长20.4%，基金的保障效能得到更加充分的显现。

（六）住房保障体系建设取得的成效

近年来江苏在积极稳妥推进新型城镇化进程中，逐步建立了基本住房保障制度，满足城乡居民基本住房需求，基本实现了“住有所居”的目标。2011年，江苏在全国省级层面率先出台了《关于进一步加强住房保障体系建设的实施意见》，将完善住房保障体系列为大力推进民生幸福工程的重要内容，着力提出了“构建一个体系、实现两有两覆盖”的总体目标，明确了强化“制度保障、房源供应和政策支撑”三项重点任务。2014年底，江苏已实现保障性住房覆盖18%的城镇家庭。到2015年末，全省住房保障体系健全率达88%，实现保障性住房覆盖20%的城镇家庭。截至目前，在全省73个独立开展住房保障工作的市、县（市、区）中，所有地区全部建立了廉租住房和经济适用住房制度，68个地区建立了公共租赁住房制度并出台了管理办法，53

个地区对城镇低收入线标准进行了动态调整；服务网络不断完善，管理机构和实施机构功能得到加强，基层服务窗口总数达2052个。

（七）公共安全体系建设的成效

江苏社会治安、安全生产、食品药品安全、信息网络安全、减灾防灾等工作取得了一定成绩。一是现代治安防控体系日益完善。全省以城市报警与社会治安监控系统为主的立体化治安防控体系初步建成，现行命案破案率连续3年保持全国第一，群众安全感连续3年居全国之首。二是安全生产管理体制改革得到进一步深化，安全生产工作水平不断提升。坚持责任为重，保持安全监管的高压态势，目前全省100个县（市、区）1250个乡镇（街道）实现了安监机构全覆盖。同时加大企业安全投入和公共安全投入，健全政府、企业和社会安全投入长效机制，推进企业标准化工作。三是进一步健全食品药品安全监管机制。全省各级食品药品安监部门通过推进食品药品监管机构改革、落实监管责任、强化部门联动的协同配合机制、加强创新监管方法以及打假治劣等举措的实施力度，促进全省食品药品安全总体形势稳定向好。四是信息网络服务管理体系初步建成。江苏积极推动互联网“护城河工程”项目，探索集监测、研判、预警、处突、引导于一体的网络管理新模式，有效提高了网络服务管理工作的实效。五是建立健全减灾防灾救灾体制，提高减灾保障水平。全省共有2.5万多名灾害信息员，实现村以上灾害信息员制度全覆盖。

二　充分认识当前江苏民生建设过程中存在的突出问题

江苏民生建设取得的成绩是显著的，但一些突出问题仍然存在。如果不从根本上解决这些问题，势必会影响全省经济社会健康可持续发展，阻碍社会进步。

（一）教育发展面临的主要问题

一是从教育资源均等化来看，地区间的差异明显，因经济状况差异带来的资源拥有量和人才吸引力的差异，导致城乡、区域之间教育水平不同，给教育健康持续发展带来了直接影响。二是从教育支出来看，2014 年，全省教育财政性经费总量为 1507.2 亿元，占财政支出（8466.48 亿元）的 17.8%，教育的财政投资有了非常明显的增长。但是，这与发达国家和地区相比仍然存在着差距。三是从教育质量来看，学校注重知识的传授，缺乏对学生创新的引导，缺乏高素质的创造型人才。

（二）就业创业存在的问题

一是创业氛围还不够浓厚。由于缺乏创新、创造意识和承担风险能力，不少人等政府扶持，靠关系就业，有的人甚至宁愿靠救济、靠父母也不积极就业，更谈不上创业。二是信息沟通渠道不畅通。从目前的状况来看，政府部门在基层建立的就业服务平台在信息传达方面依然有提升空间，一些待业人群，特别是失业者，不了解政府对于再就业的扶持政策，导致了一定的就业困难，这对数字化就业信息平台提出了更高要求。三是社会组织发展缓慢，就业空间未能得到充分拓展。现阶段全社会对社会服务需求很大，但由于内部治理能力和专业服务能力不足，难以有效满足社会需求。

（三）收入分配方面存在的主要问题

一是不同地区之间居民收入的差异依然较大。2014 年江苏全省城镇居民人均可支配收入 27173 元，比上年增长 9.7%；农村居民人均可支配收入 14958 元，比上年增长 10.6%，两者之间差距虽较往年有所缩小，但差距仍然较大。二是再分配调节收入力度还不大。由于缺乏健全的居民收入监控体系，个人收入来源复杂又不透明，偷漏税现象较为普遍，造成合理税收流失，对政府调节居民收入的再分配带来较大影响。三是慈善事业发展相对滞后，三次分配规模较小。

（四）医疗卫生事业存在的问题

一是基层医疗机构就医环境有待改善。农村居民对基层医疗机构医疗环境评分相对较低。对村卫生室和乡镇卫生院的就诊环境、医疗设备、药品种类和就医费用等方面都不满意。二是全省社区卫生建设相对滞后。社区卫生服务机构的滞后表现为床位的比例低和卫生服务体系指标的健全率低。三是地区医疗卫生资源结构不均衡问题依然突出。每万人卫生机构数从苏南到苏北呈递增趋势，苏南地区低于全省的平均水平。从每万人卫生人员数看，苏南水平要高于苏中和苏北地区。

（五）社会保障领域的主要问题

一是现行社会保障制度造成的城乡差距仍然较大，且各区域间差距较大。同一个地区，城市比农村的参保率要高，这在苏北地区表现得最为明显。苏南无论是城市还是农村，参保率都要高于苏中、苏北。二是管理体制分割使管理失调，造成资源浪费。目前，人社、民政、卫生、财政等多部门共同管理城乡医疗保险，具体政策由各部门拟订和负责实施，使得制度、机制之间缺乏衔接和协调。社会保险费的征缴经办机构繁多，导致社会保险管理环节脱节。三是新型城镇化进程中进城农民工和被征地农民的社会保障问题日益突出，迫切需要从制度上得到根本解决。

（六）住房保障面临的主要困难

一是部分地区保障性房源布局不均衡，与保障对象的区域需求衔接不够，个别项目还存在选址偏远、配套设施不完备等问题。二是江苏住房保障制度衔接不够紧密，房源建设与运营管理不够科学。如公租房与廉租房同属于租赁型住房，两种房源在建设、运营、管理上应该保持一致，不应该分开管理；对于保障房的骗租骗购、违规使用等行为，目前只设定较轻的处罚措施，存在管理难、执行难、违法成本低等问题。三是棚户区危旧房征收难度日益加大，补偿水平难以达到居民期望水平，对加快棚户区危旧房改造产生较大影响。

（七）公共安全体系建设存在的主要问题

一是系统的公共安全风险管理应急机制尚不健全。应对措施局限于部门（或地区性、或行业性）内、部门之间、县（市、区）之间、条块之间，预防与处置之间衔接得不够紧密。二是网络安全问题成为影响经济社会发展和公众工作、生活的重要问题。预防民众对网络安全的措施缺乏足够的了解，预防网络犯罪的法律体系不健全，对网络安全的宣传缺乏法律护航。三是公众安全意识薄弱，安全知识普及率不高，居民对安全知识的了解存在盲点。

三　未来几年江苏民生建设的重点及对策

未来几年是筑牢基本民生安全网，提升广大群众社会预期的关键阶段，需要从理论和实务两个层面深入研究各项政策和制度框架，促进江苏民生可持续、健康发展。随着经济发展水平和公共财力的大幅度提升以及现代制度的全面确立，江苏应该力求为全体社会成员提供使生活质量得以全面提升的民生福利。为此，本研究提出江苏省民生建设与发展整体层面的改革思路：进一步确立政府在民生建设方面的主导作用，切实转变江苏省在抓经济建设与社会建设过程中存在的“一手硬、一手软”的状况，加大“民生支出”在全省财政支出中的比重；通过全面深化改革，加快民生领域法治建设，推进依法治理，创新民生建设与发展中社会服务的供给方式，保障民生领域均衡公正，让人民真正共享经济发展与改革成果，实现“多元普惠，和谐善治”的目标。

（一）教育改革发展的重点及建议

教育领域应不断深化综合改革，以改革来推动发展，提高质量、促进公平、增强活力。教育综合改革应以普及教育、提高民众受教育水平、满足民众终身教育需求为目标，制定详细、科学的改革计划并着力推行。一要积极推进常住人口基本公共教育均等化，保证更高阶段教育的公平性，巩固义务教育的普及率，提高义务教育阶段的质量。二要完善公共财政投入保障机制，一定量的公共财政投入是完善教育、发展教育的基石，没有资金的强有力支持，所有的改革都是空谈，只有完善好公共财政投入的保障机制才能够保证教育事业的平稳健康发展，争取在教育领域取得更多成就。三要高标准建设高素质教师队伍，师资队伍是整个教育体系中最重要的内容，高素质的教师队伍才能提供高的教学质量，培养出高素质优秀人才。

（二）就业领域的发展重点及建议

就业领域亟待提高就业质量，将扩大就业规模与提高就业质量紧密结合起来，稳定就业环境，降低失业风险。一要提高建立健全全民就业创业体制机制的重要性，把扩大就业空间、创造更多就业岗位作为未来几年劳动力就业的基本战略。在当前经济社会发展背景下，开放小微企业贷款、扶持公益创投项目、降低行业准入门槛等应是主要内容之一。二要培育发展社会组织，政府通过购买服务的方式将职业帮扶工作交给社会组织来做，通过社会组织的承接能够让更多民众更好地了解相关政策。三要大力发展职业教育，利用职业学校资源为再就业群体设计学习方案，有效提高再就业职业教育的水平。

（三）收入分配方面的发展重点及建议

立合理有序的收入分配格局，实现收入分配体制的创新是当务之急。收入分配格局直接决定了居民收入的差异水平，对整个社会的稳定有着重要影响。一是不断完善初次分配机制。要通过建立适应经济发展水平的工资增长机制等方式，实现居民收入的增长和经济发展同步，劳动报酬的增长和劳动生产率的提高同步。二是进一步健全再分配机制。加快推进个人所得税制度改革，加强对高收入阶层的税收调节和征管，通过调节高收入阶层的收入水平来缩小收入差距。三是要着力缩小城乡之间、地区之间差距，农村的低收入人群更需要较高的社会保障水平来维持他们的基本生活。

（四）医疗卫生事业的发展重点及建议

一要加快推进公立医院改革。通过医疗、医保、医药“三医联动”，全面推进市县级以上公立医院管理体制、补偿机制、价格机制、药品采购、监管机制等综合改革，建立起维护公益性、调动积极性、保障可持续的公立医院运行新机制。二要加快发展社会办医。将符合条件的社会办医疗机构纳入医保定点医院，执行与公立医疗机构同等政策，拓展社会办医发展空间。三要加强医疗卫生资源配置的公平性与合理性，加大对农村医疗机构的资金投入。逐步实现区域间医疗卫生资源配置的均衡发展。此外，公共医疗卫生财政投入要向农村地区适度倾斜，农村地区经济发展较为落后，因此财政投入应向乡镇卫生院倾斜，从而发挥其在农村医疗服务体系中的枢纽作用。四要进一步完善基层机构运行新机制。鼓励各地大胆探索改革的新办法新模式，采取有力措施破难题、创经验，鼓励特色医疗和基层创新。同时要明确政府责任，发挥政府在统筹城乡医疗保障体系建设中的作用。

（五）社会保障领域的发展重点及建议

一是进一步理顺社会保障行政管理体制，打破各部门利益羁绊，建立独立的管理部门运行中心，加快社会保障规范化、专业化、信息化建设，完善社会保障综合服务功能。进一步健全社会保障经办管理体制和便民快捷的服务体系，引进第三方监督机制，提升自身管理部门监督短板。二是打破城乡二元结构，解决新型城镇化进程中农民工和被征地农民的社会保障问题。从户籍制度改革入手，使户籍不再成为享受社会待遇和福利的藩篱。按照“分类原则”，将他们纳入城镇社保体系。享有同等的就业、教育、住房等社会公共利益。三是积极稳妥推进机关事业单位养老保险制度等方面的改革。未来几年，江苏省机关事业单位要实行和企业相同的“社会统筹和个人账户相结合、用人单位和职工个人共同缴费”的制度，稳妥实现制度转换。建立健全“职业年金”制度，并将其作为基本养老保险的补充。

（六）住房保障发展的重点及建议

一是整合归并住房保障类型。将廉租房和公租住房并轨，采取“统筹建设、分档补贴、租补分离”的建设运营模式，确定差别化的分级补贴标准；将经济适用房、限价商品住房、棚户区改造安置住房并轨，采用淮安推行的“政府与个人共有产权”经济适用房模式，规范管理，采取出售的模式，通过双方产权份额的明晰，量化政策优惠，消除牟利空间。二是拓展保障房的筹集方式。对于公租房房源，除政府和社会资本新建外，还可以从城市和郊区闲置的商品房和农民安置房中筹集。政府用市场价格长期收租，通过订立合同等手段规范管理，再配以必要的政府补贴，以合适的公租房租金水平提供给保障对象。三是进一步完善保障房的退出机制。结合社会诚信系统平台的建设，建立健全保障对象收入的联查机制，明确各类财产收入审查认定的牵头部门，建立健全多部门联合审查认定的协同机制和流程，客观反映申请对象的收入情况。加大对违规不退出者的惩罚力度，加强社会监督，创新监管方式，健全监督机制，通过促进程序公开、分配结果公开，来保证住房保障资源的公平善用。

（七）公共安全体系建设与发展的重点和建议

一是加快制定全省公共安全规划，建立包括预警系统、预防系统、应急反应系统、保障系统、宣传动员系统于一体的公共安全服务体系。建立健全危机预警机制和应急机制，建设专业化的救灾队伍，做好培训和演练，防患于未然。二是创新立体化现代化社会治安防控体系。积极预防和严厉打击违法犯罪活动。将优良传统与现代化科技手段相结合，线上线下防控结合；预防和减少群体性事件的发生，及时做好教育转化和稳控工作。三是加强食品药品安全责任体系和监管体系建设，形成各部门齐抓共管、责任共担的安全工作格局。加快完善食品药品安全信用体系建设，建立企业食品安全信用档案，提高企业诚信水平。四是加强互联网安全管理。建立网络信息安全管理责任制，建立健全网络与信息安全防范机制，加强网络信息日常维护管理，确保信息沟通的准确性和及时性，加强网络安全基础建设，从源头上构建一张严密的“信息安全网”。五是加大宣传力度，加强公众参与，提升公众责任感。通过各种形式提高对公众安全知识的普及率，利用知识讲座、分发宣传册、播放教育电影等形式，调动居民关注公共安全服务的积极性。

B.24

江苏加强文化建设的思路、重点与对策

韩海浪 等*

摘　要：江苏文化发展，总体上要以习近平总书记系列重要讲话特别是视察江苏时的重要讲话精神为指引，以省委省政府《关于推动文化建设迈上新台阶的意见》所确立的“三强两高”为目标、以30项任务为抓手。要抓牢培育和践行社会主义核心价值观这个“主心骨”，明确“文化为民”导向，明确主要任务和重点工作，抓住艺术精品创作、体制改革和对外开放等重难点，完善法制保障。据此，培育和践行社会主义核心价值观、建设思想文化高地和道德风尚高地、推动优秀传统文化传承创新、建设现代公共文化服务体系以及促进文化产业提质增效升级等，应成为江苏文化建设的重点。针对其中的部分重点，本文提出如下对策建议：①培育和践行社会主义核心价值观。主要措施包括党员干部和社会公众人物带头示范、建立健全法规保障、确立群众主体地位、运用大众化语言和群众身边事例、以诚信体系制度化建设为突破口并结合道德风尚建设、重视大学生群体等。②理论与实践并重，建设思想文化高地。措施包括持续夯实理论根基、重视解决现实问题、依靠发展实践、力求理论创新和建设新型智库、完善咨询制度。③建设现代公共文化服务体系。主要从高定位、重需求、明主体、保运行四方面着力。④适应信息化新常态，促进文化产业融合发展。

* 课题负责人：韩海浪，江苏省社会科学院社会学所副研究员；课题组成员：鲍磊、马岚。

主要措施包括：鼓励扶持各类文化产业主体，扩大和提升群众文化消费需求，顺应信息化新常态，推进文化产业融合发展，培育和规范市场体系，继续深化体制改革，优化文化产业发展环境。

关键词：江苏　文化建设

一　江苏文化建设的坚实基础

近年来，江苏文化建设紧紧围绕“三强”目标，努力提升“六个能力”，大力实施“八大行动”，很好地发挥了文化引领风尚、教育人民、服务社会、推动发展的作用。可以看出，近年来江苏文化建设不仅取得了优异成绩，也为未来江苏文化建设迈上新台阶打下了坚实的基础。

（一）社会主义核心价值观的培育和践行

江苏坚持理性认知与情感认同并重、文化涵育与实践涵养并举，积极培育和践行社会主义核心价值观。一是明确了具体目标：到 2020 年，全省培育和弘扬社会主义核心价值观取得与“两个率先”进程相适应的新成效，具体体现为“两个巩固”得到加强、“三个自信”进一步坚定、社会主义核心价值观家喻户晓、“三创三先”精神广为弘扬、社会文明程度全面提升。二是理论先行。省委宣传部组织编撰出版了国内首套 14 卷“社会主义核心价值观研究丛书”，努力把江苏打造成为全国社会主义核心价值观研究的理论高地。三是全方位、多媒体、立体化宣传。全省综合运用理论宣传、新闻报道、文艺出版、社会宣传等立体化手段，运用报纸杂志、广播、电视和互联网、移动通信等各类媒体，全方位、全栏目、全天候传播社会主义核心价值观基本内容，用群众喜闻乐见的方式把核心价值观送到千家万户。此外，全省还大力发动各级各部门各单位积极行动起来，推动社会主义核心价值观融入人们实际工作和日常学习生活的方方面面，形成全民参与、合力推进的良好局面。

（二）思想文化工作

1. 舆论宣传

新闻出版方面。江苏深入实施精品出版战略，获得各类国家重点出版物出版规划项目、入选中国出版政府奖项目、中华优秀出版物种类等都居全国前三名行列；主题出版方面，围绕学习习近平总书记系列重要讲话精神和南京大屠杀死难者国家公祭日等重要活动，开展了一系列宣传报道，推出了一大批优秀出版物；精品生产方面，入选国家级奖项和评优项目数量继续保持在全国前列；《江苏省人大常委会关于促进全民阅读的决定》正式通过，成为我国首部促进全民阅读的地方性立法，是江苏省创制性文化立法的成功实践。

广播影视方面。江苏广播影视坚持以主旋律报道为基点，通过打造创新性节目、加强影视剧发展、推进媒体融合等，在丰富和满足人民群众文化生活的同时，有效地宣传了社会主义核心价值观。面对信息化的迅猛发展，江苏积极推进媒体融合，提高传播有效性。全媒体记者队伍日益壮大、全媒体新闻报道设备不断优化，新媒体用户规模成倍增长。江苏网络广播电视台 2014 年荣获全国“最具影响力网络广播电视台”称号。2015 年上半年，江苏有线成功上市，全省城市影院票房总额居全国第二。

2. 文化建设

文化建设内容广泛，文化遗产保护、对外文化交流以及文化体制改革等都在其内。限于篇幅，本文仅选取文艺创作、公共文化服务体系、文化产业发展这三个方面加以概述。

文艺创作生产动力强劲、势头良好。2011 年，顾芗再获戏剧表演最高奖——“梅花大奖”（三度梅）。2012 年江苏有长篇小说获全省历史上第一个茅盾文学奖（第八届），2015 年再有长篇小说获第九届茅盾文学奖，书写了江苏文学的辉煌历史。2013 年，原创话剧《枫树林》获第十届中国艺术节文华大奖，昆曲《牡丹亭》、锡剧《一盅缘》分获文华优秀剧目奖、剧目奖，取得近 10 年来参加中国艺术节的最好成绩。5 台剧目获得第十三届中国戏剧节优秀剧目奖，获奖剧目数全国第一；出台《关于加大资金投入繁荣美术创作的意见》。34 件美术作品入选全国美展，入选数量在全国名列前茅。

公共文化服务体系建设成效显著。基本建成覆盖城乡的公共文化设施网络，文化信息共享工程和农家书屋率先在全国实现行政村全覆盖，文化惠民工程不断取得新进展。

文化设施全国一流，是全国最早实行文化馆、图书馆、美术馆和博物馆等公共文化场馆免费开放的地区之一，国家一级图书馆、文化馆、博物馆总数居全国第一，美术馆普查数量也居全国第一。国家一级文化站239家，国家级乡镇文化站达标率位居全国前列。2014年江苏成年居民综合阅读率86.9%，同比提高4.7个百分点，较全国平均水平高出8.3个百分点。全省累计建成农家书屋数量居全国第一。

2014年，全省有31个县乡被命名为中国民间文化艺术之乡，总数居全国第一。公共文化服务方式方法不断创新。张家港网格化公共文化服务经验已被文化部向全国推广，吴江“区域文化联动”项目获第二届文化部创新奖，并在全省得到推广。

此外，在文化惠民工作、文化自愿服务等方面，江苏取得的成就也都位居全国前列。

文化产业快速发展，支柱产业雏形初现。2013年，全省实现文化产业增加值2501亿元，总量居全国第二。2014年，全省文化产业增加值突破3000亿元，占GDP比重超过5%，文化产业增速高于GDP和服务业增速，初步具有支柱产业雏形。文化产业总体规模、发展速度和发展潜力以及文化产业对国民经济发展的贡献度位居全国前列，在“2014年中国省市文化产业发展指数”排名中跃居第二。现代文化产业体系基本形成，新兴文化业态在文化产业中所占比重趋近目标值（60%）。

3. 哲学社会科学建设

目前，江苏社科界现有10万大军，其中从事哲学社会科学工作的专业人员近3万人，研究力量雄厚。2012年出台《加快推进社科强省建设实施意见》。国家社科基金立项数量方面，2012年、2013年两年位居全国第三，2014年位居全国第二（仅次于上海，教育部在京直属高校除外）。全省决策咨询研究基地总数发展到39家。据统计，截至2014年各研究基地上报了近200项决策咨询课题成果，有70多项研究成果得到省委书记罗志军、省长李学勇等领导同志的重要批示，其中2014年就有20多项。

另外，江苏近年来精神文明建设亦成效显著，但限于篇幅，本文不再展开叙述。

二　江苏文化建设的主要思路及重点

江苏文化发展，总体上以习近平总书记系列重要讲话特别是视察江苏时的重要讲话精神为指引，根据国家和全省总体发展计划要求，以省委省政府《关于推动文化建设迈上新台阶的意见》所确立的“三强两高”为目标、八方面30项任务为抓手，推动文化建设迈上新台阶。

（一）主要思路

培育和践行社会主义核心价值观是“主心骨”。这是2014年12月习近平总书记在视察江苏省时提出的，也是江苏“道德风尚高地建设”的重要内容，无疑应是江苏未来很长一段时间内文化建设的重中之重。

“文化为民”导向必须明确。无论是全面小康还是基本现代化，其最终目的都是实现人的现代化，人的全面发展。江苏文化工作应以群众为核心，以群众为主体、更加注重群众精神生活的满足、更加关注群众思想道德水平和文化素质的提高。

要明确主要任务和重点工作。要将省委省政府《关于推动文化建设迈上新台阶的意见》（苏发〔2015〕17号）中所提出的“三强两高”作为江苏省文化建设的主要目标，将所列出的8个方面30项任务作为主要任务。其中，培育和践行社会主义核心价值观、思想文化高地建设、现代公共文化服务体系建设以及文化产业提质增效等，应成为江苏文化建设的工作重点。

促进艺术精品创作是重点，也是难点。出文艺力作、创意精品，以及艺术人才队伍建设等，都是其应有内容。对创作立场和方向进行引导和管控，遵循艺术创作规律出台有效的扶持激励机制，鼓励、引导和促进网络艺术创作等，都是必须面对的硬任务。

体制改革与对外开放是又一难点。体制改革方面，国有文化单位改制、创新媒体融合发展的体制机制、公益性文化事业单位改革等，都是极其艰巨的任务。文化对外开放更是难度不小，如体制机制改革，以推进更宽领域、更高层次的对外文化交流；加大宣传力度、转变宣传方式，增强江苏文化的国际影响力；拓展营销渠道，推动更多江苏文化产品占领国际市场；等等。

法制保障需要进一步完善。江苏需要在公共文化服务、文化产业促进、诚信建设、志愿服务等方面强化法制保障，提高文化发展的法制化水平。

（二）工作重点

以下几项重点工作主要是根据江苏社会发展的新形势、新要求，根据近年来江苏文化建设中存在的主要问题以及省委省政府《关于推动文化建设迈上新台阶的意见》要求确立的。

1. 培育和践行社会主义核心价值观

作为习近平总书记指出的文化建设的“主心骨”，培育社会主义核心价值观理应成为江苏文化建设的重中之重。其中带有共性的一些难点问题更应予以特别关注并首先采取有效措施。比如“诚信”。江苏省社科院近期做的一项调查显示，整个社会的总体信任度已经跌破底线，急需提升。另外，实地调研发现，目前核心价值观培育活动还存在着“上面热、下面冷”“宣传部门热、其他部门冷”等诸多问题。

2. 加快社科强省步伐，建设思想文化高地

建设思想文化高地是江苏文化建设的主要目标之一。要想实现这一目标，还需克服许多障碍。首先，目前全省还缺乏重大理论创新成果和高质量的应用对策研究成果。其次，社科强省建设速度未达预期。如到 2015 年全省计划建设 30 个国内一流社科研究基地、20 个哲学社会科学模范学术社团等的速度便未达预期。

3. 开展道德风尚建设

道德风尚高地建设是江苏文化建设“三强两高”总目标之一，重要性不言而喻。但省委省政府在《关于推动文化建设迈上新台阶的意见》中，又没有把“道德风尚高地建设”作为专门任务列出，因此，更需要我们深入研究并确定这项工作的具体工作目标。

4. 完善现代公共文化服务体系

近年来，江苏公共文化服务在硬件方面已经达到了较高水平，但在软件建设方面还有明显不足。重视硬件而忽略软件建设问题、文化供给与群众文化需求不对接问题、人力与物力短板问题等还比较突出。苏中、苏北区域的人均文

化事业费长期低于全国平均水平。专业文化服务人才严重不足更是目前公共文化服务体系建设的一大短板。

5. 推进优秀传统文化的传承创新

习近平总书记在视察江苏时的讲话中特别强调了弘扬优秀传统文化并古为今用、推陈出新的重要性和必要性。这方面，目前全国都做得不够，将传统文化等同于落后文化甚至认为“传统文化大多是糟粕”的至今大有人在。因此，首先要扭转传统文化“大多是糟粕”的错误观念，然后将重点放在传统文化资源的挖掘梳理上。也只有在此基础上，才能进行创造性转化、创造性发展。

6. 促进文化产业提质增效升级

从近年来的发展情况看，江苏文化产业的发展不如预期。一是文化市场活力下降。艺术表演团体和场馆在演出的原创剧目、演出场次和吸引观众方面缺乏活力。演出收入占总收入的比重逐年下滑，财政补贴仍然是艺术团体和场馆主要的收入来源。部分采用传统经营模式的互联网上网服务营业场所收入也一落千丈。由于管理不到位，赝品泛滥、投机现象严重等，艺术品消费市场受损严重。二是多项文化产业预定发展目标难以实现。

三　江苏文化建设的对策建议

培育和践行社会主义核心价值观、思想文化高地建设、现代公共文化服务体系建设以及文化产业提质增效，是江苏文化工作的重点，本文为此提出一些对策建议。上文所述的其他重点工作，受篇幅与研究能力所限，本文不再述及。

（一）培育和践行社会主义核心价值观

培育和践行社会主义核心价值观，落细落小落实、贯穿结合融入是关键，也就是要找准与群众思想的共鸣点、利益的交汇点，并将具体行动渗入群众的日常工作和生活中。发挥党员干部特别是领导干部的带头作用，引导企业家、知识精英、文化名流、影视歌星等社会公众人物起示范作用以及建立健全法规保障等，都是培育和践行社会主义核心价值观的重要举措。除此之外，还应重视以下几点。

1. 确立群众的主体地位

培育和践行社会主义核心价值观，仅靠党和政府的倡导是远远不够的，必须确立并尊重群众的主体地位。可以说，普通群众成为“主角”与否，是判断培育和践行核心价值观成功与否的唯一标准。

激发群众的主动性和积极性，使之成为“主角”，首先需要党和政府的高度重视。中共中央《关于培育和践行社会主义核心价值观的意见》明确要求：“尊重群众的主体地位”，而江苏对应的实施意见中，却忽略了这一十分重要的原则，急需加以纠正。二是将核心价值观进行语言细化，使之贴近群众利益需求和价值愿望。比如某地将“友善”细化为“助人为乐”、华西村将“爱国”细化为“六爱”（爱党、爱国、爱华西、爱亲、爱友、爱自己）。

2. 运用大众化语言和群众身边事例

作为核心价值观的内核，社会主义核心价值观的12个词组24个字显然是高度浓缩的产物，其中不可避免地会有普通群众不理解这24个字。所以，只用这24个字做标语、只宣传这24个字，效果不会很好。为尊重并发挥普通群众的主体性，首先需要用浅显易懂的大众化语言来诠释这24个字的内容，诸如“勤俭”“孝悌”等。其次需要用“身边好人”这样可亲可敬、可信可学的事例来加大宣传教育。中共中央《关于培育和践行社会主义核心价值观的意见》明确要求：“多联系群众身边事例”，江苏对应的实施意见中，还缺少这样的内容。

3. 与道德风尚建设相结合

江苏要成为道德风尚建设高地，至少要实现以下三个具体目标：群众文化生活供需基本平衡，文化素质与经济社会发展水平相适应；人民群众普遍具备良好的社会公德、职业道德、家庭美德和个人品德，能够坚守前进方向、坚守理想信念、坚守正义良知；群众普遍认可社会主义核心价值观并会主动宣传与实践，党风政风社风民风纯正，家风乡风校风行风良好。从中也可以看出，核心价值观的培育与道德风尚培养关系密切，将二者结合，显然可以相得益彰。

4. 以诚信体系制度化建设为突破口

贯彻落实《江苏省社会信用体系建设规划纲要（2015～2020）》，推进政务诚信、商务诚信、社会诚信、网络诚信和司法公信建设，突破培育和践行核心价值观方面的难点，并以此推进修身律己、崇德向善、礼让宽容的道德风尚建设。

5. 重视培育大学生群体的核心价值观

对大学生群体核心价值观的培育，要充分利用《十条戒令》《较量无声》等材料，对大学生加强爱国主义教育，增强大学生对中国特色社会主义的道路自信、理论自信和制度自信。信息技术日新月异，且备受大学生群体的喜爱与运用，这要求文化宣传部门必须熟练掌握最新科技，增强技术管控能力。

（二）理论与实践并重，建设思想文化高地

江苏拟建设的思想文化高地，其特征至少有三：有一批具有全国性影响的重大理论创新成果，包括马克思主义中国化理论成果；总结出能在全国多数地区推广运用的、有中国特色社会主义建设的成功经验；有中国一流的新型智库。为此，必须在理论与实践并重的基础上，积极推进中国特色智库建设，加快社科强省步伐。

持续夯实理论根基，重视解决现实问题。没有扎实的理论功底，就难以研究社会发展中的具体问题、难以提出科学的解决问题的对策。同样，对建设有中国特色社会主义的具体实践毫不关心的专家学者，即使理论功底很强，也难以提出解决实际问题的对策。因此，加快江苏社科强省步伐，建设思想文化高地，既要重视理论功底的夯实，又要重视现实问题研究并提出解决对策。

依靠发展实践，力求理论创新。理论来源于实践。江苏哲学社会科学要想取得重大理论创新，必须依靠新时期江苏“两个率先”的实践。实践中的情形千变万化，也必然要求理论研究去除固化思维，与时俱进。建设思想文化高地，必须打破传统思维，着眼“两个率先”的具体实践与时代要求，在扎实理论功底的支撑下，明确指出哪些政策措施过去是有效的，现在已经失效或行不通；哪些政策过去无法出台也行不通，而现在却势在必行；哪些社会现象过去必须反对而现在却急需政策支持。

重大创新性理论，刚诞生时往往与当时的政策与发展环境格格不入。在“两个凡是”背景下出现的“真理标准大讨论”以及在国有企业绝对主导背景下出现的“乡镇企业”理论，莫不如此。鼓励理论创新，建设思想文化高地，要常怀敬畏之心，增强辨识能力，谨防成为“好龙叶公”。

建设新型智库，完善咨询制度。建议组织全省乃至国内外的专业研究人才成立不同类型、不同性质的新型专业智库，以跨学科联合攻关为主要手段，积极开展前瞻性的、有针对性的、储备性的政策研究；深化体制机制改革，在科研保障、科研评价、激励政策等方面坚持基础研究和应用研究并重；为保证新型智库的健康发展，针对政府重大决策出台，建立规范的咨询制度。首先，必须经过咨询程序，以科学咨询支撑科学决策，以科学决策引领科学发展。其次，围绕中心任务和重点工作，政府部门也要及时发布决策咨询信息，鼓励并引导相关智库开展决策研究、评估以及建议等工作。

（三）建设现代公共文化服务体系

高定位。建设现代公共文化服务体系，目的不仅仅是满足群众文化需求，提高群众文化素质，还应将基层文化阵地建设成为社会主义核心价值观的宣传教育基地，建设成为马克思主义大众化的平民讲台、建设成为弘扬与继承以爱国主义为核心的民族精神和以改革开放为核心的时代精神的主要抓手，建设成为继承和发展民族优秀传统文化的主要阵地。

重需求。满足群众文化需求是构建现代公共文化服务体系的重中之重。这是主要目的，其他的文化机构建设、设施建设、人才建设等，都是服务手段。在基层文化设施建设任务已经总体完成的今天，将公共文化服务体系建设的主要任务转向满足群众文化需求和提高文化素质，应该成为今后相当长的一段时间内全省基层文化工作的主要任务。

明主体。公共文化“服务”体系，顾名思义，政府的角色是“服务者”而非主角。群众才是基层文化建设的主角，才是公共文化的“服务对象”。文化活动的组织者与参与者、文化内容的选择者，都应是群众本身。作为配角的基层政府，只需要提供基本的文化活动场所、文化活动经费等即可。文化活动经费也应以向社会力量购买服务的方式进行投入，以保证文化活动中群众的主体性。

保运行。为公共文化建设提供必要支持以保障其正常运行，是政府的职责。一是除要保障财政经费的足额到位外，还应鼓励和吸引社会资本投入。二是要重视基层文化人才建设，特别是现有文化工作者要回归本职，并且“专务正业”。三是严格执行《国家基本公共文化服务指导标准

（2015～2020）》，并以略高于国家标准的要求完善基本服务项目、硬件设施以及经费投入。

（四）适应信息化新常态，促进文化产业融合发展

文化工作肩负着捍卫国家意识形态、培育核心价值观和养人心志、育人情操等责任，发展文化产业，不能完全用经济思维，需要使社会效益与经济效益并重。艺术创作有其自身的规律和特点，经济激励机制并非会完全有效。发展文化产业也要有民族自信、文化自信，不必完全照搬西方模式。

鼓励扶持各类文化产业主体。广电和出版发行等传统国有文化企业是中坚力量，要做大做强，坚持发展才是硬道理，不必纠结于所有制结构。鼓励力量较强的民营文化企业与国有文化企业错位发展。积极扶持小微文化企业，鼓励众创空间建设，激发文化创客的积极性。充分发挥市场在文化资源配置中的积极作用，做大做强文化产业发展的企业主体，完善文化产业园区和基地建设。大力发展文化中介服务机构和行业组织。

扩大和提升群众文化消费需求。广泛开展公益性文化艺术活动，培养健康向上的文艺爱好，扩大和提升群众文化消费需求；加强文化创意产品研发，创新文化产品和服务内容；以政府购买公共服务方式，支持艺术表演团体提供公益性演出。

顺应信息化发展趋势，推进文化产业融合发展。借助日益普及的信息技术，促进文化与信息网络的深度融合，生产与提供网络文化产品及服务。促进创意产品与现代科技的融合，满足群众越来越高的个性化需求。发展文化金融服务，解决文化企业发展的资金难题。设立网上文化产业交流展示平台，突破文化产业发展的空间局限和行业藩篱。

培育和规范市场体系。完善文化市场准入和退出机制，让各类市场主体平等进入文化市场领域，公平竞争、优胜劣汰；加强综合执法队伍的专业化、规范化、信息化建设，严厉打击盗版侵权行为；加快文化市场信用体系建设，建立健全以信用监管为核心的监管体系。支持并发挥各类文化行业协会和中介组织在市场协调、行业自律、服务维权等方面的作用。

继续深化体制改革，优化文化产业发展环境。通过改制转制，培养一批市场化的国有和国家控股的文化产业。为民营文化产业、特别是小微文化企业发

展创造良好环境；强化全省文化产业领导小组的权威，统筹协调解决全省文化产业资源整合、要素配置、体制机制改革等重大问题；加大文化人才培养和引进力度，完善文化人才的激励政策，建立与社会主义市场经济相适应的收入分配机制。允许社会文化组织、文化科研人才等以文化品牌、创作和科研成果等要素参与收益分配。

B.25
安徽文化消费问题研究

胡功胜　黄胜江*

摘　要：文化消费是当今社会消费的主要组成部分和社会文明进步的重要标志。随着安徽省经济社会不断发展和人民生活水平的日益提高，文化消费水平也取得了长足的进步，但与安徽省经济社会的实际发展水平和人民群众的实际需要相比，当前的文化消费仍然存在着消费规模过小、消费水平太低、消费结构失调等问题。如何扩大文化消费、优化消费结构、提升消费水平，是转变安徽省经济增长方式、促进消费结构升级、满足人民群众日益增长的精神文化需求的必然选择。

关键词：安徽省　文化消费

一　安徽文化消费的现状

（一）文化产业实现跨越式发展，文化消费需求持续增长

从图1看，近10年安徽省文化产业增加值和占GDP比例呈逐年增加趋势，近6年连续保持20%以上的增幅。按常住人口计算，2013年安徽省人均GDP达31684元，折合5116美元，比上年增加2892元。按照业界流行的观点，人均GDP达到5000美元后，意味着人民生活水平将由基本实现小康向更高水平的小康迈进，且随之而来的是文化消费的快速甚至是“井喷式”增长。

---

* 课题负责人：胡功胜，安徽省社会科学院文学所副研究员；课题组成员：黄胜江。

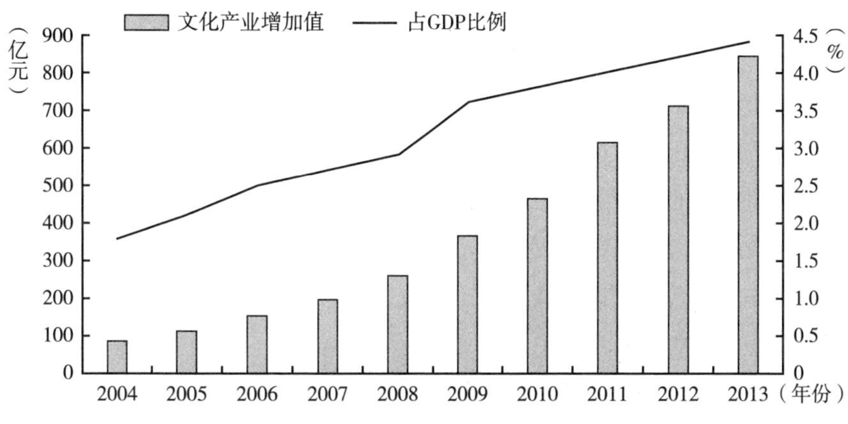

图1　安徽省近10年文化产业增加值和占GDP比例

从图2看，在文化消费上，安徽省城镇人均文化消费也呈逐年增长趋势，2004～2013年安徽省城镇人均文化消费从623.5元增长至1903.7元，年均增长20%左右，人均文化消费占总消费比重也始终保持两位数字的增长。

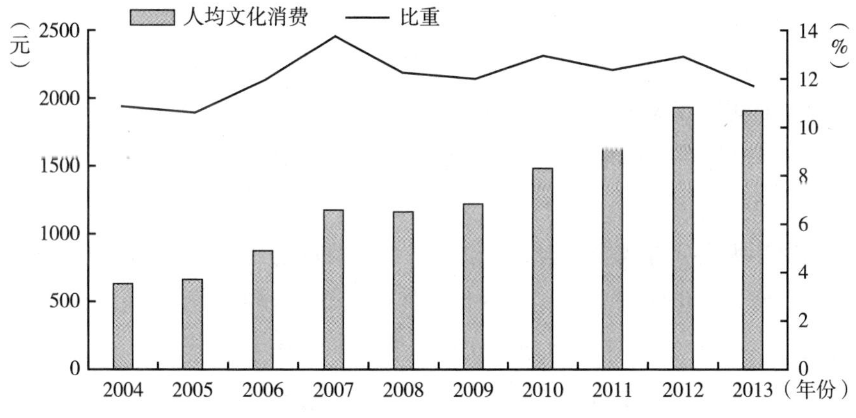

图2　安徽省城镇人均文化消费和占总消费比重

（二）文化消费结构和文化消费方式呈现新变化

依据文化消费的目的和性质，可把文化消费分为教育消费和文化娱乐消费。教育消费主要涵盖学杂费和托幼费等，文化娱乐消费主要是用于文化娱乐用品及文化娱乐服务方面的支出。进入 21 世纪后，教育消费一直是文化消费的大头，2010 年教育消费所占比重下降为 47.1%，开始低于文化娱乐用品和服务的消费所占比重，近几年基本保持在这个水平。

从城镇居民的消费方式来看，精神文化消费已开始由较低层次的消遣型、娱乐型向高层次的知识型、发展型、智能型方向发展。人们不仅要吃饱穿暖，更讲究“吃出特色、穿出个性、戴出品位”。看电影、旅游、运动健身、观看戏曲和歌舞在安徽省城镇居民精神文化生活中占有越来越重要的地位。从农村居民的消费方式来看，精神文化消费虽然仍以看电视、听广播、打麻将、读书看报等为主，但相当部分农村居民已开始通过购买文娱用品、参加体育活动、进行观光旅游来愉悦身心。

（三）拉动文化消费加速增长的外部环境正在形成

一是加大了文化基础设施的投资力度，一大批公共文化建设项目成为居民扩大文化娱乐消费的基本保障。截至 2013 年末，全省有文化馆 121 个，公共图书馆 102 个，博物馆（含民营博物馆）154 个，乡镇街道综合文化站 1433 个，农家书屋实现全覆盖。全国重点文物保护单位 130 处、合并“国保”项目 4 处，省级重点文物保护单位 708 处。国家级非物质文化遗产名录 60 项，省级名录 273 项。广播电台 15 座，电视台 15 座。全年出版报纸 98 种，期刊（杂志）180 种，图书 10514 种。二是文化领域的体制改革和结构调整步伐进一步加快，为充分释放全社会文化创新活力和消费能力提供了难得的机遇。近年来，安徽省文化体制改革逐步深化，创造了非试点省走在全国前列的“安徽现象”，连续三次被评为“全国文化体制改革工作先进地区”。在结构调整中，加快了文化、科技融合发展的步伐，合肥入选首批国家级文化和科技融合示范基地，合肥、芜湖成功入选国家级数字出版基地。全省 28 家动漫企业通过国家认定，总数居全国第五、中部第一。三是培育了一批文化骨干企业、大集团，这些大骨干企业、大集团形成的规模化效应将会带动文化消费品价格走低，将有助于文化消费品市场进一步繁荣。省属报业、出版、发行、演艺、广电 5 大集团 2013 年实现营业收入 288.53 亿元，利润总额 14.34 亿元。

二　安徽文化消费存在问题

（一）城乡二元结构明显，不同地区发展不均衡

如图 3 所示，2000 年以来，安徽省城镇居民文化消费增长幅度明显高于农村居民。从图 3 中还可以看出，城镇居民文化消费占总消费比重一直呈上升趋势，而农村呈下降趋势。这说明安徽城乡居民文化消费水平发展不均衡，农村文化消费远远落后于城镇，城乡二元结构特征非常明显。

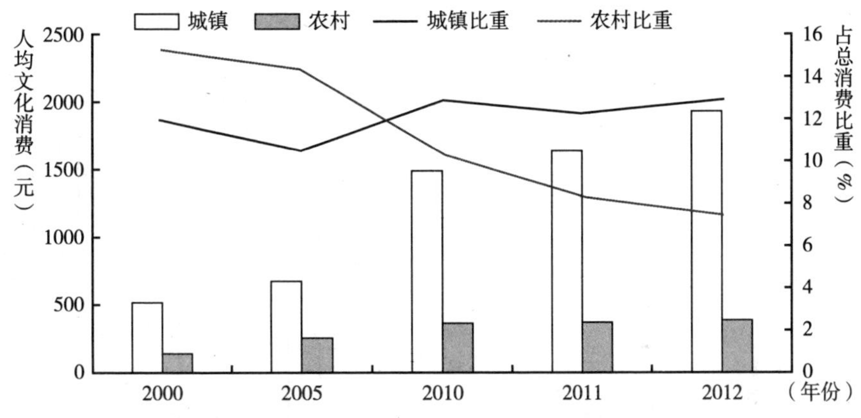

图 3　安徽省城乡居民人均文化消费与占总消费比重

从图 4 大致可以看出，安徽各地区城乡居民人均文化消费发展也不均衡，总体来说，皖西北地区的文化消费较低，中部、长江沿线及南部地区发展迅速。同一地区内城镇与农村文化消费水平相差很大，农村基数普遍较低。

（二）文化教育消费总量偏低，消费结构不尽合理

2000 年以来，安徽省人均文化教育消费虽然增长很多，但与发达省市相比还存在着一定差距。图 5 显示，安徽与北京人均文化教育消费水平差距很明显。安徽人均文化教育消费 2000 年是北京的 40%，2005 年仅为 30%。从消费结构看，2000 年安徽省人均文化教育消费占总消费比重与北京市相差 3.1 个

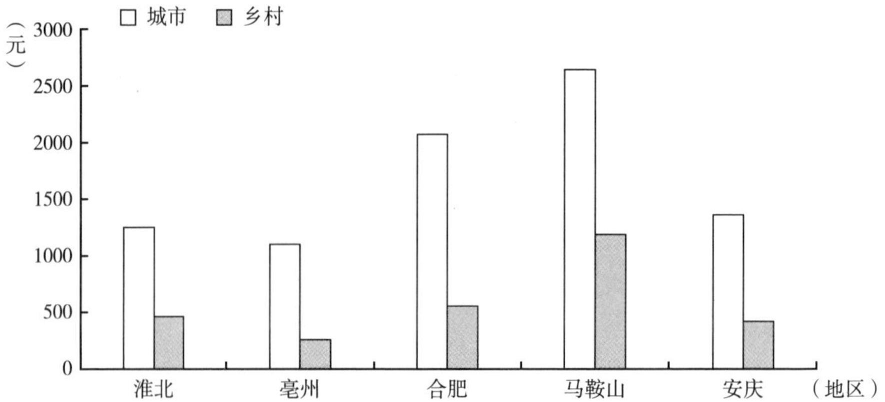

图4　2012年安徽省5市城/乡居民人均文化消费额对比

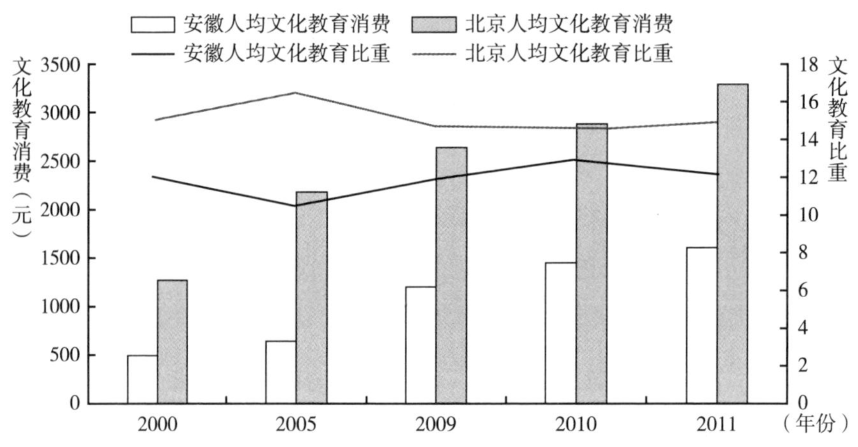

图5　安徽省与北京市人均文化教育消费

百分点，2010年相差1.7百分点，2011年相差2.6百分点。

从图6数据得知，安徽省城镇娱乐消费稳步上升，2010年甚至开始超过了教育消费。但文化消费的结构还是比较单一，主要是看电视、报纸、影碟，还有就是上网、听广播，再有就是逛公园、体育健身、旅游、阅览书籍、绘画书法等，除上网、旅游属新兴项目外，其他都是比较传统的项目，诸如文艺演出、动漫、明星演唱会、展览展示等新型文化消费不是很普遍，消费的层次比较低，费用支出较少。

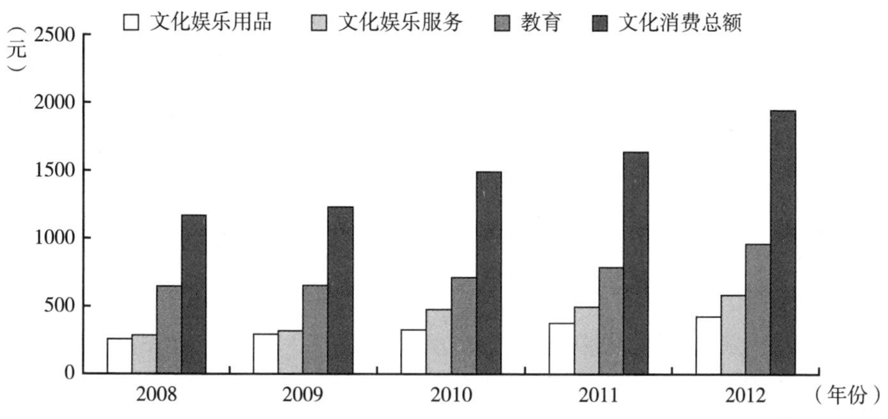

图6　安徽省2008～2012年城镇居民文化消费构成

（三）社会保障措施不健全，消费制度建设比较滞后

由图7可以得知，2012年与2008年相比，医疗保健支出增加0.8倍，社会保障支出增加1.2倍，而可支配收入仅增加0.6倍，其他居住支出和食品支出也高居不下。医疗保险制度和养老保险制度不健全，保障水平不高，居民仍有不少后顾之忧，直接导致了居民紧缩文化消费、加大储蓄力度。房价居高不下，也严重影响了居民的文化消费能力。

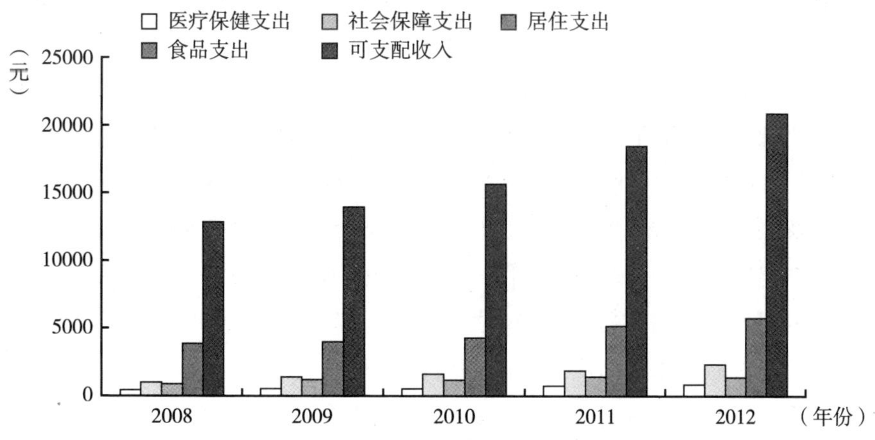

图7　安徽省2008～2012年城镇居民人均主要支出和可支配收入变化

和经济政策相比，文化消费政策出台比较滞后，战略定位不精准、发展思路不清晰、谋划项目难落实、市场划分不科学、开放力度不强大成为一些地方和部门难以出台文化消费政策的主要问题。已经出台的一些文化消费政策，没能跟上时代发展步伐和消费需求趋势，有的甚至存在着明显的缺陷。一些投资方很容易打这些政策的擦边球，“用足用活”政策后就卷铺盖走人，留下人去楼空的文化市场空壳；有些文化产品的运营商，侵犯文化产权、制假售假的违法行为还比较严重，在一定程度上影响了文化消费市场的良性运转和有序发展；消费者大都只能享受基础性、普及类的文化产品和服务，无法适应人民群众日益增长的多层次的精神文化需要；一些新兴文化消费市场缺乏及时有效的法律法规，致使消费者的文化权益得不到有力保护，进而影响了这类消费者文化消费的积极性。

（四）消费主体素质不高，产品供需严重失衡

文化消费规模的扩大，很大程度上受消费主体的文化素养、兴趣爱好等主观因素的影响。在其他条件相同的情况下，消费主体的文化素养越高，文化消费的数量和质量就越高；2010 年第六次人口普查数据表明，安徽省人口文化素养，尤其是文化消费最大的潜在消费群体——高中和中专以上文化程度的群体文化消费主要指标都远远低于全国平均水平。消费者文化素养不高，使得当前安徽省的文化消费出现了重时尚流行轻文化底蕴、重感官享受轻精神追求、重文化普及轻素质提高等一些不正常现象。

文化消费水平的高低，是由需求和供给两方面因素决定的。在消费能力和消费意愿既定的情况下，文化消费的发展主要取决于供给方面的状况，即市场能否提供足够的有效供给来满足人们的文化需求。当前，就安徽省而言，在文化产品及服务的供给数量与质量、产品结构与价格等方面存在诸多问题，严重打压了人们进行文化消费的积极性。调查发现，影响居民对文化产品选择的主要因素表现为“质量”（70.2%）、“实用性”（25.6%）和“价格”（67.8%）三个方面，认为文化产品质量影响消费行为的高达 70.2%，认为文化产品价格影响消费行为的高达 67.8%，而其他因素如“品牌”（15.2%）和“包装”（14.3%）等则对居民购买力的影响相对较弱。这一方面说明，居民的文化消费取向比较偏重实用性，强调物美价廉；另一方面也说明，当前安徽省的文化

产品供给还没有做到适销对路，可消费的产品多，值得消费的产品少，在产品的数目质量与消费者的真实需求和精神期待之间还存在一定的距离，有一定程度上的脱节。

三　安徽文化消费空间及规模的量化分析

据国际经验，当一国或一地人均 GDP 达 1000 美元时，文化消费应占个人消费的 18%；当人均 GDP 超过 3000 美元时，文化消费将进入稳定增长阶段，城乡文化消费应占个人消费的 23%；当人均 GDP 接近或超过 5000 美元时，文化消费则会进入“井喷时代”，居民文化消费占比为 15% ~18%。2012 年安徽省人均 GDP 5000 多美元，按城乡平均个人消费总额的 10283.82 元的 15% ~18% 计算，城乡人均文化消费应在 1542.57 ~ 1851.09 元。如果城乡人均文化消费与人均 GDP 增速同步，按近几年（2009 ~ 2013 年）安徽 GDP 平均增速为 12.72% 计算，2013 年的安徽城乡人均文化消费应在 1738.78 ~ 2086.55 元，2014 年为 1959.95 ~ 2351.96 元，2015 年为 2209.26 ~ 2651.13 元。2013 年安徽省消费增速达 14%，高于 GDP 增速，这个数字似乎应该更有保证。但实际上，根据《2013 年安徽省国民经济和社会发展统计公报》数据，2013 年，安徽省城镇文化消费同比下降 1.5%，农村则下降 2.4%，实际城乡人均文化消费仅有 1140.17 元，与“国际经验”最低线相差 598.61 元，为最低线的 65.57%；与最高线相差 946.38 元，为最高线的 54.64%。也就说，2013 年安徽文化消费应该还有将近一半的发展空间。

文化部部长蔡武曾对文化消费空间有一个比较粗略的论述，他认为消费需求中最具潜力的消费是文化消费。据专家预测，中国潜在的文化消费能力是 4 万多亿元人民币，但 2013 年文化消费实际规模是 1.6 万亿元左右，占居民消费总支出的 30% 左右，还有近 3 万亿元的空间没有发掘出来。据此测算，2012 年安徽省潜在的城乡人均文化消费应在 3085.15 元左右，而实际上 2012 年安徽省城乡人均文化消费只有 1159.33 元，占理想规模的 37.58%。2013 年安徽省潜在的城乡人均文化消费应在 2850.43 元左右，而实际上只有 1140.17 元，占理想规模的 40.00%。这也说明，安徽省文化消费的发展空间非常大。再根据“国际经验”，2011 年我国人均 GDP 已超过了 5000 美元，但 2011 年我国城镇居民文化消费并未出现快速增长，更未出现“井喷”现象。到2011年，全国城乡文化消费总量也只有1.0126万亿元，人均文化消费为753.36元，只占“国际经验”的25%左右。这种差距最主要的原因之一是城镇居民收入增幅长期以来低于GDP增长速度。全国城镇居民抽样调查资料显示，2001～2011年城镇居民人均可支配收入年均增长9.5%，农村人均纯收入年均增长7.4%，而GDP年均增长10.5%，比城镇居民人均可支配收入和农村人均纯收入分别高1个和3.1个百分点。由于人均可支配收入增幅长期以来低于GDP增幅，还有其他比较复杂的各种因素的影响，居民文化消费能力的提高受到了较大限制，文化产品和服务不能及时转化为居民消费。

另有专家认为，未来五年，全国城乡消费增长率将持续提高，可能达到18%左右；城乡居民家庭文化消费增长率和文化消费总量规模将呈现稳步上升趋势，预计今后五年全国城乡居民文化消费增长率可能为20%左右，大体与全国文化产业增加值年均增速20%左右的水平持平。安徽省文化产业增加值近6年连续保持20%以上的增幅。以2012年安徽省城乡人均文化消费1159.33元为基数，2013年安徽省城乡人均文化消费应为1391.20元，2014年应为1669.44元，2015年应为2003.32元。根据2013年安徽省实际人均文化消费1140.17元计算，也还有251.03元的增长空间。

一般认为，提高城乡居民的收入水平或购买力，就会提高他们的文化消费能力，但据《中国文化消费需求景气评价报告（2011）》的分析测算，2000～2009年，全国人均产值从1000美元增长至近4000美元，文化消费增长却滞后于经济增长和城乡居民收入、总消费增长，出现了“积蓄增长负相关效应”。全国城镇人均文化消费在2002年出现增长高峰，与此相对应的恰好是人均积蓄增长低谷；反过来，全国城镇人均积蓄在2001年、2003年和2006～2008年曾出现增长高峰，与此相对应的恰好是人均文化消费增长低谷（2007年稍显例外），2009年全国城镇人均文化消费增长幅度出现较明显的回升，与此对应的是2009年城镇人均积蓄增长幅度出现较明显的下降。在城镇人均积蓄增长与人均文化消费增长之间，存在着负相关关系。安徽近5年的文化消费与人均纯收入也不成正相关关系，在人均纯收入上升的同时，文化消费虽一直增长，但增长速度并不与之同步，而是出现较大波动，但基本与人均积蓄负相关，2010年文化消费增长速度较快，但人均积蓄增长较慢，2012年，人均纯收入增长速度一般，但文化消费却保持了较好增长水平，总体来说，人均积蓄的增长速度远远低于文化消费。

由此可见，具有一定的消费支付能力是文化消费前提条件，但是，文化消费支付能力的提高，并不必然意味着文化消费能力的提高。从上面的数据分析还可以看出，居民收入增长了，口袋鼓了，也并不意味着文化消费的增长。因此，文化消费能力绝不只是“钱”的问题，如果把支付能力作为文化消费能力的最重要考量因素，是把问题简单化了。但可以断定的是人均纯收入与人均积蓄间的差额就是文化消费的可能空间。以 2012 年为例，当年人均积蓄年增加额为 2818 元，当年的城乡个人平均文化消费占个人总消费的比例为 10. 18%（城镇为 12. 87%，农村为 7. 49%），如果城乡居民不增加个人储蓄，按此比例进行文化消费，就能增加文化消费 286. 87 元，那么 2012 年的城乡居民文化消费应为：1159. 33 + 286. 87 = 1446. 20（元）。按近 5 年（2009 ~ 2013）平均文化消费增幅为 12. 49% 计算，那么，2013 年的安徽城乡人均文化消费应为 1626. 83 元，2014 年为 1830. 02 元，2015 年为 2058. 59 元。以余钱按比例进行文化消费，这种预测方法似乎有一定的合理性。

当前制约安徽城乡居民文化消费的另一大障碍是城乡差距，2012 年，城乡人均文化消费分别为 1932. 70 元和 385. 92 元，城镇人均文化消费是乡村的 5 倍。如果取城乡文化消费差距最小的 2005 年 2. 60 倍计算，2012 年安徽人均文化消费额应为 1932. 70 + 1932. 7 ÷ 2. 6 = 2676. 05 元。按近 5 年（2009 ~ 2013 年）平均文化消费增幅为 12. 49% 计算，那么，2013 年的安徽城乡人均文化消费应为 3010. 29 元，2014 年为 3386. 26 元，2015 年为 3809. 22 元，这些数字远远大于以上的测算。以城乡差别水平为基础测算未来人均文化消费也有一定道理，既然曾有过，那么未来文化消费按这个比例扩张也不是不可能的事。但是，2013 年安徽省实际人均文化消费仅为 1140. 17 元，与以上测算的 3010. 28 元相比，还有 62% 的空间。

四　扩大安徽城乡居民文化消费的对策建议

（一）建立持续增收机制，提升社会保障水平

保持居民尤其是中低收入者收入的持续增长，提升社会保障水平，是现阶

段实现居民文化消费又好又快发展的基础和关键。提升城乡居民的文化消费能力，要做好加减法。

要做好加法，就是要增收，一是要深化收入分配体制改革，建立城乡居民收入的正常增长机制，根据经济增长和物价上涨状况适当调整工资水平，以收入增加提高文化消费比重，带动消费升级、结构优化；要切实增加农民收入，积极引导农村富余劳动力向非农产业转移，让占人口大多数的更多农民参与到文化消费活动中。二是加大财政对公共事业的投入力度，进一步完善住房、医疗、教育、养老、失业等社会保障体系，为居民进行文化消费解除后顾之忧。三是要加大教育方面的财政投入，减轻居民的教育负担，释放居民对文化娱乐的消费能力。

要做好减法，就是要节支。一是要采取多种措施，降低居民的基本物质生活成本，提高他们的文化消费支付能力，有更多“闲钱”用于提高精神文化生活质量；二是要降低中低收入居民的文化消费成本，发展低成本、低票价、小规模的文化消费活动，激发基层群众的文化消费热情；三是政府要让利，通过文化消费补贴、财政购买公共文化产品和服务、成立文化消费专项基金等方式，努力提高文化消费在城乡居民日常消费结构中的比重。

（二）加大对农村的扶持力度，缩小文化消费的地区差异

农村文化市场目前虽然很小，但具有巨大的发展空间。政府应加大对农村文化建设的投入力度，出台奖补配套政策，扩大奖补力度，对公益性活动给予适当补助，对经营性的项目给予优惠政策扶持。安徽农村蕴藏着许多原汁原味的民间文化财富，要把丰富农村文化生活、传承民间文化与新农村建设相结合。在文化产品的供给上，应注重增加农村题材产品，用农民群众喜闻乐见的方式进行创作，培养农村居民的文化消费兴趣。同时，政府应鼓励农民自己办文化，通过民办公助、政策扶持，培养一批乡村文化大户、文化大院和文化院团。大力发展以“吃农家饭、住农家屋、干农家活、享农家乐”为特征的农家乐旅游，使农民成为农村新型文化的创造者，以及农村文化生活的享受者。

促进不同地区文化消费的均等化，缩小居民文化消费的地区差异，实现不同地区文化消费的协调发展，需要各级政府的共同努力、相互配合。一方面省政府在制定相关政策时要正视区域差异，科学配置文化资源，统筹各地区文化

发展，特别是要从财政和税收等各方面加大对欠发达地区的扶持力度；另一方面地方各级政府要不等不靠，因地制宜地制定文化发展政策，探索文化消费发展路子，形成具有地方特色的文化消费模式。

（三）丰富文化产品供给，促进消费转型升级

相对而言，安徽省的文化产品和服务数量不够、质量不高，但价格很高，不能对消费者形成持续的吸引力，致使许多文化产品在消费中成为一次性的文化“快餐”，限制了文化消费的规模。只有不断加大文化产品特别是优秀文化产品的供给，才能降低文化产品的市场价格，降低城乡居民的文化消费成本，让老百姓消费得起，进而消费得多。要丰富文化产品种类，提供多元化、个性化、分众化的文化用品和服务，满足不同收入层次、不同文化层次和不同地区居民的文化消费需求；要提高文化产品质量，不断推出质量过硬、特色鲜明、人民群众喜闻乐见的文化产品，让文化消费真正成为提高居民生活质量的日常活动；要实施品牌延伸战略，对于好的文化品牌，要根据市场需求进行二次创意和再度创新，最大限度地延伸文化产业链，最大化地增加文化消费总量。

文化消费的转型升级要立足传统，立足本地区的群众口味和资源特色，挖掘传统文化和地域文化的丰富资源，使传统文化产品向个性化、差异化方向发展，以新的形式、新的内容更好地满足人民群众不断增长的精神文化需求；推动网络文化服务、游戏动漫、影视娱乐、文化旅游，以及文博、广告和会展文化服务等新兴文化产业的发展，使之成为拉动居民消费和扩大内需的新亮点，促进文化消费的转型升级；要推动文化与科技深度融合，提高文化消费的科技含量和附加值，推进技术载体先进化、接受方式多样化、消费手段智能化、消费体验独特化，使文化消费更加便利，有效需求不断扩大，消费结构更加优化，消费总量快速增长。

（四）提升居民文化素质，转变文化消费观念

要继续大力发展教育，普遍提高安徽省居民的整体文化层次和综合素质，积极培育和壮大文化消费主体，形成不同层次、多元化的文化消费结构：针对高收入支持的“先导型”消费群，实行高档次的精品消费模式和个性化消费

模式；针对中等收入支持的“升级型”消费群，实行大众消费和精品消费的协调发展模式；针对低收入支持的“培育型”消费群，要保证提供足够的基本公共文化产品和服务。

要转变把文化消费简单等同于休闲娱乐，甚至是寻找感官刺激的片面认识，树立提高自我综合素质、培养高雅情趣、文明的文化消费理念；要充分发挥现代大众传媒对文化消费的引导作用，大力提高居民的文化素质和消费意识。促使文化消费由被动消费向主动消费转变、由低层次消费向高水平消费转变、由盲目消费向理性消费转变、由习惯于免费消费向适应付费消费转变，逐步形成稳定的可持续发展的文化消费市场。

（五）完善文化消费政策，规范文化消费行为

安徽的文化消费目前仍处于起步阶段，政策普遍侧重于公共文化建设和文化产品的生产与供给，对文化消费重视程度明显不够。因此，必须尽快调整、制定有效的文化消费政策。一是要把文化消费的相关指标纳入文化产业发展的整体规划，将文化消费占社会总消费的比例，作为考核各级政府和领导的政绩指标之一；二是要完善文化消费的政策体系，制定相关的细则，针对文化市场中经营者的不同类型，在市场准入、财政、税收、融资、土地等政策方面区别对待，促进文化产业内部结构的合理化；三是要制定统筹协调的文化消费发展规划，避免低水平的重复建设，分步骤、有重点地推进文化产品和服务的发展。

相比于一般的商品消费，文化消费的法制建设目前非常滞后。要健全与文化消费相关的法律法规体系，按照消费者权益法制定文化产品和服务方面的消费法规，进一步提高对文化市场的监督、管理科学化水平；要加大市场监督力度，加强对文化产品和服务的投诉处理，打击非法盗版、维护知识产权，营造良好的消费环境；要加强新媒体、新文化业态的立法工作，有效保护这类文化消费者的合法权益；要出台与文化消费相关的行业规范、行为准则，加强对低俗、迷信、色情等反文化消费的行为约束，防止文化消费的畸形化发展。

（六）健全文化市场流通体系，大大降低文化消费成本

建立健全、统一、开放、竞争、有序的文化市场体系，充分发挥市场在文

化资源配置中的基础性作用，积极培育文化产品市场及版权、技术和信息等相关要素市场，促进文化产品和服务在全省各地区、各行业及各种所有制之间合理流动。一方面加快培育文化市场主体，形成国有、民营、外资等多种所有制成分共同发展的良性发展势头；另一方面，大力发展文化流通企业，建设文化产品流通基地，构建城乡相互配套、相互贯通的文化产品流通网络，形成便利快捷高效的文化产品输送体系。

文化产品价格虚高是制约当前安徽文化消费发展的重要因素。应规范文化产品、文化资产的交易，办好文化产权交易所，为各种所有制的文化产品提供公平竞争的平台，降低文化生产和交易成本；广泛运用高新技术构建覆盖广泛、技术先进的文化传播体系，建设覆盖城乡的出版物发行网络、广电网络、数字电影院线和演出院线网络，节约推介成本；大力发展连锁经营、物流配送、电子商务等各种现代流通组织和流通形式，加快大型文化流通企业建设、文化产品物流基地建设，降低流通成本；出台价格指导政策，加强对文化产品的价格监管，健全科学合理的文化产品价格形成机制，直接降低文化消费成本。

皮书起源

“皮书”起源于十七、十八世纪的英国，主要指官方或社会组织正式发表的重要文件或报告，多以“白皮书”命名。在中国，“皮书”这一概念被社会广泛接受，并被成功运作、发展成为一种全新的出版形态，则源于中国社会科学院社会科学文献出版社。

皮书定义

皮书是对中国与世界发展状况和热点问题进行年度监测，以专业的角度、专家的视野和实证研究方法，针对某一领域或区域现状与发展态势展开分析和预测，具备原创性、实证性、专业性、连续性、前沿性、时效性等特点的公开出版物，由一系列权威研究报告组成。

皮书作者

皮书系列的作者以中国社会科学院、著名高校、地方社会科学院的研究人员为主，多为国内一流研究机构的权威专家学者，他们的看法和观点代表了学界对中国与世界的现实和未来最高水平的解读与分析。

皮书荣誉

皮书系列已成为社会科学文献出版社的著名图书品牌和中国社会科学院的知名学术品牌。2011 年，皮书系列正式列入“十二五”国家重点出版规划项目；2012~2015 年，重点皮书列入中国社会科学院承担的国家哲学社会科学创新工程项目；2016 年，46 种院外皮书使用“中国社会科学院创新工程学术出版项目”标识。

中国皮书网

www.pishu.cn

发布皮书研创资讯，传播皮书精彩内容
引领皮书出版潮流，打造皮书服务平台

栏目设置：

- □ 资讯：皮书动态、皮书观点、皮书数据、皮书报道、皮书发布、电子期刊
- □ 标准：皮书评价、皮书研究、皮书规范
- □ 服务：最新皮书、皮书书目、重点推荐、在线购书
- □ 链接：皮书数据库、皮书博客、皮书微博、在线书城
- □ 搜索：资讯、图书、研究动态、皮书专家、研创团队

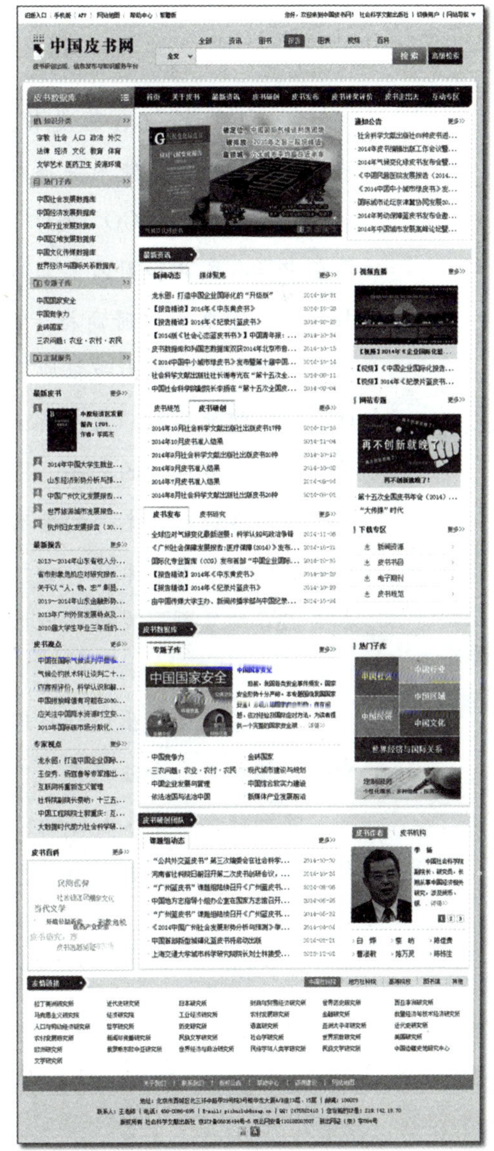

中国皮书网依托皮书系列“权威、前沿、原创”的优质内容资源，通过文字、图片、音频、视频等多种元素，在皮书研创者、使用者之间搭建了一个成果展示、资源共享的互动平台。

自 2005 年 12 月正式上线以来，中国皮书网的 IP 访问量、PV 浏览量与日俱增，受到海内外研究者、公务人员、商务人士以及专业读者的广泛关注。

2008 年、2011 年中国皮书网均在全国新闻出版业网站荣誉评选中获得“最具商业价值网站”称号；2012 年，获得“出版业网站百强”称号。

2014 年，中国皮书网与皮书数据库实现资源共享，端口合一，将提供更丰富的内容，更全面的服务。

法律声明

皮书俱乐部会员服务指南

1. 谁能成为皮书俱乐部成员？

- 皮书作者自动成为俱乐部会员
- 购买了皮书产品（纸质书/电子书）的个人用户

2. 会员可以享受的增值服务

- 免费获赠皮书数据库100元充值卡
- 加入皮书俱乐部，免费获赠该纸质图书的电子书
- 免费定期获赠皮书电子期刊
- 优先参与各类皮书学术活动
- 优先享受皮书产品的最新优惠

3. 如何享受增值服务？

（1）免费获赠100元皮书数据库体验卡

第1步 刮开附赠充值的涂层（右下）；

第2步 登录皮书数据库网站（www.pishu.com.cn），注册账号；

第3步 登录并进入“会员中心”—“在线充值”—“充值卡充值”，充值成功后即可使用。

（2）加入皮书俱乐部，凭数据库体验卡获赠该书的电子书

第1步 登录社会科学文献出版社官网（www.ssap.com.cn），注册账号；

第2步 登录并进入“会员中心”—“皮书俱乐部”，提交加入皮书俱乐部申请；

第3步 审核通过后，再次进入皮书俱乐部，填写页面所需图书、体验卡信息即可自动兑换相应电子书。

4. 声明

解释权归社会科学文献出版社所有

皮书俱乐部会员可享受社会科学文献出版社其他相关免费增值服务，有任何疑问，均可与我们联系。

图书销售热线：010-59367070/7028
图书服务QQ：800045692
图书服务邮箱：duzhe@ssap.cn

数据库服务热线：400-008-6695
数据库服务邮箱：database@ssap.cn
兑换电子书服务热线：010-59367204

欢迎登录社会科学文献出版社官网（www.ssap.com.cn）和中国皮书网（www.pishu.cn）了解更多信息

社会科学文献出版社 SOCIAL SCIENCES ACADEMIC PRESS (CHINA) 皮书系列

卡号：429368385765

密码：

子库介绍
Sub-Database Introduction

中国经济发展数据库

涵盖宏观经济、农业经济、工业经济、产业经济、财政金融、交通旅游、商业贸易、劳动经济、企业经济、房地产经济、城市经济、区域经济等领域，为用户实时了解经济运行态势、把握经济发展规律、洞察经济形势、做出经济决策提供参考和依据。

中国社会发展数据库

全面整合国内外有关中国社会发展的统计数据、深度分析报告、专家解读和热点资讯构建而成的专业学术数据库。涉及宗教、社会、人口、政治、外交、法律、文化、教育、体育、文学艺术、医药卫生、资源环境等多个领域。

中国行业发展数据库

以中国国民经济行业分类为依据，跟踪分析国民经济各行业市场运行状况和政策导向，提供行业发展最前沿的资讯，为用户投资、从业及各种经济决策提供理论基础和实践指导。内容涵盖农业，能源与矿产业，交通运输业，制造业，金融业，房地产业，租赁和商务服务业，科学研究，环境和公共设施管理，居民服务业，教育，卫生和社会保障，文化、体育和娱乐业等 100 余个行业。

中国区域发展数据库

以特定区域内的经济、社会、文化、法治、资源环境等领域的现状与发展情况进行分析和预测。涵盖中部、西部、东北、西北等地区，长三角、珠三角、黄三角、京津冀、环渤海、合肥经济圈、长株潭城市群、关中—天水经济区、海峡经济区等区域经济体和城市圈，北京、上海、浙江、河南、陕西等 34 个省份。

中国文化传媒数据库

包括文化事业、文化产业、宗教、群众文化、图书馆事业、博物馆事业、档案事业、语言文字、文学、历史地理、新闻传播、广播电视、出版事业、艺术、电影、娱乐等多个子库。

世界经济与国际政治数据库

以皮书系列中涉及世界经济与国际政治的研究成果为基础，全面整合国内外有关世界经济与国际政治的统计数据、深度分析报告、专家解读和热点资讯构建而成的专业学术数据库。包括世界经济、世界政治、世界文化、国际社会、国际关系、国际组织、区域发展、国别发展等多个子库。